Für Anne

Erstes Buch

URSPRUNG UND KELTER

Zweites Buch

DAS IMPERIUM DER MÖNCHE

Drittes Buch

DIE WEGE

Erstes Buch

Ursprung und Kelter

»Wo alles Hoheit ist und Dämmerung
und ganzes Schweigen . . .«

Lamartine

Der Aufstieg der Pythagoré

Am Felsen von Solutré

Ein Novembertag. Die müde Bläue des Oktobers ist über Nacht einem schweren, schmutzigen Grau gewichen, einer gewaltigen Armada von Wolken, die aus dem Nordwesten, dem Morvan, geschwommen kommen. Begleitet werden sie von den ›Rafales‹, hartnäckigen, bellenden Windstößen, welche die Bosheit eines zu lang angeketteten Hofhundes besitzen. Sie hetzen über den Südwesten Burgunds, das will sagen, über das Saône-Tal zwischen Gray und Villefranche, eingeschlossen die Côte d'Or, ferner das Mâconnais und das Beaujolais. Die eben noch goldroten oder purpurfarbenen Blätter erlauchter Weinkulturen wirbeln losgerissen, verschlammt, verkommen durch die Flußebene. Aber während die Landschaft der Rebengefilde allen Glanz verliert, der volle Gesang des Ortolans und des Piroles zartes Flöten dem heiseren ›Kra-krah‹ der winterlichen Totenvögel weichen, gibt es hierzulande einen Platz, dessen Ausdruckskraft in diesen Miserere-Tagen des Jahres eher stärker geworden ist. Den *Felsen von Solutré*. So, als sei erst jetzt seine Zeit angebrochen. Aber der Wahrheit die Ehre, ist sie es nicht?

Man kann von ihm Kenntnis nehmen wie viele der Fremden, die ihren Wagen in der Hauptstraße des winzigen Nestes Solutré stehen lassen, etwa am kleinen Museum oder am Kriegerdenkmal. Unternehmungslustig klettern sie zum berühmten ›Crot du Charnier‹, dem ›Knochenacker‹ hinan, bis sie ob der ungewohnten Steigung ermüdet innehalten, den Kopf in den Nacken legen und sich mit einem sehnsüchtigen Blick aus halber Höhe begnügen.

Ein wenig vernarrt in die Prähistorie ist noch immer jeder zweite Franzose, fast wie vor einem halben Jahrhundert, als die Welle der großen Funde und Entdekkungen durchs Land ging. Oder man kann es machen wie die Weinbauern. Um diese Jahreszeit haben sie Muße, da heißt es:

A Saint-Martin bois le bon vin
et laisse l'eau pour le moulin.

Martini trink den guten Wein,
laß das Wasser für die Mühle sein.

Der neue Jahrgang hat jetzt, gegen Mitte November, bereits seine stürmische erste Gärungsperiode hinter sich. Die Traube des Mâconnais, die hier oben im kleinen auf Cluny zu ansteigenden Seitental der Saône-Ebene wächst, ist immer noch das, was man ›grand cru‹, eine ›große Lage‹, nennt. Also wandern die Winzer täglich ein wenig durch ihre Weingärten, die sie zu wohlhabenden Leuten machen, und schauen sich ihren Felsen von unten an.

Über *Solutré*, diesem eng und dicht um die Kirche gescharten Dorf, ragt nämlich eine der beiden für die Gegend charakteristischen Steilwände auf. Das heißt, eigentlich handelt es sich um regelrechte Bergzüge innerhalb des hügeligen Mâconnais, die in mäßiger Steigung von Norden heranstreichen, um nach Süden senkrecht als Klippe abzubrechen. Rot wie von Blut überronnen steht der Sturz von Solutré über Geröllhalden, Steingeschilfer, Felsbastionen und grünem Buchsbaumgestrüpp, die Stirnwand von Alter grau gefleckt. Von seinem Fuß aus genießt man einen wunderbaren Blick ins Saône-Tal: nach Mâcon und auf das ferne, aus grünen Auen blinkende Band des Flusses.

Dieser Fels mit seiner von Dohlen umschwärmten, zernarbten Stirn, dieser wandartige Abbruch, über dessen immer noch hoch aus der Landschaft ragenden Sokkel sich der ›Crot du Charnier‹ zieht – ›la Roche de Solutré‹ also ist's, um dessentwillen die Augen der Menschen hinaufstarren, magisch angezogen von einem Anblick, den die schweren Wolkenschleier des Novembers noch geheimnisvoller, noch grandioser machen. Der Felsen nimmt sich wie eine gewaltige Opferstätte aus – vielmehr, er ist oder war es! Das Blut zahlloser Geschöpfe ist über ihn hingeronnen. Auch hat dieser Altar rauher Heidengötter einem ganzen Zeitalter der Vorgeschichte den Namen gegeben, dem ›Solutréen‹, das die Prähistoriker als eigene Kulturstufe der Menschheit – teils zwischenzeitlich, teils parallel – dem älteren ›Aurignacien‹ und dem jüngeren ›Magdalénien‹ zuordnen. Damals lebte bereits der Homo sapiens, zugehörig einem auf unserer Intelligenzstufe stehenden Menschentypus, der nach dem bedeutendsten Fundort charakteristischer Skelette ›Crô-Magnon‹ heißt.

Als Monsieur Adrien Arcelin 1866 am Fuße des Felsens von Solutré zu graben begann, wozu ihn viele umherliegende oder im Boden steckende Knochen nachdrücklich aufforderten, fand er noch nichts von den Menschen des Solutréen. Das trug sich erst 1904 zu, als er an nämlicher Stelle noch einmal grub, derzeit bereits ein Greis. Die Elite der französischen Prähistoriker war zugegen, darunter der berühmte Abbé Breuil. Frankreich ist das klassische Land vorgeschichtlicher Funde, bedeutender Höhlenmalereien und einer Fülle großartiger Zeugnisse aus der Frühzeit der Menschheit!

In Solutré kamen zuoberst Grabstellen der Völkerwanderungsepoche neben solchen der gallo-römischen Zeit zum Vorschein. Unter ihnen zog sich eine Schicht von Gräbern der jüngeren Steinzeit hin. Wiederum tiefer eine Lage von Feuerstellen der ausgehenden Eiszeit, die wir das Magdalénien nennen. Nunmehr folgte die berühmte Schicht des Solutréen, geradezu gespickt mit jenen Steinwerkzeugen, deren Bearbeitung in dieser Epoche einen Höhepunkt erreichte – technisch formvollendeter Feuersteinspitzen für Pfeile in Weiden- und Lorbeerblattform, wie man sie heute im Hôtel Senecé, diesem schönen Régence-Bau, Sitz der Akademie zu Mâcon inmitten der Altstadt und gar nicht weit vom Saône-Quai, findet.

Nicht von ungefähr zeigten sich diese Reste von Jagdwaffen mit großen Mengen von Tierknochen vermengt, von denen noch zu reden sein wird. Übrigens kamen dabei auch die erwähnten Menschenreste ans Licht, die Knochenpartien von rund fünfzehn Menschenschädeln. Zwanzig Jahre später, als Forscher einer jüngeren Generation abermals gruben, fand sich noch mehr davon; in einer tieferen Schicht lagen fünf Gräber des Aurignacien. Die seit vielen zehntausend Jahren in Frieden schlafenden Toten zeigten sich, bei leicht angezogenen Knien, auf den Rücken gebettet, das Antlitz gegen Osten gewandt, also gegen die aufgehende Sonne, was doch vermuten läßt, derzeit seien bei diesen Bestattungen religiöse Vorstellungen im Spiel gewesen. Eine noch jüngere Frau war samt zwei Kindern von etwa zwei und sieben Jahren beigesetzt. Die zarten Knochen eines noch Ungeborenen trug sie in ihrem Becken. Man kann das Skelett heute im kleinen Museum von Solutré anschauen.

Allein, Gräber finden sich zahllose unter dem Mond.

Weder sie noch die wunderbar gearbeiteten Werkzeuge, die Solutrés bedeutenden Ruf ausmachen, sind das eigentlich Erschütternde dieses Platzes. Vielmehr die Tierknochen, welche die Kulturreste gleichsam umhüllten, darunter Überbleibsel von Höhlenbär, Urrind, Mammut und Rentier, wie sie auf der damals Burgund bedekkenden Tundra ihr Auskommen fanden – erdgeschichtlich wird das Solutréen der vierten oder Würm-Eiszeit zugeordnet. Und es fanden sich die Reste jener Geschöpfe . . . aber der Reihe nach!

Die, in Bausch und Bogen errechnet, fünfzehntausend Jahre oder vielleicht doppelt so alte Knochenschicht am Fuß des Felsens von Solutré ist zu einem unlösbar versteinerten Brei vermengt. Nur soviel steht fest, daß es sich vorwiegend um die Gebeine von Wildpferden handelt, nach dem Bau ihrer Knochen jenen ähnlich, die man heute in der Camargue, dem Mündungsdelta der Rhône, trifft. Ihre Reste sind die Überbleibsel systematischer, durch Jahrtausende wiederholter Fänge. Die Brekzie am Fuß des Solutré-Felsens stellt also ein Denkmal endloser Tiertragödien dar. Die Zahl der dabei umgekommenen Pferde wird auf hunderttausend geschätzt.

Wie man sich die Fänge zu denken hat, welche die Phantasie beim Anblick von Solutré so erregend beschäftigen? Ungefähr müssen die Dinge folgendermaßen verlaufen sein: im nördlich von Solutré gelegenen Bachtal der Grosne, bei den heutigen Dörfern *Laroche-Vineuse*, *Chevanier* oder *Urigny*, trieben die Jäger des Solutréen – den Tieren fast unmerklich – ihr fern aufgespürtes Wild zusammen. Die beunruhigten Herden trabten jetzt den mäßig ansteigenden Nordhang von Solutré empor, wo sich die Ketten der Treiber verengten und ein Ausbrechen unmöglich wurde. In diesem Augenblick sprengten Rotten von Jägern auf gezähmten Pferden heran – unzweifelhaft sind größere Gruppen von Menschen an diesen Jagden beteiligt gewesen. Die durch Geschrei, Geschosse, Feuerbrände in Panik versetzten Pferde stoben hinter dem Leithengst dem Klippenrand entgegen.

Plötzlich gähnt vor ihnen der Abgrund! Aber die Leiber schießen viel zu schnell vorwärts, als daß sie noch einhalten könnten. Schon springt der Hengst mit angstvollem Wiehern in die grausige Tiefe, überschlägt sich in der Luft, stürzt. Ihm nach die Herde samt Mutterstuten und Füllen. Mit zerbrochenen Gliedern, zerschellten Leibern bleiben die Tiere liegen, worauf sich sogleich eine Gruppe von Fängern über sie hermacht, um sie zu zerwirken und den Kochgruben zuzuschleppen.

Die enorme Zahl verwandelt die Schädelstätte der Pferde von Solutré in die Schaubühne einer Tragödie ungeheuerlichen Ausmaßes. Vom Menschen her betrachtet war allerdings nicht nur die Fanggelegenheit ideal gewählt, sondern auch die Örtlichkeit der die Jagd beschließenden Schmausereien. Sie fanden sozusagen am Tatorte statt, im Windschatten des Felsens, geborgen vor den ›Rafales‹, den scharfen Lüften aus dem Morvan, wie vor dem Ostwind. Auch gab und gibt es unter dem obersten Klippenrand eine tief in den Felsen führende Höhle.

Welch einen Weg hat sie durchgemacht, die Menschheit, seit den Tagen jener Frau des Aurignacien, deren Gebein so friedlich im Schaukasten des Museums von Solutré ruht, wie wenn sie unter der Obhut sorgender Verwandter aus dieser Welt gegangen wäre! Begreift man: ringsum Weinland, ringsum Burgund, das Land erlauchter Herzöge, großer Klöster. Nur ein paar Kilometer entfernt von Solutré liegt eine der großen Heilsstätten der Christenheit, das Kloster von Cluny!

Welcher Hekatomben von Tieropfern hat es bedurft,

um der Menschheit ihren Weg zu bereiten! Das ist es, was sie alle erschauern macht, die nach hierhin kommen, die Erforscher der Vorzeit wie die Fremden. Ausgenommen natürlich die einheimischen Winzer, die dergleichen nach Bauernart ganz in Ordnung finden würden, wenn man sie fragte, und den Fels im übrigen ausschließlich unter dem klimatischen Blickwinkel betrachten: »Wie Satanas fauchen sie wieder, die Rafales aus dem Morvan! Schon gut, daß wir ihn haben, unsern Fels von Solutré, der die Weingärten schützt ...«

Und noch etwas ist es, das sie alle bewegt, diesmal sogar die Weinbauern eingeschlossen – die ungeheure Zeitdimension, diese Summe von Vergangenheiten, die der Fels verkörpert. Sie, die das Gefühl der Dauer, der Konstanz und Tradition bewirkt und im Grunde doch nur aus Gewesenem besteht. Aber grade das macht es, und man tut gut daran, sich von vornherein an den Gedanken zu gewöhnen, daß in Burgund die Vergangenheit insgeheim immer die Hauptrolle spielt. Wer nicht begreift, daß der Kern aller Dinge hierzulande die Geschichte ist, wird gar nichts verstehen.

Schleuse 16

Die Dauer! Welche Bedeutung dergleichen doch heute noch in Burgund besitzt, während die Zeit im übrigen Westeuropa einer sich immer schneller abspulenden Haspel gleicht!

Nur etliche Dutzend Kilometer Luftlinie vom Felsen von Solutré entfernt, furcht sich der *Canal du Centre* neben den Flußtälern von Dheune und Bourbince seinen Weg durch das Hügelland westlich des Mâconnais. Dort ist Blaise Jeannot, Invalide der Kohlenzechen von Montceau-les-Mines, zu finden, der mit einem gelähmtem Bein umherstakt. Das heißt, für gewöhnlich lehnt er an einem der weiß gestrichenen Geländer von Schleuse 16 des Kanals, die ihm zur Bewachung anvertraut ist. Seit Ewigkeiten, wie es ihm selber oder allen, die ihn kennen, scheint, und wer kennt ihn nicht? Tagein-tagaus, jahrein-jahraus: es ist immer dasselbe. Kommt ein Schiff, tippt er an seine Mütze und beginnt das Handrad zu drehen, damit sich die Schleusenkammer öffnet und mit Wasser füllt. Worauf der Schleppkahn einfährt, um nach Schließung des einen Tores und einer Drehmanipulation am anderen wieder hinauszugleiten. Drehen – öffnen, drehen – schließen.

Weit gefehlt, daß er sich darüber beklagte! Das spitzgiebelige Wärterhaus im grünen Dheune-Tal besitzt Raum genug, und die Kneipe von Paul Fanchon in *St-Julien-sur-Dheune* liegt nicht weit. Was schließlich den Kanal betrifft, zu dessen Seiten Maultiergespanne trotten, lange Schlepptrossen hinter sich, die am Bug der Lastkähne enden – was dieses Gewässer angeht, steht man auf verantwortungsvollen Posten. Jedenfalls spricht Blaise Jeannot gern davon; gewollt beiläufig, damit niemand merkt, wie wichtig es ihm ist. Der Canal du Centre verbindet den Oberlauf von Loire und Saône, mithin die hügelige Industrielandschaft im Dreieck der Städte Paray-le-Monial, Autun und Tournus mit Lyon und Paris. Er ist die Herzader dieser Landschaft.

Wenn auf der Uferstraße eine der hier sattsam zu sehenden Pilgergruppen entlangzieht, winkt Monsieur Jeannot, den man ob eines gewissen Hanges zu Fanchons Kneipe ›Cache-pot‹ nennt, verächtlich ab. »Ah ça!« sagt er dann regelmäßig. Sehr wegwerfend. Seine Hand quittiert dementsprechend. Ausgenommen natürlich, es handle sich bei den Pilgerinnen um hübsche junge Mädchen. In diesen Fällen klingt sein »Ah ça!«, als habe er mit der Zunge geschnalzt.

Geht aber von dem Zielort solcher Wanderschaft die Rede, von Paray-le-Monial also, oder auch von einem der anderen Orte, die Burgunds Ruhm ausmachen, Tournus oder Autun oder Vézelay oder Charlieu, zieht Blaise Jeannot erstaunlicherweise respektvoll die Brauen hoch; sein Gesicht nimmt Habtacht-Stellung ein. »Ah ça!« sagt Cache-pot nunmehr sehr sachlich. Das kündet etwas an, dem man in Frankreich erstaunlich oft begegnet. ›Les monuments historiques‹ – dergleichen steht noch für den letzten Erzmaterialisten außerhalb jeder Debatte, jeder Kritik. Es ist das Unantastbare. Gar nicht nötig, etwas davon zu verstehen. Die Urenkel der Männer des Bastillesturmes haben begriffen, was selbst Rousseau nicht wußte. Die großen Monumente der Historie und der Alltag der harten Dinge schließen einander nicht aus, und das ist richtig. Denn trotz der dröhnenden Maschinenhallen von Montceau-les-Mines, der schrillen Schleifgeräusche in den ›Aciéries‹ von Le Creusot, trotz der über die ›Route Nationale‹ von Paris nach Lyon flitzenden Autos –, Burgund, dieses Land der sich kreuzenden Straßen und der Begegnungen, ist vor allem Geschichte. Jeder Bourguignon fühlt, weiß es, und jeder ist stolz darauf. Nur eine Facette der Trinität von Visionen, in denen wir Burgund zu erschauen gewohnt sind, kann als heutig gelten. Aber sie genügt durchaus: der unvergleichliche Wein hochgesegneter Gebreiten der Côte d'Or südlich Dijon, des Mâconnais, des Beaujolais und der Region von Chablis.

Man ist sich selbst in der Kneipe von Paul Fanchon zu St-Julien darüber einig, in der Blaise Jeannot gern einkehrt und gelegentlich sogar Monsieur Jules Renard mit der abgründig tiefen, heiseren Stimme trifft, seinen Schulkameraden von vor undenkbar langen Zeiten, der so etwas wie seinen Mentor und Freund bedeutet; vorausgesetzt, dieser Herr der Gewässer zwischen Digoin und Chagny liege mit seinem verbeulten Schiff am Kai von St-Julien vertäut, was sich mit erstaunlicher Regelmäßigkeit einstellt, und Jeannots Neffe Luc, dieser hübsche Bursche, in den alle Schifferfrauen ein wenig verliebt sind, habe für etliche Stunden die Schleusenwache übernommen.

Bei Paul Fanchon

Um einer gewissen Eigenschaft der ›Dauer‹ in Burgund, der sogenannten ›Coutume de Bourgogne‹ inne zu werden, ist es nötig, Monsieur Renard und sein Schiff, die ›Pythagoré‹ ein wenig genauer zu schildern.

Gewöhnlich erblickt man die beiden alten Wasserzigeuner, Schiffsmann und Boot, irgendwo zwischen Loire und Saône, wie sie mühelos hingleiten; Monsieur Renard, eine mächtige, dunkle Gestalt, am Heck des Kahnes, und die ›Pythagoré‹ stets erhobenen Buges, auf dem etliche Heubündel gestapelt liegen. Erwähnen wir, daß auch Madame Renard und ein Maultiergespann zu der Unternehmung gehören. Der *Canal du Centre*, dieses randvolle, mit seinen Pappelsäumen etwas an Holland gemahnende Gewässer, hat einiges Alter auf dem Buckel und träumt beschaulich zwischen vorsichtig umböschten Ufern dahin, die man nicht der Dünungswelle von Motorschiffen aussetzen darf. Er entstand in den ersten Jahren der Großen Revolution, genauer genommen 1784, aber geplant hat man diese Verbindung, die dem Grabenbruch von Bourbince und Dheune folgt und also auch die Wasserscheide zwischen beiden Flüssen überschreiten muß, seit 1616. Im Grunde besteht der Kanal nur aus Schleusen. Alle paar hundert Meter eine Schleuse, und alle Augenblicke an der Uferstraße für eilige Autofahrer ein Warnschild: »Attention au halage – Achtun, Treidelschiffahrt«. Die Schiffer halten es allesamt wie Monsieur Renard am Heck seiner ›Pythagoré‹. Voraus zieht ein Gespann von Gäulen oder Mulis das Schiff an langer Trosse von der Treidelstraße aus, geführt von Madame Renard; sie benutzt gelegentliche Aufenthalte an irgendeiner Brücke, um schnell einen Wirsingkopf oder eine Flasche Roten einzuhandeln, die einträchtig neben den Heuballen für die Mulis am Schiffsbug auf ihre Verwendung warten.

Ist das Schiff einmal in Fahrt, können die Maultiere ziemlich flotten Schrittes gehen. Sie haben Grund zu solch energischem Tempo; die nächste Brückenrampe erscheint mit ihrem schrägen Anstieg nur allzu bald. Bei dem Manöver, das nun folgt, hat die Schiffersfrau sehr wenig zu tun, so gut kennen die Tiere das! Ganz einfach: der Alte oben am Steuer wirft die Leinen los, der Kahn gleitet unter der Rampe hinweg und in die Schleuse hinein, die gleich hinter der Brücke folgt. Die Maultiere trotten inzwischen ein Stück weiter, bleiben stehen und nehmen sich ihr Maul voll Gras von der Böschung. Völlig unnötig, daß Madame ihnen ihr langgezogenes »Hooo!« nachruft, wenn sie auf das Schiff übertritt und die Leinen für die Poller bereitlegt. Das Manöver klappt jedesmal großartig. Das Schiff, fast so breit wie die Schleuse, gleitet ohne Berührung hinein und bleibt genau einen Meter vorm jenseitigen Tor liegen. Der Schleusenwärter und der Schiffer kurbeln nun das rückwärtige Tor mittels des Speichenrades zu, worauf sie nach vorn gehen und die Vorderschleuse ein wenig öffnen, damit das Wasser langsam hereinquillt. Der Aufstieg der ›Pythagoré‹ beginnt.

Die Maultiere mit ihren roten Stirntroddeln gehen unterdessen ihrer eigenen Beschäftigung nach, bis Schiffsmann und Schleusenwärter das vordere Schleusentor, zwei gegen den Strom gerichtete, flach gewinkelte Torflügel, vollends aufgekurbelt haben. Schon wirft man wieder die Leinen los, die Maultiertrossen werden übergenommen und festgelegt, worauf die Tiere ihrerseits ganz gelassen, weil sie das alles so genau kennen, lostrotten, ohne ihren Zuruf abzuwarten. Du lieber Gott, wieviele Male machen sie das am Tage, wieviele Male in ihrem Maultierleben! Alle Augenblicke eine Schleuse. Es belästigt sie nicht, sondern gibt eher eine willkommene Ruhepause. Auf diese Weise steigt die ›Pythagoré‹ über den Berg, das heißt, man merkt natürlich nichts davon, nur das kluge Wasser weiß es.

Dergestalt das Schiff und sein Eigentümer, der sich gelegentlich mit Blaise Jeannot in der Kneipe von Paul Fanchon trifft, wenn er sich grad in der Gegend befindet und die Mulis in einer der ›Garages pour animaux‹ am Wege untergebracht sind, weil es bereits dunkelt und Madame in der Kombüse des Schiffes auf ihrem Stuhl eben ein Nickerchen machen möchte. Sie ist gegen Abend rechtschaffen müde von der weiten Wanderschaft hinter den Mulis her. Monsieur hingegen, den das Steuern keineswegs so sehr anstrengt, liebt es, um diese Stunde ein wenig in seinen Gedanken zu kramen; er hat tagsüber viel Zeit nachzudenken, und Burgund ist ohnehin ein Land der Originale.

»Les monuments«, sagt er also mit heiserer Grabesstimme, »bon, das ist wirklich etwas, Monsieur. Ich habe darüber nachgedacht. Was sind sie schließlich? Erinnerungen. Und was hat man vom Leben? Die Erinnerungen und den Wein. Sagen Sie selbst, als Kind ist man nicht glücklich; man träumt von nassen Hosen, dann von schlechten Zeugnissen, übel ausgegangenen Streichen und Kopfnüssen, und man langweilt sich immer. Später, die Jahre der Liebe, quelle fumée! Das Ende vom Lied, Sie haben eine große Familie am Bein, für die Sie bezahlen müssen. Aber wenn die Kinder ihre eigenen Wege gehen, wenn die Frau abends ordentlich abgeschafft und froh ist, daheim sitzen bleiben zu können und sagt: ›Lauf mal ein bißchen deiner Wege, Alter‹, damit man sie nicht sekkiert . . . Wissen Sie, dann erst beginnt der Wein zu schmecken. Nichts besser als eine angenehme Erinnerung bei einem guten Vosne-Romané oder Saintenon. Wenn ich es genau bedenke, was gibt es eigentlich außer Erinnerungen?«

Diese Identifizierung von Burgunds großen Stätten und vielleicht etwas anfechtbaren persönlichen Erinnerungen erfolgte freilich zu vorgerückter Stunde. ›Cache-pot‹, wiewohl Erzmaterialist, brummte allzu deutlich sein Einverständnis. Sogar Monsieur Bergotte, Lehrer aus La Bussière, der dritte im Bunde dieser alten Schulkameraden, denen der rote Wein unter den Schädeldächern rumorte und glänzende Augen machte, rief bestätigend, wenn auch nicht eben logisch: »Zum Teufel, was ist schon so gut wie Burgund?«

Statt einer Karte

Man kann Monsieur Bergotte dabei nicht einmal als besondere Leuchte seines Standes bezeichnen. Er ist, rundheraus gesagt, ein Fossil.

Wenn er in seinem gottverlassenen Winkel Schulstunde hält, geht es noch immer so her, wie um die Jahrhundertwende. Gleichwohl hält er sich für das Urbild eines französischen Schullehrers, fortschrittsgläubig wie nur je und nach eigener Meinung zu Höherem berufen. Daher wirkt er als Mitarbeiter an der Eisenbahnerzeitung ›Das Leben der Schiene‹ mit, kurz, er schreibt. Dementsprechend bekundet er auch alle Mängel des schreibenden Menschen und vergißt gelegentlich zwischen Gebimmel der Dorfkirche und Hühnergegakker schlankweg, daß er mitten in der Zinseszinsrechnung steckt, so trabt seine Phantasie auf seinem Steckenpferde, der Landeskunde, davon, die natürlich vornehmlich Burgund zum Gegenstand hat! Man versteht schon: verwässerter Positivismus, Heimattümelei und die altmodischen Gummikragen eines Junggesellen, alles unter dem nämlichen Hut. – Ach, was ist unter seinen Händen aus dieser fröhlichen Wissenschaft, der Geographie, geworden! Ein dürrer, abgetriebener Gaul, der müde von seiner Last mit lechzender Zunge dahinhetzt.

Dann geht es folgendermaßen zu. »La Bourgogne!« ruft Bergotte aus dem tiefen Brüten eines Genies – welche verlockende Pose! – in die aufmerkende Klasse. »D'abord les paysages . . . Pelletrier!«

Worauf sich Pelletrier, ein gewitztes Bürschlein, erhebt und immer schneller herunterzuschnurren beginnt: »Burgund zerfällt in folgende Landstriche: um Sens im Norden das Senonais sowie die Ausläufer der Champagne. Darunter das Gâtinais, das Land von Othe und das Plateau von Langres. Weiter südlich die Puisaye bei Clamecy. Westlich davon das Morvan mit dem Auxois und die Côte d'Or. Jetzt das Becken von Autun, das Charollais, auf dessen Hängen die weißen Kühe grasen. Das Beaujolais, das Mâconnais, die Bresse mit ihrem Reichtum an Federvieh . . .«

»Bon!« beschließt Monsieur Bergotte, »wie du das herunterrasselst, du Teufelsbraten! Gelernt ist eben gelernt. Das wollen wir belohnen. Singen wir also eins.« Und begeistert, die Stunde so gut herumgebracht zu haben, erheben sie sich, Buben wie Mädel, und stimmen an: »Au sein d'une vigne, j'ai reçu le jour«, das mit dem Kehrreim schließt: »Joyeux enfants de la Bourgogne, je n'ai jamais eu de guignon. Fröhliche Kinder von Burgund, nie ist mir Unheil widerfahren . . .« Das ist der sattsam bekannte Singsang, der es mit der Heimatseligkeit zu tun hat. Lassen wir Bergotte dabei. Es ist nicht zuviel, was man bei dem Graukopf erfährt.

Hingegen gegenüber dem Herzogsschlosse zu Dijon, auf der Ecke von Rue und Place de la Libération, befindet sich eine ›Librairie‹, eine Buchhandlung, in der man Reliefkarten bekommt, und noch dazu solche mit wirklich plastischen Reliefs aus entsprechend behandeltem Papier. Darauf kann man Burgunds auf etwas eindrucksvollere Weise inne werden. Inmitten das rotbraun und massig hingelagerte Massif des *Morvan*, ein Dach der Welt! Bedeckt mit großen, grünen Wäldern, durchfurcht von blinkenden Stauseen und schluchtigen Tälern. Aus diesem Wasserreservoir strömen die Flüsse dem Innern Frankreichs entgegen – entweder zur Loire hinab oder im Bunde mit ihrer berühmten Schwester, der Seine, in Richtung Paris davon. Nur einige bescheidene Rinnsale folgen der Lockung der Saône. Das entspricht haargenau dem wirtschaftlichen Gefälle Burgunds. Denn im Nordwesten lebt man ganz auf Paris hin, im Süden auf Lyon und an der Côte d'Or für sich.

Um noch deutlicher zu werden: was wir als Landschaftsraum Burgund oder Bourgogne nennen, kann man eigentlich am besten durch die Geschichte erklären. Sie kennt zwei Kerngebiete. Das erste ist das Flußtal der Saône, die zwischen Dijon und Mâcon an einer Gebirgsschwelle mit sehr berühmten Weinlagen vorüberfließt – entlang der Côte d'Or, dem Mâconnais und dem Beaujolais also. Das wäre *Hochburgund* mit seiner Kapitale *Dijon*. Das zweite Kerngebiet liegt rund einhundertzwanzig Kilometer nordwestlich davon und gruppiert sich wieder um ein Flußtal, das der anmutigen Yonne, die aus dem erwähnten Morvan kommt, einer innerburgundischen Landschaft, vergleichbar den Bergen der Eifel. Die Yonne streift ein anderes, wenn auch nicht so umfangreiches Weingebiet Burgunds von klingender Reputation um Chablis. Soviel von *Niederburgund* mit seiner Hauptstadt *Auxerre*.

Die burgundische Erde freilich – welche Vielgestalt gegenüber den dürren Worten jeglicher Beschreibung! Nach Norden, da katzbuckelt sie einförmig in lauter kalkigen Plateaus, das sind die von Langres, Tonnerre und Auxerre, dahin wie ein Beamter, der es nie zum Inspektor bringt. Nach Westen hingegen rauscht die temperamentvolle Bewegung des Morvan in den sanften Felderschwüngen um Nevers gleich einem Ballet aus, das nach dem Pas de deux in grazilem Knicks zusammensinkt. Wenigstens der Karte nach. In Wirklichkeit sieht es weniger schwungvoll aus. Und wie schwer der Weizen im ›Bazois‹ um Château-Chinon, wie fett die Weiden am Beuvron und der Yonne, wenn man dem lokalen Führer Glauben schenkt! Kein Wunder, denkt man, wenn Claude Tilliers unsterblicher ›Onkel Benjamin‹ mit dem weingeröteten Gesicht alle Tage woanders gastmahlen ging. Im Süden, im weiten Becken von Autun aber, schmettert der Alltag seine Fanfaren; da qualmen Schlote und rasseln Lastwagen. Bleibt der illustre Wall, in dem das Bergland im Osten zur Saône-Ebene hinunterfällt, die berühmte Weinlandschaft der *Côte d'Or* und des *Mâconnais*, der man irgendwann im Lauf der Geschichte einmal die Bresse ostwärts der Saône angegliedert hat, als Burgunds große Zeit längst vorüber war. Bleibt ferner und endlich der gewaltige Südzipfel von Burgund, mit dem das Land sich in den Winkel von Saône und Loire hineinschiebt, das *Beaujolais* und das *Charollais*, wie schon die Rede ging.

Wenn die Natur dieses Landes für gewöhnlich auch nur Mittelmaß besitzt, was sie sein kann, leistet sie mit Passion. Sie ist mit Leidenschaft grün und mit Leidenschaft herbstlich. Aber eigentlich bedeutsam wirkt doch erst, was die Menschen daraus gemacht haben. Zu welchem Formerlebnis aus Mauerkubus und Dreiecksgiebel kann nicht das burgundische Dorf werden! Da kommen tiefste Neigungen zu Ratio, zur ›mesure‹ und zur Dauer der Tradition ans Licht. Und mißt man die Natur nach ihrer Verschiedenartigkeit, so gewinnt auch sie an Rang. Der Felsen von Solutré, welch düstere Gewalt! Das kleine Arnay-le-Duc über dem Arroux im Herzen des Auxois, welche Köstlichkeit! Und so geht das im Wechselspiel fort. Der Mont Beuvray nahe Autun, welche mythische Größe! Welche Lieblichkeit in versteckten Winkeln, welche Anmut eines Fragonard um laubversponnene Bachbrücken! Die ›Colline inspirée‹ von Vézelay, welch innerer Glanz, welch abgründige Unermeßlichkeit der Wälder dagegen nahe der Abbaye ›De la pierre qui vire‹ im Morvan, welch zärtlicher Friede, das Tal der Yonne bei Joigny im Norden! Jeder Landstrich ein eigener, ausgeprägter Charakter!

Wer's leisten kann, steige auf die Höhen, um des Wohlmaßes und der Harmonie dieser Landschaft inne zu werden. Am besten gleich auf den *Mont St-Rigaud* im Beaujolais, einen mächtigen Granitsockel von mehr als tausend Metern. Da schweift der Blick an guten Tagen bis zum Bois du Roi, dem höchsten Berg des Morvan. Oder auf den *Mont Afrique* nahe Dijon. Oder auf den *Mont St-Jean*, den *Mont Beuvray*, die Crête der Côte d'Or, von welcher der Blick in die Weinlandschaften hinabfällt, die denn trotz allen Zaubers von Bachgrund, Schloß, Zinne, Fluß und Berg Burgunds A und O sind. Wenigstens für die erfahrenen Trinker. Und wer hierzulande besäße nicht den Ehrgeiz, sich zu ihnen zu rechnen? In Paul Fanchons Kneipe huldigen ihm jedenfalls alle.

Das Jahr des Winzers

Kalendarium

Dabei ist es gar nicht so einfach, als rechtschaffener Winzer durchs Leben zu kommen. Und das keineswegs, weil die französische Weingesetzgebung so streng verfährt oder es eine Art Schicksal bedeutet, wo man grad seine Lagen besitzt – in Gebieten, die zu den ›Grands Crus‹ gehören oder dort, wo der Weinkataster ihnen nur eine mäßige Qualität zugesteht. Vielmehr, er hat sein gerütteltes Maß an Pflichten, dieser Beruf.

Im Januar freilich, da geht das Leben noch hin; aber in Haus, Hof und Keller bleibt allemal genug zu tun. Doch bereits mit dem Februar hebt die Mühe im Weinberg an; eine alte Tradition verlangt, daß der erste Rebenschnitt mit dem Sankt Vinzenztage, das ist der 22. Februar und eigentlich ein Fest für alle Winzer, anhebt. Sankt Vinzenz nämlich verkörpert den Schutzpatron der Weinbauern. Von diesem Datum an hält es sich dran. Insgeheim hat man immer das Wachstum der Stöcke zu dirigieren, verbessern oder regulieren. Manch einer hält bereits den Schnitt für die wichtigste Sache der Welt; jedenfalls wird er überall auf verschiedene Weise geübt. Im Beaujolais bevorzugt man eine gewissermaßen halbrunde Zurichtung der Fruchtzweige, von denen man drei oder vier stehen läßt, jeden auf zwei, drei Augen geschnitten. Im Mâconnais dagegen besteht man darauf, die Weinschossen müßten zurückgebogen sein. An der Côte d'Or wiederum schneidet man nach der Methode des ›Cordon guyot‹, will sagen, ein Zweig wird niedrig, rund dreißig Zentimeter an einem Draht in die Länge gezogen. Zwei Augen für das Fruchtholz sollen daran sitzen. Der andere aber, der ›Trageast‹ oder die ›Schoßrebe‹ ist bestimmt, das Holz für das kommende Jahr zu bilden. Im Yonne-Gebiet um Chablis verfährt man wiederum anders und hier nach soviel Einzelrezepten, daß sich kein gültiger Kanon mehr aufstellen läßt.

Übrigens heißt es Ende Februar auch die Weinstöcke von der Erde befreien, die man als Winterschutz um sie gehäufelt hat. Sobald der Saft steigt, muß die Rebe atmen können. Es kommt das Pfropfen hinzu, lauter Arbeiten, die sich bis weit in den März hinziehen. Der April bringt das Binden der Reben. Neue Wingerte wollen angelegt sein. Im Mai hebt das Pflanzen der Senker und ihre Behandlung gegen die Schädlinge an. Höchst wichtig das Ausbrechen falscher Triebe und die Zurichtung des Fruchtholzes! Im Juni muß man den Boden lockern und Pflanze nebst Stöcken kopulieren. Hernach mit dem Spritzapparat gegen Schädlinge und Blattkrankheiten zu Felde ziehen. Damit geht auch der Juli hin, denn obendrein sind die Spitzen der Zweige auszubrechen. Im August, wenn die Frucht bereits schwillt, schneidet man wiederum vorsichtig und sorgt, daß die reifende Traube Sonne erhält. Außerdem gilt es jetzt bereits, die Unzahl der Erntegeräte vorzubereiten: Fässer, Schläuche, Körbe und Keltern. Welcher Methoden man sich auch bedient, alles will gespült, gewaschen, gerichtet sein. Was Eisenteile besitzt, muß mit einer Alkohollösung gesäubert werden. Und ist der große Bottich eigentlich noch instand? Schnell eine Daube eingezogen, damit er bereitsteht, wenn im September endlich die

AUTUN
Vue de la ville d'Autun

Aquarell von J. B. Lallemand, ca. 1780
Paris, Bibliothèque Nationale,
Cabinet d'Estampes

große Rasenflächen gebettet sind – sie, die man an der Côte d'Or so oft sieht, stehen schon lange wieder verlassen. Kein Funke Leben hinter den Mauern. Der große Friede ist wieder eingekehrt – im Saône-Tal, am Serein, an der Yonne, im Beaujolais mit ihren Orten von königlichem Rang, die ein wenig seitab der Straße, umzogen von ihren glorreichen Rebenquartieren, ein Leben vornehmer Zurückgezogenheit führen. Bis die Nebel einfallen und Gemäuer, Zedern, Platanen, Weinquartiere, kurz das ganze Land in eine magische Welt verwandeln.

Im Beaujolais

Diese majestätischen Weinlandschaften Burgunds! – Gleich im Süden ein Gebiet voll großer Aufschwünge, das *Beaujolais*, eine richtige Toscana-Landschaft! In enormen Kehren kurven die Straßen hindurch, verspielt liegt hier oder dort ein Weiler, ein kleiner Hof, ein Ort, umstanden von Zypressen und Zedern, die Schatten spenden in der endlosen Flut von Rebengärten.

Wälder haben nämlich in diesem Landstrich nur hoch oben Platz, wo der braunrote Farn den Wein abwechselt. Welch einen Blick hat man von dort! Man muß nur dem tief in seiner Schlucht verborgenen Beaujeu zum Col du Fut d'Avenas hinaufgestiegen sein und Überschau über die Weinhänge des Juliénas halten.

Avenas ist ein kleines Nest, das nach all der hinaufschwingenden Herrlichkeit südlicher Landstriche wie ein Stück Eifel anmutet; darin ein Kirchlein. Wie sollte es nicht uralt sein in dieser Landschaft? Hier findet man sogar, was man sonst nur noch sehr selten antrifft, die Plastik des Brionnais, die vor der Schule von Cluny da war und des Landes ›ursprünglichste‹ Bildhauerei darstellt. Im Herzen des kleinen Gotteshauses befindet sich nämlich ein sehr erstaunlicher Altar, dessen Wände mit Reliefs überzogen sind wie ein antiker Sarkophag: Christus in der Mandorla, auch die Apostel. Recht primitiv und kraftvoll geschlagene Köpfe, die ein wenig wie gebacken aussehen. Auf einem der Seitenteile wird gar der hl. Ludwig dargestellt, wie er die Kirche cluniazensischen Mönchen überreicht. Allein, diese Szene hat schon manche Feder in Bewegung gesetzt. »Eine Fälschung!« rufen die einen empört; »eine falsche Auslegung!« die andern; die dritten endlich glauben an das, was sie sehen und freuen sich, wenn die Systematiker der Kunstgeschichte mit ihrem Datierungsschema durcheinander geraten. Sei's wie es will! In gelblicher Festlichkeit leuchtet der Altar von Avenas in jüngst erst renovierter Kirche ein wenig abseits der Straße, die in unerhörten Schwüngen aus den Weinbergen des Beaujolais in die tief-tiefen Wälder von Les Echarmeaux hinüberkurvt, die ebensowenig ein Ende zu nehmen scheinen.

Gesegnete Mittagslandschaft! Man befindet sich wirklich im Süden. Tief im Schoße der Hänge liegt *Salles*, ein winziges Dorf, ehedem Priorei von Cluny. Schon seit 950 hat man daran gebaut; später dienten Klausurbauten und Kirche einem Damenstift. Ausgezeichnet dieses nachmalige Avancieren! Die frommen Frauen sind stets sorgsam mit ihren Altertümchen umgegangen. Vollends hier in den Weinbergen; da lebt immer eine konservative Gesinnung. Wie gut in der Glut des Sommermittags, das winzige Refektorium mit seinen schönen, kühlen Gewölben oder der Schatten des Kreuzgangs, von dem wenigstens noch ein Flügel erhalten ist. Oder die Stille der alten Kirche, die man ein wenig renoviert hat. Ein richtiger Beaujolais-Ort, dieses Salles, ein halb vergessenes Relikt alter Zeit, das lauter süße Winkel bildet; durch Flamboyantpförtchen kann man von der Kirche gleich hinüber in Kapitelsaal und Klausur von ehedem schlüpfen.

Sommerbehagen im Beaujolais! In *Beaujeu* schliefen die Hunde gemächlich im Rinnstein; die Lehrbuben dösten in den Werkstätten vor sich hin. Das Fräulein der Tabakregie war hinter der Theke in tiefen Schlummer gesunken und sogar der Kellner im Gasthaus eingenickt. Wer hätte solchen Dornröschenschlaf stören wollen? Schon besser, nach einem letzten, sehnsüchtigen Blick auf die kostbaren Lagen des Morgon, Juliénas, Fleury, Moulin-à-Vent, St-Amour gleich ein Haus weiter zu ziehen. Die Weinlandschaften nämlich folgen einander in Burgund so dicht wie Häuser an einer Straße.

Hart nördlich des Beaujolais liegt das Weingebiet von *Mâcon* mit seinen Kreszensen von Pouilly und freilich auch kleineren Weinen in Mengen. Bergig ist es wohl auch, gar so hoch geht es allerdings nicht mehr hinauf. Aber dennoch muß man grad hier auf die Höhen und Überschau halten. Man muß nach *Brancion* gehen, einer Burgruine, deren Herren den Mönchen von Cluny das Leben einst schwer gemacht haben. Man muß zur Weihnachtszeit hin, wenn die alten Gemäuer von tausend Lichtern illuminiert sind und in langem Zuge die Winzer von *St-Vincent* der Kirche zuziehen, um in der Mitternachtsmesse die besten Weine des Jahres weihen zu lassen!

Niedriges Kirchlein ganz hoch über dem Lande, man sieht es dir mit deinen burgundischen Spitzbögen, den enggestellten Seitenschiffen, dem gedrückten Tonnengewölbe, dem schweren Gemäuer, deiner halbverblaßten Malerei kaum mehr an, daß nach den Edelherren der nahe gelegenen Burgruine die Grafen von Flandern und hernach die ›Empereurs d'Orient‹ deine Herren waren! – Ah, wintertags, wenn der Schnee mit den Winden aus dem Morvan heranstiebt und der Wind trotz geschlossener Tür durch den ganzen Bau rumort –

weiß Gott, dann ist erst deine Stunde gekommen! Die Weinbauern des Mâconnais feiern unter der schweren Vierungskuppel ihr Weihnachtsfest beinahe so festlich wie die Hirten in der Provence.

Wieviel ist freilich hier oben bereits verblichen, wieviel verlorengegangen! Selbst obszöne Kritzeleien hat man über die ehrwürdigen Malereien des frühen Mittelalters mit den Auferstandenen des Jüngsten Gerichtes gekrakelt. Aber wer sähe nicht ob dieser grandiosen Lage darüber hinweg! Denn dieses Kirchlein über dem Mâconnais und seinen Weinlagen, dieses Kirchlein aus nacktem Turm, einfachem, erhöhtem Mittelschiff und niedriger anstoßenden Seitenschiffen liegt hoch auf des Landes Wasserscheide. Der Blick ist überwältigend, den man hier oben hat. – Der Wein von Burgund, hier oben erlebt er an Weihnachten sozusagen seine heroischste Stunde.

›Les Grands Crus‹

Dieser Wein, der aller Weine Wein ist, genossen zu Schnecken mit frischer Kräuterbutter und einem Hauch Knoblauch. Oder zu einem ›Pintadon au canapé‹, einem Perlhuhn auf hachierter Geflügelleber mit Toastunterlage ... erst durch den Wein wird sie so einmalig, die burgundische Küche!

Genau einhundertundelf Lagebezeichnungen der ›Grand Crus‹, der Spitzenweine, die samt und sonders mit erlaubter Höchstzahl des Aufkommens im Kataster festgelegt sind, führen die burgundischen Handbücher auf. Sie unterliegen strenger gesetzlicher Observanz, die vollkommene Gärung und eindeutige Deklarierung befiehlt. Man kann getrost von Keller zu Keller ziehen und probieren – nichts, das eine unterbrochene Entwicklung des Weines, Zucker- oder Mostzusätze verriete. Seine

Sauberkeit, seine Qualität sind vollkommen. Das Streben nach Systematik und Klarheit, diese französische Nationaltugend, hier hat sie ausgezeichnete Dienste geleistet. Nicht umsonst geht es während eines fleißigen Winzerjahres auf dem Rebacker und im Keller mit einer Sorgfalt zu wie bei der Pflege eines hochgeborenen Kranken . . .

Ob seines wundervollen Feuers und seiner rassigen Fülle erfreut sich der burgundische Wein bereits seiner Beliebtheit, seit Fagon, Arzt Ludwigs XIV., ein körperliches Mißbehagen seines erlauchten Patienten mit dem Wein der Côte d'Or sowie des Beaujolais kurierte. Indessen, berühmt war er schon lange und bereits von der Partie, als man Jahrhunderte zuvor in Brügge zwischen England und Frankreich über das Ende des Hundertjährigen Krieges verhandelte. Er diente hochfahrenden Herzögen und mächtigen Königen zur Erquickung, aber er half auch manchem armen Teufel, der im Spital des Kanzlers Nicolas Rolin zu Beaune seinen letzten Atemzug tat, über die schwere Stunde. Selbst die strengen Mönche des Klosters Cîteaux nannten kostbare Weinhänge ihr eigen; sie haben an der Weinkultur der Côte d'Or sogar entscheidenden Anteil. Es gibt in Dijon noch heute eine uralte zisterziensische Kellerei zu sehen.

Freilich, nicht nur die Regionen am Laufe der Saône, sondern auch die Landstriche seitab der Yonne sind von der Natur besonders begnadet. Diese unscheinbaren Talhänge des Serein um Chablis ostwärts Auxerre, sie liefern einen Wein, der jeden Vergleich mit den andern Kreszenzen Burgunds aushält. Freilich, es ist eine Gegend, mit der man nicht allzu viel Staat machen kann: halbhoch die Hügel, hier ein Tal, dort ein Wasserlauf, dann treten die Berge zurück, Felder schließen sich an. Kaum nennenswert die Neigung der Hänge, an denen in warmer Frühherbstsonne der kostbare Wein reift!

Das Örtchen *Chablis* ganz still und beschaulich. Man kann es nicht anders nennen. Es träumt der Ernte entgegen, die in wenigen Tagen beginnen wird. Es träumt seinen Kleinstadtmorgen. Das will sagen, von den feinen Leuten bekommt man gar nichts zu sehen; die sitzen hinter den haushohen Mauern ihrer Villen gut geborgen. Ihr Leben ist der Öffentlichkeit ganz entzogen. Aber Madame von der Epicerie und Mademoiselle von der Boulangerie haben schon einen Frühschwatz hinter sich. In den Weingärten blinkt und blitzt es bereits von Metallstreifen, mit deren Spiegelreflexen man die Vögel abschrecken will. Fern zieht schwer ein träges Gespann über die Stoppeläcker des Grundes. Den Ort geht das alles nichts an! Weinorte erwachen, die Zeit der Lese ausgenommen, erst spät.

Ganz anders freilich die Côte d'Or, die alte burgundische Herzlandschaft südlich Dijon entlang der Saône-Hügel!

Paradiesgarten

Es gibt einen Mann, der diese Gegend so sehr liebt, daß er sich aus ihrer allzu engen Umarmung löste und auf die Berge zog, um ihre Schönheit ganz und aus der Distanz sehnsüchtigen Verlangens genießen zu können. Es ist Monsieur Thevenin, der ein Weingut nebst einem Schloß an den Hängen der Côte besitzt. Dort, wo die erlauchten Traubengeschlechter Schutz vor den Winden des Morvan finden, reifende Flußnebel allherbstlich die Trauben umhüllen und die Sonne Wärme in wabernden Gluten spendet. Aus diesen Paradiesesgärten, an denen nach mancher Menschenmeinung die besten Weine der Erde reifen, ist Monsieur Thevenin zur Crête, zum Kamm der Côte, hinaufgezogen. – Man hat ihn vor einiger Zeit dort oben sogar zum Bürgermeister gemacht, zum Maire von *St-Romain*, einem Nest aus grünen Parkseligkeiten, das, sich selber genug, über dem Lande schwebt mit seiner Handvoll Winzer, einer arm gewordenen Adelsfamilie nebst halb verfallenem Château und einem Haufen unverheirateter Töchter – allein mit seinen Anekdoten, Nußbäumen und dem Esel Mulot, der tiefsinnig zwischen den hohen Mauern der Parks spazierengeht.

Dort kann Monsieur Thevenin an guten Tagen die Schweizer Alpen sehen. Und er kann zur Côte hinunterschauen. Ein armer Reicher, der vor dem Überfluß floh? Ein kluger Reicher, der das Staunen nicht verlernen wollte. Denn St-Romain skandiert den ersten großen Atemzug der zwischen Chagny und Dijon gelegenen Côte d'Or, die man den Weinlagen nach in zwei Abschnitte gliedert: die Côte de Beaune, darin der rote Pommard, der Volnay, der Santenay und der weiße Meursault reifen, und die Côte de Nuits, zubenannt nach Nuits-St-Georges mit ihrem Fixin, Chambertin, Vougeot und wie sie alle heißen. In St-Romain zu wohnen, ist vieler Burgunden Wunsch. – Hier im September sein! Rotlaubig wallen die endlosen Prozessionen der Rebstöcke über alle Hänge hinab, aus allen Seitentälern hinaus. Überall ziehen die Traubenleser mit ihren ausladenden Körben auf der Schulter durch die Hänge. Welch eine Lust zu leben! Welche Tage, wenn die Nüsse ins müde werdende, bereits herb und schwer duftende Gras fallen und der Wein rubinrot oder topasfarben in den Gläsern schimmert!

Oder in *Meursault* sein – dort, wo zwischen Beaune und Chagny der berühmte Weißwein wächst! Vorherbst war's. Durch schattige Wege ging es hinaus in die Rebenhänge, vorbei an langen, grauen Mauern, über welche sich die Katzen buckelten. Jeder Weingarten bestand aus endlosen Kolonnen türkisgrüner, ausgerichteter Reben, denen man eben mit der Heckenschere die vorwitzigen Triebe beschnitt, damit die Sonne leichter Zutritt zu den golden reifenden Trauben fände. Immer höher zog sich der Weg, wiewohl das Land hier gar keine sonderliche Höhe gewinnt. Die Überschau ins Saône-Tal wurde weit. Man erkannte über die Hänge von Monthélie hinweg Beaune im grünen Grunde. Vor allem aber sah man Meursault, diesen begnadeten Ort selbst – den hohen Steinturm der Kirche über dem Spitzdach aus Steinplatten, das hoch aufragende Rathaus mit den glasierten, gemusterten Ziegeln in Schwarz, Grün, Gelb, wie das an der Côte Mode ist, und das Ganze wohlgeordnet in Parks und graue Häuser, hohe Dächer und Binnenhöfe, die man voll blühenden Oleanders wußte.

Es war ein ganz ungewöhnliches Jahr; Brombeeren gab es in unerklärlicher Fülle. An allen Wegen hingen ihre glasierten, duftenden Früchte in leuchtend roter Unruhe oder perligem, sanftem Schwarz. Hagebutten, Weißdornbeeren leuchteten rot, bläuliche Schlehen dazwischen; alles war voller Reifezauber. Die Waldrebe ging schon in ihre wolligen Samen und warf sich über Gemäuer. Alter Efeu öffnete eben seine gelbe Knospenblüte und schickte lange Triebe mit lanzettartig schmalen Blättern wie Schlangenköpfe hervor. Fülle des Herbstes! Das Bild des Ortes war immer überschaubarer, reiner, schöner geworden. Während er sich entzog, öffnete er sich. Es war viel Heimkraft in ihm, etwas sehr Beglückendes; ganz anders als in dem südlich anmutenden Beaujolais. Es ist eine nördliche Schönheit, wie sie ganz rein auch *Aloxe-Corton* besitzt, genährt vom üppigen Laub der Kastanien und blühenden Blumen und grünen Weingärten. Es war die Verzauberung, die der Côte d'Or eigen ist. Meist empfindet man das nur, wenn die Nebelschwaden ziehen, und die Blätter der Weingärten vor Auxey-Duresse in Rot und Gold aus der Trübe glimmen. Nun aber entstand dieser köstliche Prospekt in Grün – eine volle, klingende, schöne Harmonie von gezähmter Natur und kunstvoll gefügtem Gemäuer.

Dies ist die Gegend von *Nuits-St-Georges*, Marsannay-la-Côte, aber auch Schloß Vougeot, der zisterziensischen Expositur in den Rebgärten von Nuits-St-Georges, die nebst romanischen Kellergebäuden noch eine gotische Küferei besitzt, darin vier gewaltige Keltern aus uralter Zeit stehen ... *Clos-Vougeot*, Ruhm und Inbegriff der Côte d'Or! Clos-Vougeot, das jetzt am Abend der Zeiten zum Schauplatz der Schmausereien und des Mummenschanzes geworden ist. Als wäre alle Vergangenheit und Größe Europas eine einzige Maskerade. In Clos-Vougeot residieren nämlich zur Stunde die ›Chevaliers de la Tastevin‹, die Ritter vom Probiernapf – das ist jene flache Schale, mit der die Winzer Burgunds Geschmack und Bukett der reifenden Weine prüfen.

Die Ritter vom Tastevin

Dennoch, es scheint angebracht, in dieser Genießergesellschaft, die sich mit einigem Recht als berufene Vertreterin des burgundischen Weines empfindet – es ist geraten, in ihren jokosen Gepflogenheiten mehr als ein karnevalistisches Gaudi zu sehen! Als man sie im November 1934, in einer Zeit wirtschaftlicher Schwierigkeiten, gründete, galt es vor allem Freunde für den burgundischen Wein zu werben. Doch darüber ist man längst hinaus; die Confrérie eifert dem Vorbild berühmter Vorgänger nach, deren es eine ganze Reihe gibt. Wo der Wein wächst, stehen die Vereine allemal in Blüte. Schon in den traurigen letzten Tagen der ausgehenden Epoche Ludwigs XIV. huldigte eine ›Ordre de la Buisson‹ unverdrossen dem Pokulieren, und die Gesellschaft der

›Francs-Buveurs bourguignons‹ hielt 1812 trotz der Katastrophe der großen Armee in Rußland recht munter aus.

Von solchen Traditionen ist also bei den Sitzungen der Chevaliers allerlei zu spüren. Ein bißchen hat zudem Rabelais, ein bißchen Molière Pate gestanden, und selbst das Brimborium spielt seine Rolle. Immerhin liegt in diesen teils parodistischen, teils selbstgefälligen Zügen neben schmunzelndem Behagen etliche Selbstironie . . .

Fanfarenschall! Nehmen wir teil an dem Einzug des Großmeisters, der feierlich durch das Renaissancetor von Clos-Vougeot heranschreitet, angetan mit dem hermelinbesetzten, roten Talar, behütet vom birettartigen Chapeau, gefolgt vom Zuge der Ritter. Auf einem über Fässern errichteten Podium warten seiner bereits die Postulanten, die er heute in feierlicher Zeremonie in den Orden aufnehmen wird. Da hebt er zu reden an:

Savantissimi doctores,
oenophili professores,
qui hic assemblati estis,
et vos, altri Messiores
Tastevini Facultatis,
non possum, docti Confreri,
en moi satis admirari,
qualis bona inventio
consiste à humer le piot:
quam bella Chosa est, et bene trovata,
une vielle bouteille benedicta . . .

Hilf Himmel, welch hahnebüchenes Küchenlatein!

Hochgelahrte Doktoren,
weinliebende Professoren,
die ihr allhie versammelt,
und ihr, hohe Herren
der tastevinischen Fakultät,
nie kann ich gelahrte Brüder,
genug bewundern,
welch treffliche Erfindung
das Weinschlürfen
und welch gute, wohlerdachte Sache
eine gesegnete, alte Flasche . . .

Natürlich hat der Novize entsprechend zu antworten. Möglichst geistreich, damit der Chorus der Chevaliers ihm Beifall spendet.

Vivat, vivat, cent fois vivat
novus Chevalierus Tastevini
qui tam bene parlat . . .

Vivat, vivat, hundertmal vivat
dem neuen Ritter vom Tastevin,
der so gut gesprochen hat . . .

Nehmen wir dieses Brimborium daher als ›Sourire de Bourgogne‹, jenes Lächeln, das zu einem Weinlande gehört, gewürzt mit spielerischem, sich selber genießendem Esprit französischer Prägung und einer altväterlichen Getragenheit, die zur ›Coutume de Bourgogne‹ rechnet. Denn zu den großen Feiern des Ordens zählen auch sehr ernsthafte Anlässe, die ›Trois Glorieuses‹ vor allem, die ruhmvollen Tage des Weines zu Nuits-St-Georges, Meursault und Beaune nebst der Versteigerung der berühmten Gewächse des Hospizes zu Beaune zugunsten der Armen. An fünfhundert Konviven kann man sodann um die Tafel in der Kellerei von Clos-Vougeot geschart finden.

Lassen wir sie unter sich bei ihren Zeremonien des Ritterschlages, des Bruderkusses, der Kapitelsitzungen und der weniger spirituellen, aber für das Auge höchst angenehmen Schaustellung, wenn der ›Maître Queux‹, der Meisterkoch, die ›Porcelets en gelée‹, die Spanferkel in Gelee, aufträgt, Glanzpunkte der burgundischen Küche. Die Zufriedenheit der weingeröteten, glänzenden Gesichter spricht für sich . . .

Sie sind wirklich so etwas wie ein weltliches, die ›Joie de vivre‹ apostrophierendes Aushängeschild der uralten burgundischen Weinkultur, die Ritter vom Tastevin. Sie sind der heitere Auftakt einer Landschaft, deren schweigsame Größe unvergänglich seit jener Zeit fortbesteht, als die Gebete der Mönche härter mit Gott rangen denn Jakob mit dem Engel. Als Verdammnis und Seligkeit nur um Messers Breite voneinander geschieden waren. Als der Mensch an den großen Entscheidungen reifte, die sich ihm stellten, und unaufhaltsam die Kathedralen wuchsen, vor deren Ausdrucksgewalt wir betroffen einhalten.

Selbst Blaise Jeannot, der Invalide von Montceau-les-Mines, dessen Leben darin besteht, das Handrad von

Schleuse 16 des Canal du Centre zu bedienen: drehen – öffnen, drehen – schließen.

Fangen wir also nach solch ausgiebiger Vorrede endgültig an.

Opfergang

Der Schatz von Vix

Demütige, opferbereite Erde Burgunds, über welche die ›Rafales‹ aus dem Morvan, die rauhen Nordwestwinde blasen, um die runden Ballons der Misteln im Pappel- und Eschengezweig schwanken zu machen wie den Mastkorb eines Segelschiffes: allzu schmal ist der Schleier der Schönheit, den der Marmorstaub der Côte d'Or über dich wirft! Kehren wir zurück in die Frühzeit deiner Geschichte.

Wo die mageren Felderrücken und schluchtigen Waldtäler des Plateau von Langres die Kalkebene der Champagne abgelöst haben, entspringt Frankreichs mondänster Fluß – wirklich, man muß ihn so nennen – die Seine also, von der es heißt, sie habe die französische Hauptstadt reich gemacht. Jedenfalls ist Paris ohne dieses Gewässer, darin sich Notre-Dame wie Quai d'Orsay spiegeln, undenkbar.

Ihre Quelle sprudelt etwa zwei Wegstunden entfernt von der Abtei St-Seine zutage. In einem kleinen Talgrund und umrauscht von Wäldern. Zur Kennzeichnung des Genius Loci dient ein Schild mit der Aufschrift: ›Ville de Paris, Domaine des Sources de la Seine‹. Das will besagen, man befindet sich hier ungeachtet einer Entfernung von gut dreihundert Straßenkilometern in einer Pariser Enklave. Am Anfang des geheiligten Haines beschattet eine Grotte aus Krotzensteinen. ein winziges Teichlein, das die eigentliche Brunnenstube der Seine darstellt. Aus dem Teichlein wiederum hebt sich ein Sockel, darauf ein schönes, nacktes Frauenzimmer aus Stein ruht, wie man das im vorigen Jahrhundert liebte. Es verkörpert die Gottheit des Flusses, und zwar in der sattsam bekannten, träumerischen Pose, die das 19. Jahrhundert bei aller Freigeisterei ebenfalls innig liebte. Ringsum blänkert, und das nimmt sich hübsch aus, das von der Grotte überwölbte, klare und stille Wasser des Quellbassins, dessen Boden, nach Art der Kehrwiederbrunnen, mit Münzen übersät ist – gar zu verlockend, sich auf so poetische Weise der alten Fünffrankstücke aus Aluminium zu entledigen, die so lästig groß sind und einen Wert von ganzen vier komma fünf Pfennig repräsentieren! Amtlicher Bestimmung zuwider tummeln sich etliche Kaulquappen im Wasser. – Der die Anlage errichten ließ, war der Baron Georges-Eugène Haussmann, derselbe, der Paris nach den Plänen Napoleons III. mit hundert Kilometern Boulevards und Avenuen durchforstet hat.

Dies die Wiege von Frankreichs berühmtem Fluß, der bezeichnenderweise weiblichen Geschlechtes ist. Von hier schlendert, nein flaniert die Seine in großem Bogen nach Nordwesten in die Ebenen um die Hauptstadt des Landes hinaus. Als distinguierte Dame hat sie es niemals eilig. Ehe sie indessen das Flachland erreicht, kommt, gar nicht einmal weit von der Quelle entfernt, Châtillon-sur-Seine in Sicht. Das ist, wenn man das Gemütliche und Kauzige fortdenkt, eine Art französisches Rothenburg, gelegen an einigen denn doch recht ausgefallenen Kehren und Schleifen des sonst so wohlerzogenen Flusses. Weiß Gott, es muß Verliebtheit im Spiel sein! Die Seine nimmt hier die Douix auf, ein dem Felsrücken von Châtillon entströmendes Wasser von

WEINLESE
Ausschnitt aus einem Wandteppich

Burgundisch, um 1500
Paris, Musée de Cluny
(Ausschnitt aus dem Schutzumschlag)

sechshundert bis dreitausend Litern Schüttung pro Sekunde, eine ›Source vauclusienne‹, einen breiten, aus dem Erdenschoß quellenden, von Wasserpflanzen durchwogten Born unter hohen Bäumen, vergleichbar dem Hirtengott der Sage, dessen Antlitz ein Kinderstaunen trug und deshalb den Menschentöchtern, denen er sich auf seinen Streifzügen vermählte, von der Schönheit eines Märchens erschien.

Die Seine feiert denn dieses Ereignis auch mit höchst verzückten Windungen und Schwenkungen, deren Signatur man nur als Choreographie des Außersichseins bezeichnen kann: sie biegt weit nach West, schwenkt ganz nach Ost zurück, teilt sich, läßt Inseln entstehen, strömt unter breiten Platanenreihen dahin, begleitet von Promenaden für Verliebte und junge Dichter, kehrt abermals um und findet erst im herrlichen Parc Marmont zu ihrer gewohnten Contenance zurück. In diesen Talgrund, umzogen von den Höhen des Plateaus, durchströmt von den Armen der Seine, lagert sich also das kleine Châtillon nebst seinem schweren Ranzen voll historischer Reminiszenzen.

Châtillon ist zu einem Teil ein ganz neu aufgebauter, quicker Ort mit breiten Straßen und zum andern Teil ein uraltes Nest verschachtelter Dächer, über denen der bläuliche Frührauch der Herdfeuer wie ein Schleier der Sage schwebt. Hier wurde 1814 zwischen den Alliierten – den Österreichern, Russen, Engländern und Preußen – und den Vertretern Napoleons I. über einen Frieden verhandelt. Hier befand sich im ersten Weltkrieg das Hauptquartier des Generals Joffre, von dem der berühmte Befehl des 6. September 1914 ausging, der in der Marneschlacht seinen Niederschlag fand, will sagen, der jenen Rückschlag für die deutschen Armeen einleitete, den sie nie mehr verwanden – wie gern man bei uns auch davon träumt, die Franzosen seien am Ende gewesen und der Oberstleutnant Hentsch mit seiner Rückzugsorder an allem schuld. – Châtillon endlich war im zweiten Weltkrieg der Brennpunkt zahlreicher Zusammenstöße zwischen der Wehrmacht und dem Maquis. Siebenunddreißig solcher in Gefangenschaft geratenen Freiheitskämpfer hat man in einem nahe gelegenen Wald erschossen wie die Franzosen ihrerseits 1809 in den Wiesen von Wesel die Schill'schen Offiziere. Ein Monument erinnert daran, das leider nur eines von vielen in Frankreich ist. – Genug davon!

Wo Quellen sind, wohnen die Götter. Wo die Götter hausen, sind vorzeiten die Kirchen entstanden. Und so gewahrt man hoch auf dem Felsrücken über der Douix-Quelle und der zauberhaft in den Hang gebauten Altstadt von Châtillon die kreuzförmig angelegte Kirche *St-Vorles* mit ihren drei rechteckigen Apsiden. – Uralt: 11. Jahrhundert. Der Turm, was den Kunstbeflissenen einiges sagt, von lombardischer Prägung. Der Stein so grau und schwer, daß selbst die abendliche Anstrahlung durch eine Hekatombe von Scheinwerfern das Bauwerk nicht zu einem Leuchten, sondern höchstens zu einem Aufglimmen bewegt, was den Eindruck von Altersschwere und Geheimnis natürlich sehr verstärkt. Wieviel Poesie besitzt dieses Gotteshaus von stumpfem Grau-Ocker mit seiner schweren Bürde von Jahren auf dem gedrückten Dächern! Oh, dieses Monument des Dauerns über dem Rauschen der Bäume um die Douix-Quelle – hinter sich nebst den Resten einer alten Burg einen Friedhof, die Raststätte des Vergänglichsten also, das es auf dieser Erde gibt, des Menschen! Ein Friedhof mit all den marmornen Obelisken, sarkophagartigen Grabsteinen, künstlichen Blumen, vermoosten Inschriften und Blechkränzen, kurz dem gesamten ergreifenden Kitsch der Trauerbezeugungen, wie man dergleichen in Frankreich immer wieder findet.

Aber das ist es grade. Merkwürdig, wie sich nicht nur die Geschichte um gewisse Orte konzentriert! Vielmehr, in diesem Lande der ›Clarté‹ und der ›Raison‹, der Klarheit und des blitzenden Geistes, drängt auch der Mythos viel heftiger aus dem Boden als man vermuten sollte. Die Höhen hinter Châtillon, vom Mittelalter bis in die Neuzeit eigentlich zu kaum etwas anderem als der Schafzucht genützt, geben immer wieder erstaunliche Geheimnisse aus Frankreichs Vorzeit preis. Eines der größten kennt man erst seit kurzem. Will sagen, bei uns hat man bis heute kaum davon Notiz genommen . . . Aber der Reihe nach.

Sechs Kilometer nördlich von Châtillon sind dem Gelände der Höhenrücken einige bescheidene Erhebungen aufgestockt, darunter der *Mont Lassois* beim Dorfe *Vix* mit dreihundertsieben Meter Höhe über Normalnull, was bedeutet, daß er seine Umgebung weniger als Berg, denn als Erdbuckel überragt. Schon seit der neolithischen Epoche, also seit etlichen tausend Jahren hat hier eine keltische Bevölkerung gesessen, deren Spuren aus zahlreichen bearbeiteten Silexsteinen – Pfeilspitzen, Schabern und Messern – bekannt sind. Die Masse der Zeugnisse grub man in den Jahren 1929 bis 1939 aus, dazu mehr als eine Million von Scherben mit charakteristischen Schmuckformen, ferner Fibeln, Gewichte für Webstühle, Schmuckstücke und Waffen, und schließlich erstaunlich viel Produkte aus derzeit recht entlegenen Gebieten: Bernstein aus dem Baltikum wie dem Ammerland, sogar Korallen vom Mittelmeer und attische Keramiken mit schwarzer Figurenmalerei auf rotem Grund. Das läßt vermuten, einer der Handelswege dieser Epoche sei von Marseille über das Rhône- und Saônetal nach hier verlaufen. Aber das stimmt nicht. Wie Funde offenbaren, führte er über die Alpenpässe der Schweiz.

Durch so wichtige Ergebnisse ermutigt, grub man am

Reifen, ferner die Radnaben, eine mächtige, wohl als Federung dienende, gekrümmte Metallstange und eine ganze Reihe von Sonnenplaketten. Immerhin genügte das, um das Totengefährt der keltischen Prinzessin zu rekonstruieren, das keineswegs für eine Bespannung eingerichtet war, sondern von Menschenhand gezogen werden mußte. Auf dem Fahrgestell stand kein fester Wagenkasten, sondern eine wohl mit Kissen ausstaffierte und tragbare Sänfte oder Liege, auf der die Tote mit erhöhtem Rücken ruhte, den Leib, wie sich noch feststellen ließ, mit einem Gewebe verhüllt.

Welch ein Einblick öffnet sich uns hier abermals in die geschichtlichen Anfänge der Menschheit nördlich der Alpen! Aus den Grabbeigaben von Vix spricht nicht nur der Reichtum vergangener Völkerschaften, sondern auch ihr Sinn für erlesene Qualität. Gehen wir fehl in der Annahme, die Zivilisation von damals habe sich edlerer Geräte und Kunstformen bedient, als die Industrie sie für die Bedürfnisse der Menschen von heute schafft? Natürlich ist der Schatz von Vix eine Ausnahme, allein er setzt Maße.

Noch etwas anderes stimmt nachdenklich. Aus Repräsentationsgründen senkt man keine derartigen Kostbarkeiten in ein Grab. Bleibt nur eine Erklärung, die so gar nicht mit unserer anmaßenden Vorstellung übereinstimmen will, der Weg der Menschheit führe konsequent aus der Dunkelheit ins Licht, und auch Gefühl wie Gesittung hätten eine ähnliche Entwicklung genommen. Wie sehr muß man in jener für roh und barbarisch geltenden Epoche, in der Rom eine noch recht unbedeutende Kleinstadt war – wie sehr muß man diese junge Frau geliebt, verehrt, betrauert haben, daß man sie für ihre Fahrt ins Jenseits mit solchen Beigaben versah, die ob ihrer Zahl und Erlesenheit selbst für einen Krösus unserer Tage fast unerschwinglich wären.

Keltenfeuer

Im Umkreis des Morvan, des burgundischen Zentralmassivs, stößt man immer wieder auf Spuren der keltischen Epoche. Dieses große Waldgebirge war eine Art ›Reduit national‹ der Urbewohner Frankreichs. Dementsprechend pflegt man dort heute die Erinnerung an sie.

Fährt man aus dem engen Dheune-Tal bei *Ciry-le-Noble* oder *Montceau-les-Mines* nach Osten hinaus, gelangt man sehr plötzlich in ein Höhenland, das im Mont-St-Vincent bis sechhundertunddrei Meter hinansteigt. Am besten, man nimmt den Weg zur Zeit der Brombeerenreife, wenn die Hecken zu beiden Seiten der Straße dicht mit den Dolden glänzend schwarzer, duftender Früchte gesprenkelt sind. Es geht endlos hinan, und ebenso endlos halten die Mauern der dornigen Ranken ihre zuckersüßen, dicken Beeren in den Wind, der sanft über die Hänge streicht.

Der *Mont St-Vincent* ist eine runde, buckelige Kuppe, die dort, wo man weit nach Autun und gegen die Höhen des Morvan hinaussehen kann, eine alte romanische Kirche vom Ende des 11. Jahrhunderts trägt. Sie besitzt keinen Turm; er ist 1793 zerstört worden. Dagegen ein schwerleibiges Mittelschiff nebst einem quadratischen Narthex, niedrigen Seitenschiffen und ein gering erhöhtes Vierungsdach. Vom Verfall bedroht liegt sie da. Der Nordostflanke ward bereits ein schweres Strebewerk vorgelegt, um sie zu stützen. Längst sind auch die Vierungspfeiler von kräftigenden Rundpfeilern ummauert, und eben ist man dabei, den grünen Algenbelag aus dem Schiff zu entfernen. Den Kapitellen wird es allerdings nicht mehr viel helfen und auch dem Tympanon des Portales unter dem schweren Narthex kaum, auf dem man eben noch den thronenden Christus mit den Aposteln Petrus und Paulus erkennen kann. Die Kirche von Mont-St-Vincent ist cluniazensische Priorei gewesen. Auch die Kirche auf dem Hange des Nachbarberges, die von Gourdon, gehört dem Typ der Cluniazenser-Bauten an, der sich in Mont-St-Vincent verkörpert, wenn sie auch nicht so majestätisch und harmonisch wirkt. Doch das nebenbei . . .

Es ist etwas Einmaliges, Hoheitsvolles an der Kirche von Mont-St-Vincent, dem Spiel der Bögen und Formen und einer Decke aus quergelagerten Tonnengewölben wie in Tournus oder den Arkaden zu den Seitenschiffen, die in den Schräglinien der Kapitelle so zugespitzt auslaufen, daß man immer meint, der Bogen biege sich nach unten gleich einem maurischen Hufeisen zusammen. Bricht bei bewölktem Himmel die Flotte der Wolken auf und wärmt sodann ein Schein des Himmelslichtes das alte, schwere, graue Bauwerk, steht sein Rustika-Gemäuer wie ein Inbegriff der Nüchternheit und Strenge gegen die gemeißelten Schatten.

Neben der Kirche trägt der Mont St-Vincent ein Dorf auf seinem Rücken, das einem Geschwader von Seglern unter dem Winde gleicht. Seitab auf der höchsten Kuppe, wo die Lüfte am heftigsten blasen, erhebt sich ein kleines Observatorium und ein Aussichtsturm. Man erkennt die Berge des Mâconnais, fern im Süden hoch gelagert und tintenblau den Gebirgswall des Beaujolais; man blickt nach Nordwesten zum Mont Beuvray und zum Bois du Roi, und man sieht das ganze, weite Land mit Seen, Teichen, Flüssen und Feldern dazwischen, gesprenkelt von Ortschaften. Fast wie im Württembergischen. Rot und behaglich.

Dies also ist der Platz, an dem am Sonnabend vor Pfingsten ein riesiges Feuer angezündet wird – Haufen zusammengeschleppten Reisigs, untermischt mit Dornen, Ästen, Gezweig, wie es grad anfällt. Unten hineingesteckt Strohwische, damit die Sache hübsch ins Flammen gerät. Schon sinkt die Nacht. In den Tälern sind längst die Lichterbeete der Dörfer und Städte entglommen. Da loht an dem mächtigen Brandstoß eine prasselnde Feuerzunge hoch, schießt steil empor, greift um sich, verbreitert sich, angefacht von den Hangwinden. Der mächtige Haufen flammt wie eine einzige Fackel. Siehe da, es kommt Antwort aus der Weite der nächtigen Horizonte! Man kann es vom kleinen Aussichtsturm selbst ohne Fernglas erkennen; auf dem Mont Afrique bei Dijon leckt ebenfalls eine Feuerzunge hoch, desgleichen auf dem Mont Beuvray, dem Mont St-Romain ...

Das eben sind die Keltenfeuer, die man an diesem Abend in Burgund abbrennt. Sie gelten einmal den Vorfahren schlechthin, und zum andern dem Gedenken an einen erstaunlichen Mann, dessen Name wie ein gewaltiger, tragischer Schatten durch Caesars ›De bello gallico‹ geistert. Nur der Name, wohlverstanden, und die Tat. Die Gestalt dieses Mannes, und das mag versteckte Absicht gewesen sein, bleibt recht undeutlich.

Demütige, opferbereite Erde Burgunds, jeder der herbstlichen Stürme, welche die blinkenden Flußspiegel der Täler grau schraffieren und die Krähenschwärme gleich maßlosen Schwüngen von Todessaat über den Himmel streuen, verwandelt dich in ein Land der Mythe. Aber war es wirklich der ferne Todesgesang einer keltischen Prinzessin, dieser Aschenrausch aus den Grüften verschollener Epochen, der deine Menschen spiegelt, dein Wesen offenbart? Oder nicht vielmehr das Tedeum der Mönche zu Cluny, das Miserere des Mystikers Bernhard von Clairvaux, das ekstatische Alleluja der Marguerite-Marie Alacoque, der hl. Bernadette Soubirous, deren unverwesliche Leiber zu Paray-le-Monial und Nevers so sanft in ihren Glassärgen ruhen, als habe die Ewigkeit Blüten getrieben? Oder, wenn es auf Ursprünge und Zeugnisse der Frühzeit ankommt, steigt uns dann als Wahrbild aus den mit Eselsohren und Kritzeleien genarbten Lateinbüchern unserer Jugend nicht vielmehr das einsame, halb verwischte Antlitz jenes Menschen samt seiner lapidaren Lebens- und Leidensgeschichte entgegen?

Am Anfang und Ende Burgunds das Opfer! Nicht von Roms ruhmvollen Feldherrn Gajus Caesar, hingegen von seinem Gegenspieler Vercingetorix soll hier die Rede sein, der 52 v. Chr. zum großen Gallieraufstand gegen die römische Überfremdung aufrief. Er war zu dem bitteren Selbstopfer ausersehen, wie es die Geschichte immer wieder von ihren großen tragischen Gestalten fordert.

Freilich, es gibt nur noch Örtlichkeiten und Spuren, an denen man ihn sich imaginieren kann. Etwa am Südrande des Morvan, auf der Höhe des Mont Beuvray jenes Bibracte, das eines der berühmten gallischen Oppida und die keltische Kapitale der Eduer war, an denen sich der nationale gallische Widerstand fixierte; es muß sowohl eine Art Versammlungsplatz und ein Refugium der umwohnenden Landleute wie eine Ansiedlung gallischer Handwerker gewesen sein. Hier rief Vercingetorix vor nunmehr zweitausendundzehn Jahren einen Kriegsrat der gallischen Stämme zusammen, mit welchem der große Aufstand gegen die Legionen der Römer begann, die sich seit Jahren im Lande befanden. Bibracte war wie geschaffen als Rückhalt für eine solche Unternehmung. Praktisch überzog die gallische Fluchtburg mit ihren Wällen von insgesamt fünf Kilometern Länge die gesamte Höhe des *Mont Beuvray*, jenes über achthundertundzehn Meter aufsteigenden Berges, auf dessen Plateau später ein Gedenkstein für den hl. Martin zu stehen kam, wohl, weil er das Heiligtum einer gallischen Gottheit war, an welche die Erinnerung bis ins 16. Jahrhundert nachklang.

Man gelangt auf langem, gewundenem, oft steilem Sträßchen durch herrliche Wälder von Eichen und Buchen von Osten hinan, streckenweise von Maronenbäumen begleitet, dann wieder lange Zeit eskortiert durch hohe Ginstermauern. Das Plateau wird von hohen Buchen umzogen und abgeschirmt. Ein Platz, wie ihn sich Moritz von Schwind ausgedacht haben könnte. Nur nach Süden gibt sich der Ausblick frei. Aber welch ein Panorama, dieses *Becken von Autun*, auf das man hinausblickt! Ein weitläufiges Gebiet wechselnder Wald- und Felderquartiere, jeder Acker, jede Wiese, wie für Burgund typisch, von Hecken umzogen, dazwischen Teiche, Orte und Städte, deren Namen gleich dem von Autun wie Siegel dem Lande aufgedrückt sind. Der Himmel geht mit seinem großen Wolkenzuge und seinem gewaltigen Atem darüber hin, als wäre das Vorgestern der zweitausend, das Gestern der tausend Jahre dasselbe wie heute. Auch die Abfahrt nach Westen ist wundervoll; endlos führt sie in Kehren durchs *Val de Petiton* hinab auf Lucy. An jeder Wende des Weges öffnen sich die Mauern des Waldes und ein weiter Blick wird frei; immer näher kommt die Ebene, während im Rücken der Mont Beuvray zwischen den Baumkronen entschwindet.

Dies ist also der eine Punkt, mit dem sich die Erinnerung an Vercingetorix verschwistert. Kein Zweifel, man spürt noch heute, welch ungeheure Leistung es für die römischen Legionäre war, auf Waldpfaden gegen den mächtigen Hang anzudringen, der endlos über tiefe Wälder und Schluchten hinansteigt.

Der andere, von den Schatten einer Tragödie ohnegleichen umwitterte Punkt ist *Alise-Ste-Reine*, ein Bergrücken im Auxois gegenüber von Flavigny-sur-Ozerain und nicht weit von dem entzückenden Semur-en-Auxois gelegen. Zum Zeichen seiner nationalen Bedeutung trägt er ein von Millet geschaffenes Vercingetorix-Denkmal, das fast so scheußlich wie Hermann von Bandels Arminius im Teutoburger Wald ist, nur daß die Franzosen ehrlich genug sind, es zuzugeben.

Alesia – die Römerstadt

Vercingetorix hat von Anfang an wenig Glück mit seiner Erhebung gehabt. Wie immer dürften sich Stammesinteressen und Eifersüchteleien der Häuptlinge untereinander der Befreiung in den Weg gestellt haben. Schon allzu bald mußte er sich auf sein Stabsquartier, das heutige Alise-Ste-Reine eben, zurückziehen. Als es unter dem Ansturm der römischen Legionäre fiel und Vercingetorix sich gefangen gab, legten die Römer hier oben eine Stadt an, die man seit rund hundert Jahren ausgräbt. Napoleon III. hat noch die Weisung dazu gegeben.

Man steht also auf geweihtem Boden. Hier ging das freie Gallien unter. Es blieb nicht keltisch, wie Germanien germanisch bestimmt blieb, sondern es wurde lateinisch. Das hat sein Wesen bis heute geprägt. An sich war der Platz vorzüglich gewählt. Auch hier begreift man nur schwer, wie es die Römer fertiggebracht haben, einen an Zahl überlegenen Feind zu besiegen. Und kaum besser, wie sie die Stadt, die drauf hier oben entstand, mit allem was nötig war, versorgten. Denn mittlerweile ist ein ganzes Gemeinwesen ans Licht gekommen, nördlich und südlich um eine Hauptstraße gelagert, die von Kolonnaden begleitet war. Im Grunde erkennt man an dieser Anlage noch das Schema der römischen Militärlager. Es gibt dort, wo der Grundriß der Stadt in späteren Jahren etwas weiter ins Freie ausholte, ein Quartier der ›besseren Leute‹ und darin das weitläufige Haus eines reichen Mannes, das, wie erkennbar, über Atrium und Impluvium verfügte. Diese Eigenart des römischen Hausbaues dürfte für Alesia sehr wichtig gewesen sein. Denn Quellen fanden sich hier oben nicht. Allüberall sind daher auch bis zu achtzehn Meter tiefe Zisternen über die Hochfläche verstreut, um das Regenwasser zu sammeln. Ausgehöhlte Steinrinnen, die man umherliegen sieht, haben als Zuleitung gedient.

Übrigens ist man am Ortsende der bisher freigelegten römischen Siedlung neuerdings auf einen Brunnen gestoßen, der in sechsundzwanzig Meter denn doch auf Quellwasser gestoßen sein dürfte – eine außerordentliche technische Leistung; die Bohrung ging senkrecht in gewachsenen Fels hinein. Man hat an demselben Ostende noch Spuren einer gewissen Industrie entdeckt. Es finden sich dort Öfen, die als Schmelze für Bronze dienten, und schwere Granitbrocken zum Zertrümmern des Erzgesteines. An anderer Stelle erkennt man in einem Quartier von Butiken und Läden Warmluftheizungen für ganze Häuserblocks. Wieder an anderer gar eine alte Bedürfnisanlage, in der sich, in einen Stein geritzt, die Schreibübungen eines Knaben gefunden haben.

Dies sozusagen das Äußere einer römischen Kleinstadt im eroberten Lande, deren Häuser nach festem Schema angelegt waren. Später hat es auch an pompöseren öffentlichen Bauten nicht gefehlt. Sogar ein gallisches Sanctuarium findet sich noch, tief in den Fels geschlagen und durch eine gewölbte Eingangspforte zu betreten, ein erstaunlicher, kellerartiger Raum aus offensichtlich vorrömischer Zeit, in dem man einen Sockel und eine der Gottheit Ucuetis durch Namensaufschrift geweihte Vase gefunden hat – nach ihrer Art dürften die Römer örtliche Kulte weitergepflegt haben; sie wollten es niemals mit den lokalen Gottheiten verderben, was den Schluß zuläßt, daß sie über die einheimischen Priester Einfluß auf die unterworfene Bevölkerung zu gewinnen suchten. Aber es gibt hier auch eine mächtige Basilika mit drei angelehnten Apsiden, vor deren westlicher eine große Figur stand. Der Bau dürfte eine Art Justizpalast im Blickfelde des Forums und später, in christlichen Zeiten, vielleicht ein Gotteshaus gewesen sein. Gegenwärtig taucht sogar ein die Stadt nach Westen beschließendes Amphitheater aus dem Boden, wiewohl hier der Pflug der Bauern allzu lang über die Erde ging.

Es war eine Freude: der Führer, ein ganz einfacher Mann, hatte sich innig mit seiner Aufgabe identifiziert und wußte im Handgreiflichen der Archäologie so gut Bescheid wie man nur kann. Unter seinem Wort, seiner Gebärde wurde Alesia eine Stadt voller Leben. Es schien ihm offensichtlich eine heilige Sache, dem Boden die Spur von soviel gelebten Jahrhunderten zu entreißen, und er verband damit einen tiefen Instinkt für das Gewachsene, Tektonische. Er gab preis, nach der Eroberung im Jahre 52 v. Chr. dürfte es gewiß noch ein halbes Jahrhundert gedauert haben, bis aus Alesia eine Stadt geworden sei, der man zwei- bis dreihundert Jahre Lebensdauer geben könne – das alles befindet sich freilich noch in der Schwebe und ist wissenschaftlich nicht fest unterbaut. Noch sitzt ein Archäologe an seinem Arbeitstischchen im Grabungsfeld und prüft sorgfältig Stück nach Stück der ans Licht kommenden Dinge, die es mehr als genug gibt: Geschirre, Geräte, eine schon fast berühmt gewordene ›Flöte des Pan‹, Torsen von Bildwerken und kleine Statuetten, darunter die entzückende Bronzefigur eines ›schlafenden Galliers‹.

Man weiß noch nicht recht, welchen Umfang Alesia in christlichen Zeiten besaß. Die Fundamente eines christlichen Tempels samt einer Reihe von Sarkophagen sind jedenfalls ans Licht gekommen, die freilich über der ursprünglich zu der Stadt führenden Straße liegen. Das könnte immerhin bedeuten, die christliche Kirche sei erst nach dem Untergang des römischen Gemeinwesens entstanden, – so, wie das römische erst nach dem Untergang einer gallischen Siedlung entstand.

Denn etwa zweihundert Meter westlich der römischen Ortsanlage, dort, wo ein Felsriegel des Plateaurandes aus dem Boden bricht, liegt auf dem kahlen, weit ins Auxois blickenden Bergrücken das alte, gallische Dorf, die Dauersiedlung jener Fluchtburg, in der Vercingetorix einst sein Stabsquartier hatte. Historisch genommen ist dies der erregendste Punkt von Alesia. Es sind nahe beieinander liegende, in den Fels gemeißelte Gruben mit geglätteten Wänden und geebneten Böden, zu denen in den Fels geschlagene Treppen hinabführen. Darüber dürfte einfach ein Giebeldach errichtet gewesen sein. Dieses gallische Dorf befindet sich ganz nahe der Stelle, wo man im 19. Jahrhundert das mächtige Denkmal des Vercingetorix errichtet hat, und ganz nahe jenem Hang, an dem sich das Dorf Alise-Ste-Reine von heute entlangzieht. Man muß annehmen, daß sich nach dem konzentrischen Angriff der römischen Legionen unter Caesar an dieser Stelle die tragische Übergabe des Vercingetorix zutrug, nachdem der gallische Widerstand, der in den Wohngruben des Dorfes seinen stärksten Rückhalt gehabt haben dürfte, zusammengebrochen war . . .

. . . Zu denken also, dort oben ist sie zu Ende gegangen, die Freiheit Galliens, trotz des Vercingetorix unerhörter Tapferkeit! Trotz heranrückender zweihunderttausend Mann Entsatz. Die Zeit stand gegen ihn und ein freies Gallien. Er muß es in Alesia erkannt haben und er beschloß, das zu tun, was die Stunde von ihm verlangte. Denn Vercingetorix war ohne Zweifel ein großer Mensch. Um den Rest seiner Truppen zu schonen, ging er hin und lieferte sich den Römern aus.

Wußte er nicht, was seiner wartete? Wie es Brauch war, brachte man ihn nach Rom und hielt ihn sechs Jahre gefangen, bis Caesar Zeit zum Triumphzug fand. Nicht schwer, sich vorzustellen, wie alles verlief, als der Tag herankam, an dem Vercingetorix das Licht zum letzten Mal erblickte. Nach dem Umzug durch die Menschenmauern Roms, nach dieser einzigartigen Demonstration seiner Schmach, brachten sie ihn in sein Gefängnis im Tullianum zurück. Die Tür des Kerkers öffnete sich wie von unsichtbarer Hand. Vercingetorix zögerte eine Sekunde; er ahnte was kam. – In einer Ecke des Quadergelasses wartete seiner der Henker. Sie blickten sich an, der gefesselte Gallier und der tückische, gewalttätige Afrikaner, dessen sich die Römer für dergleichen bedienten. Vercingetorix' Augen glitten herab zu des Unmenschen sich langsam hebenden Pranken mit dem Strick, der ihn erdrosseln sollte. Sechs Jahre Kerker, sechs Jahre Schmach nach einem heroischen Entschluß. Dann schloß er die Lider – er machte kein Federlesens, hob das Kinn und bot seinem Mörder den Hals . . .

Selbst dieser schändliche Tod gehörte noch zum Programm. Es ging darum, den letzten Repräsentanten gallischer Selbständigkeit, den Rebellen gegen die geheiligte römische Macht zu zertreten wie ein Ungeziefer; und, was bitter ist, es scheint sogar, dieser extreme Ausdruck der Erniedrigung sei am Platz gewesen. Des Vercingetorix' Opfergang bleibt eines der wichtigsten Ereignisse der französischen wie der burgundischen Geschichte. Galliens Verwandlung, seine Prägung durch die lateinische Welt hob an. Wenige Jahrhunderte hernach, und niemand vermochte noch etwas an dem galloromanischen Charakter der Bevölkerung jener Gebiete zu ändern, die sich jetzt in burgundische Staatswesen verwandeln sollten!

Denn nunmehr war die Stunde der Helden des Nibelungenliedes gekommen, deren Name auf ein weites Gebiet Südostfrankreichs übergehen sollte.

König Gondebaud

Uns ist in alten maeren
wunders viel geseit
von helden lobebaeren
von grozzer arebeit
von freude und hochgeziten
von weinen und klagen
von kuehner recken striten
muget ir nu wunder hören sagen . . .

Das Nibelungenlied, das Epos von der burgundischen Recken Leben und Sterben am Hof König Etzels?

Recken? – Zerstören wir eine Legende! Eine abgekämpfte, dezimierte Truppe langten sie kurz vor der Mitte des 5. Jahrhunderts n. Chr. in der römischen Provinz Sapaudia an. Im Raum zwischen Bern und der Saône, Langres und Lyon. Einige deutsche Forscher haben im letzten Krieg behauptet, es seien zehntausend Krieger zuzüglich ihrer Frauen und Kinder gewesen. – Man kennt diese makabren Geister, die aus jedem Tropfen germanischen Blutes ein Politikum machten. Zuverlässige Kenner setzten die Zahl mit rund zweitausend an – ein winziger Zustrom im Meer einer galloromanischen Bevölkerung, die nach Millionen rechnete. Die Burgunden hatten Schweres hinter sich. Seit Menschengedenken, seit die Vorfahren von der Insel Burgundaholm in der Ostsee aufgebrochen, waren sie unterwegs. An der Weichsel hatten sie sich mit slawischen

Stämmen vermischt, waren weitergezogen, nach Mainfranken, über den Rhein, der eine merkwürdige Anziehungskraft für die Leute aus dem Osten besaß. Es bekam ihnen schlecht. Aëtius, der letzte in einer Reihe großer Feldherren Westroms, schlug sie zurück, schloß Frieden mit ihnen, um Zeit zu gewinnen, und ließ sie bei erster Gelegenheit von einer in römischen Diensten stehenden Hunnenarmee überrumpeln und niedermachen. Zwanzigtausend Burgundenkrieger, der Großteil der waffenfähigen Mannschaft dürfte damals umgekommen sein. – So weit die historischen Ereignisse bei Worms um 435, die Hintergründe jener fabulösen Ereignisse, die ein am Hofe des Bischofs von Passau lebender Dichter des 12. Jahrhunderts mit anderen Sagenstoffen und legendären Gestalten verwob und zum Nibelungenlied umdichtete.

Es wuochs in Burgonden
ein vil edel magedin
daz in allen landen
nichts schönres mochte sin
Chriemhilt geheißen
und was ein schöne wip
darumbe muosen degene
vil verlisen den lip . . .

Da kamen sie also, eine kleine Truppe zahm gewordener Barbaren, deren sich Aëtius nach römischer Tradition nunmehr bediente, um sie 443 als Bundesgenossen und Wehrbauern, kurz als Schutzmannschaft in Sapaudia anzusiedeln, der man allmählich Hoheitsrechte übergab. Sie hinterließen nur wenig Spuren. Nicht einmal fünfzig Lehnworte des ostgermanischen Idioms, das sie sprachen, sind in die örtlichen, französischen Dialekte übergegangen. Indessen brachten sie eine Art Dynastie mit, der mit dem Niedergang Westroms für einen Moment der Geschichte ein Aufstieg beschieden war. Freilich nur mit gallo-romanischer Hilfe – die Burgundenkönige hoben sehr bald das anfänglich erlassene Heiratsverbot mit den Einheimischen auf und schließlich sogar die eifersüchtig gehütete Beschränkung burgundischer Eigennamen. Eine Verschmelzung hob an, in der die germanischen Einsprengsel genauso wie ihre Wirtsvölker aufgingen. Eine neue Rasse lateinisch-romanischer Prägung entstand – um so deutlicher sichtbar, je weiter man gegen Westen kam. Die burgundischen Ansiedler hatten die Saône, die Ostgrenze der heutigen Bourgogne, westwärts nie überschritten.

Übrigens, den zweiten bedeutenden Schlagschatten, der so über die Geschichte Burgunds fällt, warf nicht das Volk in seiner Gesamtheit, vielmehr ein einziger Mann, einer der Könige, der in Ravenna römisch erzogen war. Er hieß Gundobad oder Gondebaud und regierte beinahe ein Menschenalter lang in Lyon, von 473 bis 516. Das kurzlebige ›Regnum Burgundionum‹ erreichte unter ihm eine Ausdehnung wie nie zuvor oder hernach. Für drei Jahre gehörte sogar die Provence mit Marseille hinzu. Allein, das war ein Spiel des politischen Zufalls oder glücklicher Bündnispolitik, wie man will. Keineswegs darf Gondebaud als großer Heerführer gelten. Er war ein Mann des Maßes, der Einsicht, der Klugheit, mit anderen Worten der Ratio, worin sich die lateinische Bildung verrät, und er schrieb einen der schönsten Sätze, die je ein Regent verfaßte: »Die Quelle Gott wohlgefälliger irdischer Herrschaft ist die Gerechtigkeit.« Sidonius Apollinaris, ein Literat der Zeit, der sich gern über die gefräßigen Blondgermanen mit ihrer Vorliebe für Knoblauch und Chorgesang lustig machte, wußte ihn nicht hoch genug zu preisen. Dies ob der berühmt gewordenen Gesetzgebung des Königs, der ›Loi gombette‹, die als das beste jemals unter barbarischen Völkern entstandene Recht gilt. Jahrhundertelang blieb sie in Brauch. Ihr Ruf bewirkte sogar, daß der Name Burgund eine Auferstehung feierte, als von den Burgunden kein Stäubchen mehr übrig war. Sie verhalf schließlich der späteren Bourgogne innerhalb Frankreichs zu einem Eigenleben, denn sie begründete, was man heute ›Coutume de Bourgogne‹ oder ›Entité bourguignonne‹ nennt – den Status, die Wesenheit, eine abgrenzbare, merkliche Eigenart Burgunds und seiner Bewohner, die sich seit den Tagen Königs Gondebaud erhalten hat –, auch wenn das Land ein anderes ist und die Leute darin ebenfalls andere sind. Denn nun hebt ein erstaunlicher Vorgang an, der für Burgund bezeichnend bleibt. Keine hundert Jahre nach der Entstehung des ›Regnum Burgundionum‹ im Gebiet von Sapaudia erliegt es dem Ansturm der Franken. Gondebauds Sohn Sigismund wird samt Frau und Kindern zu Orléans elend in einem Brunnen ersäuft. Die Spur eines letzten Burgundenkönigs verliert sich bei Autun. Damit ist bereits alles zu Ende. – Ist wirklich alles zu Ende? Nein, der Name, dem die ›Loi gombette‹ eine Aura von Größe und Hoheit verliehen hatte, bleibt! Ungeachtet der Frankenherrschaft mit ihren blutigen Machtkämpfen. Selbst noch, als Karl Martell, der Hausmeier der Merowinger, sich 732 nach seinem Sieg über die Sarazenen bei Poitiers der ehemals burgundischen Gebiete bemächtigt und in vier Teile gliedert, als habe er eine spätere Entwicklung vorwegnehmen wollen. Damals entsteht ein Burgund um Arles, eines um Vienne, eines im Bereich der späteren Franche-Comté, und als viertes ein westfränkisches Burgund, das ungefähr der Bourgogne von heute entspricht. Von ihr, die allein den Namen Burgunds bis in die Neuzeit bewahren sollte, wird künftig einzig die Rede sein.

Doch dies ist das Erstaunliche nicht. Vielmehr jenes

Fluktuieren der Burgund genannten Landschaftsräume, die sich bis zum Ende der Valois-Herzöge, bis zum Beginn der Neuzeit also, ewig wandeln werden.

Intermezzo

Brunehaut

Allein, abermals gleitet Burgund in den merowingischen und karolingischen Zeiten hinüber in das Gebiet düsterer Sage. Ereignisse, Gestalten tauchen vor uns auf, unfaßbar, befrachtet und halb erdrückt von Schuld, aber dennoch von tiefem Instinkt getrieben, Dämme gegen das Böse zu errichten. Jedenfalls müssen wir so die erstaunlichen Gründungen und Stiftungen der merowingischen Königin Brunehaut verstehen, deren Spur wir noch heute begegnen. Sie, die zwölf Jahre lang für ihren Enkel Thierry die Regentschaft führte, war eine der wichtigsten Gestalten in der burgundischen Geschichte innerhalb der zwei blutige Jahrhunderte andauernden merowingischen Herrschaft, bis sie den Nachstellungen des Hausmeiers Warnachaire und Chlotars II., des Sohnes der Fredegunde, erlag und die von ihr gegründete Abtei St-Martin zu Autun ihren armen, verstümmelten Leichnam aufnahm.

Da ist *Montréal.* Lange genug geht's von Osten her durch die Täler des Auxois über Semur, Epoisses, Guillon nach Westen. Weit ist das Land geworden. Gar nicht mehr fern liegt Avallon, dieses Tor zu Vézelay, und selbst das Nivernais kündet sich an. Hier liegt er in gottverlassener Einsamkeit, der ›Mons regalis‹, der ›königliche Berg‹, eine Erhebung über dem Tal des Serein. Montréal also, das eine der bedeutsamsten Gründungen der Brunehaut war. Weiß Gott, es blieb wenig genug davon übrig. Von der Burganlage, welche die Königin schuf und deren Rekonstruktionszeichnung man auf einer Postkarte betrachten kann – nichts mehr. Die Große Revolution hat sie liquidiert. Lediglich die Kollegiatkirche ist noch da, ein erst später entstandenes, weiträumiges burgundisches Gotteshaus. Darin behagliches Chorgestühl mit Schnitzereien und Miserikordien für die ehemaligen Stiftsherren. Szenen aus dem Leben Jesu, geformt mit gemütvoller Hand, wenn auch nicht voll Genialität. Samson kämpft mit dem Löwen, der Schreinervater Joseph freut sich nebst Maria des heranwachsenden Kindes, Eva verführt Adam, indem sie ihm den Apfel darreicht, Maria besucht Elisabeth, Jesus wird im Tempel dargebracht, und was dergleichen Szenarien außer Darstellungen des Volkslebens mehr sind. Sechsundzwanzig solcher Eichengestühle findet man, geschaffen von einem Brüderpaar aus Nuits-sous-Ravières. Es gibt ferner im Chor ein Retabel mit Alabasterreliefs aus dem Marienleben zu bewundern, das dem 15. Jahrhundert entstammt, voll eines naiven Manierismus, der sich gleichwohl geschickt und wendig ausdrückt. Belangvoll und wirkliche Kunst sind allerdings höchstens zwei, drei gravierte Grabtafeln der späteren Gotik. Gewiß, die Kirche mit ihrem Blick auf das Serein-Tal und die fernen Berge des Morvan ist weiträumig, die Lage auf ihrem Hügel voll Reiz, aber das Nest zu ihren Füßen, das die Führer als so typisch burgundisch anpreisen, wirkt armselig; Dorfstraßen und Katen bekunden den einfachsten Zuschnitt.

Aber vielleicht ist es das grade. So dürfte es einst ja gewesen sein, als die Königin Brunehaut hier weilte und die Anlage errichten ließ. Was blieb, ist zurückgesunken in die Einfachheit jener sagenhaften Epoche und in dörfliche Anspruchslosigkeit. Und da gewahrt man die erstaunliche, herrscherliche Frau, die keineswegs mehr jung gewesen sein dürfte, als sie für ihren Enkel die Regentschaft führte, mit einem Mal ganz nahe gleich einer Vision – einsam, umraunt von Stimmen, die nicht immer Gutes verhießen, getragen von dem fanatischen Willen, das Recht ihrer Sippe durchzusetzen wie nur je eine Frau.

Man kann sie sich noch ein anderes Mal beschwören. Tief im Herzen des Auxois. Dort, wo heute der Weg von Avallon nach Dijon entlangläuft und ein später entstandenes, gedrücktes, altes Kirchlein in dem kleinen Orte *St-Thibault* an der Straße liegt. Mit prachtvollen Figuren im Portal übrigens und einem gotischen Choranbau, der vielleicht das zartste, leichteste, edelste ist, das Frankreich aus der Epoche um das Ende des 13. Jahrhunderts besitzt. Fünfeckig und siebenundzwanzig Meter hoch öffnet sich hinter einem niedrigen Schiff, das die Erneuerung des 18. Jahrhunderts um allen Reiz gebracht hat, der Chorraum. Aber das ist ja gar keine Apsis mehr, das ist hinter dem erdenschweren Bau des Kirchenschiffes ein völlig vergeistigtes Emporfahren in vier Etagen. Blendarkaden in der untersten und dritten, und Fenster in der zweiten und obersten. Zwischen dem hauchartig dünnen Filigran und Maßwerk eines Innengemäuers und der aberwitzig dünnen Außenwand ziehen sich Umgänge, die dem Chor zu durch Arkaden geöffnet sind. Es ist schade, daß die Fenster jeder farbigen Fassung entbehren und die helle Tünche des Inneren sehr verkommen wirkt. Gleichwohl, was sich an Leichtigkeit in einem Kirchenbau erreichen ließ, ist in diesem hohen, eleganten Chorgezelt Wahrheit geworden. Daneben nimmt man den Hochaltar mit Szenen aus dem Leben des hl. Thibault, dem die Kirche gewidmet ist, kaum mehr wahr. Wie es heißt, besitzt sie Reliquien ihres Patrons. Allein, der Schrein in der St-Gilles-Kapelle, in dem man sie vermutete, erwies sich als leer.

Doch vielleicht bleiben das Schönste an St-Thibault, diesem adeligen und höfischen Gotteshaus, weder der Holzschrein in seiner Nebenkapelle noch das gleichsam überzüchtete Chorgewände, sondern die gegen 1310 angebrachten Portalfiguren. Dagegen kommt selbst das Tympanon mit Mariä Krönung, Tod und Himmelfahrt nicht auf, das derselben Epoche entstammen dürfte wie das schöne Trauergefolge über dem Stiftergrab des Hugo de Thil, Herrn von Beury im Chor, der Mitte des 13. Jahrhunderts also.

Aber die Gewändestatuen, die man um 1310 hinzugefügt hat, sind mehr. Ihr plastisches Volumen, ihre Lebensfülle, verbunden mit einer höfischen Anmut der Bewegung wirkt einzigartig. Sie besitzen nichts von der Askese sonstiger Säulenheiligen, sondern bewegen sich so leicht und frank als in sich beruhende Individuen wie nur je die Schöpfungen des Naumburger Meisters: eine lächelnde Jünglingsfigur mit leicht vorgewölbtem Leib, ein Mann mit einer Schriftrolle, der die Hand erhebt, darin wir Herzog Robert II. von Burgund und seinen Sohn Hugo V. erkennen, die Gestalt des hl. Thibault endlich, sowie links die anmutige Herzogin Agnes, Tochter des hl. Ludwig, und das Bildnis des Hugo d'Arcy, derzeitigen Bischofs von Autun. Natürlich hat eine Vorhalle, die verlorenging, einst dieses Portal vor den Unbilden des Wetters beschützt. Das erklärt wenigstens, warum so kostbare Figuren an dem offenen Gewände stehen. Nicht hingegen, warum man sie heute so unbedenklich dem nämlichen Wetter aussetzt.

Nein, es ist nicht mehr die Zeit der Königin Brunehaut, die wir in St-Thibault spüren. Sondern abermals lediglich der Genius loci, durch den sie aus der Gruft der Jahrhunderte hindurch wirkt. Aber gleichwohl ist es schön, daß sich die Erinnerung an diese Frau mit dem köstlichen Bauwerk verbindet. Es verleiht dem Gedenken an sie Adel, und nach alledem, was wir von ihr wissen, verdient sie das.

Richard – der Gesetzgeber

Wie lange hat doch diese Welt der ausgehenden Merowinger- und beginnenden Karolingerzeit gebraucht, um sich auf der Erde heimisch zu fühlen! Tragisches Erbe eines gewaltigen Kaisers, Karls des Großen eben, das die zentralisierende, egozentrische Kraft seines Reiches, die wir heute so sehr bewundern, mehr zerschlug, als wir ahnen. Jede regionale Eigenart scheint unter der Gewalt seiner Staatsschöpfung erstickt. Und das sind genau die Kräfte gewesen, aus denen das Abendland zusammenwachsen sollte.

Auch der Bourgogne gelang es nur langsam, ihre Eigenart wiederzufinden. Der erste ihrer Grafen, der es vermochte, die Saône-Linie militärisch gegen ein ›germanisches Burgund‹, die spätere Franche-Comté, zu sichern, war Guérin, Graf von Mâcon, Chalon und Nevers. Er hat zugleich als Laienabt einer ganzen Zahl von Klöstern fungiert, eine wenig erfreuliche, erst im 11. Jahrhundert abgeschaffte Gepflogenheit der karolingischen Zeit.

Die Machtfülle in der Hand von Guérin läßt die burgundischen Herzöge von morgen ahnen. Schon sein Nachfolger, Richard ›le justificier‹, der Gesetzgeber also, wird auch dem Titel nach Herzog und Markgraf zugleich sein. Er macht sich die Grafen von Tonnerre abhängig, bemächtigt sich zeitweilig Langres, das Sitz der Diözese von Dijon war, erscheint 894 in Sens, schaltet westlichen Einfluß aus und setzt ihm botmäßige Grafen ein. Damit ist viel für das Wiederaufleben der Bourgogne getan. Aber dieser so wichtige Mann war nicht nur Gesetzgeber und Kriegsmann, sondern auch

Diplomat. Er verstand es, sich gegen die schwachen Könige des benachbarten französischen Landes durchzusetzen; vor allem bot er einem Schrecken seines Jahrhunderts Schach, dem Vordringen der Normannen und machte sein Herzogtum auf diese Weise zur Zuflucht vertriebener Mönche.

Die starke monastische Prägung Burgunds, hier hat sie ihren Anfang genommen. Während ringsum die Erde in den Schrecken einer neuen Anarchie versank, blieb Burgund ein Hort des Friedens. Herzog Richard sollte zugleich die erste Gestalt des kommenden Feudalzeitalters sein. Nichts beleuchtet seine Leistung, seinen Rang besser als die Tatsache, daß sein Sohn Raoul nach seinem Tode am 1. September 921 zum König von Frankreich aufstieg. Die Herrschaft seines anderen Sohnes, Hugos des Schwarzen, befestigte in Burgund bereits die Idee einer erblichen Herzogswürde, die von ihm auf seinen Schwiegersohn Gilbert, von diesem auf einen abermaligen Schwiegersohn Otto und endlich auf Herzog Henri ›le Vénérable‹, Bruder Ottos und Hugo Capets, des Begründers der französischen Dynastie der Capetinger, überging.

Schon befinden wir uns an der Wende der Zeit, als in Burgund noch einmal alles auf Messers Schneide steht. Henri le Vénérable stirbt am 15. Oktober 1002 in Pouilly-sur-Saône ohne leiblichen Erben. Das ist ein Datum voll knisternder Spannung. Wird sein Neffe Robert der Fromme, König von Frankreich, oder sein Schwiegersohn Guillaume l'Etranger, Graf des Burgund ostwärts der Saône und Vasall des deutschen Kaisers, die Nachfolge antreten? Dreizehn Jahre lang wogt der Kampf um das Erbe hin und her bis die Entscheidung gefallen ist – die Bourgogne westlich der Saône bleibt fest in der Hand der Capetinger.

Andere, bedeutendere Kräfte als die der Politik sind

inzwischen wach geworden. Verzeichnen wir daher lediglich die Erhebung Dijons zur Hauptstadt des neuen Herzogtums oder den denkwürdigen Akt, der sich 1031 vollzieht, als König Henri I., der dritte Capetinger auf dem Thron Frankreichs, Burgund ›en pleine propriété‹, als volles Eigentum an seinen Bruder abtritt. Seitdem ist das Land zwischen Loire und Saône ein eigener, von der französischen Krone gelöster Staat unter capetingischer Führung, deren Herzogsdynastie bis 1361 bis zum Tode Philipp de Rouvres andauert, mit dem das Geschlecht erlosch.

Währenddessen vollziehen sich im benachbarten Königreich Frankreich wichtige Ereignisse. 1270 stirbt der hl. Ludwig. 1337 beginnt der Hundertjährige Krieg mit den Engländern. 1350 wird Jean le Bon von Frankreich von den Engländern geschlagen und in Poitiers gefangengesetzt.

Nur wenig von alledem hat Burgund berührt. Dieses viel umstrittene Land erlebt eine Epoche fruchtbaren Aufblühens. Cluny wird zur beherrschenden Macht des Abendlandes. In Cîteaux tritt der hl. Bernhard auf. Von weither strömen die Pilger heran, wallen weiter nach Santiago de Compostela. Burgundische Mönche sind es, die ihnen den Weg bereiten, burgundische Ritter, die ihnen Schutz gewähren, burgundische Reisläufer, die gegen die Mauren kämpfen. Schon taucht verstohlen der abenteuerliche Plan auf, Kastilien zu einer burgundischen Domäne zu machen. Vor allem aber: es entstehen die Bauten, die Burgunds unvergänglicher Ruhm sind. Allein, dergleichen bleibt unter einem anderen Blickwinkel zu betrachten.

Was wir Burgund nennen, die Bourgogne, ist also von einem Kerngebiet im Saône-Tal ausgegangen und durch jenen Grafen Guérin geformt worden, der in Chalon zuhause war. Freilich erinnert dort nichts mehr an das ehemalige Grafenhaus. Auch nichts an jenes Grafengeschlecht, das später einen Philibert de Chalon, Prinz von Oranien, hervorbrachte, Feldherr Kaiser Karl v., der 1526 nach dem Tod des Connetable Bourbon den Sturm auf Rom anführte und vor Pistoia gegen den florentinischen Feldhauptmann Ferucci fiel. Worauf ihm in seltsamer Verquickung der Erbfolge Renatus von Nassau folgte, der Gatte von Philiberts Schwester Claudia, der sich fortan René de Chalon nannte und die Rechte und Devisen des Hauses Chalon übernahm; jene Wahlsprüche, die noch heute das holländische Königshaus führt, das ›Ce sera moi, Chalon‹ und das stolze ›Je maintiendrai‹. Aber auch den Rang eines oranischen Prinzen, der auf diese Weise an das niederländische Regentenhaus gekommen ist. Denn jene späteren Grafen von Chalon hatten den Titel von den Herren der Baux in der Provence geerbt, denen er wieder von dem Hause Orange zugefallen war. – Nein, die Familie war längst aus Burgund verschwunden; man mußte schon nach Lons-le-Saunier, gut zwanzig Kilometer ostwärts von Chalon gehen, um in der Kapelle einer alten Kirche die Gräber, will sagen die Totenschilder des Geschlechtes zu finden.

Erstaunlich, wie eine gewisse Kategorie burgundischer Städte trotz aller gelehrten Gesellschaften jede Tradition verloren hat! Es geht uns in dieser Beziehung recht eigenartig mit ihnen. Sie besitzen nicht einmal die freie Gelöstheit wie die Gemeinwesen der Loire-Landschaft, sondern sind eng, verwinkelt, wenn auch weniger durch Beschränkungen, wie sie historische Reminiszenzen auferlegen; vielmehr, die Straßentrakte des 18., 19. Jahrhunderts, also jüngst vergangener Zeit, engen sie ein. Kurzum, sie sind ganz einfach das, was man ›französische Provinz‹ nennt; daran ist nichts zu ändern. Das gilt weitgehend sogar für Dijon.

In *Chalon* kommt noch etwas anderes hinzu. Es läßt das Stigma der Größe vermissen. Die Kathedrale St-Vincent am kleinen Platz nahe der Saône-Ufer, auf dem die Hökerfrauen an gewissen Tagen ihre Buden aufschlagen, ist, wie erstaunlich, fast bar des Bauschmuckes und versucht lediglich durch Flächigkeit zu wirken. Das Mißverständnis klärt sich sofort auf, wenn man erfährt, daß sie dem 19. Jahrhundert entstammt. Und wiewohl die Pfeilerbündel im Innern überschlank vom Boden bis zum Ansatz der Wölbung emporwallen, bedeutend ist nichts darin. Nicht einmal das Bild der ›Notre-Dame de Pitié‹, ein Marientod des 15. Jahrhunderts in einer Kapelle des südlichen Seitenschiffes, ein burgundischer Marientod also. Es ist wirklich nicht allzu viel, das man von dieser wie aus starrem Blech geschnittenen Kirche nebst ihren erstaunlich unbelebten Formen mitnimmt. Nirgendwo ist es es dem 19. Jahrhundert ja gelungen, einen Stil vergangener Epochen ›nachzuahmen‹.

Trotz der schönen Fachwerkhäuser an der Kreuzung von Rue St-Vincent und der Rue du Pont mit der Rue du Châtelet hat Chalon alles, was es zu sein vermag, der Saône zugekehrt. Hier paradieren an breiten Quais, die Gauthey, Chalons 1732 geborener Ingenieur, konstruiert hat – derselbe übrigens, der eine Reihe von Kanälen wie den Canal du Centre schuf – die Häuser des Klassizismus, des Biedermeier und anderer Epochen, kurz des 19. Jahrhunderts. Wieviele Fenster sieht man blinken, wieviele Kamine, wieviel Bürgerleben in kleiner, enger Selbstbehaglichkeit!

Man tut gut, diese Stadt gleich vom anderen Saône-

Ufer, vielmehr von der Insel des Hospitals aus zu betrachten, von dessen Refektorium mit seiner Täfelung man allzuviel hermacht, oder der Tour du Doyenné aus dem 15. Jahrhundert, einem achteckigen, dunkelroten Ziegelturm nebst dem weißgrauen Stein der Geländer, der Eselrückenfenster und der Eckleisten. Das flache Binsengewässer der Saône um die Insel mit ihren vielen Anglern und alten Fischkästen, ihren im Strom liegenden Booten trägt viel zu einem beschaulich-behaglichem Bild bei, das selbst der neuzeitliche Verkehr nicht gewandelt hat. Aber von der Größe Burgunds offenbart diese Stadt nicht das Geringste.

Da scheint es schon geratener, gleich nach *Dijon* zu gehen, wo sich die Anfänge dieses Landes mit sichtbaren Beispielen verknüpfen! Unerläßlich nämlich, einen Bericht über die erste romanische Epoche Burgunds mit einem kurzen Blick über die römischen Bauten einzuleiten, die das Maß und die Anregung für die Romanik Burgunds gegeben haben. In Dijon erfährt man das, und zum Teil sieht man es auch. Dort hat das ›Castrum Divionense‹ des 3. Jahrhunderts gelegen, dessen Grundmauern unter der Kirche St-Etienne ans Licht kamen. So wie zu Autun die Porte St-André und die Porte d'Arroux das Beispiel für die kannelierten Lisenen von St-Lazare abgaben.

Vor allem, es gibt *St-Bénigne* in Dijon. Wenn auch die ehemalige Klosterkirche zu jenen Gotteshäusern gehört, die erst um 1000 erbaut worden sind. Selbst die Zeitgenossen haben die Bedeutung erkannt, die diesem Werk zukam. Der 1050 in St-Bénigne gestorbene Mönch Glaber, Biograph Guillaume de Volpianos, umriß mit wenigen prophetischen Sätzen die ganze Zeitsituation: »Im Augenblick, wo das dritte Jahr nach der Jahrtausendfeier anhebt«, schrieb er, »schickt sich die gesamte Christenheit, besonders in Italien und Frankreich an, die Kirchen zu erneuern. Es scheint, daß die Welt den Staub der alten Gotteshäuser abgeschüttelt hat, um sich mit dem weißen Gewande junger Kirchen zu schmükken.«

Überaus zutreffend! Die Epoche, die nun einsetzte, darf man das Jahrhundert der Kathedralen nennen. Wenn auch St-Bénigne später umgebaut worden ist und das 19. Jahrhundert ihm zu allem Überfluß eine Bedachung von buntglasierten Türmen und Dächern aufgesetzt hat! St-Bénigne nämlich verkörpert Dijons älteste Andachtsstätte. Natürlich hat man sich bereits in gotischer Zeit nicht mehr mit dem alten Bauwerk begnügt, sondern es in einer burgundisch abgewandelten Weise neu aufgeführt. Welch ein unersetzlicher Verlust! Von dem Rundbau, den Abt Guillaume de Volpiano kurz nach 1000 schuf, ehe er nach der Normandie ging, um dort zu sterben, blieb nur noch die Krypta erhalten. Der Rundbau selbstwurde 1791 abgebrochen, doch haben sich von ihm alte Abbildungen erhalten. Die Krypta: welch ein Gemäuer! Es ist das ehrwürdigste Stück der Geschichte Dijons und so etwas wie die Keimzelle von Burgund.

Durch den Sakristeieingang der heutigen Kirche kann man hinab. Wenige Lampen glimmen auf, und schon verliert man sich in einem weitverzweigten System von Nischen, Apsiden und Säulenstellungen der unterirdischen Grabeskirche des wandernden Priesters und Missionars Benignus, der um das Jahr 200 unter den Steinwürfen verfolgender Heiden gestorben ist. Es kann geschehen, daß vor einem der Altäre grade ein Priester stumm seine Messe liest. Macht nichts. Man stört ihn nicht. Es gibt so viele Nischen für Altäre hier unten! Eine große Rotunde öffnet sich, zweimal von je acht Säulen umzogen; in der Achse hüben der Hauptaltar und drüben eine Gruft mit einem Sarkophagdeckel, dem letzten Rest vom Grabe des Märtyrers. Die Krypta ist ungewöhnlich hoch. Man kann von einer regelrechten Kirche unter der Erde sprechen. Wirklich war sie das auch. In Verlängerung der Linie des Altares öffnen sich noch heute zwei hintereinander liegende, gangartige Räume, durch die sich einst der von Säulen begleitete, vierzig Meter lange Zugang zu dem unterirdischen Gotteshause hinabzog, in dem neben Benignus noch eine ganze Reihe anderer um den Glauben verdienter Menschen beigesetzt waren.

Es schwebt etwas unsagbar Feierliches um diesen Raum, der von einer sonst nie zu gewahrenden Hoheit ist. Ob seiner Höhe fehlt ihm das Gedrückte anderer Krypten. Es ist nicht nur jene Erhebung, jenes Erschauern im Spiel, das man auch anderwärts verspürt, wenn man ihn betritt, sondern innere Größe. Die Epoche um 1000, hier erlebt man sie, die ein völlig anderes Raumgefühl als unsere Zeit besaß; hier ihre elementare Gewalt.

Die Krypta von St-Bénigne ist nach dem Fels von Solutré, nach dem Schatz von Vix das erste große, sichtbare Erlebnis, das man in Burgund findet. Das zweite, größere heißt Tournus.

Tournus

Liest man nach, was zu dem Bau von *St-Philibert in Tournus* geführt hat, mutet es an wie eine Legende. Um 179 n. Chr. erlitt ein christlicher Prediger namens Valerian, der aus Kleinasien kam, auf einem Hügel nahe der Saône, eben dem heutigen Tournus, den Märtyrertod. Man errichtete an dieser Stelle hernach eine Andachtsstätte und später eine Abtei. Es sollte der Platz werden, wo die Mönche von Noirmoutier eine endgültige Heimstatt fanden. Sie hatten ursprünglich auf einer

Insel in der Loire-Mündung gesessen, Hermonstier genannt, waren vor den Normannen geflohen, zurückgekehrt, abermals geflohen, und so im Wechsel fort, bis sie sich nicht mehr halten konnten. Eine vierzigjährige Wanderung hob an, bei der sie die Gebeine des hl. Philibert mit sich führten. Endlich wies ihnen König Karl der Kahle am 14. Mai 875 Tournus zu.

Vielleicht waren es diese Schicksale, welche den Mönchen die Vorstellung von einer Art Wehrkirche für St-Philibert eingaben. Andererseits liegt die Eigenart von Tournus, das unzweifelhaft etwas ungemein Kraftvolles ausdrückt, weniger in diesem als einem anderen Gedanken, der dafür symbolischen Charakter besitzt. Diese Kirche stellt die Burg Gottes in ihrer Unbezwinglichkeit dar, gleichgültig ob das gewollt oder ungewollt Gestalt geworden ist. Kommt man ihr durch die Gassen des Ortes nahe, scheinen selbst die wenigen Gliederungen des Baues mit ihr zu verschmelzen. Erst in einiger Höhe gewahrt man die Blendarkaden. Aus harten, rohen Bruchsteinen sind die eckigen Apsiden gemauert. Kurz, es ist nichts getan, diesen Bau zu glätten, zu beschönigen und gefällig zu machen. So wie die Wahrheit nicht gefällig, sondern hart und die Pforte zur Seligkeit eng ist.

Die Kirche wuchs in verschiedenen Bauabschnitten. Wir besitzen nicht allzu genaue, immerhin genügende Kenntnisse davon. Abt Etienne begann mit der Aufführung nach einem 937 erfolgten Ungarneinfall, und im 12. Jahrhundert war er vollendet. Die Konsekrierung vom 29. August 1019 galt nur dem Narthex, den Abt Bernier wohl in den Jahren 1007 bis 1008 nach einem furchtbaren Brande neu hatte aufführen lassen. Alles in allem dürfte die Anlage als eine Art Parallele zu St-Bénigne in Dijon entstanden sein. Es ist sicher, daß wir in dem Namen Gerlannus, der in der St. Michaels-Kapelle eingegraben steht, den ersten Architekten erkennen dürfen. Rund hundert Jahre später fand eine neue Weihe statt, als der durch seine Liebe für die Armen berühmt gewordene heilige Abt Ardain amtierte. Ein Säkulum –, und doch welch ein Weg von den schweren Mauermassen des Narthex bis zum Formengepränge im Querschiff –, anders gesagt: zwischen der ungefügen Inschrift des Gerlannus auf dem Triumphbogen der Michaels-Kapelle und den eleganten Unzialen, in denen ein späterer Meister am Fuße des ersten Pfeilers im südlichen Querschiff von sich Kunde gab: »Reno me fecit!«

Da stand Tournus also, dieser erstaunlichste aller burgundischen Kirchenbauten, der sich in kein Vorstellungsschema fügen will. Die Fassade des 10. und 11. Jahrhunderts zeigt sich lediglich mit etlichen Blendarkaden geschmückt. Den rechten Turm bedeckt ein Satteldach, während der Glockenturm mit einer hohen Spitze behelmt ist. Der Vierungsturm andererseits offenbart cluniazensisches Gepräge. Von der Chorhaube strahlen fünf radiale, rechteckige Kapellen des auvergnatischen Typus aus. So das Äußere, das keineswegs dazu angetan ist zu schmeicheln.

Im Innern findet hingegen eine Verzauberung statt. Durch den unerhört wuchtigen, gedrungenen und dunklen Narthex gelangt man in ein Schiff voller Licht und schlanken Emporstrebens. Dementsprechend sind es drei Ereignisse, drei bauliche Epochen, die uns beschäftigen: Narthex, Schiff und Querschiff nebst Chor. Verzeichnen wir gleich, daß die letzteren den schwächsten Charakter bekunden. Man hat hier einfach ›gebaut‹ und nicht aus der vollen Seele geschöpft. Das war gegen Ende des 12. Jahrhunderts. Hingegen wirkt der erste Teil, der niedere Narthex mit seinen gewaltig dicken und kurzen Säulenstümpfen wegen seiner Einfachheit und schweren Kraft unübertrefflich. Nach seiner Dunkelheit steigen die roten Pfeiler, welche das Innere des Schiffes tragen, in gradezu verklärter Schlankheit bis zur Decke empor; der wundervolle Stein von Préty, einem Ort nahe Tournus, hat ihnen als Material gedient. Die Decke selbst wird gebildet von quergelagerten Tonnengewölben. Wahrhaftig, ganz die ›heilige Nüchternheit‹ Hölderlins. Aber welch ein Mut, alles auf ein paar Pfeiler, Gewölbe und Rundbögen als Wandgliederung ankommen zu lassen!

Es gibt noch einen weiteren Bauteil, der zu der Abteikirche gehört, die Michaels-Kapelle, die man früher auf langen Treppen aus dem Schiff erreichte. Man sieht die Ansätze heute noch. Sie liegt über dem Narthex und ihre dicken Mauern schließen wie dieser die Gewände der karolingischen Epoche ein. Das ist ein Platz, wo man die Gewalt von Tournus aus erster Hand zu spüren bekommt. Schwarzdunkler Rauch hat das Gewölbe roher Mauern gebeizt. Der Raum besitzt eine unerhörte archaische Wucht. Den kurzen Mittelpfeilern entsprechen sechs Halbpfeiler an den Wänden. Auf sie gesetzt erhebt und wölbt sich der starke Jochbogen, um ein Vielfaches der Pfeilerlänge vergrößert. Hier rührt man zuinnerst an das eigentliche Geheimnis von Tournus; es ist Mauerwerk, nur Mauerwerk. Die wenigen eingelassenen Masken und Schmucksteine dienen keinesfalls als Dekor, sondern höchstens als Siegel. Ein Gesicht, ein Stempel. Wie aus Linol geschnitten. Die Gravuren eines Kapitells sind nicht anders empfunden. Dem Bildhauerischen fällt nicht die geringste Rolle zu. Welch ein Spiel der gewaltigen Steingefüge! Aber vermögen wir hier eigentlich noch von der Schwere des Steines zu reden?

Draußen dasselbe – Schwere des Steines? Achtundzwanzig Meter rauscht die Wand ohne Strebebögen und Stützpfeiler empor. Nichts als Mauer, nichts als Stein und dennoch frei von des Steines Schwere. Das will nicht nachgelesen, sondern erkannt, kalkuliert, von der Hand ertastet sein, die sich am schweren Steine reibt, der Blöcke Gewalt empfindet und sich des schlagenden Meißels funkenstiebender Hitze erinnert! Wahrhaftig, bis auf das später aufgesetzte Glockengeschoß des Turmes – nichts als Nüchternheit, eine karg zu nennende Einfachheit.

Im Außen wie Innern, nichts für das Herz. Erst wer die mönchische Devotion nachvollziehen lernt, wird diese Kirche als Symbol empfinden, als Gehäus und Seelenraum. Vom Sentiment her gelingen dem menschlichen Ich keine Korrespondenzen. Da begegnen ihm nur Widerstände, deren Inbegriff Gott heißt. Was bleibt in Tournus schon übrig, als sich seiner selbst zu begeben?

Aber man muß neben diesem Eindruck der Kraft auch den andern erwähnen, den Tournus vermittelt. Blickt man von derMichaels-Kapelle ins Schiff hinaus, sieht man gradewegs hinein in das wundervolle, schlanke Spiel der Rundpfeiler. Was bedeutet denn dieses gezirkelte Maß einander überschneidender Konturen, wenn nicht Geometrie? Man vermag diese Architektur durchaus mittels mathematischer Formeln zu umschreiben. Der Maurer von St-Philibert hat über die Materie gesiegt; Tournus ist trotz seines rohen Steines, trotz der schweren Mauermassen reiner Geist: Einswerden des Gegensätzlichen, – Coincidentia oppositorum. Was kunsthistorisch zu sagen wäre, bleibt daneben vollkommen bedeutungslos. St-Philibert ist abstrakt, unbequem für alle, die etwas für ihr Gefühl erwarten. Aber in dieser Hinsicht hat die burgundische Romanik ohnehin nicht allzu viel anzubieten. Sie ist zu groß, zu luzide, zu sehr vom Geist und der Unbedingtheit mönchischer Lebenshaltung geprägt. Schon von dieser Seite erweist sich, wie französisch inspiriert sie war.

Natürlich hat dergleichen Spuren hinterlassen. Hinauf, hinab ging's durch die Hügelgegend westlich Mâcon. Am Wege landein viele Kirchen, die Anleihen bei Tournus sind, will sagen, bei jener Form von Romanik, die man heute als ›erste Stufe‹ charakterisiert und früher ›lombardische Kunst‹ nannte. Norditalien, Katalonien und die Provence dürfen als Ursprungsländer gelten.

Freilich, *Mâcon* selbst? Die Türme von *Vieux St-Vincent*, zu dem Dutzend in der Revolution geschändeter Kirchen gehörig, ragen zwar hoch über die Silhouette der Stadt, allein groß ist das nicht, wird es nie. Örtliche Zelebritäten wie das *Hôtel-Dieu* nebst der Apotheke kommen natürlich gegen benamtere Schwestern nicht an, und der beflissenen Modernität mit ihren Batterien von Hochbauten am Stadtrande, mit der heute jedes Gemeinwesen sich empfiehlt, haftet etwas vom streberischen Ehrgeiz eines Handlungsgehilfen an. Selbst in Museen und Galerien findet sich kaum etwas Wesentliches, nimmt man die Erinnerung an Lamartine davon aus, der hier zur Welt kam – zahllose Beiläufigkeiten, wie sie überall gestapelt liegen.

Natürlich, wenn man Mâcon zur Zeit der Messe im Gewimmel von tausend Kaufleuten erlebt, wenn dann der Menschenstrom sich am Quai Jaurès oder Lamartine vorbei oder über die vielgerühmte Brücke St-Laurent schiebt, dann scheint mit einem Mal all das Muffige und Enge von dieser Stadt abzufallen!

Mehr freilich als Mâcon ist *das Mâconnais*, das Hügelland im Westen der Stadt. Denn hier liegen verstreut in den Weinbergen allerlei Kleinodien der Kunst. *Farges* kommt bald, immerhin schon so hoch, daß der Blick weit übers Saône-Tal mit dem blinkenden Band des Stromes nebst den wallenden Pappelkolonnen sichtbar wird. Man sah es an diesem Kirchturm gleich, was Tournus vermocht hatte. Oder noch weiter landein die Kirche von *Uchizy*, ein prachtvolles Bauwerk, im 11. Jahrhundert von den Mönchen zu Tournus angelegt. Wie in der Michaels-Kapelle dortselbst schwingen sich die Gewölbejoche vom Kirchboden aus bis zur Decke. Kein Ansatz dazwischen. Alles ist schwer, jedes Fenster eine Scharte, jeder Chor eine Nische. Nach außen aber offenbart sich ein herrliches Spiel von Formen mit sparsamsten Mauerornamenten. Darüber hebt sich ein Turm in fünf Stockwerken wie aus dem Tessin. Auch *Chapaize* nimmt den Gedanken von Tournus auf, wiewohl es um 1000 von Mönchen von St-Pierre zu Chalon gebaut ist. Die Macht des Beispieles hat hierzulande eben viel vermocht. Freilich gilt das nur für das Äußere. Im Innern staken ganz einfache Tonnengewölbe schräg gegeneinander, gedrückt von der Macht der Mauermassen. Das ist gegen den Adel des Außenbaues so roh, daß ein heftiges Unbehagen zurückbleibt.

Längst befindet man sich tief, tief in den Bergen eines Landes der Heiligen. Bereits rückt Gengoux-le-National näher. Welch eine großartige Landschaft hier im Mutterschoße des Mâconnais! Da gibt es noch Höhen, Überschau zu halten, und drunten im Tal liegen inmitten einer grünen Unendlichkeit winzige, rotbedachte Dörflein mit altersgrauen, hochedlen Kirchen, denen man den Adel ihrer Vergangenheit sofort ansieht. Alles schwingt, hat Raum; nichts wirkt eng und verstellt. Hinter dem ersten Wall an der Saône eine Hochebene, darauf wieder ein Bergwall und wieder. Weinäcker werfen sich über die Hänge, und Wälder krönen die Kuppen, oft auch ein Schloß oder gar, wenn sich der Hügel zu Bergeshöhe auftürmt, wie so oft in Burgund eine Kirche. Sehr merkwürdig, diese Gotteshäuser auf einsamer Höhe! Es wäre doch viel bequemer, im Dorf unten sonntags die Messe zu hören. Aber davon läßt man hier nicht.

Sehr plötzlich öffnete sich dann der Ort, *Gengoux-le-National*, der einmal Gengoux-le-Royal hieß und so die Wandlung der Vergangenheit in seines Namens Kürze spiegelt. Da nahm es kaum wunder, wenn die Achtsamkeit von der Architektur auf die Nomenklatur auswich, die Kirche in dem langen Straßendorf Kirche sein ließ und die Namen der Leute auf Gedenk- und Votivtafeln studierte! Viel Adel darunter, versteht sich. Dergleichen hält sich in solchen Landschaften. De la Vigne, de la Tour, de Poucelet, de la Boulaye oder Ducret de Montigny hießen sie. Dann die Bürger: Baudot, Mauquin, Bourbon, Combréat, Chaillot, Voisin. Das waren sie also, die während langer Jahrhunderte immer wieder in diese kostbaren Kirchen gepilgert waren, dort ihre Ehen geschlossen und ihren Frieden mit dem Himmel gemacht hatten. Und ganz gewiß trug der Herr Richepanse einen dicken Bauch, während Monsieur Parisot, man weiß schon woher, zugewandert war.

Diese kleinen Städtchen! Gengoux-le-National mit seiner hübschen Kirche an der Straßenkehre ist ein Musterfall davon. Es lebt sehr viel Menschliches hier, das Allzumenschliche einbegriffen. Es geschieht einem so im Vorübergehen, daß ein nichtstuender Tagedieb plötzlich mit einem Taschenspiegel blinkt und pfiffig dazu meint: »Le soleil de Marseille.« Was ein Spaß sein soll. Es ist beileibe nicht bös gemeint, sondern ein Mittel, ein Gespräch zu beginnen. So, ein Suisse ist man nicht? Er kann sich gar nicht genug tun, wie gut man für einen Allemand das Französisch spricht, wiewohl man ihm lediglich ein Bonjour und eine knappe Auskunft auf seine neugierige Frage nach dem Reiseziel hingeworfen hat. Aber mit Komplimenten sind sie nun mal in aller Welt freigebig, die Spaßmachertypen.

Dann aber kam *Cormatin.* Eine Schmerzensmadonna stand da in einer wieder ganz an Tournus gemahnenden Kirche. Die Gottesmutter des 15. Jahrhunderts, halb verhängten Auges, im Nonnenhabit nebst überaus gestauchtem, weißem Faltenwurf über den Armen, hob den Schmerzensmann mit seiner strömenden Brustwunde und den Blutspuren der Dornenkrone zu sich empor. Rückwärts das Kreuz, ein goldroter Hintergrund und eine Reihe von Porträts, acht an der Zahl, sowie die Instrumente der Marterung. Ein Bildwerk von merkwürdiger Innigkeit war's, die dadurch entstand, daß der Schmerzensmann und seine Mutter aneinander vorbeischauten; es bewirkte ein erstaunliches Fürsichsein, eine Fixierung im Augenblick des Leidens. In der Tat, das Leiden an sich war darzustellen versucht. Dergleichen schien genau das, worauf es in diesem Lande ankam. Der Weg zum Metaphysischen, so lernt man, führt in diesem Zipfel Burgunds über das Mitleiden. Welch ergreifender Zug!

Der Heilige

Ikone

Wie uns das Wunderbare allenthalben in diesem Land entgegenströmt! Selbst die Heiligen stellen sich ein und haben, scheint es, Burgund zu ihrem Lieblingsaufenthalte gewählt. Nicht nur zur Zeit des Priesters Benignus oder der großen Äbte von Cluny oder das Bernhard von Clairvaux. Bis in die Gegenwart ist es so geblieben. Kam 1647 nicht in dem kleinen Weiler Lhautecour, abseits von der Straße von Mâcon nach Charolles, wo man in einem alten Häuserwürfel noch ihr Jungmädchenzimmer sehen kann, die spätere Salesianer-Nonne *Marguerite-Marie Alacoque* zur Welt, die im Klostergarten von Paray-le-Monial während des Eselhütens ihre erste Erscheinung hatte? Dergleichen geschah im November 1672, und die fromme Schwester war so völlig in ihre Kontemplation versunken, daß die Esel, an Klugheit keineswegs Bileams Reittier vergleichbar, unter den Küchenkräutern ein hübsches Massaker anrichteten. Die Visionen wiederholten sich – im folgenden und abermals folgenden Jahr, bis es im Juni 1675 zu jener großen Erscheinung des heiligen Herzens Christi im Chor der Klosterkirche kam, welche die Legendenschreibung noch heute voll Ehrfurcht verzeichnet.

Sie ist schon 1690 gestorben, eben dreiundvierzigjährig, und Paray-le-Monial seither ein Wallfahrtsort der Herz-Jesu-Verehrung. Im Musée Hiéron dortselbst kann man in einer ganzen Schaustellung von Andachtsbildern Kenntnis nehmen, welche Formen der Kult im Laufe der Zeit durchgemacht hat, während Marguerite-Marie Alacoque längst im Frieden Gottes ruhte, eine ekstatische Gläubige, die heute selbst einer Vision gleicht, so blütenhaft und gleichwohl unverwelklich schläft sie in der Kapelle ihres Ordens in einem Glassarg den Schlaf der Erwartung.

Oder im Konvent St-Gildard in Nevers die andere Heilige, wenn sie auch nicht Burgund entstammte, vielmehr in diesem Land der Zuversicht eine Art Zuflucht gefunden hatte – *Bernadette Soubirous*, der 1858 in der Höhle von Lourdes achtzehn Marienerscheinungen zuteil geworden waren. Seit 1866 lebte sie im Orden der Schwestern von der göttlichen Liebe zu Nevers und schon 1879 ist sie dort gestorben, als habe das Übermaß der Gesichte das Leben dieses Mädchens aus dem Baskischen vorzeitig verbraucht. Von ganzen Kerzenbeeten frommer Besucher verklärt und eingehüllt in die Anrufungen ihrer Ordensschwestern liegt sie zierlich und zart in ihrem gläsernen Schaubett, ganz nahe den gesenkten Köpfen der Beter.

Oder da wäre jene dritte Heiligengestalt, die sich einer so stürmischen Zuneigung erfreut, wie keine andere – der einfache, arme, demütige Priester *Jean-Baptiste Vianney*, dessen Leben uns Ghéon und Bernanos nahe gebracht haben.

Freilich, nimmt diese Zahl von begnadeten Menschen in solchem Lande wunder?

Aber es ist wohl nötig, von Vianney eingehender zu berichten.

Ganz im Südzipfel Burgunds, auf der Höhe von Villefranche, ein winziges Bauernnest: *Ars* genannt. Die Traktoren tuckern darin, die Enten schnattern wie in jedem Dorf. Man kann von Lyon, man kann von Dijon, aber man kann auch von der Schweiz aus dahin gelangen – immer über die Hochfläche der auslaufenden Bresse bis in die Gegend der ›Dombes‹, wo es von gelben Seerosen überblühte Teiche, Bauernrosen in den Gärten und kleine Oleanderbüsche vor den Haustüren der Bauernnester gibt, jedes Stämmchen so dick wie ein Unterarm, jede Blüte so groß wie ein Kinderfäustchen. Welch eine poetische Landschaft! – Täuschen wir uns nicht. Fallen die Novemberwinde ein, liegt dieser vergessene Winkel am Fuße des Jura mit seinen kargen Weidegründen so öd und trostlos da wie die sibirische Tundra. Selbst sein wirtschaftliches Aufleben datiert erst seit kurzem. Noch vor wenigen Jahrzehnten hingegen – du lieber Gott! Und gar im vorigen Jahrhundert . . . aber grade diese vergangene, versunkene Armut ist es, auf die alles ankommt.

9. Februar 1818! Inmitten einer für Frankreich ohnehin unerquicklichen Epoche zieht ein junger Priester in dünner Soutane über das noch spärlich besiedelte Plateau. Hinter ihm ein Pferdekarren, geführt von einem der schweigsamen Bauern, die so anspruchslos wie die Erde sind. Auf dem Karren ein altes Holzbett, ein Bücherkasten, ein Paket mit bescheidener Wäsche. Gelegentlich trifft man auf einen regungslos vor seiner Herde stehenden Schafhirten, an dessen Wettermantel der Wind zerrt. – »Der Weg nach Ars, Monsieur?« Aber wiewohl aus dem Lande gebürtig, nur etliche

Stunden von hier, versteht der junge Abbé nicht einmal, was der Einsame im rauhen Patois des Hochlandes antwortet, ohne das Auge von seinen Schutzbefohlenen zu wenden. Gegen Abend endlich begegnet man einem aufgeweckten Jungen: »Ars? – Aber dort liegt es doch!« – Der Priester, einunddreißig Jahre alt, stutzt und hebt seine Augen, um sie sogleich wieder zu senken. Ist es Erschütterung, die ihn überkommt? Bemächtigt sich seiner bereits, was ihm später den Fluch der Berühmtheit einbringen wird und zahllose Menschen hierhin wallfahren läßt – jene geheimnisvolle Schau durch die Dinge und Zusammenhänge ins Künftige, die keines Wissens bedarf, sondern ihn einfach überfällt und erhellt, wie erbittert er sich auch gegen jede Versuchung seiner Demut zur Wehr setzt? Vor ihm im Grunde die schweren, tristen Umrisse eines armseligen Dorfes unter den niedrig hängenden Nebelbänken eines schon verdämmernden Tages, geschart um die einfache Arche einer vollkommen schmucklosen Kirche. Das erbärmliche Nest ist der Ort, an dem sich sein irdisches Schicksal erfüllen wird. – Ein gutes Jahrhundert später, 1925, gehört der ermüdete, durchfrorene und lehmbeschmutzte Wanderer dieses Tages bereits zu den Heiligen der katholischen Kirche. Welch ein Ärgernis für Dorfschulmeister und Fortschrittsgläubige! Können wir doch trotz seines hohen Grades von Demut, Ergebenheit, Gottesliebe nicht umhin, eines bedenklichen Maßes von Einfalt Erwähnung zu tun. Sahen sich die geistlichen Vorgesetzten dieses armen Arbeitersohnes aus dem Dorfe Dardilly nicht gezwungen, ihm auf dem Priesterseminar ob mangelnder Lateinkenntnisse den Laufpaß zu geben? Und war es wirklich zum Heil einer künftigen Pfarrgemeinde, daß es einen Abbé Balley gab, der zu wissen glaubte, was es mit diesem linkischen jungen Mann auf sich hatte und ihn in die Mache nahm? Wirklich ein Wunder, wenn der widerspenstige Schädel des schmächtigen Proletariersohnes das Nötigste endlich doch begriff. – Nun, man hat ihm nach ausreichender Probezeit eine kleine Pfarre anvertraut, wo er nicht viel Schaden anzurichten vermag.

Da ist er nun! In Ars, wo man ihm nur allzu bald Schmähworte auf die niedrige Mauer des Pfarrhauses kritzeln wird, wo ihn die Bauern anfangs aus den Augwinkeln, sodann mit Stirnrunzeln, schließlich in Fassungslosigkeit betrachten werden. Bis im Nebel der Ärgernisse ein winziger Funke des Staunens aufglimmt, hell wird, entsprechend jenem wärmenden Leuchten, das von ihm ausgeht, anwächst und zunimmt bis in seine Sterbestunde. – Übrigens spürt der armselige Curé davon nichts. Er, der in einigen Jahren zu einer wildfremden Frau in der Menge der Wallfahrer, einer ob des verspielten Seelenheiles ihres Mannes verzweifelten Witwe eines Selbstmörders, der sich ertränkt hat – einer Frau, die er nie sah und von der er nichts weiß –, in jäher Hellsicht sagen wird: »Madame, bedenken Sie, wieviel Gelegenheit zur Umkehr, zur Reue zwischen Brücke und Wasser ...« Er also, begabt mit höchst verwunderlichen Einsichten, bemerkt nicht das geringste von seiner Wirkung auf andere oder von dem, was um ihn vorgeht. Höchstens, daß er seinen Körper, diese vornüber geneigte, mehr als hagere Gestalt, oder sein Antlitz mit dem einfältigen Lächeln der Güte heiter als ›mon carnaval‹ apostrophiert. In Stunden des Zweifels, wenn ihm seine Unzulänglichkeit zu schaffen macht, sagt er sogar ›mon grattin‹, mein Widersacher, dazu ...

Ars heute. Es ist alles noch da. Die Pfarrei, in der der arme Curé gewohnt hat. Das demütige Gotteshaus, von seinem Domizil nur zehn Schritte entfernt, wenn auch, leider, lediglich als Entrée oder Vorhalle einer neueren Wallfahrtskirche erhalten. Und sogar Jean-Baptiste

Vianney, will sagen der arme Leib dieses Demütigen, der bei Lebzeiten alle ihm zugedachten Ehrungen und Erhöhungen mit Entsetzen von sich wies – er ruht in einer Seitenkapelle der schrecklich bombastischen, neuen Kirche mit ihrem von Engelsfiguren umstandenen, breit gelagerten Vierungsturm, der wohl eine Art Krone darstellen soll. Welch ein Alptraum, diese überdimensionierte, völlig gesinnungslose Zuckerbäckerei aus Stein. Die Kirche ist scheußlich bis zum Aberwitz. Trösten wir uns. Der arme Curé hätte es kaum empfunden, was man ihm so wohlmeinend antat. Er besaß nicht den geringsten Geschmack.

Hier also schläft der bescheidene, ausgedarbte Körper in einem Glassarg den ewigen Schlaf. Das gute Antlitz vollkommen deutlich. Es besitzt nicht die Anonymität der Gesichter der Marguerite-Marie Alacoque in Paray-le-Monial oder der Bernadette Soubirous in Nevers, die eigentlich wie Puppen daliegen. Die Pilger, die in ganzen Strömen aus der weiten Welt herbeikommen, um des Unerhörten teilhaftig zu werden, daß in Ars ein Mensch vollkommen in der Armut und Demut gelebt hat, wie es ihm das Evangelium gebot – die Kleriker aus Indien oder Afrika, die alten, gebeugten Ordensbrüder aus irgendeinem Winkel Europas, die Frauen, die Kinder, die Männer, sie alle vergessen über diesem friedvoll hingebetteten Leib nur zu leicht die ungeheure Härte gegen sich selbst, die das Leben des demütigen Pfarrers von Ars beispiellos gemacht hat.

Da ist vor allem die Armut! Schält man das Wesentliche aus Vianneys irdischem Wandel, hat er vorgelebt, was später bei Bloy, bei Bernanos der Kernpunkt einer kritischen Musterung aller Daseinswerte wurde: die Armut als christliche Kardinaltugend, als Mangel an Überflüssigem, als Korrelat einer im Fortschrittsglauben hintaumelnden Epoche. Oder ihre Verkörperung, der

Arme, der an das ›Kreuz des Elends‹ geschlagen ist, der Arme als Re-Inkarnation Christi, als Inbegriff für den Urgrund des Leidens, das die Welt erfüllt, wie sehr die Diktatoren oder die Fortschrittsanhänger auch bemüht sind, das Bettlertum auszumerzen, da allgemeine Wohlfahrt ihre sicherste Propaganda bleibt. Mit anderen Worten: die Armut als Zustand der Entäußerung, Bedürftigkeit und des Ausgesetztseins. Vertreibt man sie aus dem Bereich des Leiblichen, stiehlt sie sich, was viel schlimmer wiegt, in die Bereiche des Seelischen; je mehr die Waagschale der einen sinkt, steigt die der anderen. Dies war der Kanon, nach dem Vianney lebte. Natürlich ohne begrifflicher Klärung zu bedürfen. Er bezog dabei sogar seinen Körper ein, um ihn durch Züchtigung oder Geißelung in den Zustand physischer Erbärmlichkeit zu versetzen und dem Herrn im Leiden näher zu kommen. Gelegentlich fand er sich morgens im Zimmer seiner Pfarre mit blutiger Schulter entkräftet gegen die Wand gesunken – noch heute sieht man die Knotenschnur und einen mit spitzen, über einen Zentimeter langen Eisenstacheln besetzten Leibgurt oder die braunen Blutspuren seiner Pönitenz auf der Mauer. Als Nahrung genügten ein paar alte, kalte Pellkartoffeln. – Das köstliche Weißbrot, die Eier, die Butter, die man ihm seit einiger Zeit zukommen ließ, pflegte er an die Armen zu geben. Denn recht bald genoß dieser erstaunliche Dorfpriester einen eigentlich unerklärlichen Ruf. Glichen seine Predigten nicht eher einem Gestammel? Es sei denn, er habe über die Liebe Gottes gesprochen. Dann ging ihm freilich der Mund über, und er gehörte zu den Erleuchteten. Dann strömte eine Glaubenskraft ohnegleichen über seine Lippen, die selbst Skeptiker in Tränen versetzte, die gekommen waren, um ihr Achselzucken bestätigt zu finden. Auch mag es sein, daß sein harter Tageslauf, der bereits um zwei oder drei

Uhr in der Frühe begann, die Leute aufmerken ließ. Man konnte um diese Stunde den Schein seiner altmodischen Lampe vom niedrigen Eingang des Pfarrhauses zum Kirchlein schwanken sehen. Frühaufsteherinnen entdeckten das Licht bei neugierigem Spähen durch die Ritzen der Kirchentür später neben dem Altar postiert. Der Curé pflegte dort kniend bis zum Anbruch der Morgendämmerung und des ersten Gottesdienstes zu beten. Worauf die unabreißbare Kette seiner Pflichten begann, die Besuche bei den Kranken, die Katechismusstunden, die endlos währende Zeit im Beichtstuhl ... Als der Zustrom der Verehrer gleich einer Lawine anschwoll, hat er darin bis zu sechzehn Stunden am Tag hocken müssen. Kein Wunder, wenn seine Beine zwischen Allerheiligen und Pfingsten stets fühllos vor Kälte blieben. Aber was machte das schon? Der Auftrag seines Lebens war wichtiger. Zuerst kamen natürlich die Armen – die armen jungen Mädchen, für die er ein Haus einrichtete, ›La Providence‹, die Vorsehung, geheißen, für dessen Unterhalt er die letzten Stücke seines Mobiliars verkaufte, oder die armen alten Vagabunden, Tippelbrüder, denen er draußen im Regen bei seinen Trostbesuchen und Versehgängen begegnete. Einmal tauschte er auf offenem Feld mit solch einem Heruntergekommenen seine Kleidung und gab seine warme Samthose hin, die man ihm grade geschenkt hatte, weil die seine ganz zerrissen gewesen war. So unbedenklich, wie er den ›camail‹, sein kostbares, vom Bischof samt dem Titel eines Kanonikus verliehenes Schultermäntelchen, oder das ihm von Napoleon III. zuteil gewordene Kreuz der Ehrenlegion für die Armen versetzte. Was sollte er damit?

Damals drängten bereits unaufhörlich die Pilgerzüge zu ihm. Der kurze Weg von der Kirche in sein Haus dauerte eine Unendlichkeit, weil alles ihn sprechen, berühren wollte, während man sich nicht scheute, ihm im

Gedränge heimlich Tuchfetzen von der fadenscheinigen Soutane und selbst die Haarsträhne vom Kopf zu schneiden. Schon hatte sich ereignet, was man ein Wunder nennt. Er war zutiefst verstört, daß man ihm dergleichen zuschrieb, verwies auf die heilsame Wirkung der Reliquien, welche die Kirche besaß; er floh sogar in tiefer Nacht entsetzt vor sich selber davon, querfeldein bis Dardilly, seinem Geburtsort. Aber auf seinem Weg gab es kein Zurück, und niemals sollte sein Wunschtraum in Erfüllung gehen, in einem Kloster von La Trappe Versenkung, Stille, Frieden zu finden. Noch als er Ende Juli 1859 auf dem Sterbebett lag, drangen sie bei ihm ein und bestanden darauf, daß er sie segne. Das war die Frucht einer ungeheuren, niemals ganz zu erklärenden Ausstrahlung, die von ihm in der Kirche und im Beichtstuhl ausging. Etwas kam über ihn, sobald er als Seelsorger vor die Menschen trat. Er ›wußte‹ dann; eine andere Stimme klang in ihm auf, sprach durch ihn, von der er sich keine Rechenschaft ablegen konnte.

Dieses ergreifenden Lebens eines zwiefach Armen kann man in Ars noch heute inne werden. Da schreitet man durch den niedrigen Eingang der Pfarrei in das Höfchen, in dessen Hintergrund der alte Ziehbrunnen steht. Blumengerank von blauen Vincas, leuchtenden Zinnien, goldenen Rauten spiegeln freilich ein Glück der Beschaulichkeit, das es früher nicht gab. Vielmehr waren die Scheiben der Küche zu Vianneys Lebzeiten zerbrochen, und im verräucherten Herdloch hatte ein Bäumchen Wurzeln geschlagen, weil der Curé sich mit seinem bescheidenen Öfchen begnügte. Wozu groß kochen? Besaß er nicht einen Wasserkessel, einen Topf, eine Schale, mithin vollkommen genug für seine leiblichen Bedürfnisse? – Unten rechts im Haus jene Schlafstube, in der er gelegentlich nach seinen nächtlichen Bußübungen auf einem Reisigbündel den Schlaf der

Gemarterten fand. In der ersten Etage die Wohn- und Schlafkammer, darin er starb, ein armseliges Bett ohne Matratzen, kalte Fliesen am Boden, an der Wand fromme Bilder, etliche Bücher. Auf dem nackten Holztisch seine armselige Stahlbrille. Vor dem Bett ein Paar grobe Schuhe, eine einzige Legende von der Mühe, Armut und Wanderschaft seines Lebens . . .

Man hat heutigen Tages vor dem Chor der Wallfahrtskirche einen Andachtsraum aus Beton für die Pilger in den Erdboden hinabgewölbt. Über spiralig sich hinunter windende Treppen zu erreichen. Da können die frommen Wallfahrer seiner nochmal in der Versenkung inne werden und sich den schönen, lächelnden Toten imaginieren, den sie eben in der Wallfahrtskirche gesehen haben. – Aber auf die Gefahr hin, ein Sakrileg zu begehen, sei gesagt, das Andere, die Gerätschaften seines Gebrauchs, sein Bauernhut, sein Parapluie, sein Rosenkranz, sein Bett, Tisch, Pönitenzgürtel, Schuhe sind ergreifendere Dokumente als die sterbliche Hülle, wie sehr sich die Vorstellung vom Curé d'Ars auch mit dem freundlich-gutmütigen Ausdruck des Toten und jenes Standbildes verschwistert hat, das man heute in jeder französischen Kirche findet. An seinem Wirkungsort lernt man den Heiligen anders kennen. Da begreift man die Transparenz seines irdischen Wesens und blickt durch ihn hindurch auf die Beschwer seines Lebens. Und man begreift erschauernd, welche Kraft hinter diesem Antlitz von Sanftmut waltete, oder wie ungeheuerlich die Unerbittlichkeit des frommen Curé gegen sich selbst war. So groß, daß er sie später nicht einmal mehr empfand und nur die Dinge noch von ihr künden.

Warum die Erde von Burgund so viele Heilige gebar? Niemand vermag diese Erscheinung zu erklären. Es sieht aus, als sei Gott hier den Menschen näher. Noch heute.

Zweites Buch

Imperium der Mönche

Wo Stolz ist, da ist auch Schmach; aber
Weisheit ist bei den Demütigen

Der Hohlraum

Prélude – Die Brüder von Taizé

Der Weg zog sich endlos hin, Stunde um Stunde. Eine geheime Spannung wanderte mit, etwas wie eine knisternde Erregung, es werde sich hinter Fluß, Kehre oder Hügel das Unerhörte begeben und die Gottesstadt zeigen, einer Vision gleich und hieratisch. *Cluny*. Aber die Erwartung wurde enttäuscht. Nichts alltäglicher als dieses Tal abseits der Saône-Senke von Tournus und Mâcon, »gleich hinter den Bergen«, wie es im Märchen heißt. Inmitten einer Landschaft, die sich nicht recht entscheidet. Neigt sie zur Erbarmungslosigkeit und Askese des Südens oder zur mütterlichen Fülle nördlicher, regenreicherer Landstriche? Sie weiß nicht, was mit sich anfangen. Der Fels von Solutré liegt nicht weit. Für ein historisches Alibi wäre also gesorgt. Aber das ist auch alles. Freilich, im November erscheinen selbst die benamtesten Landschaftsschönheiten im Hausanzug. – Plötzlich im Acker hoch rechts ein erstaunliches Bauwerk. Die Krähen machen viel davon her, kreisen mit schwerem Flügelschlag, als rauche der Mythos aus diesem Boden. Ist es ein Bunker oder die Bastei eines vorgeschobenen Industrielabors? Das Stimmchen eines um Auskunft angegangenen Hütemädchens am Weg flüstert verschämt Undeutlichkeiten.

»Comment?«

»Eglise de la Réconciliation«, erschallt es nun akzentuierter.

Kirche der Versöhnung? Auf Glockenklang aus den Gräbern des Mittelalters war man durchaus gefaßt, auf gebetsschweres Gemurmel, erlauchte Reste, die das Tikken der Weltuhr vernehmlich machten; kurz auf Romanisches. Aber nun dies: immer noch zehn, elf Kilometer bevor das eigentliche Ziel erreicht war, wie der orientierende Blick auf die Karte verriet – ein von Dohlen umschwärmter Betonbunker, ein Felswurf, ein Faustschlag, die Kirche auf herbstlichem Acker. Etwas weiter ein Dorf in die Spindel eines hinaufkurvenden Weges getürmt. Laß sehen, wie es heißt: *Taizé*.

Aber grad die Erwartung des Mönchischen sollte sich hier erfüllen. Freilich nicht in historisch verklärter Form, sondern als lebendige, ja problematische Gegenwart. War nicht sogar verborgene Bestimmung im Spiel? Was zwang denn überhaupt, in das Nest dort oben hinaufzuwandern in diesem elenden Herbst voll Nässe, Regen und Dumpfheit, wenn nicht geheime Anziehungskraft? Das bißchen Romantik des Dorfkirchleins doch nicht! – »Sie besuchen les jeunes protestants, les moines calvinistes?« Ein dörfliches Klatschmaul sprach es, einer von jenen wichtigtuerischen Tagedieben, die in aller Welt an den Ecken lungern.

Calvinistische Mönche? – »Voilà, dort haben Sie einen!«

Da stand er und lud Milchkannen ab. Zivilanzug, ungefähr Jahrgang zweiunddreißig, das Gesicht von schmalem Barte umrahmt, ein hurtiger, junger Mann, dessen nackte Füße in Sandalen staken. »Der Ökonom«, flüsterte das Dorforakel hinter vorgehaltener Hand; man bekam seine Wolke von Knoblauchatem aus erster Quelle.

Es war schon sehr eigenartig. Ringsum nicht die Spur

eines Klosters. Nur die heraufkurvende Straße war da, die aus dem Grosne-Tal kommt, etliche übereinandergestaffelte Häuser daran und dort drüben der Eingang zu einer Art Herrenhof. Etwas höher die Dorfkirche. Wie zu lesen stand, gab es Leute, die den Ort malerisch fanden. Es hatte zu regnen begonnen, und, von der Höhenlage abgesehen, sah er an diesem tristen Novembertag aus wie jedes beliebige Bauernnest. Wasser troff von den Dächern, gurgelte durch alte Traufen, sickerte sogar aus dem Erdreich hervor, soviel Nässe hatte der Boden von den seit Wochen andauernden Himmelsgüssen bereits gespeichert, und rannte eilig durch schräg hinabführende Gossen davon.

Der junge Mann mit dem Bart, den Sandalen, dem zivilen Arbeitsanzug nahm keine Notiz davon. Er stapelte seine Milchkannen an der Straße auf, ungerührt von den Blicken, die neugierig an ihm herumtasteten. Und grade diese höchst unromantische, unpathetische, beharrliche, zähe, lästige Tätigkeit machte es zur Gewißheit, daß es sich hier am Ende doch um etwas Besonderes handelte. Einen calvinistischen Orden? Eine Bruderschaft eben. Der katholische Bischof von Autun hatte ihr die Benutzung der uralten Dorfkirche gestattet, welche der Guide Michelin ob ihres Alters und ihrer Inneneinrichtung »aménagée avec un goût parfait« nennt, was ziemlich übertrieben ist. Eine schöne Schmerzensmutter stand linkerhand in der Nische, ein Ewiges Licht brannte und vor dem Altar öffnete sich ein Viereck von einfachen Bänken. Das war nicht allzu viel. Von den seltsamen Mönchen, derentwillen man nicht nur katholische, evangelische, anglikanische Kleriker, sondern gelegentlich sogar orthodoxe Würdenträger mit wallendem Bart heranfahren sieht, dazu viele, viele Neugierige, sagt er nichts. Vielleicht war es seinen Verfassern wie vielen Leuten gegangen: sie wußten nicht recht, was von der Sache zu halten war. Immerhin ist die Institution bald ein Vierteljahrhundert alt. Und sie wächst noch immer.

Sommer 1942. Über die schweizerische Grenze stiehlt sich ein calvinischer Theologiestudent ins derzeit noch unbesetzte französische Gebiet und wandert auf Cluny zu. Er heißt Roger Schütz. Weiß Gott, was ihn treibt. Er kommt ins Tal der Grosne, erblickt den armseligen Weiler Taizé an der Spindel seiner Straße, steingrau und halb verlassen, sieht das romanische Kirchlein, das sich in seinem Ruhm sonnt, in den offiziellen Kunstführern des Landes erwähnt zu werden. Mehr nicht, oder beinahe nicht mehr. Der junge Theologe findet nämlich halbhoch im Dorf einen unbewohnten Gutshof, der aufs Land hinaussieht. Er ist zum Herzen seines protestantischen ›Klosters‹ geworden.

Damals besaß die kühne Unternehmung noch eine Nebenbedeutung. Es war die Zeit, in der viele Menschen aus dem besetzten Teil Frankreichs nach Süden flohen. Juden und andere. Sie fanden in Taizé eine Herberge, solange sich Schütz ihrer annehmen konnte. Dann drangen die deutschen Truppen über die Demarkationslinie vor, mit ihnen die makabren Kommandos der Gestapo, und Schütz verschwand nach einer Haussuchung so lautlos wie er gekommen war. Aber er nahm zweierlei mit: er wußte, was der Zeit nottat und wo er eine Stelle finden würde, seine Vorstellungen von Frieden, Glauben und Menschenbrüderschaft zu verwirklichen. 1944 kehrte er wieder, diesmal in Gesellschaft eines anderen Theologen und eines Landwirtes. Der protestantische Konvent entstand.

Dreimal am Tage, am Morgen, Mittag und Abend, versammeln sich die Mönche zum Gottesdienst. Dann freilich nicht im Zivilanzug wie der Bruder Ökonom, Arzt oder Elektriker, wenn sie ihre Tagesarbeit draußen unter den Menschen tun, sondern in weißer Kutte. Und sie singen ihre schönen Choräle, die so volltönig, orgelstimmig einherbrausen, wie es bei den Mönchen von Cluny gewesen sein muß. Sie sprechen ihre Gebete, in die sie jeden der auswärtigen Brüder namentlich einschließen, und sie feiern ihre Liturgie. Ihr Prior zelebriert sie am Altar des kleinen Gotteshauses von Taizé, das der Bischof von Autun ihnen überlassen hat, in der Gebetshaltung eines Oranten, und die Brüder respondieren, die Hände in die weiten Kuttenärmel geschoben, wie nur je die Mönche eines katholischen Konventes. Droben auf dem Acker, die gewaltige Betonkirche ›de la Réconciliation‹, der Versöhnung, die von jungen Deutschen als Sühnezeichen erbaut wurde, nützen sie nur bei besonderen Anlässen. Ihr mönchischer Alltag, der Gebet und Arbeit heißt, spielt sich im bescheidenen Rahmen ihrer Klostersiedlung ab. Übrigens, es lebt nur ein Teil von ihnen in Taizé. Die andern hat der Orden hinausgeschickt in die Welt – dorthin, wo das Brot hart und das Leben bitter ist, damit sie unter den Arbeitern einer südfranzösischen Fabrik, den Fischern eines sizilianischen Dorfes als Mensch unter Menschen leben. Gebunden an ihre Ordensregel, die Ehelosigkeit und Enthaltsamkeit voraussetzt, und in einer ›transparence totale‹, in vollkommener Durchsichtigkeit.

Abend. Der Novemberregen fällt endlos über das Land. Da wandern sie einer hinter dem andern hinüber zur kleinen Kirche, um nach des Tages Mühe die abendliche Andacht zu feiern. Junge Männer allesamt, aus Frankreich, der Schweiz, Holland, Skandinavien. Junge Leute, die sich für die Armut entschieden haben, denn alles gehört der Gemeinschaft und den Einzelnen nichts. Brüder, die ›contemplation et action‹ zum Leitwort erwählt haben, Einkehr und Liebestat; junge Leute, die den schockierenden Versuch unternommen haben, Mönche, Zeugen und Sendboten eines erneuerten Geistes zu sein, dem es so gar nicht mehr auf das Trennende und Absondernde zwischen den einzelnen Konfessionen ankommt. Mönche, deren wundervoller Chorgesang an eine andere Ordensgemeinschaft erinnert, die während langer Jahrhunderte ganz nahebei gehaust hat und ebenfalls Frieden und Liebestat vorlebte. Mehr als die Geschichte wahrhaben will. Man muß sich nur einmal in die Dokumente ihrer Vergangenheit versenken, um zu erkennen, wieviel Innerlichkeit mit dem Imperium der Mönche von Cluny verbunden war.

Taizé. Ein Präludium. So, als sei es ganz selbstverständlich, daß hier im Tal der Grosne, hier in Burgund wie vor mehr als tausend Jahren ein Kloster wächst, wie man ein Reis in den Boden steckt, damit es Wurzel schlage. Noch dazu von einer Observanz, die es niemals gegeben hat. Aber genau das ist es, was uns Burgund bedeutet: das Überraschende, das Überwältigende.

Mysterium der Romanik

Fragt man sich, was das eigentliche Erlebnis dieser Landschaft ausmacht, ist der Anziehungskraft Burgunds freilich noch etwas anderes beigemischt, das einem Mangel in uns entspricht: der Traum vom Heimfinden. Die Rückbindung in einer orientierungslos gewordenen Zeit. Die unverbrüchliche Gewißheit, die uns gleicherweise aus dem erdenschweren Drängen wie der ekstatischen Überwirklichkeit romanischer Formen entgegenströmt.

Die romanische Epoche, wir wissen es, war keine leichte Zeit. Allein, darum geht es nicht. Überdies, mit welchen Schrecknissen vermöchte man uns noch Eindruck zu machen? Hingegen hatte das romanische Zeitalter anderen etwas voraus, dessen Schwund wir für ewig beklagen; es war inspiriert, wie gnadenlos die

Geschichte auch in ihm walten mochte. In gotischen Zeitläuften wandelt sich das bereits, man darf es gestehen. Mit der Entdeckung des Irdischen und des Individuellen beginnen die Taschenspielerkunststückchen, bald auch die eitlen Schaustellungen. Keineswegs, daß sie der Größe entbehrten, aber ein Schwund ist da, wie jede Wandlung des Weltbildes nicht eigentlich Bereicherung, sondern Austausch bedeutet. In der Romanik gibt es kein Nachlassen der Divination, wiewohl sie über das ganze Vokabular menschlicher Ausdrucksmöglichkeiten verfügt. Sie entlarvt, spottet, ist höhnisch, niederträchtig, lacht, scherzt, plaudert, ohne jemals an Inbrunst zu verlieren. Tatsächlich hat sich das ganze Universum an Gedachtem, Geglaubtem und Erfahrenem, das die Menschenbrust damals durchzog, in unerhörter Universalität in ihr niedergeschlagen. Aber das bleibt nur eine Seite. Die Gewalt des Divinatorischen besitzt den Charakter einer Flut. Wer das nicht fühlt, wer die Romanik nur ästhetisch beurteilt, erlebt nichts. Die Überwältigung, die uns geschieht, gleicht einem Absturz in Gott, ist Verglühen im Höheren. Sie gestattet keine Halbheiten, nicht einmal Beschönigungen. Es wird alles beim Namen genannt, und man muß es wörtlich nehmen, sich manchmal sogar auf äußerste Unerbittlichkeit einlassen.

Wer Burgund aufsucht, sollte das wissen. Man kann diese Landschaft nicht leicht nehmen. Möglich, daß weichliche Geister das nicht begreifen werden. Die fauchende Lohe eines Konverters schlägt uns aus den Bildwerken von Autun, Saulieu, Vézelay entgegen, und die Liebestat von Cîteaux besitzt eines Schmelztiegels wabernde Hitze. Das Abendland hat niemals wieder soviel Glut hervorgebracht wie in dieser so temperiert anmutenden Landschaft. Der Beginn, von dem alles ausgeht, aber heißt *Cluny*.

Die Romanik gilt also noch. Sie ist an das antike Formenerbe angelehnt, erwachsen aus den Blutsümpfen der Geschichte eines verworrenen Jahrtausends, durchtränkt mit dem Mythenvorrat der ganzen bekannten Erde von damals, immer universell, stets international, visionär und begabt mit einer enormen Gestaltungskraft, die noch das letzte Rudiment eines romanischen Kapitells zu einem Ereignis macht. Die Breitendimension ihrer Weltbeziehung erscheint uns manchmal gering; sie kennt nur eine Relation, hier Mensch, hier Überwirklichkeit. Angesichts dieser Konstellation gilt es für sie ganz gleich, ob jemand Kaiser, Baron, Advokat, Arbeitsmann oder Bettler ist. Ein solches Prinzip der Gleichheit aller Seelen vor der Überwirklichkeit muß aufmerken lassen. Die Romanik ist weder eine aristokratische noch eine proletarische Kunst. Diese Fragestellung existiert nicht. Ihr Gerechtigkeitsbedürfnis im Bereich des Seelischen mutet erstaunlich an, und in ebenso erstaunlicher Weise besteht sie, ungeachtet einer Hierarchie der irdischen Lebensordnungen, auf der Egalité vor Gott. Wenn dergleichen nicht immer praktiziert wird, besagt es nichts gegen den Grundsatz.

Aber die Romanik vermittelt uns eine weitere Erkenntnis. Sie dokumentiert, daß der Mensch in der Geschichte weniger als Erfinder, vielmehr als das Echo von Ideen auftritt, über die sich seine Epoche erst später Rechenschaft ablegt. Man kann dies die bestürzendste ihrer vielen Gewißheiten nennen, die uns heute wie Mysterien anmuten. Die Zeit denkt in Menschen. Doch wäre es falsch, umgekehrt daraus zu folgern, die Menschen besäßen die Freiheit und das Genie, die Zeit zu ›denken‹. Sie vollziehen sie. Was eigentlich gewollt wird, spielt sich in einem der Ratio nicht mehr zugänglichen Raum ab. Im Grunde dient alles Rationale nur dazu, ein Alibi zu gewähren. Es motiviert keineswegs, was ohnehin nicht zu begründen ist, sondern liefert den Vorwand für das, was getan wird. Kurz, nach dieser uralten Erkenntnis hat es die Geschichte mit dem Irrationalen zu tun, und die Romanik ist ein einziger Beleg dafür. Es ist die tiefste Lektion, die sie uns erteilt.

Burgund, das uns ergreifendere Erlebnisse schenkt, als sie unser an das Grau des Alltags gewöhnter Sinn noch erwartet: kehren wir zurück in die Morgenröte deiner Größe, in jene Stunde, in welche der Name Cluny wie ein Glockenschlag fiel, der den ganzen Erdkreis durchhallte – Cluny, mit dem in Burgund alles anhob.

Das verschüttete Leben

Freilich, wer voll hoher Erwartungen nach Cluny kommt, den überfällt es in heißem Erschrecken: es ist beinahe nichts mehr da. Man steht fassungslos vor der systematischen Zerstörungswut der Revolutionäre von 1789. Gemessen an der Größe und Gewalt des Gottesstaates der Cluniazenser zählen die paar übriggebliebenen Reste doch nicht. Keines unter den vielen Dramen, die sich während der Großen Revolution in Frankreich abspielten, hat solche Lücke gerissen wie der Untergang von Cluny.

1790, nach genau achthundertachtzig Jahren des Bestehens, war die Abtei geschlossen und zum Nationaleigentum erklärt worden. Drei Jahre später begann der Abbruch. Aber er kam erst 1798 richtig in Schwung. Unter dem Vorwand, die Wiederherstellung werde zu vieler Mittel bedürfen, verkaufte man die Klosterbauten kurzerhand an einen Unternehmer in Mâcon. Für ganze zwei Millionen Francs Assignaten, die selbstverständlich nur einen Dreck wert waren. Der Brave aus Mâcon, der dem Tempelschänder Herostrat nur das eine voraushatte, daß er damit nicht berühmt werden, sondern lediglich verdienen wollte – der Abbruchunternehmer beutete den ihm in den Schoß gefallenen Schatz so gründlich und auf eine ähnliche Weise wie eine Goldmine aus. Mit Pickel und Sprengladungen. Weiß Gott, welche Häuser, Straßen und Dämme man mit dem erlauchten gelben Stein von Cluny zusammengeschustert hat!

Als sich die Öffentlichkeit 1823 endlich eines Besseren besann, standen von den alten Bauteilen nur noch der oktogonale Weihwasserturm nebst dem Uhrenturm, die einst das rechte Querschiff bekrönt hatten, sowie der gotische Farinier oder Mehlspeicher, ferner einige belanglose barocke Wohntrakte nebst dem gotischen Gästehaus, dem sogenannten Palais des Papstes Gelasius, der 1118 nach Cluny geflohen und hier ein Jahr später gestorben war. In diesem Teil, der früher als eigentlicher Zugang in die Klausur diente und noch heute als Entrée für die Besuchergruppen der Abtei benutzt wird, befindet sich gegenwärtig eine technische Schule. Weiter wäre das sogenannte Palais Ochier oder Abtshaus des Jean III. de Bourbon am ehemaligen Klostertor zu nennen und nahebei die Herberge für bevorzugte Gäste, das sogenannte Palais des Jacques d'Amboise, sowie etliche beiläufige Turm- oder Torbauten. Das klingt der Zahl nach gar nicht so gering; aber eigentlich verraten die Reste nur, wie gründlich der Mann von Mâcon vorgegangen war. Will man wissen, wie königlich die Klosterstadt ausgesehen hat, muß man sich an altes Bildmaterial halten, sei es im Musée Ochier in Cluny oder im Musée Bourguignon zu Tournus. Welch ein unbeschreibliches Bild, dieser Blick aus der Rue d'Avril mit ihren romanischen Häusern über die heutige Rue de la République hinweg auf die Klosterpforte, hinter der sich ein Wald von Türmen erhob! Die Gottesstadt – da lag sie, ein neues, auf den Boden Burgunds gegründetes Zion.

Cluny heute: das Vakuum, die Leere oder der Hohlraum. Am besten, abends anzukommen, wenn die Gestirne über den Bergen des Mâconnais stehen und die Häuser der Rue du Merle, der Lebensader von Cluny, im Mondenlicht Schlagschatten werfen. Freilich, die ungestörte Imagination und Inspiration durch den Genius loci ist auch dann nicht ohne weiteres zu finden. Kaskaden von Schlagergeplärr tönen aus einem Café an der Rue Filatier, das sich ›Salle d'Attente‹ nennt, und mit Höllenradau flitzen fünf, sechs Lausbuben auf ihren Motorrädern durch die Stadt, eng hintereinander und immer rundum. Aber getrost! Was ist das weiter als ein verzweifeltes Aufbegehren gegen das Schweigen von Cluny. Zehn Uhr abends und straßauf, straßab werden nur noch Dunkelheit, Ängstlichkeit, Finsternis umgehen. Wenn der Schritt auf dem Asphalt ein hallendes Echo weckt, ist endlich die Stunde der großen Illusion gekommen. Im Mondenlicht öffnet sich das vermauerte Rundbogenfenster im Erdgeschoß eines romanischen Hauses wieder zur offenen Halle, hinter den Säulchen und Fensternischen eines gotischen Hauses scheinen sich Menschen zu regen, und gelb, mächtig und schön steigt der achteckige romanische Turm von St-Marcel samt der schlanken, eleganten Spitze des 15. Jahrhunderts aus dem schweren, erschöpften Schlaf der Stadt in die reine Einsamkeit der Nacht. Wandert man gar unter den alten Linden der Promenade de Fouettin entlang, von der man gelegentlich über die Dächer hinwegschauen kann, gelingt es dem Monde für einen Augenblick ganz, uns in jene Verzauberung einzuspinnen, die wir auf Reisen suchen. Aber auch ein erwachender Morgen im Frühsommer leistet das. Das große Ereignis dieser Stunde und dieser Jahreszeit sind die Schwalben von Burgund. Sie jagen so zwitschernd, lebensfroh, schwärmend durch die niedrigen, uralten Häusertrakte der

1 TOURNUS, St. Philibert
Lithographie von E. Sagot

2 AUTUN, Porte d'Arroux

3 AUTUN, Porte St.-André

4. AUTUN, Kathedrale Saint-Lazare
Lithographie des 19. Jahrhunderts

5 CLUNY, *Kupferstich von P. F. Giffart*

6 CLUNY, Grande Vue de l'Abbaye *Kupferstich von Lallemand*

7 Cluny, Rekonstruktionszeichnung
Lithographie von E. Sagot, 1838

8 Paray-le-Monial
Lithographie von E. Sagot

9 Paray-le-Monial, Chor
Lithographie von E. Sagot

Rue d'Avril, hinter deren kaum übertünchten Fassaden überall eine vermauerte romanische Halle, ein gotischer Türsturz hervorbricht, daß man die klaffende Leere zwischen der Weltläufigkeit des Cluny von einst und der muffigen Enge von heute nicht mehr spürt. Denn manchmal sieht es aus, als sei es weniger das Vakuum der aufgebrochenen Rudimente der Klosterstadt, das so schmerzt, als die ängstliche Kleinbürgerlichkeit, zu der sich das gegenwärtige Cluny verurteilt.

Die Schwalben mit ihrem Gezwitscher, diese jagenden Vogelseelchen unter dem veilchenblauen Himmel der Rue d'Avril aber überspielen diese Diskrepanz. Sie geben dem Nest der Grünkramhändler und Rentner den Charme, die Atmosphäre und sogar etwas wie Adel, bis man auf einmal erkennt: aber dort, wo der dicke Weinstock sich über Rundbogen und Fenstersturz rankt, war es doch, wo vor sechs-, sieben-, achthundert Jahren die Menschen in hellen Scharen ein und ausgingen; dort lag doch das Rentamt der Klosterstadt! Es ist alles noch da, Schwelle und Mauerstein. Man kann sich schon denken, was sich hier alles an Händlern, Maultiertreibern, Eselprüglern und Bettlern herumtrieb, um auf einen Zehrpfennig zu warten. Natürlich gehörten die ›schwarzen Mönche‹ zu diesem Menschengewimmel; die Klosterbrüder hörten sich gern so nennen, wiewohl ihre Kuttenfarbe mehr ins Kastanienbraun wechselte. Freilich genossen die Patres und Fratres der Zahlmeisterei ein eigentlich unverdientes Ansehen; sie waren sozusagen Bodenpersonal. Die anderen, die wirklichen Mönche, die für das Heil der Christenheit beteten, bekam man nicht leicht vor Augen. Indessen, die Schwalben jagten unter dem veilchenblau leuchtenden Himmel der Rue d'Avril wie heute, der Weinstock hatte ebenso blaue Früchte angesetzt, wenn es auch ein anderer gewesen sein dürfte, und die jetzt ausgestorben scheinende Häuserzeile war sogar die nämliche. Überall Leben, Bewegung, Fülle. Ganz nahebei lagerte sich ja, quer und alles versperrend, ein Trakt von Toranlagen über den Fahrsteig und dahinter wuchsen gleich einem Gebirge die Klosterbauten. Man darf wirklich sagen, daß hier, wo der geheiligte Bereich begann und die Schritte zudringlicher Krämer oder Bettler anhielten, das Herz von Burgund schlug. Für ein Zeitalter lang sogar das Herz des Abendlandes.

Seltsame Erfahrung, wieviel muß man in Cluny doch tun, um noch das Wesentliche zu erkennen! Selbst dann wird man kaum dem Ereignis gerecht, das dieser Gottesstaat bedeutet hat. Übler schon, daß die offiziellen Führungen unweigerlich jedes Erlebnis zerstören, das man immerhin finden könnte. Hat der ›Guide‹ erst seine Besucherhorde beim Wickel, läßt er sie nicht mehr los und drischt mit Zahlen und Floskeln erbarmungslos auf sie ein. Ach, diese auf Trinkgelder bedachten Witzchen, diese hurtige Eilfertigkeit, damit noch der nächste Menschenhaufe vor Mittag bewältigt wird, diese auswendig gelernten Mätzchen! – »Die berühmten Kapitelle? Warum sie Notendarstellungen tragen? Man hat eben Musik gemacht, vous comprenez!« – Von Cluny bleiben nur Banalitäten übrig. Aber das ist wohl nicht anders zu machen.

Vom Trakt der barocken Wohnflügel geht es zum südlichen Querschiff der ehemaligen Abteikirche St. Peter und Paul, die das eigentliche Weltwunder von Cluny war. Es steht fast nichts mehr davon. Immerhin läßt sich an einigen gewaltigen Aufschwüngen und emporstrebenden Diensten ermessen, wie groß man selbst noch im Nebensächlichen dachte. Die Bruchstücke dieses südlichen Seitenschiffarmes offenbaren, daß die Kirche alle derzeit vorstellbaren Maße übertraf; sie steigen in schwindelnde Höhe und sind doch nur Beiläufigkeiten gewesen, der Durchgang der einstigen Anlage zum alten Bau von Cluny II. Nahebei die Kapelle, die sich Abt Jean III. von Bourbon nach dem Geschmack des 15. Jahrhunderts einrichtete; man merkt gleich, wieviel weniger Ursprünglichkeit da am Werk ist. Aber nebenan die Apsidiole, kahl, aufgeborsten – in ihrem nackten Hinaufkurven ein einziges Crescendo, ein Lineament, das wie gesungen hinanstrebt und doch nichts Gotisches hat, nicht schwindet, sondern von leiblicher Fülle bleibt, Gott nicht erst sucht, sondern besitzt. Für einen winzigen Augenblick ertastet man den Geist von Cluny. Im Farinier draußen im Park, dem Mehllager des 13. Jahrhunderts, über bogenförmig hinaufwallende Treppe zu erreichen, kommt das noch einmal auf einen zu. Da stehen im kleinen Steinmuseum des ersten Stockwerkes die berühmten Kapitelle des Chorumgangs, die man aus dem Schutt hat auflesen können. Jene kostbaren Reste cluniazensischer Bildhauerei, an denen sich die romanische Skulptur Burgunds entzündete. Doch später davon.

Residiert haben die Äbte in der Spätzeit nicht wie ursprünglich in des Klosters innerster Kammer zwischen den Kirchenbauten von Cluny II und Cluny III, sondern nahe den aufgegrabenen Fundamenten der Abteikirche im heutigen Musée Ochier. Das ist ein stattlicher Bau, wenn auch der Abt von Cluny damals nicht mehr Herr über den Geist des Abendlandes war und seine Rolle als Oberhaupt der cluniazensischen Kongregation mehr eine leere Form. Seit der Reformationszeit fiel die Bewegung ganz auseinander. Erblickt man die palastähnliche Hausung des 15. Jahrhunderts, ist man geneigt, der bitteren Kritik des hl. Bernhard von Clairvaux am Geist von Cluny recht zu geben. Und doch liegt hier, bei Licht besehen, ein Irrtum vor. Selbst in den sogenannten Verfallszeiten, denen das Abtshaus entstammt, dürfte weniger Aufwand, weniger Repräsentanz im Spiel gewesen sein als man meint. Im Grund lag diese Lebensform in der Natur der Sache; selbst damals wird man in Cluny noch die große Aufgabe empfunden haben, in die Welt hinein zu wirken, während es den Zisterziensern in dieser Hinsicht allerhöchstens um das Beispiel der Armut und Entsagung gegangen sein dürfte. Die hoffnungslose Distanz zwischen Cluny und Cîteaux lag im Wesen der Orden und ihrer Anliegen. Das Wort Verfall ist eine zu billige Münze, die selten wirklichen Kurswert besitzt; vielmehr sind alle Erscheinungen dieser Welt geboren, um ihre Zeit, ihre Blüte, ihren Herbst zu haben. Doch auch davon später.

In diesem Abtshaus, dem Musée Ochier also, findet man, was in Cluny außer den berühmten Kapitellen an Steinmetz- und Bildhauerarbeiten erhalten blieb, und eine über schmale Wendeltreppe zu erreichende Bibliothek im ersten Stock, die natürlich nicht echt ist – der Unternehmer aus Mâcon dürfte sie kaum übersehen haben. Die Spuren skulptierter Steine im Erdgeschoß sagen daher viel mehr. Sie stimmen abermals das Lied der Klage über den Untergang an: Hände, Gesichter, Verstümmelungen, Fragmente von ehemaligen Bildwerken, Grabplatten, von ihrem Orte gelöst und zu maskenhaftem Dasein verurteilt. Die Gewalt der Romanik, die noch in tausend anderen romanischen Kirchen fortlebt, in Cluny ist sie gebrochen. Ein zum Turnier ausreitender Ritter, ein auf einem Greif davongaloppierender Mönch verraten ob ihrer Figurenlängung die Schule des Languedoc; aber das weiß man auch so. Daher bleibt auch dieses Museum eine einzige stumme Anklage, ein Aufschrei ob der mit rüder Hand zerstörten Genieleistung eines Zeitalters . . .

Mönche von Cluny, hell leuchtende Gestirne der abendländischen Christenheit, ihr Sendboten einer Epoche, die Europa groß gemacht hat, versuchen wir, nachzuvollziehen, was man hier wie überall in Burgund leisten muß – versuchen wir, eure Welt wiedererstehen zu lassen, von deren Erbe die unsere lebt ... Wirklich gut, in Cluny zur Stunde der Gestirne einzutreffen, damit man weiß, daß alles auf die Imagination ankommt! Wenn der Vollmond über den Bergen des Mâconnais steht und geisterhaft bleich über die Stadt scheint, vermag die Phantasie am leichtesten, alles Gestorbene wieder aus seinen Gräbern auferstehen zu lassen.

Gedenkblatt für einen Amerikaner

Die Gründung der Abtei im Gebiete von Mâcon durch den Herzog von Aquitanien, Wilhelm den Frommen, die sich um 910 zutrug, ihr Aufleben unter den ersten, den großen Äbten, von denen fünf heilig gesprochen wurden, rief bald eine jener Reformbewegungen hervor, wie sie nach Epochen des Niedergangs mit der Regelmäßigkeit des Gezeitenwechsels durch die abendländische Geschichte branden. Nur daß die Reform von Cluny eine mehr als säkulare Größe besaß und in gewisser Beziehung bis heute andauert. ›Mystique‹ nennen die Franzosen solche Erneuerungen gern, die eine Abkehr von der Verflachung des Lebens bewirken und aufs neue in die Tiefe des Daseins loten. Aber das deutsche Wort Verinnerlichung, das unsern Nachbarn jenseits des Rheines so oft mißfällt, trifft es weitaus besser. Die in der karolingischen Epoche sehr veräußerlichte und heruntergekommene Kirche bedurfte einer Umorientierung; nicht nur in Frankreich.

Der neuen Abtei kam zugute, daß sie sich von der Jurisdiktion des Bischofs von Mâcon befreien konnte. Der Heilige Stuhl in Rom, damals freilich noch nicht im Besitz der gleichen Autorität wie später, hat immer wieder durch Banndrohungen Welt-Klerus wie Feudal-

Adel an Übergriffen gegen das fette Beute verheißende Kloster gehindert. Als berühmteste und wirksamste gelten jene – es waren gleich vier auf einmal –, die Papst Johannes XIX. am 28. März 1027 in Gegenwart Kaiser Konrad II. und vieler Fürsten erließ. Zweifellos hat Cluny also von der wachsenden Zentralgewalt des Papsttums profitiert. Solcherart behütet, wuchs es ziemlich ungestört zu jener weltumspannenden Kongregation, die im 12. Jahrhundert, der Zeit ihrer größten Entfaltung, nach vorsichtigen Schätzungen rund 1450, nach anderen 1600, nach dritten gar 2000 angeschlossene Mönchssiedlungen, das sind Abteien, Prioreien, Einsiedeleien, zählte. Sie lagen über Frankreich, Deutschland, Italien, Spanien und Großbritannien verstreut. Unter den burgundischen Niederlassungen benediktinischer Observanz gehörten vor allem Charlieu, St-Germain-d'Auxerre, Paray-le-Monial, St-Marcel zu Chalon, Vézelay, Nevers und Charité-sur-Loire hinzu, mithin die wichtigsten Klöster. Allein, solche Zahlen bedeuten an sich noch nicht viel. Erst die Tatsache, daß in Cluny die geistige Entwicklung und zeitweilig sogar die Geschicke der abendländischen Menschheit bestimmt wurden, gibt ihrer Aufzählung Gewicht. Während der ersten hundertundfünfzig Jahre seines Bestehens beschränkte sich Clunys Wirkung freilich mehr auf die romanischen Länder. Mit der Hirsauer Kongregation der Jung-Cluniazenser gewann sie auch in Deutschland großen Einfluß.

Im Tal der Grosne entstand also ein ›Gotteshaus‹, von dem ungewöhnliche Impulse ausgingen. Das Schwergewicht seiner mit dem Reformen verbundenen Missionstätigkeit neigte sich alsbald mehr nach Südwesten als unsere Geschichtsschreibung gemeinhin verzeichnet. Auch die Rolle Clunys im sogenannten Investiturstreit, der Auseinandersetzung zwischen Kaiser und Papsttum um den Vorrang, ist in unserer Geschichte ungenügend dargestellt, wenn nicht gar notorisch verzerrt worden. Gewiß haben Päpste und Mönche cluniazensischer Herkunft an diesem Streit teilgenommen, ihn angeführt oder inspiriert, aber weder die Äbte von Cluny noch die Kongregation als solche hatten mit dieser Stärkung der päpstlichen Zentralgewalt zu tun. Clunys größter Abt, der hl. Hugo von Semur, war sogar eng mit einem ihrer Widersacher, Petrus Damiani, Bischof von Ostia, befreundet, und er stand Abt Desiderius von Monte Cassino, dem späteren Papst Viktor III., nahe, der die Gültigkeit von Simonistenweihen vertrat und scharf gegen jede weltliche Machtposition der Kurie opponierte.

In der Tat lag Clunys eigentliches Anliegen in der seelischen und geistlichen Reform der Kirche und ihrer Mitglieder. Die großen Äbte rieten denn auch in politischen Fragen nicht nur stets zur Mäßigung und zum Frieden, sie avancierten regelrecht zu Schiedsrichtern des Abendlandes. Wenn es Päpste wie Gregor VII. und Urban II. oder Kaiser Heinrich IV. niemals verfehlten, sich bei allen Aktionen von weittragender Bedeutung in öffentlichen Briefen an die Äbte von Cluny zu wenden, so bedeutete dies, daß sie an eine Instanz appellierten, die für das Bewußtsein der Zeit den Hort des Friedens und der Gerechtigkeit verkörperte. Keine historische Episode offenbart diese Rolle so deutlich wie das Treffen von Canossa und die Aussöhnung zwischen Kaiser Heinrich IV. und Papst Gregor VII. im Jahre 1077, die in Anwesenheit und auf Zureden von Abt Hugo I. von Cluny zustande kam. Kurz, das moralische Schwergewicht der Epoche lag bei der burgundischen Abtei und den ihr angeschlossenen Klöstern. Das erklärt zu einem Teil den großen Zustrom von Novizen zu ihren Konventen, den Aufschwung, den sie nahmen, und die Rolle, die sie im Leben der Zeit spielten.

Größere Bedeutung besitzt jedoch ihr Anteil an der Rechristianisierung und Wiedereroberung Spaniens im Kampf gegen die Mauren. Die Organisation der Wallfahrtsstraße nach Santiago de Compostela, über die noch gesprochen wird, geht auf cluniazensische Initiative zurück. Dabei blieb es nicht. Cluny stellte auch in künstlerischer Beziehung entscheidende Leitbilder auf. Man darf sagen, daß die burgundische Romanik hier ihren Anfang nahm. – Wir müßten allerdings darauf verzichten, uns angesichts der Trümmerstätte, der Cluny seit der Großen Revolution gleicht, davon ein Bild zu machen, hätte nicht das Lebenswerk eines Amerikaners Cluny in seinen Spuren und als Rekonstruktion wiedererstehen lassen. Es sind die Ausgrabungen und Forschungen des Professors Kenneth J. Conant, der seit 1928 als Leiter einer amerikanischen Archäologengruppe die Fundamente der Trümmerstätte freilegte und die Funde sammelte.

Wie beschämend für unser Zeitalter: armselige hundert Jahre Verfall während des fortschrittlichen 19. und des erleuchteten 20. Saeculums hatten genügt, um nicht nur eine der großartigsten Leistungen der Architekturgeschichte untergehen zu lassen, sondern auch die Erinnerung daran weitgehend aus dem abendländischen Bewußtsein zu tilgen!

Die drei Kirchenbauten von Cluny

Zweifellos war das sogenannte *Cluny I*, die Kirche der Klostergründung von 910, die zwischen 915 und 917 durch Abt Bernon gebaut wurde, kaum mehr als eine Kapelle. An ihre Stelle setzte man schon ein halbes Jahrhundert später den ansehnlicheren, am 14. Februar 981 geweihten Bau von *Cluny II*, St-Pierre-le-Vieux geheißen, der ob der sprunghaft wachsenden Mönchszahlen bald ebenfalls nicht mehr genügte. Cluny II besaß immerhin eine eigene kunsthistorische Bedeutung. Es verkörperte den idealen ›benediktinischen Grundriß‹ und spiegelte sich nicht nur in vielen Kirchen des Umkreises, wie der Abteikirche von Ainay, sondern besitzt noch heute erhaltene Geschwisterkirchen, so die von Anzy-le-Duc. Selbst auf Deutschland hat sein strenger Stil eingewirkt, wo er für Hirsau und andere Klöster maßgeblich wurde. St-Pierre-le-Vieux blieb übrigens noch Jahrhunderte (genau gesagt bis zum Abbruch der Bauten) neben der dritten Abteikirche von Cluny fortbestehen, die, keineswegs zufällig, nach der Wiedereroberung Toledos entstand – jenem gewaltigen Bauwerk St. Peter und Paul, in der Kunstgeschichte *Cluny III* genannt, dessen Grundstein Abt Hugo I. am 30. September 1088 legte. 1131, nach der ungewöhnlich kurzen Bauzeit von gut vierzig Jahren, wurde das Gotteshaus unter Abt Petrus Venerabilis vollendet. Der Hauptaltar konnte allerdings schon viel früher, am 25. Oktober 1095, durch Papst Urban II. geweiht werden. Am nämlichen Tag konsekrierten die Erzbischöfe Hugo von Lyon, Dagobert von Pisa und Bischof Bruno von Segni Altäre in den Kapellen des Chorumgangs. Ende des Jahres vermochte Bischof Dalmatius von Santiago de Compostela noch den St. Jakobs-Altar zu weihen. Das sind Daten und Ereignisse, wichtig genug, um die Ausstrahlungskraft zu bekunden, die Cluny III von Anfang an besaß.

Gleich hinter der Klosterpforte ging man seither über ein durch mehrere Freitreppen erhöhtes System von Estraden auf den Narthex zu, den seit dem 13. und 14. Jahrhundert zwei schwere, cluniazensisch gegliederte Fassadentürme, die ›Barabans‹, flankierten. Der Narthex, die Vorhalle der Kirche, entsprach einem dringenden Bedürfnis; er diente als Aufenthaltsort für Besucher und Pilger. In Cluny war er dreischiffig angelegt und von geringerer Höhe als das Innere der eigentlichen Kirche. Die Außenwände scheinen durch Strebebögen und Stützpfeiler verstärkt gewesen zu sein, wenn wir alten Plänen, besonders denen Dom Mabillons, trauen dürfen. Möglich, daß die gotische Epoche sich zu solchen Korrekturen gezwungen sah.

Hinter dem Narthex öffnete sich das gewaltige, fünfschiffige Kircheninnere. Es hat ob seiner Maßverhältnisse von zehn Metern Breite zu dreißig Metern Höhe im Mittelschiff schmaler gewirkt als die behäbigen burgundischen Kirchen, eingeschlossen die der gotischen Epoche gemeinhin. Selbst die Kathedrale von Chartres besitzt nur ein Verhältnis von eins zu ungefähr zwei. Zu den Seitenschiffen, die noch schmaler emporstrebten, öffneten sich spitzbogige Arkaden. Das Auge glitt an ganzen Alleen marmorner Pfeilerbündel vorüber und empor, die über den Kapitellen bis zu den Triforien anstiegen, um erneut Kapitelle zu bilden und nunmehr als Dienste über die Obergadenfenster hinaus bis zu einem dritten Kapitell zu reichen. Dort setzten die Gurtbögen an, die das leicht geknickte Tonnengewölbe trugen. Dieser Reichtum der Gliederung war allein schon unerhört. Rechnet man die enorme Ausdehnung der Kirche mit ihren mehr als hundertsiebenundachtzig Metern vom Narthex bis zur Außenmauer des Chores hinzu, kann man sich die Großzügigkeit von Cluny III ausmalen, die erst Jahrhunderte später durch die Peterskirche in Rom um ein geringes übertroffen wurde.

Freilich fand sich der Blick des Pilgers im Parterre des Kirchenschiffes bald behindert; noch vor dem großen Querschiff – gleich einem lothringischen Kreuz verfügte die Kirche über deren zwei – hob sich eine Schranke. Der gewaltige Mönchschor begann, der gleichsam eine kreuzförmige Kirche für sich bildete. Denn nur so können wir die Verdopplung des Querschiffes verstehen. Hier zogen sich Gestühle für mehr als zweihundertundfünfzig Mönche rings um die Wände. Durch die Höhe und Weite des Schiffes hingegen vermochte der Blick frei zu schweifen; da fand das Auge die steile Höhe der Gurtbögen zweimal von den riesigen Kuppelwölbungen der Vierungen unterbrochen und gesteigert, bis endlich die Chorhaube ansetzte, die nach alter Gewohnheit im Cul-de-four-Stil und niedriger als die Deckengewölbe gehalten war. Sie besaß ein Stirnfenster, einen Lichtgaden, um Helligkeit in den Chorraum einströmen zu lassen, dessen feierliche, enge Säulenstellung noch im verkleinerten Maßstab von Paray-le-Monial, das in gewisser Weise als Abbild von Cluny gelten darf, von unsäglicher Hoheit ist. Von den kostbaren Kapitellen im Altarraum von Cluny nicht erst zu reden. Wahrhaftig, ein Ort, »damit sich die Engel darin ergingen«, wie der Bischof von Le Mans sich ausdrückte. Fenster gab es die Fülle. Dreihundert zählte die ganze Kirche.

War es im Innern Erhabenheit, die den Raum bestimmte, bot das Gotteshaus äußerlich mit seinen um den mächtigen Vierungsturm versammelten Türmen, mit dem Aufbau in gestufte Dächer, Querschiffe und den gleich Küchlein um den Chor gescharten Kapellen des Chorumganges das Bild einer gleichsam hierarchischen Gliederung der Bauteile, die wir freilich nicht ohne weiteres als Sinnbild der Ordnung innerhalb der cluniazensischen Kongregation auffassen dürfen. Getreu dem politischen Ideal der Feudal-Zeit, war das Zusammenleben der Klöster im cluniazensischen Verband sozusagen föderalistischer Natur.

Angesichts der neuen Kirche St. Peter und Paul erhebt sich abermals die Frage, ob soviel architektonische Großartigkeit nicht in der Natur der Sache lag. – Zumindest doch, was die Zahl der Kapellen zur Aufnahme von Altären und die Ausmaße anlangt, die durch die wachsende Menge der Patres und den Zustrom von Pilgern und Gläubigen einfach erforderlich war! Gleichwohl blieb das romanische Interieur von Cluny mit seiner dreimaligen Aufhellung des Schiffes an den zwei Vierungen und dem Lichtgaden gewiß prächtiger, als es sich die Phantasie je auszumalen vermag. Nie waren bisher so gewaltige, monumentale Formen gewagt worden. Edelster Stein verband sich mit Bildhauerarbeiten, die den Beginn der burgundischen Skulptur einleiten. Zu alledem strömte und orgelte durch diesen feierlichen Raum der Chorgesang etlicher hundert Mönche. – In der aufgebrochenen romanischen Kapelle des stehengebliebenen Seitenschiffes, von der schon die Rede ging, sieht man's körperfaßlich, wieviel Musik in diesen Formen lag! Im Sturm schießen die Lineamente empor. Das ist ein Feuer, eine Bewegung! Diesen Aufschwung der Seele im Romanischen zu erblicken oder sich den Plan von Cluny zu vergegenwärtigen, ist allein schon ein Erlebnis.

Mönch in Cluny

Regula

... Irgendwann in dieser frühen Epoche. Ein junger Mensch, der in der Nacht der Zeit vor seines Lebens Entscheidung steht. Eine unaufhörlich mahnende Stimme in ihm: wohin treibt dich die Unruhe deiner Seele? Auf den Acker des Vaters zurück, ins Getriebe der Städte, zu Ruhm und Beute durch die Waffen, zum Glanz höfischen Lebens? Dornig, lärmend, eitel sind die Wege der Welt! Auf jedem lauert Gefahr, daß dein Unsterbliches Schaden nimmt. Wärest du noch zu einem großen Amt, in eine reiche Pfründe berufen – aber du, ein entsagender, grüblerischer Mensch, der du ein zweit-, drittgeborener Sohn bist, nicht dazu bestimmt, eine Familie zu gründen und Kinder zu haben? Wovon sie nähren, sie kleiden! Vergiß nicht, daß deine Geburt bereits dein Schicksal vorausbestimmte. Es gibt nur einen einzigen Weg, über alle Beschränkungen deines Daseins hinaus zu gelangen und schon auf Erden an einem Leben teilzuhaben, das deinen Brüdern Kriegsmann, Wucherer und selbst dem frühzeitig verkrümmten Ältesten von euch Geschwistern, dem Ackersmann auf dem väterlichen Erbe, sogar deinen Vettern in der Stadt, stets versagt sein wird, wie sehr sie sich auch als zungenfertige Advokaten oder phrasendreschende Magister hervortun mögen – erkennst du nicht deine Aufgabe darin, einzustimmen in den Chor der Mönche, die Gott zu seinem Ruhm auf Erden erwählt hat? Die allzu heftigen, immer ausartenden Genüsse der Sinne, die dein Zeitalter liebt, du schätzt sie nicht. Dein schmales Antlitz, das von Entbehrung und vorfrühen Schrecken gezeichnet ist, deine brennenden Augen halten Ausschau nach einem andern Land. Nur in der Versenkung ins Gebet wirst du Frieden finden. Hinter Klostermauern werden die Schlachten deines Zeitalters entschieden, die gegen den inneren Feind, nur dort kannst du Wirkarbeit leisten am Webstuhl der Ewigkeit . . .

Die Faszination, die für uns von Cluny ausgeht, beruht nur zu einem Teil in historischen oder kunsthistorischen Fakten. Vielmehr wurde hier ein Typus des mittelalterlichen Menschen geprägt, die Gestalt des Mönches schlechthin, dessen Ideale insgeheim, gleichgültig ob in Ablehnung oder Zustimmung, in jedem Europäer nachleben. Die Abscheidung vom Getriebe der Welt, die Entscheidung für einen unbedingten Weg, die Bescheidung auf unerläßliche Bedürfnisse des Leibes, kurz dieses Aufgehen in einer auf Höheres gerichteten Gemeinschaft findet sich in keiner anderen Lebensform so gültig wie in der mönchischen.

Im Prinzip beruhte *die Verfassung der Cluniazenser* auf der weisen, ursprünglichen Mönchsregel des hl. Benedikt von Nursia, die ein Gleichgewicht körperlicher wie meditativer Tätigkeit anstrebte. Benedikt von Anian hatte sie um 800 reformiert und den Verhältnissen eines neuen Zeitalters angepaßt. Im 10., im 11. Jahrhundert ging es darum, sie abermals mit dem gewandelten Leben in Einklang zu bringen. Wir dürfen uns die Reform der Cluniazenser allerdings keineswegs auf einmal entstanden denken, wenn auch Abt Bernon, der erste der Lenker Clunys, einen Hauptanteil daran besitzen mochte.

Die Statuten sind während verschiedener Epochen in immer neuen Nuancierungen aufgezeichnet worden. Die erste, heute noch bekannte Niederschrift stammt aus dem Zeitalter von Abt Majolus. Sie war eine Bearbeitung der ursprünglich von Kloster Beaume, dem Sitz von Abt Bernon, nach Cluny überbrachten Ordensregel. Die zweite Niederschrift entstand zwischen 986 und 1030. Beide Fassungen werden heute im Vatikan bewahrt. Übrigens auch die dritte Fixierung, die für das Kloster San Salvatore in Apulien bestimmt war. Gegen 1045 ließen sich die Mönche von Farfa in Italien eine Abschrift herstellen. Wenig später, 1068, während der Amtsführung von Abt Hugo I., schreibt ein Mönch Bernhard, später Primas von Spanien, die Regel der Erzabtei auf. Wieder etliche Jahre hernach bringt sie der hl. Ulrich auf Bitten seines Freundes Wilhelm von Hirsau zu Papier; sie ist das Vorbild und die Norm der cluniazensischen Bestrebungen geworden, die sich nunmehr in Süddeutschland, Österreich und Böhmen verbreiten sollten. Unterdessen hatte längst eine große Zahl von Klöstern in den verschiedensten Landstrichen die cluniazensische Verfassung angenommen, darunter St-Bénigne in Dijon, Fleury-sur-Loire, Gent, Gorze, das an die Spitze der Erneuerungsbewegung in Lothringen trat, Vallombrosa in der Toscana. Es gibt auch Statutensammlungen späterer Zeiten und Äbte, von Ponco de Melgueil, Petrus Venerabilis, Hugo V. bis zu Jean III. von Bourdon, vom 12. bis zum 15. Jahrhundert also. Dabei handelte es sich selten um sklavische Nachschriften oder formale Abwandlungen, sondern zumeist um echte Anpassungen und Korrekturen der Regel an die gewandelte Wirklichkeit. Von Anfang an begriff man in Cluny, daß Despotie und Erstarrung, und seien es nur die der Buchstaben, nichts Gedeihliches entstehen lassen.

Bereits die Entstehung der ersten Regelformulierung zu Cluny unter Abt Bernon ist höchst bezeichnend für ihre Mischung von lebendig gebliebener Tradition und nüchternem Wirklichkeitssinn. Unter einem Dutzend von Abteien, die Benedikt von Anian gegründet oder reformiert hatte, befand sich auch St-Savin-sur-Gartempe, das uns ob der Großartigkeit seiner Gewölbemalereien bekannte aquitanische Kloster. Es war auf pfalzgräflichem Grunde errichtet und eigentlich ›Kirschgarten‹ geheißen; St-Savin nannte sich die Abtei erst nach Übertragung der Gebeine des hl. Savinius. An dieses Kloster wandte sich um 870 ein Mitglied der karolingischen Kaiserfamilie, ein Graf Badilo, mit der Bitte um Reformierung der Abtei ›St-Martin im Eduer-Lande‹, das will sagen zu Autun, der nämlichen, welche die merowingische Königin Brunehaut gegründet hatte. Der selige Hugo von Poitiers, hernach Prior von Anzy-le-Duc, war einer der Mönche, die daraufhin nach Burgund wanderten. Ihn wiederum verband enge Freundschaft mit dem Gründer von Cluny und Gigny und Reformator von Beaume, dem späteren Abt Bernon. – Der Geist Aquitaniens war also nicht nur an der Gründung Clunys, sondern auch an seiner Verfassung beteiligt. Aber die cluniazensische Regel, die unter solchem Einfluß zustande kam, bedeutete bei aller Treue gegenüber den Geboten des Ordensgründers doch eine freiere Auslegung der Reformationen Benedikts von Anian. Die eigentümliche Tendenz zur Zentralisation, ein typisches Kennzeichen der karolingischen Epoche, wich neuen Gedankengängen. Trotz der Neigung zur hierarchischen Gliederung innerhalb der einzelnen Konvente, übertrug die neue Ordensverfassung, die den Zusammenschluß benediktinischer Klöster unter Wahrung ihrer Selbständigkeit anstrebte, politische und soziale Prinzipien des feudalen Zeitalters auf das religiöse Gebiet. Man kann nicht umhin, diese Sicht genial zu nennen. Das Abendland sei in den Klöstern geboren worden, sagt man nicht mit Unrecht, auf alle Fälle empfing es durch die Regel von Cluny entscheidende geistige Impulse. Indem sie regionalen Eigenheiten Platz gewährte, ließ sie die Vielgestalt der Entwicklung zu. Sie gestattete sogar eine gewisse Weichheit und Geschmeidigkeit der Anwendung. Als Hugo I. später dem Kloster von Speyer eine Abschrift der cluniazensischen Regel überließ, erlaubte er dem deutschen Abt bezeichnenderweise sofort Abänderungen, die notwendig waren, um den Gepflogenheiten des Lebens in Deutschland gerecht zu werden.

Wie eh und je blieb dabei in Cluny das benediktinische Ordensgut – Schweigen, Arbeit, Gebet – oberstes Gebot. Das Schweigen wurde sogar in höherem Sinne ernst genommen. Unter Abt Bernon durften sich die Mönche während der Hauptzeit des Tages nur durch Zeichensprache verständigen. Zweifellos hatte dergleichen den Sinn, den Klosterbruder aus der allgemeinen Gärung der Zeit und der Meinungen zu lösen und ihn auf sich selbst zu lenken. Dieser ›personale‹ Zug blieb den Cluniazensern stets eigen. Freilich genügte die alte Tageseinteilung der Klöster, die noch aus der Zeit um 530 stammte, nicht mehr. Cluny brach aus diesem Grund mit dem Gleichgewicht von Meditation und Arbeit. An Stelle der inbrünstigen, kurzen Anrufung Gottes, die der Abt von Monte Cassino empfohlen hatte, setzte die burgundische Abtei das Ideal einer Epoche, die an die Wirksamkeit langer Gemeinschaftsgebete glaubte und ihnen einen Wert an sich beimaß. Mit ihrer Intensivierung, mit der Ausgestaltung der Liturgie wuchs der Wunsch nach Vervollkommnung des Chorgesanges, dem man seither große Aufmerksamkeit widmete. Das Psalmodieren bekam sein eigenes Gewicht, die Zahl der Gottesdienste vermehrte sich, die Zeremonien wurden reicher. Allerdings erwies sich auf die Dauer, daß die Ausnahmestellung der Liturgie den Mönch körperlich wie geistig überforderte. Schon 1131 gestand der Kardinal Matteo von Albano, ein Cluniazenser, vor einer Versammlung benediktinischer Äbte in Reims, eine Art ›Rückkehr zu den Feldern‹, will sagen zur Handarbeit, erscheine wünschbar. Aber es ging dabei höchstens darum, ein Übermaß abzustellen, niemals um den Verzicht auf die neugewonnenen Formen des Klosterlebens.

Die zum Gedeihen einer großen Mönchsgemeinschaft unerläßlichen Verrichtungen wie Feldarbeit und Viehzucht fielen seither Laienbrüdern, Bauern und Bediensteten zu, während die Patres im Chor- und Gottesdienst aufgingen. Freilich waren sie auch zu Studien und zum Schreiben angehalten, das damals ein bedeutender Kulturfaktor war und der Verbreitung von Schriftgut diente. Nur seltene Mußestunden blieben rein körperlicher Betätigung, etwa dem Bohnendöppen, dem Umgraben und Bestellen des Klostergartens, vorbehalten.

Kein Zweifel, der Orden hatte seine Gewichte verlagert; er hatte sich eindeutig für die Bevorzugung des Seelischen entschieden. Auch in diesem Vorrang des Spirituellen müssen wir eine die kulturelle Leistung des Abendlandes vorausbestimmende Entscheidung erblicken. Den berühmten Cluniazenser-Klöstern der Zeit, wie St. Gallen in der Schweiz, Reichenau in Deutschland, Monte Cassino in Italien, Sahagún in Spanien, St-Victor zu Marseille oder St-Philibert zu Tournus, beide in Frankreich also, kam exemplarische Bedeutung zu; sie waren Ausstrahlungspunkte.

In der inneren Verfassung der Cluniazenser-Konvente, das heißt für den einzelnen Mönch, gab es freilich keinerlei Selbständigkeit. Alle Macht lag beim Abte; das

Mönchskapitel besaß lediglich beratende Stimme. Ein Umstand, der es denn doch bewirkte, daß der ›Père principal‹, in Personalunion Abt der Erzabtei Cluny und Oberhaupt der cluniazensischen Kongregation, eine aus dem Autoritätsprinzip geborene Machtfülle besaß, die überwältigend war. Die Titel, die man ihm beilegte, die Zeichen der Devotion vor ihm wurden bald zahlreich. Ehrfürchtig lautete jede Anrede: »Pater benedicite!« Betrat er ein Gemach, in dem Mönche anwesend waren, unterbrach man selbst das Psalmodieren. Kehrte er von einer seiner zahlreichen Reisen zurück, zog ihm der gesamte Konvent bis zur Klosterpforte entgegen, um ihn feierlich zu empfangen. Freilich blieben mit dieser Ausnahmestellung lange Zeit höchst lästige Verpflichtungen verknüpft; bis zum Beginn des 12. Jahrhunderts mußte der Abt, ungeachtet einer Überbürdung mit Pflichten, wie jeder andere Bruder am Küchendienst teilnehmen, und wenn Weihnachten auf einen Samstag fiel, hatte er das zweifelhafte Privileg, die Öfen des Klosters zu versorgen.

Die häufige Abwesenheit zwang die Äbte von Cluny bald, in ihrer Erzabtei gewisse Vertretungen einzurichten. Das Amt des Großpriors entstand, der sowohl als Stellvertreter diente wie für die auswärtigen Angelegenheiten zuständig war. Der Klosterprior oder ›Custos ordinis‹ hatte für die Zucht im Kloster zu sorgen. Die Funktionen von Kämmerer, Schatzmeister, Kellermeister, Ökonom, Sakristan, Almosenier, Gastpater oder Krankenpater verstehen sich von selbst. Gleichwohl entging dem Auge des Abtes in der Blütezeit Clunys keine Kleinigkeit innerhalb seines eigenen Konventes wie in der gesamten Kongregation. Später allerdings änderte sich das. Das cluniazensische Imperium gliederte sich seit der Zeit Hugo v. von Anjou, der von 1199 bis 1207 amtierte, in Provinzen oder ›Chambreries‹. Seither war der Chambrier an Stelle des Generalabtes für die einzelne Ordensprovinz zuständig, mochte sie Deutschland, Italien, England, Spanien, Burgund oder Provence heißen. Auch der Gebrauch von Generalkapiteln kam auf. Aber man darf das nicht mehr als eigentlich cluniazensisch bewerten. Die Entwicklung entsprach gewissermaßen Modeströmungen, die auf zisterziensische Vorbilder zurückgingen.

Wenn so oft von einem ›Verfall‹ von Cluny die Rede geht, ist er viel mehr in solchen Abwandlungen, als in einem Üppigwerden zu suchen, mit dem es ohnehin so gar weit nicht her war.

Der tägliche Tag

Die grandiose, fast spektakuläre Härte des kurz nach 1100 entstandenen Zisterzienser-Ordens hat unsern Blick für die stillere Größe des benediktinisch-cluniazensischen Klosterlebens getrübt. Es kultivierte jene Mäßigung, welche der Ordensstifter geboten hatte.

Die Grabungen von Kenneth J. Conant haben nicht nur die Fundamente der ehemaligen Abteikirche St. Peter und Paul freigelegt, sondern auch Einblicke in die Anlage des sich nach Süden anschließenden Klosterbezirkes gewährt. Vom heute noch stehenden südlichen Querschiffsarm ihres Gotteshauses konnten die Mönche gleich durch die Reste des Kirchenbaues von Cluny II zum eigentlichen Klausurbereich gelangen. Er bestand aus Kapitelsaal, Dormitorium, Wärmestube im Osten, einem quer dazu gelagerten Refektorium im Süden und den Vorratsräumen der Küche, dem sogenannten Atrium und dem Gästehaus im Westen, jenem Palais des Papstes Gelasius, durch das man die Klausur offiziell betrat. Diese Gebäudetrakte lagerten sich um einen Binnenhof mit dem obligaten Kreuzgang. Die Räume des Abtes und seine Kapelle befanden sich in romanischer Zeit zwischen der Klausur und dem mächtigen Bauleib von St. Peter und Paul, also in der innersten Herzkammer des Klosters. Diesem Komplex kristallisierten sich nach Osten zu die Kapelle Notre-Dame und eine ›Infirmerie‹ an, ein Spital samt einem eigenen Kreuzgang für die Kranken. Die ungewöhnliche Größe der Anlage läßt den Gedanken aufkommen, die Berührung mit dem hochkultivierten Islam Spaniens, bei dem Stiftungen für Krankenhäuser zur sittlichen Pflicht der Reichen gehörten, habe hier Frucht getragen. Wirtschaftshof, Totenakker und Begräbniskapelle vervollständigten das Bild. Südlich war dem Klosterbezirk der Bau für die Novizen samt dem ihnen vorbehaltenen Kreuzgang angegliedert; westlich, das will sagen vor dem Palais des Papstes Gelasius, öffnete sich ein Hof, die heutige Place de l'Abbaye der Stadt Cluny, den ein Hospiz für die Pilger, Pferdeställe und etliche Wirtschaftsbauten umzogen. Die Gesamtanlage war seit 1179 ziemlich eng von einer Befestigungsmauer umschlossen. – Das großartige Bild der frei auf einen Park hinausschauenden Wohnflügel der Mönche ist einschließlich der Gartenanlagen erst im Barock entstanden.

In diesem verhältnismäßig engen Raum empfingen also die Sendboten eines neuen Geistes, der das Abendland revolutioniert hat, ihren inneren Auftrag. Nimmt man die Entsagung ihres Alltags oder ihre karg bemessenen Verpflegungssätze, die Verwendung der Revenuen die das Kloster bezog, unter die Lupe, kann von einem üppigen Leben keine Rede sein – von einer Spätzeit abgesehen, in der das Pfründenunwesen noch schlimmer anhob, als es in der karolingischen Epoche gewesen war. Doch geht das kaum zu Lasten der Klöster. Während der romanischen und des Beginnes der gotischen Zeit lebte man in Cluny genauso asketisch, wie es einem der Meditation und dem Studium verpflichteten Orden entsprach. Wenn man liest, daß der cluniazensische Mönch zum Frühstück bereits neben seinem einfachen Stück Brot Wein erhielt, sollte man bedenken, daß Wein, wie noch heute in Frankreich, das gewöhnliche Getränk bedeutete. Das Mittagsmahl bestand aus zwei Gängen, Gemüsen oder Fisch; dazu reichte man Eier oder Käse. Zum Abendessen gab es rohe Früchte, Brot und einfache Mehlkuchen. An Sonn- und Feiertagen war die Tafel weniger spartanisch. Wenigstens im 11. Jahrhundert. Fleisch gab es für Mönche überhaupt nicht; es blieb höchstens für Kranke reserviert. Zur Zeit Abt Odilons, also um 1000, scheint die Lebensführung besonders streng gewesen zu sein. Damals bestand die Ernährung vornehmlich in dem Verzehr von Hülsenfrüchten. Einigermaßen reichhaltig war die Küche hingegen mit Gemüsen versehen. Auf der Tafel erschienen Salate und Rüben, wobei die Schüsseln mit allerlei Kräutern, Knoblauch, Kerbel und Petersilie dekoriert waren. Nicht zu reden von den Rosen und Lilien, mit denen man die Tische gern verschönte. Etwas einwenden gegen diese kleine Augenfreude, die in so tiefer Beziehung zu den kultischen oder mystischen Anrufungen stand, läßt sich kaum. Der Kellermeister hatte den Sonderauftrag, für den Zwiebeleinkauf zu sorgen; Zwiebeln verzehrte man damals in großer Menge, wie noch heute auf dem Balkan oder im Vorderen Orient. Zu den beliebtesten Gewürzen, die erlaubt waren, gehörte der Pfeffer. Es gab eine besonders gern von den Mönchen gegessene Speise, gekochte Eier in Pfeffersauce. Sie werden selten genug auf den Tisch gekommen sein. Die Auswahl der Früchte entsprach der Jahreszeit; es gab Pfirsiche, Birnen, Äpfel, Quitten, Pflaumen, Kirschen, Erdbeeren, Feigen, Kastanien, Mispeln und Nüsse. Auch die Versorgung mit Fisch war zu normalen Zeiten reichhaltig und erfolgte durch abgabepflichtige Prioreien. Seefische kamen von Abbéville in Fässern heran, und zwar je nach der Fangsaison Salm, Seebarben, Lampreten, Heringe und Sardinen. Fischteiche lieferten Forellen, Barben und Schleien. All das klingt indessen üppiger, als es in Wirklichkeit gewesen sein dürfte. Sieht man von der Karenz der Zisterzienser ab, hat der Fischgenuß stets zur Mönchsnahrung gehört. Wovon sollte man sonst leben? Tatsächlich war es oft schwieriger und kostspieliger Getreide anzukaufen. Von den hohen Felderträgen der Neuzeit wußte man noch nichts.

Ohne Frage ist es in Cluny während einer späteren Zeit gelegentlich üppiger hergegangen, als das Gebot der Askese erlaubte. Abt Petrus Venerabilis sah sich gezwungen, den Genuß von Würzwein oder Hippokras, der als Stärkungsmittel während der harten Fasten diente und sich offensichtlich zu großer Beliebtheit erfreute, auf den Gründonnerstag zu beschränken. Allein, in dergleichen Anmahnungen Verfallserscheinungen zu erblicken, ist übertrieben. Um die Verhältnisse in das rechte Licht zu rücken, diene eine hübsche Anekdote. Der päpstliche Legat Petrus Damiani gab Abt Hugo I. von Semur, wohl auf Grund allgemein umgehender Gerüchte von Rom angewiesen, die Empfehlung, die Ordensbrüder sollten doch wenigstens zweimal in der Woche auf ihre gewohnten, in Fett gebackenen Mehlspeisen verzichten. Nicht ohne lächelnde Überlegenheit forderte der Abt den Legaten auf, nur für kurze Zeit am Ordensleben und dem Klostermahl teilzunehmen. Was der Kirchenfürst mit dem Bedauern der Weltkinder ablehnte, daß er sich für dergleichen Karenz nicht berufen fühle. – Es kann mit der Üppigkeit wirklich nicht so weit hergewesen sein.

Wenn im 14. Jahrhundert Fleisch auf der Tafel erschien, hatte das seinen Grund in einer Verschlechterung der politischen Verhältnisse. Die Epoche der großen Epidemien und des Hundertjährigen Krieges mit seiner Besetzung weiter Teile Frankreichs durch Engländer, welche die Zufuhr von Seefisch und anderen Nahrungsmitteln unterbanden, zwang die Klosterverwaltung, sich an das heimische Vieh aus dem Charollais, dem Morvan und der Bresse zu halten.

Schließlich dürften die über die Üppigkeit Clunys verbreiteten Gerüchte in erheblichem Maß zu Lasten der stets mit offener Hand geübten Almosenpflege und Verteilung von Nahrungsmitteln an Bedürftige und Reisende gehen. Verschiedentlich war man übrigens gezwungen, die Zuwendungen an fahrende Scholaren, Wanderpriester, Pilger oder Arme einzuschränken. Als Norm der Almosen darf gelten, daß jeder Reisende bei seiner Ankunft in Cluny außer dem Nachtlager ein Pfund Brot und einen Trunk Wein und dasselbe bei seiner Abreise erhielt; das war eine einfache Maßnahme der Klugheit, um Daueraufenthalte Fremder im Klosterbereich zu vermeiden. Wirkliche Arme, besonders die Ortsansässigen, genossen weit größere Fürsorge. Erhielten die Mönche eine Extraration an Käse, teilte man den Armen Fleisch zu. Die Mildtätigkeit von Abt Odilon, die Zuwendungen und Stiftungen Kaiser Heinrich II. und König Ferdinands von Spanien ermöglichten es zeitweise, den Verpflegungssatz für Arme auf das Dreifache der Mönchration anzusetzen. Sie erhielten schließlich jährlich neun Ellen Tuch und Weihnachten ein Paar neue Schuhe. Unter diesem Aspekt betrachtet, erweist sich, daß Cluny in der täglichen Praxis und ohne jedes Aufhebens eine große soziale Aufgabe erfüllte. Wenn auch nicht geleugnet werden soll, daß in späteren Zeiten wirkliche Mißstände einrissen und von Verfallserscheinungen gesprochen werden muß.

Es geht hier in ungewöhnlicher Breite von längst vergessenen Menschen die Rede, die man eigentlich für Statisten des großen Mysterienschauspieles der burgundischen Romanik halten sollte, den Mönchen. Allein, ohne ihre opferbereite Aufbruchsstimmung, ihre religiöse Inbrunst wäre weder die flammende Kraft noch die weltweite Ausstrahlung der Abteikirchen von Tournus bis Vézelay verständlich. Die Devotion des Klosterbruders muß gradezu als der mystische Kern von Burgunds großem Zeitalter gelten.

Der Zustrom von Novizen zu den cluniazensischen Klöstern und Cluny im besonderen rekrutierte sich aus allen Schichten der Bevölkerung. Der Adelige hat dazu gehört wie der gemeine Mann. Aus welchen Motiven ein junger Mensch auch in den Orden eintreten mochte, das Kloster bot ihm eine seelische Heimat und zugleich menschliche wie geistliche Gemeinschaft ohne Trennung in Kasten. Im Klosteralltag lebte der ehemalige Schweinehirt mit dem Grafensohn auf gleichem Fuß. Schon die äußere Gewandung bewirkte das; jeder Insasse von Cluny ging in das maronenfarbig bis schwarze Mönchshabit gekleidet, zu dem man wintertags noch einen wärmenden Schafspelz trug. Die Kutte war von berufsmäßigen Webern für einen Preis von ganzen acht Sous hergestellt; sie sollte nicht nur ein Symbol der Demut, sondern auch ein Sinnbild innerer Sauberkeit sein. Körperliche Hygiene hat in Cluny stets hoch im Kurs gestanden. Man trug weder Bärte noch wallendes Haupthaar, sondern zum Zeichen der sichtbar gemachten ›Niedrigkeit‹ den Kopf bis auf einen Haarkranz geschoren. Unbekannt, oft unter jahrelanger Wahrung ihrer Herkunft, verbargen sich Sprossen regierender Geschlechter unter dem Kleid solcher Devotion. Zwei

Jahre sollte es dauern, bis man hinter dem Pseudonym eines cluniazensischen Mönches, der als einfacher Hirt diente, den Markgrafen Hermann von Zähringen erkannte. Nicht anders viele seiner Standesgenossen wie Graf Hugo I. von Burgund, der gegen den Willen Papst Gregor VII. in den Orden eintrat. In Rom hegte man die gewiß nicht unberechtigte Auffassung, daß es für einen Regenten andere, größere Aufgaben zu lösen gab. Allein, das cluniazensische Leben im Geiste der Frömmigkeit, Abtötung und des Gehorsams ließ eine Sittlichkeit eigener Art entstehen, die man etliche Jahrhunderte früher überhaupt nicht empfunden hatte, als die Klöster den Abkömmlingen regierender Familien nur als reiche Pfründe dienten. Gewiß blieb das monastische Leben auch in der Epoche der Romanik Schwankungen unterworfen, vollends als sich das gotische Zeitalter vorbereitete. Im 13. Jahrhundert war es keineswegs dasselbe wie zuvor.

In normalen Zeitläufen konnten die Novizen mit siebzehn Jahren ins Kloster eintreten.

»Was ist Euer Begehr?« lautete die Anrede des Abtes an die Postulanten vor versammelter Mönchsgemeinschaft.

Der künftige Mönch hatte nach uralter Formel zu sagen: »Ich suche das Mitleid und die Gnade Gottes in Eurer Gemeinschaft.«

»Möge Euch Gott den Beistand seiner Getreuen schenken«, ertönte nunmehr die Antwort des Abtes.

Man geleitete die Probanden sodann zur Kirche, wo die feierliche Aufnahme in den Konvent stattfand, nachdem der Novize kurz über die wichtigsten Ordensvorschriften instruiert worden war. Im Verlauf der Zeremonien, nach der Litanei, ließ man ihn auf einem Schemel vor dem Hauptaltar Platz nehmen, damit ihm das Haar geschoren werden konnte. Darauf ging es unter Führung des Novizenmeisters der Kleiderkammer zu; der angehende Mönch legte zum Zeichen seines neuen Standes das Ordenshabit an. Die Dauer des Noviziates betrug bei den Cluniazensern zumeist, wie es die ursprüngliche Benediktinerregel auch nach der Reform des Benedikt von Anian noch gebot, ein Jahr. Hochbegabten oder gar Sterbenden wurde im Zeitalter von Abt Petrus Venerabilis eine Kürzung der Probezeit zugestanden oder die Bewährung gar völlig erlassen. Ähnlich wie der Beginn des Noviziates, wechselte gelegentlich auch das Alter, das für die Mönchsweihen Voraussetzung war. Mitte des 12. Jahrhunderts konnten die ewigen Gelübde erst mit fünfundzwanzig Jahren abgelegt werden. Um 1200 setzte Abt Hugo V. die Zeit der Profeß hingegen auf zwanzig Lebensjahre fest; für Oblaten, im Kloster erzogene Schüler also, verminderte man sie sogar auf das fünfzehnte Jahr. Wahrscheinlich hingen diese Schwankungen weniger mit veränderten Anschauungen über die innere Reife zusammen, als mit den wechselnden wirtschaftlichen Möglichkeiten des Klosters.

Eine Eigentümlichkeit der cluniazensischen Kongregation verlangte, daß die Weihe sämtlicher Professen, wo immer sie ihr Noviziat ableisteten, in Cluny stattfand; ausgenommen, es habe sich ein Bruder in Lebensgefahr befunden. Bei der Unsicherheit der Straßen durch die berüchtigten Räuberbanden, die Westeuropa jahrhundertelang unsicher machten, bei der Schwierigkeit des Reisens war das für Angehörige entlegener Klöster ein umständliches, gefährliches und kostspieliges Unterfangen. Englische Professen mußten den Ärmelkanal überqueren, um zu dem begehrten Ziel zu kommen. Natürlich erklärt diese Maßnahme vieles, das uns die sonst lockere Verbindung zwischen den Klöstern der Kongregation nicht verstehen läßt. Die Mönchsweihe gab dem Abt nicht nur Gelegenheit, sämtliche Angehörige seines priesterlichen Staates kennenzulernen und dauernd über den Zustand der Klöster informiert zu sein, die in Deutschland, Frankreich, Italien, England nach cluniazensischer Regel lebten. Sie schuf auch bei dem Mönch das Bewußtsein, einer weit über die Staatsgrenzen hinausgehenden, internationalen geistigen Macht anzugehören, deren Zentrum, Cluny in Burgund, für sie ein neues Rom oder Jerusalem und Mittelpunkt der Welt war. Dergleichen erklärt zugleich die außerordentliche Bedeutung, die man von dritter Seite dem cluniazensischen Mönchstum beimaß. Hier bestand eine Gemeinschaft überregionaler Prägung, deren Angehörige nach Gesichtspunkten lebten, die sich dem Einfluß jeder politischen Macht entzogen.

War der feierliche Tag des Gelübdes gekommen, zogen die aus allen Gegenden der damaligen Welt zusammengeströmten Professen, angeführt vom Erzabt von Cluny, feierlich in St. Peter und Paul ein. Noch vor dem Offertorium der nun anhebenden Messe knieten sie vor dem Hauptaltar nieder und legten in die Hände des Ordensoberhauptes das Gelübde unbedingten Gehorsams ab. Darauf neigten sie sich tief auf die Hände und verbanden das Gelöbnis ihrer Demütigung mit der Bitte um Aufnahme: »Suscipe me, Domine, secundum eloquium tuum – nimm mich auf, Herr, nach deinem Ermessen.«

Nein, es war keineswegs so leicht, so bequem, so behütet, wie man es sich vorstellt, dieses Mönchsleben cluniazensischer Observanz, das nun für den jungen Ordensmann anhob. Neben den erschöpfenden Stunden des Chorgebetes und der Gottesdienste beherrschten Lektüre, Gebet und Meditation den Tageslauf. Dieser geistigen Trinität entsprachen drei körperliche Disziplinierungen: frühes Aufstehen, körperliche Arbeit und

Fasten. Der tägliche Stundenplan wechselte mit der Jahreszeit. Im Sommer erhob sich der cluniazensische Mönch um ein Uhr fünfundvierzig in der Frühe von seinem Lager. Eine Viertelstunde später begann der erste Gottesdienst. Im Winter unterbrach eine einzige Hauptmahlzeit um drei Uhr nachmittags die Kette der Pflichten. Vesper und Komplet beschlossen den Tag im Kapitelsaal, demselben Ort, an dem der Abt morgens die Arbeitseinteilung bekanntgegeben hatte, in Gestalt von Lesungen aus Kommentaren zur Heiligen Schrift oder aus den Kirchenvätern. Um sechs Uhr abends wurde im Sommer eine zweite Mahlzeit genommen. Seinen kurzen Schlummer verbrachte der Mönch in karger Zelle auf dem Strohsack oder Binsenlager. Sonst betrat er seinen eigenen Raum nur selten. Zur Überwindung der Müdigkeit nach dem langen Psalmodieren verbrachte er eine erholsame Mußestunde im Kreuzgang, später allenfalls auf einem Spaziergang unter den schattigen Bäumen des Klostergartens.

Daß die langen Chorgebete nach dem vorfrüh unterbrochenen Nachtschlaf erschöpfend waren, belegt eine fast amüsante Gepflogenheit während des Chordienstes in Cluny zur Genüge. Bei den größeren Vigilien, die mehr als zwölf Gebetsabschnitte umfaßten, pflegte der Klosterprior nach der dritten Lektion unter Vorantritt eines mit einer Laterne bewehrten Laienbruders durch das Gestühl die Runde zu machen. Jeder Mönch hatte sein Auftauchen mit einem kurzen Neigen des Kopfes zu quittieren. Widerfuhr es jemand beim einschläfernden Gesumm der Stimmen, der Dunkelheit des nächtlichen Raumes, unausgeschlafen wie er war, einzunikken, wurde er durch kurzes Anrufen oder Anblenden mit der Laterne jäh geweckt und hatte sich sodann nicht nur Vergebung heischend vor dem Abte niederzuwerfen – er mußte seinerseits die Lampe übernehmen und die Runde so lange fortsetzen, bis es ihm gelungen war, ein neues Opfer der Schläfrigkeit zu erwischen.

Abschied und Tod

Sie haben selbst den letzten Augenblick auf dieser Erde zu einem Triumph der Regel über die Natur des Menschen gemacht, die Mönche von Cluny!

»Succedit quartus simulans in carmine planctus – es folgt der vierte Ton, der im Lied die Klage anstimmt«, lautet die Inschrift auf der Mandorla eines der berühmten Kapitelle, die einst im Chorraum gestanden haben. Darauf ist ein Mönch dargestellt, der das Tintinnabulum, ein Glockenspiel, schlägt, wie es uns auch von einer Darstellung zu Autun bekannt ist. Man hat sich des Instrumentes in Cluny bedient, um den Tod eines Mitbruders anzuzeigen. – Erschauern auslösende Stunde, in der ein Bruder die große Mönchsgemeinschaft verließ und zum Herrn einging! »Je te salue, ô Mort, libérateur céleste – ich grüße dich, Tod, himmlischer Befreier«, vermöchte man sie mit einem Vers Lamartines zu überschreiben . . .

Wenn es der Sterbende noch vermochte, raffte er sich vom Sterbelager auf und erschien – welch ergreifender Anblick! –, von zwei Brüdern gestützt, vor dem Konvent im Kapitelsaal. Er mußte dazu einen langen Weg vom Krankensaal durch den ›Kreuzgang der Kranken‹ wandern und sodann die Kapelle Notre-Dame queren; von hier aus trat er ein, um noch einmal öffentlich Devotion zu üben, indem er Gott und die Brüder um Vergebung für die Fehler seines Lebens bat. Feierlich erteilte ihm der Klosterprior die Absolution. »Amen« fielen die Mönche erschüttert ein – ein Teil ihres Selbst sank in die Ewigkeit zurück, trat vor den gewaltigen Herrn der Welt, um vorm Antlitz des Höchsten Zeugnis über sein Leben abzulegen: bewachen wir sie gut, begleiten wir die arme Seele auf ihrer Fahrt, auf der sie Dämonen und Teufel umlauern, um sie in den Schlund der Verdammnis zu reißen, mit unserer Fürbitte! ... Alle Mönche geleiteten den Kranken zurück zu seinem Lager, das man inzwischen hergerichtet hatte – möglichst niedrig am Boden. So, wie Papst Gelasius im Büßerhemd auf dem Estrich liegend gestorben war. Freilich war es nicht die Bekundung der Demut, um die es in diesem Augenblick ging, vielmehr sollten die Brüder den Sterbenden gut umstehen können, so wie es das Wort ›Beistand‹ ausdrückt. Jetzt, da ihm die Sterbesakramente gereicht wurden, bedurfte er ihres hilfreichen Gebetes wie nie zuvor. Von jedem Mitbruder nahm er durch Umarmung und brüderlichen Kuß Abschied, der seit der Urkirche zum Ritual des Gottesdienstes gehörte. Schwer, klagend, erhaben klang der Mönchschor auf; die Brüder stimmten den fünfzigsten, den Bußpsalm an: »Miserere mei Deus secundum magnam misericordiam tuam – erbarme Dich meiner, Herr, in Deiner großen Milde.« – Bedrückendes Schweigen lag über dem Haus, während die Mönche davonzogen und der Sterbende allein blieb, einen einzigen Bruder als Wache neben sich; zu Füßen, im Blickwinkel seiner brechenden Augen, ein einfaches Holzkreuz, damit er sich am Vorbild der Leiden Christi stärke, und zu seinen Häupten brennende Kerzen. Beginnt der Todeskampf, wird man ihn, wie all seine Brüder zuvor und all seine Brüder hernach, auf ein Büßerhemd legen, das mit Asche bestreut ist. Dumpfe Schläge dröhnen gegen das Klostertor. Erschauern durchfährt die Brüder: eilen wir, dem Sterbenden beizustehen, stimmen wir schnell die Sterbegebete an, während der Laienbruder die Klosterglocke läutet, damit Gott unser Flehen erhört! – Armer, demütiger Mönch von Cluny, vorbei die Tage und Nächte des Gebetes in der Kirche, die heroische Zeit deines Ausharrens in Gott. Nichts besaßest du, nichts nimmst du mit, nichts bleibt von dir zurück, als dein ausgedarbter Leib, der nach der Erde verlangt. Ein letzter Seufzer aus deinem Mund – schon sinkst du zurück in die Nacht des Todes. Du hörst es nicht mehr, wie deine Brüder das Tintinnabulum, das Glockenspiel, schlagen, dessen leichter Klang durch Kapitelsaal und Kreuzgang bis hinüber in die Räume der Kranken schwebt, die sich erregt auf ihrem Lager erheben: Möge das Gericht Gottes uns allen gnädig sein, will das Instrument sagen; er ist tot unser Bruder und Nebenmann aus vieltausend Nächten der Anbetung. Bald sind wir es, die der Herr abberuft!

Die Leichenwäsche, diese letzte Liebestat, werden die Mitbrüder besorgen. Aber da muß der Körper noch mit dem Sterbehemd bekleidet, die Kapuze über das Gesicht des Verschiedenen genäht, das Grab geschaufelt, die Bahre geholt werden – alles Aufgaben, die man den Laienbrüdern überläßt. Ist der Leichnam mit Weihwasser besprengt, sind Wolken von Weihrauch über den toten Körper hinweggeweht, wandert der Zug mit der Totentrage an seiner Spitze der Abteikirche zu, wo die Exequien beginnen. Ein letztes Mal weilt der abgeschiedene Mönch in der Mitte seiner Brüder, neben denen er ein Leben des Wachens, Fastens und Betens zugebracht hat. Schon verklingt die Sterbeglocke, der Heimgegangene tritt seinen letzten Weg hinaus auf den Klosterfriedhof an. Kein Stein, kein Name wird an ihn erinnern, lediglich ein schmuckloses Holzkreuz den Platz bezeichnen, an dem man ihn in die Erde versenkt hat. Die Seele aber – die Seele ist durch die enge Pforte des Todes eingegangen in die strahlende Helle des Paradieses.

Ein Legat schreibt einen Brief

Cluny, die Liebe der Bergpredigt. Aber zweifeln wir nicht, daß auch metallische Härte im Spiel ist. Nur so läßt sich die Architektur seiner Kirche und ihre überwältigende Großartigkeit verstehen. Sie sollte die Allmacht Gottes offenbaren. Sie war nicht prächtig, sondern erfüllt. Zeitgenossen, die nur darin den Aufwand erblickten, verfielen dem Irrtum der Kleingläubigen und erschraken vor dem Anspruch der inneren Größe, welche diese Kirche von ihnen verlangte. Oder sie kamen eben, gleich Bernhard von Clairvaux, vom Gegenpol der geistigen Welt.

Seit 1075 ließ Abt Hugo von Semur weiträumige Bauwerke anlegen: Krankenhaus, Refektorium und die Kirche Notre-Dame der Kranken, die 1085 eingeweiht wurde. 1083 hatte der Abt Monte Cassino besucht und dabei von seinem Amtsbruder Desiderius gewiß manche Anregung empfangen. Am 30. September 1088 wurde offiziell der Grundstein zu St. Peter und Paul gelegt. Zwischen 1109 und 1115 ließ Abt Ponce de Melgueil die ersten der Langhausjoche überwölben. Zwischen 1118 und 1125 unternahmen Ponce oder sein Nachfolger Petrus Venerabilis in einem dritten Bauabschnitt die Errichtung des Narthex, der nicht sehr viel später zwischen 1120 und 1128 unter Abt Roland von Hainaut mit der gotischen Fassade beschlossen wurde. Wahrscheinlich gegen Ende des 12. Jahrhunderts begannen die Fassadentürme der Kirche, die Barabans, zu wachsen, die im 14. Jahrhundert, während des letzten Bauabschnittes, fertiggestellt worden sind. – Die Weihe der Gesamtkirche durch Papst Innozenz II. hatte am 25. Oktober 1130 stattgefunden.

Man muß sich solche Daten immer wieder vor Augen führen. Jedenfalls umstanden bei der Konsekrierung des Hauptaltars von St. Peter und Paul durch Papst Urban II. im Jahre 1095 die berühmten, durch Mister Conant wiedergefundenen Kapitelle bereits die Apsis, in denen Henry Focillon ein wahrhaftiges romanisches Barock und einen gotischen Geist hat entdecken wollen; zweifellos reicht ihre letzte Auswirkung bis in die Plastik der Ile-de-France hinein. Sie enthalten ein erstaunliches Programm, nach dem man sie eigentlich für ›symbolistisch‹ erklären müßte. Links vom Choreingang fand sich der Sündenfall dargestellt, rechts, stellvertretend für die Opferung Christi, Abrahams Opfer. Auf den im Halbkreis dazwischen genau wie heute im Farinier von Cluny angeordneten Kapitellen aber waren die Jahreszeiten, die Paradiesesströme, die Kardinaltugenden und die acht ›modi‹ oder Kirchentonarten des Gregorianischen ›plain-chant‹, also homophonen Gesanges dargestellt, getreu der Musiktheorie des Mittelalters. Mit anderen Worten: keine Geschehnisse, sondern begriffliche Vorstellungen. Die Vollendung, die Grazie, der Geschmack und die ihnen gleichwohl eigene Ausdruckskraft machen die Kapitelle zu Meisterwerken ihrer Epoche. Welch eine unglaublich erfüllte Figur, diese gleich einem Verkündigungsengel stehende ›Tugend‹, welch eine Vollkommenheit, dieser die Harfe schlagende Mönch! Alle Kapitelle sind eingeschlossen von einer Mandorla, was ihre Wirkung zweifellos beeinträchtigt. Sie erscheinen dadurch wie aufgeheftet. Die Form der

Einfassung läuft der des Kapitells zuwider. Doch dies am Rande.

Focillon hat recht, wenn er betont, daß diese Darstellungen die Gotik vorbereiten. Dennoch aber kann man sie nicht dieser Epoche zuordnen. Ein glücklicher Umstand hat es vielmehr gestattet, sie mit einem sehr viel früher datierten Brief in Zusammenhang zu bringen – der minuziöse Nachweis ist Mister Conant gelungen –, den der päpstliche Legat Petrus Damiani, Kardinal von Ostia, 1063 an Abt Hugo I. von Semur geschrieben hat. »Ich habe dieses Paradies gesehen, von dem die Quellen der vier Evangelien ausgehen, um sich hernach in ebenso viel Ströme zu ergießen, wie es geistige Tugenden gibt. Ich habe den Garten gesehen, in dem die Gnaden, die Rosen und Lilien blühen, und wo man die süßesten Düfte atmet. Was ist das Kloster von Cluny anders als der fruchtbare Acker des Herrn; wo gibt es, gleich einer himmlischen Domäne, einen so zahlreichen Mönchskonvent, welcher der Liebe des Herrn lebt? Jeden Tag wird dieser Gottesgarten mit dem Karst der heiligen Worte geackert und er empfängt alle Samen der himmlischen Beredsamkeit. Dort also häuft sich die geistliche Ernte, die später in den himmlischen Speicher eingebracht werden wird«, heißt es darin. – Die Paradiesesströme, die Tugenden, und, wir gehen nicht fehl, die himmlische Eloquenz des Rituals in Gestalt der Liturgie mit ihrem Psalmodieren und dem Gregorianischen Gesang! In der Tat ein höchst aufschlußreiches Dokument. Man darf eben die Kunstgeschichte in Burgund niemals um ihrer selbst willen betreiben. Die gewesenen Wirklichkeiten, die historischen Hintergründe also, in die sie eingesponnen ist, bekunden immer wieder eine elementare Kraft. Unzweifelhaft ist von einer ›art engagé‹ zu sprechen. Das gilt insbesondere für die Kapitelle mit den Notendarstellungen. Ihr Bezug zur täglichen Übung der cluniazensischen Gregorianik und dem Psalmodieren war übrigens mit Recht so eng. Hier war Neuland betreten worden. Sie weisen daher eindringlich auf den Mann zurück, der in Cluny die Gabe der Musik geweckt hatte. Wenn seine Zeit auch bei der Entstehung der Kapitelle schon einhundertundfünfzig Jahre zurücklag. Es handelt sich um Abt Odo, der von 926 bis 942 die Geschicke des Klosters gelenkt hat.

Abt Odo – ›Le Fossoyeur‹

Gewiß bleibt es Abt Bernon unbestritten, der erste unter den Lenkern des Klosters gewesen zu sein, von dem in Cluny alles ausging. Allein, dieser noch vom Dämmer der frühen Geschichte halb verhüllte Mann gräflicher Herkunft aus der Gegend von Besançon, der ursprünglich in Gigny, darauf in St-Martin von Autun, der Stiftung der Königin Brunehaut, als Mönch nach der erneuerten Regel des hl. Benedikt gelebt hatte – wiewohl der Gründer von Cluny, bleibt Abt Bernon doch eigentlich mehr ein Ahnherr. Er ist nicht an den Genius loci gebunden. Seine Residenz war immer das Kloster von Beaume, das er 894 durch eine Bulle von Rom samt Gigny unter die Patronanz des hl. Petrus hatte stellen lassen. Er gründete Cluny genauso wie ein tatkräftiger Kaplan eine Kirche baut, ohne nach einer weisen Maßregel jemals ihr Pfarrer zu werden.

Als Abt Bernon von Beaume seinen Tod nahe fühlte, gehörten sechs Tochterklöster zu seiner neuen Observanz der benediktinischen Verfassung – es steht außer Zweifel, daß Bernon gewisse beispielgebende Regeln erließ, die zur Grundlage der cluniazensischen Reform des Mönchstums geworden sind. Cluny war nur eine der Gründungen; sie sollte unter dem folgenden Abt zum führenden Konvent aufsteigen.

Bernons Erbe, Odo, stammte aus aquitanischer Familie und war dem dortigen Grafenhaus verwandt. Sein Vater, Abbo genannt, hat, was damals viel bedeutete, zu den belesenen Leuten seines Zeitalters gehört. Er tat seinem Sohn die größte Liebe an, deren er fähig war, indem er ihn ebenso streng wie sorgfältig erziehen ließ. Dadurch kam Odo früh in Kontakt mit der Wissenschaft, die nach der Sitte der Zeit eng mit der Theologie verquickt blieb. Auch daß er bald einen Stiftsplatz in St-Martin zu Tours annahm und mit der Leitung des Schulwesens beauftragt wurde, gehört zum Üblichen. Wenig später freilich kündet sich das Außergewöhnliche in Odos Leben an.

»Ob seiner ernsthaften Studien«, berichtet sein Biograph, »machte sich Odo auf die Suche nach einem Kloster, das seinem geistigen Anspruch genügte.« Er fand es in Ste-Beaume, das also einen gewissen Ruf genossen haben muß. Ein für die Zeit erstaunlicher Umstand: der junge Postulant erschien zwar mit nur geringem Gepäck vor der Klosterpforte, aber mit einer großen Anzahl von Manuskripten. So geschehen Anno 909, ein Jahr vor der Grüdung Clunys. Odo hatte sich inzwischen einen Namen gemacht, indem er einen Abriß der Lehren des hl. Gregor herausgab. Er avancierte daher auch in Ste-Beaume schnell zum Leiter der Ausbildung. Allerdings bleibt es ungewiß, ob Odo bereits zu jenen Mönchen gehört hat, die 910 das ›schwarze Tal‹ von Cluny besiedelt haben. Aber das bedeutete ohnehin nichts. Durch das Testament von Bernon war er zum Klostervorsteher für Cluny und weiterhin Déols und Massay designiert. 927 hat er dieses Amt angetreten, und wie sehr er sich auch bemühte, im Sinn seines Vorgängers zu wirken, es hob eine von ihm höchst persönlich geprägte Epoche an.

Odo war tief von dem Wert eines Lebens nach der

strengen Observanz durchdrungen; er brachte die Unbestechlichkeit seines Charakters und die Tiefgründigkeit seiner Einsichten mit. Die apokalyptischen Gedankengänge vom Ende der Welt, die in der Zeit vor 1000 umgingen, scheinen ein übriges getan zu haben. Strenge Askese und Pönitenz gehörten daher ebenso selbstverständlich zum mönchischen Leben wie Kontemplation und Gebet. Außerdem allerdings etwas ganz anderes, das völlig neu war und auf die Dauer gesehen das Leben der Benediktiner ändern und bereichern sollte wie nichts zuvor. Neben der geistlichen Lektüre kultivierte Odo den Chorgesang der Mönche. Die Suche nach einer erfüllteren Form des Gottesdienstes dürfte der Anlaß gewesen sein. Seither hat also Cluny in reicherem Maße als zuvor das Psalmodieren und das Singen im Sinne der Gregorianik gepflegt. Mit der Musikpflege wuchs der Ausbau der Liturgie. Die Kapitelle des Chorumgangs stellen daher eine programmatische Erklärung dar. Denn dergleichen war bislang keineswegs eingebürgert, es mußte sich seine Rolle im Gottesdienst erst erkämpfen. Man darf sogar sagen, daß sich in ihnen die Entscheidung für die gesteigerte Bedeutung der Liturgie und der Offizien verkörpert. Wenn man an die ursprüngliche Regel des hl. Benedikt denkt, kündet sich ein Wandel der abendländischen Haltung, die Entscheidung für den Geist, an.

Zweifellos ist Abt Odo, dieser kleine, trockene Mann, der stets mit nach unten gesenktem Gesicht einherging und daher den Spitznamen ›le fossoyeur‹, der Totengräber, trug, weil er immer in eine Grube zu blicken schien – zweifellos ist dieser von eschatologischen Gedankengängen erfüllte Mensch ein Genie besonderer Art gewesen. Er schrieb, wo er grade weilte, gleichgültig ob in seiner Zelle oder unterwegs. Er muß eine ungeheure Kraft zur Konzentration besessen haben. Seine

Werke, von denen nur wenige erhalten blieben, sind vornehmlich Hagiographien, etwa über das Leben des hl. Gregor von Tours, ferner Sermone, Lobpreisungen der Heiligen und moralische Betrachtungen. Man mag das als Vielschreiberei abtun, aber nicht die Schriftsteller machen das Zeitalter, ihre Epoche ruft sie.

Auch in seinen Schriften erwies sich der Abt von »pessimistischer« Grundstimmung geprägt. Jedenfalls braucht sein Biograph dieses wenig glückliche Wort. War es denn ein Wunder, daß die Epoche der großen Züchtigungen durch Normannen- und Sarazeneneinfälle Grund zu Endzeitgedanken bot? Nur zu verständlich, wenn sich ein Mensch von der herben Größe Odos gegen sich selbst ebenso unerbittlich verhielt wie in seinen Schriften; bis zum Anbruch der kirchlichen Handlungen pflegte er seinen Körper zu geißeln. Sein Urteil über seine großen Zeitgenossen war keineswegs mild. Wiewohl er selbst dem Hochadel entstammte, bekannte er sich in aller Schroffheit zu Gedanken, die den französischen Revolutionären Ehre gemacht hätten: »Nicht die Natur hat die Adeligen hervorgebracht«, sagte er, »sondern die gewaltsame Aneignung der Macht.« Aus dieser Haltung dürfte der Geist der Devotion stammen, die Cluny seither beherrschte. Wir sehen Odo also in vielfacher Beziehung als mahnendes Gewissen seiner Epoche vor uns.

Gleichgültig, ob als Mystiker, Schriftsteller, Theoretiker, Exeget, Musiker, immer erwies sich Odo als Mann unermüdlicher Tat. Missionierend, zum Frieden mahnend durchzog er Frankreich und Italien, um die benediktinischen Klöster zu reformieren. Dreimal weilte er auf den Ruf des Papstes hin allein in Rom. Leuchtet man freilich in seine düstere Epoche, wird bald offenbar, daß der Abt reichlichen Anlaß zu seinen Mahnungen fand. Die gewaltige Ausweitung des Gedankengutes der Cluniazenser entsprach einem Bedürfnis der Zeit.

931 war Odo der Auftrag zu einer solchen Missionierung durch den unglücklichen Papst Johannes XI., mit dem die Epoche der ›Pornokratie‹ in Rom enden sollte, in aller Form erteilt worden. Alberich II., ›Fürst und Senator aller Römer‹ bediente sich ebenso seiner Erfahrung und Überlegenheit, um Ordnung in die unmöglichen Verhältnisse zu bringen. 936 wurde Abt Odo von Papst Leo VII. daher der Titel eines Archimandriten über die Benediktinerklöster Roms und seiner Umgebung verliehen; damit war die Einführung der cluniazensischen Observanz in der Ewigen Stadt gesichert. Eine Renaissance des religiösen Lebens bahnte sich an. Zur gleichen Zeit bemühte man den Abt von Cluny um seine Vermittlung im Streit zwischen dem lombardischen König und Rom – eine Schiedsrichterrolle, die Odo zum Vorläufer der künftigen großen Äbte von Cluny machte, deren geschichtliche Rolle in der Schlichtung der unseligen Zwiste während der romanischen Epoche bestand.

Im Jahre 942 verließ der Abt Rom fieberkrank; es war seine Absicht in Tours zu sterben, das er immer besonders geliebt hatte. Er konnte auf ein erfülltes Leben zurückblicken. Odo vermochte nicht nur den von Abt Bernon begonnenen Bau von Cluny I zu beenden, er hatte auch die Exemtion, die direkte Unterstellung Clunys unter den Heiligen Stuhl erwirkt, die den Aufstieg und die Unabhängigkeit des Klosters erst möglich machte. Von welcher inneren Erhebung dieser rastlose Mann doch getragen war! Noch auf dem Totenbett verfaßte er eine letzte Hymne auf seinen Lieblingsheiligen, den hl. Martin von Tours. Am 18. November 942 ist Odo in St-Albin zu Tours gestorben. Er sollte der Erste der heiliggesprochenen Äbte Clunys sein. Schon 1075 vollzog Gregor VII. die Kanonisierung.

Welch ein schönes Vorrecht der Nachwelt, daß sie

beidem nebeneinander gerecht werden darf: dem Gottesstreiter wie dem nüchternen Hausvater! Auf Odo folgte ein ganz anders gearteter Mensch, Abt Aymar. So, als hätten zwei unvereinbare Gegensätze einander abgewechselt. Schaut man indessen genauer hin, spürt man bald die Bedeutung dieses alten, kränklichen Menschen für Cluny. Hatte Odo die Abtei mit dem moralischen Rüstzeug versehen, sollte Aymar ihren weltlichen Besitz so bedeutend vergrößern, daß sie zukünftig wirtschaftlich unabhängig war. Dreihundert Urkunden, vornehmlich Besitztitel, verbürgen seine rührige, höchst lebendige, ökonomische Tätigkeit, Cluny ein sicheres Fundament auf dieser Erde zu geben.

Kränklichkeit und Erblindung zwangen den Abt schon 954, den wendigen, liebenswürdigen Majolus, derzeit Bibliothekar und Hüter der Reliquien zum Koadjutor zu ernennen. 963, als eben St-Pierre-le-Vieux, das die Kunstgeschichte Cluny II nennt, fertig geworden war, ist Abt Aymar gestorben und hinter dem Ostaltar beigesetzt worden. Man findet seine Grabtafel noch heute im Musée Ochier zu Cluny.

Abt Majolus – Der Fürst des Lebens

Erneut sei es wiederholt: wir reden in ungewöhnlich scheinender Breite vom Mönch von Cluny und seiner Idealgestalt, dem Abt. Selbst dort, wo uns der aktuarische Stil früher Biographen nur papierene Existenzen liefert. Allein, sie sind die Schlüsselfiguren ihrer Epoche. Das gilt nicht einmal nur für Burgund.

Die erste der wahrhaft großen Persönlichkeiten sollte freilich erst nach den Äbten Odo und Aymar auftreten: Majolus, der ein Mensch von bestechender Anziehungskraft, überragender Bildung und eleganter Gewandtheit war. Geboren in Valensol, im heutigen Gebiet des Basses-Alpes, als Sohn eines reichen provenzalischen Grundbesitzers namens Foucher. Seine Mutter, heißt es, sei dem gräflichen Hause Mâcon entsprossen. Kaum nötig, sich darüber Gedanken zu machen; man kennt die Konstruktion solcher Herkünfte. Erstaunlicher wirkt, daß Majolus als Kleriker der Kirche von Lyon und Erzdiakon zu Mâcon längere Zeit die Einkünfte einer Pfründe in einem Ort Ile-Barbe genoß, ehe er seine klösterliche Berufung spürte. Er lag dort, wie es heißt, »seinen Studien ob«, bis ihn Mönch Hildebrand von Cluny zum Eintritt in das Kloster ermunterte. Es scheint sich um eine echte Vorbereitung gehandelt zu haben.

In Cluny hat es nicht lange gedauert, bis Majolus zum Koadjutor aufrückte. Man empfand wohl die Dringlichkeit, sich eines glänzenden Geistes für die Nachfolge des nur ökonomisch eingestellten Aymar zu versichern. Daß Majolus wahrhafte Gläubigkeit, Weltklugheit und überlegene Geistigkeit nebst tiefer Bescheidenheit nachgerühmt werden, spricht für ihn. Es waren Anlagen, die damals offenbar ob ihrer Seltenheit besonders in Ansehen standen. Denn es muß doch auffallen, wenn die Biographien sich bei der Schilderung der Äbte Odo, Odilo, Hugo und Petrus Venerabilis immer wieder der gleichen Kategorien bedienen, um uns ihre Helden nahe zu bringen. Abt Majolus' Fasten und Kasteiungen blieben übrigens stets von klugem Maß bestimmt. Er tat sein Leben lang nie zuviel oder zu wenig an etwas, und also übertrieb er auch die Askese nicht. Anständige Kleider seiner Mönche schienen ihm wichtig, wiewohl er modischer Übertreibung abhold war. Darin spricht sich eine innere Harmonie aus, die es erklärt, daß er nach seiner Kanonisierung für einige Jahrhunderte die beliebteste Heiligengestalt Frankreichs darstellte.

Auch von ihm wird berichtet, daß Lektüre seine Lieblingsbeschäftigung war und er niemals ohne Bücher reiste. Weiß Gott, bei den unhandlichen Scharteken der Zeit kein leichtes Unterfangen! Denn Majolus ist während seiner vierzigjährigen Abtszeit von 954 bis 994 getreu dem Vorbild seines Vorgängers Odo unaufhörlich im capetingischen Frankreich, in Burgund, der Provence, Italien, der Schweiz und Deutschland unterwegs gewesen, um Klöster für die cluniazensische Reform zu werben oder bereits beigetretene Klöster zu inspizieren. Majolus wird uns zugleich als guter Kanzelredner geschildert. Aber was wohl seine Biographen am meisten fesselte und gewiß auch mit Stolz auf ihren Abt erfüllte – er sah bestechend gut aus. In diesem Sinne ist es zu verstehen, wenn sie ihm das Attribut ›Fürst des Lebens‹ beilegten. Zweifellos waren das alles in allem Eigenschaften, Bischöfe und selbst Päpste seiner Autorität geneigt zu machen.

Es gibt eine Episode im Leben des Abtes, die wichtig geworden ist. Auf dem Rückweg von einer Inspektionsreise fiel Majolus in die Hände der Sarazenen und wurde erst nach langer Gefangenschaft und Hinterlegung eines bedeutenden Lösegeldes freigegeben. Zweifellos äußerst unklug von den Plagegeistern Südeuropas. Die dem beliebten Abt widerfahrene Knechtung hat die Aktion gegen die räuberischen Piraten sehr in Gang gebracht.

Als Politiker besaß Majolus einen besonderen Rang. Unter ihm stieg Cluny in der zweiten Hälfte des 10. Jahrhunderts zur bestimmenden geistigen Macht des Abendlandes auf. Das geschah auf einem kleinen Umweg, der interessante Einblicke gewährt. Zu seinen vielen Nebenämtern gehörte das eines Beraters jener Adelaide oder Adelheid von Burgund, der Tochter König Rudolf II. und der Bertha von Schwaben, die Lothar III., König der Lombardei, geheiratet hatte. Die Ermordung ihres Gatten durch Berengar von Ivrea, eines Usurpators, der sich zum König aufwarf, trieb sie dazu, sich um

Hilfe an König Otto den Großen zu wenden, der sie 951 aus einer schmachvollen Haft befreite und kurz darauf heiratete – ein Umstand, durch den die Lombardei an das sächsische Kaiserhaus fiel. Freilich hat sich Papst Agapet II. hartnäckig geweigert, Otto I. zum Kaiser zu krönen. Die Dinge standen damals in Rom mehr als schlimm. Insbesondere, als der kaum zwanzigjährige Johannes XII. die Tiara erhielt, der wohl die schändlichste Figur auf dem Heiligen Stuhl war. In den folgenden Wirren, namentlich nach dem Tod Ottos des Großen, als Adelheid die Regentschaft für ihren Sohn, den späteren Otto II. führte, ist Abt Majolus immer wieder bedrängt worden, die Tiara anzunehmen, was er stets verweigerte. Vielleicht erkannte er, daß es in dieser Epoche mehr darauf ankam, seiner Mönchsgemeinde und seinem Reformwerk treu zu bleiben – ein sprechendes Zeichen für die Tiefe der Verpflichtung, die er für sein Amt empfand. Majolus blieb später der gute Geist des sächsischen Kaiserhauses; es gelang ihm, zwischen Mutter und Sohn zu vermitteln, als die Harmonie durch die Schwiegertochter Adelheids, Theophanu, empfindlich gestört war. Gleichzeitig gelang es ihm, sowohl Heinrich dem Großen von Burgund wie seinem Bruder Hugo Capet die Treue zu halten. Man darf darin nicht ein diplomatisches Geschick erblicken, das auf einer Indifferenz der Haltung beruhte; vielmehr offenbart sich hier eine Fertigkeit, die fast alle frühen Äbte Clunys bekunden sollten. Sie haben sich stets viel mehr als Sachwalter ihres geistlichen Amtes gefühlt, statt in die Politik einzugreifen, als es die Geschichtsschreibung in Deutschland verzeichnet. Tatsächlich war es so, daß jede cluniazensisch reformierte Abtei einen Hort des Friedens und der inneren Sauberkeit darstellte, und es bleibt das historische Verdienst der Äbte von Cluny, dem Okzident ein neues Wertbewußtsein geschenkt zu haben –

eine Aufgabe, die uns angesichts der Korruption und Verrohung der Zeit oder der Beschwer und Gefährdung der Straßen ungeheuer anmutet. Damals ist Europa durch Burgund wiedergeboren worden.

Als Abt Majolus am 11. Mai 994 in Souvigny starb, hatte er viel erreicht. Das hochbedeutende St-Germain in Auxerre gehörte nunmehr zu den reformierten Abteien; Guillaume de Volpiano war auf das Betreiben des Abtes von Cluny nach Dijon berufen worden und begann ein segensreiches Werk, und schließlich hatte Majolus auch die geistliche Leitung von St-Denis vor den Toren von Paris übernommen. Vor allem war eines geschehen: Am 14. Februar 981 konnte der Abt die Klosterkirche St-Pierre-le-Vieux, auch Cluny II genannt, durch den Erzbischof Hugo von Bourges weihen lassen. Unter dem Hauptaltar stand der Schrein mit den Reliquien der Heiligen Petrus und Paulus, den die Mönche von San Paolo fuori le mura in Rom vor fünfzehn Jahren Cluny anvertraut hatten.

Abt Odilo – Der Staatsmann

Das Erstaunlichste an Cluny bleibt, daß sich in seiner großen Epoche alles zur gegebenen Stunde einstellt. Das darf keineswegs als barer Zufall betrachtet werden, vollends nicht, wenn es um die Äbte des Klosters geht. Majolus hatte seinen Nachfolger sorgfältig ausgewählt. Es sollte ein Mensch ähnlich wie Abt Odo sein, aber von noch größerem Zuschnitt, ein Kind des Hochadels, geboren auf einem Schloß in Corrèze, Odilo geheißen. Er stammte aus jener Schicht, die sich trotz einer germanisch-fränkischen Überfremdung Frankreichs ihre alte gallo-römische Eigenart hatte bewahren können. Kurz, sie besaßen eine Tradition, die über alles Denken bis in die römische Epoche Galliens zurückreichte. – Abt

Majolus lernte seinen Nachfolger kennen, als er Domherr von St-Julien bei Le Puy war. Odilo entschied sich keineswegs leicht für einen Eintritt in Cluny. Erst der Abt von St-Bénigne in Dijon, Guillaume de Volpiano, vermochte ihn umzustimmen. So geschehen 991. Bereits zwei Jahre hernach erhob Abt Majolus den neuen Klosterbruder ob seiner menschlichen und mönchischen Qualitäten zur Assistenz und Nachfolge in seinem Amt.

Odilo, dessen Regierung fünfundfünfzig unerhört fruchtbare Jahre dauern sollte, besaß alle jene Qualitäten, die Clunys eigentlichstes Wesen ausmachten: eine unerschütterliche Gläubigkeit an die mönchische Berufung, verbunden mit einer großen Tatkraft, Ausdauer und einer unglaublichen Beweglichkeit. Dabei war er klein vor Statur, mager, nervös, verzehrt von einem inneren Feuer, das durch die Physiognomie und die hellen Augen faszinierend sichtbar wurde. Er war nur ein mäßiger Prediger, aber er hat zu den fruchtbaren Schriftstellern seines Zeitalters gehört; mehr noch als Odo und Majolus zeichnete ihn politisches Geschick aus. In der Epoche der beginnenden Capetingerherrschaft war das von besonderer Bedeutung. Zugleich steht Odilo als Mann großer, kühner Entschlüsse vor uns.

Von den Regierenden seines Zeitalters als uneigennütziger Schiedsmann angerufen und respektiert, hat er die Reformgedanken Clunys energisch vorangetrieben. Von Kaiser Konrad II. vermochte er die Begnadigung der revoltierenden Stadt Pavia zu erwirken. Im burgundischen Erbfolgestreit zwischen Robert dem Frommen und Guillaume l'Etranger hielt er, wiewohl nach beiden Seiten gebunden, sorgfältig eine genaue Neutralität inne. Dergleichen blieb für seine Regierungszeit bezeichnend. Es gibt ein satyrisches Gedicht, in dem Bischof Adalbero von Laon Abt Odilo als eine Art Kriegsherr darstellte, der seine Mönche zum Gefecht ansetzt.

Tatsächlich verfügte der neue Abt über Tausende vollkommen gehorsamer Gefolgsleute, die eine Macht darstellten; man konnte zum ersten Mal auch im weltlichen Sinne von einem ›Empire de Cluny‹ sprechen. Gleichwohl ist nichts falscher als diese Sicht eines Mannes, der die ›Treuga Dei‹, den Gottesfrieden, das will sagen, das Ruhen aller kriegerischer Händel von Mittwochabend bis Montag früh jeder Woche durchzusetzen vermochte und sich nicht davor scheute, um der Fürsorge für die Armen willen klösterliches Gut, selbst Kleinodien, zu veräußern.

Unter Odilo nämlich bekamen die karitativen Einrichtungen Clunys ihre Ordnung. Seither war es Aufgabe des Vorstehers des Gästehauses, Fremdlinge von Rang zu empfangen, während sich der Almosenier um das niedere Volk, Fußreisende, Bettler und Kranke, zu kümmern hatte. Die Zahl der um Hilfe Bittenden war nicht gering; es dürften jährlich siebzehntausend Personen gewesen sein, die Spenden an Kleidung, Essen und Geld empfingen.

1049 starb Odilo, diese vielleicht faszinierendste Erscheinung unter den Äbten, in Souvigny, uralt, aber auch aufgerieben von der Vielfalt seiner Tätigkeit, so demütig und bescheiden wie nur je einer seiner Mönche. Der Gottesmutter hatte seine besondere Vorliebe gehört. Daher ließ er sich im Augenblick des Hinscheidens vor den Marienaltar der Kirche tragen, während die Brüder ihre Psalmen sangen. Auch er hatte schon bei Lebzeiten für seine Nachfolge gesorgt – sein Erbe sollte der bisher als Großprior fungierende Hugo von Semur antreten, ein Mann, unter dem die Abtei ihren größten Glanz entfaltet hat. – Freilich bleibt von Odilos Leben noch viel zu berichten; mit ihm hob etwas an, das erst gegen Ende des 18. Jahrhunderts aufhören sollte; in gewisser Hinsicht besteht es heute noch fort: Die Wall-

gneur guard y estoit dont
il fut moult joyeulx. Et lors
seur commenca a dire toute
la chose devant ditte.

ment ordonnee et la estoit lab
be et tous ses moiennes noble
ment parez daubes et de chap
pes et sen vinrent au lieu

VEZELAY

Aus ›Die Taten des Girard de Roussillon‹
(Girard trägt den Körper der
Sainte Madeleine in die Kirche von Vézelay)

Cod. Vindob. 2549
Wien, Österreichische Nationalbibliothek

fahrt und die Pilgerstraße zum Grabe des hl. Jakobus, mit deren Organisation durch Cluny eine der bedeutendsten politischen Leistungen des Abendlandes verbunden war.

Der Auftrag

Die Pilgerstraße nach Santiago

Höllisch die sengende Hitze der Täler. Von den Wänden eisenfarbenen Schiefergesteines, das rauh gezackt oder in allzu glatten Tafeln aus den kantabrischen Bergen Asturiens bricht, strömt es wie lohender Flammenhauch über den weit auseinander gezogenen Faden von Menschen. Einzig der schwarzkuttige Mönch vorn neben dem schweißverklebten, riesengroßen, blonden Skandinavier, der das Pilgerkreuz trägt, singt noch – verlorene Lerche in dieser Wüstenei eines gnadenlosen Sommers. Vier Stimmen aus braun gedörrten Gesichtern, die längst keinen Tropfen Schweiß mehr herzugeben vermögen, während ihre Besitzer mit merkwürdig stieren Augen hinter dem Führer einherholpern, fallen ein, verstummen vor Trockenheit.

Kein Tropfen Wasser an der hinauf-, hinabkurvenden Steilstraße durch die Berge; kein Beutel Wein, und was schlimmer ist, bis León keine Wasserstelle mehr, auf drei Wegstunden, während sich der Pfad an Abgründen entlangwindet, Pässe überklimmt, das ausgedörrte Tal Fuenteroja quert, um wieder hinan zu steigen. Zu den wenigen verlorenen Häusern argwöhnischer, fast feindseliger Bergbauern mit ihren verhängten Altanen hinan zu kriechen, hinter denen, selten genug, ein scheues Kindergesicht ausspäht, langt niemandes Kraft. Es ist eine jener frühen Nachmittagsstunden, in denen alles auf die innere Disziplin und die Unerschütterlichkeit des Glaubens ankommt. Pilgerfahrt nach Santiago, das heißt der Geißel Gottes ausgeliefert sein, um den Frieden Gottes zu finden. Staubumwabert kriechen Gepäckkarren heran, unter deren Plane hinweg hie und da das Gesicht eines von den rumpelnden Stößen der Wagen gemarterten Kranken lugt; die Begleitmannschaft muß immer wieder in die Speichen greifen, um es den Mulis zu erleichtern, auf deren schweißgeflockte Haut die Peitsche Striemen zeichnet.

So wandern sie bereits seit fünfundfünfzig Tagen. Von Paris aus, durch die Touraine, Aquitanien, die Landes, die Pyrenäen und nun die endlosen Berge Asturiens. Zu Hunderten. Bald hinter ihnen kommen wieder Hunderte, angetan mit dem Pelerinenmantel nebst dem breiten Pilgerkragen und dem weiten Hut; an der Seite klappern Eßnapf und Holzlöffel; in der Hand tragen sie kunstvoll durch Schnitzereien verzierte oder einfach vom nächsten Haselstrauch geschnittene Pilgerstöcke. Gelegentlich, wohl eskortiert, ein berittener Trupp verschleierter Damen unter den Pilgern. Menschen aus allen Winkeln Europas, ein unaufhörlicher Zug auf seinem Ameisenweg, der sich langsam vorwärts schnürt, fortwährend gehindert von Kolonnen rückkehrender Pilger, die auf Pelerine und Hut den schwarzen Bernstein von Santiago und die Sankt-Jakobsmuschel von den Strömen Galiciens benäht tragen. Jahrein, jahraus geht das so. Ein Jahrhundert um das andere, ein endloser Zug von Menschen! . . .

Plötzlich durchfährt es sie. Vorn der Mönch neben dem blonden Riesen stimmt mit hallendem Organ den triumphalen Gesang der Pilger an – ihren Gesang, denn jede Gruppe hat natürlich ihre Lieblingsanrufungen. Allein, diesen, der sie, wie oft schon, mit neuer Kraft beseelte, kennen, lieben alle besonders. Er drückt vollkommen aus, was sie empfinden: Sanct' Jacobe, perditorum spes in orbe perdita ... Warum sie diese Wanderschaft unternehmen? Um zu sühnen, eines Gelübdes, einer Aufopferung willen. Immer aber, um den Tod zu überwinden, denn mit ihnen wandert die Hoffnung. Keineswegs eine zielgerichtete Erwartung, sondern die Gewißheit, daß das Heil in der Selbstüberwindung liegt. Sanct' Jacobe, perditorum spes in orbe perdita ...

Es ist etwas Seltsames um das ewige Fluktuieren dessen, was man die Substanz Burgunds nennen könnte, geradezu das Stigma eines Landes, das sich nie mit dem ihm einmal zuteil gewordenen Landschaftsraum beschied. Auch die Kolonisationstätigkeit in Spanien gehört zu dem merkwürdigen Fernweh, das Adel und Mönche Burgunds hinaustrieb, seit Abt Odilo dem Hilferuf der kastilischen Könige folgte.

Nicht nur die Einrichtung des Allerseelentages und seine Erhebung zum kirchlichen Feiertag oder die Förderung des Marienkultes gehört zu den Verdiensten des Abtes. Das besondere Anliegen dieses kleinen, zähen und von innerer Glut verzehrten Mönches galt der Befreiung Spaniens vom Islam. Cluny begann damals eine Rolle zu spielen, die in der Geschichte einzigartig blieb. Seit 1024 betrieb der Orden die Reorganisation des Klosters San Juan de la Pena in Aragonien; bald dehnte er die Reformen auf Bitten König Sanchez des Großen, Ferdinand I. und Alphons VI. auf Navarra, Kastilien und León aus. Der König von Kastilien schätzte die Ordnungsmacht von Cluny so hoch ein, daß er der burgundischen Abtei einen jährlichen Zins und außerdem gelegentliche Dotationen größeren Ausmaßes zukommen ließ. Man weiß, daß der Bau von Cluny III mit dem Beutegeld von Toledo begonnen wurde, das Alphons VI.

1085 einnahm. Erster Erzbischof dieser Stadt konnte selbstverständlich nur ein Cluniazenser sein, Bernhard de Sétirac, Abt von Sargun. Bei solchen Sendboten blieb es nicht. Bis zu Abt Petrus Venerabilis sind die Ordensoberhäupter von Cluny immer wieder persönlich in Spanien gewesen, um zweierlei miteinander zu verbinden: Klöster an der Wallfahrtsstraße nach Santiago anzulegen und so die Wiedereroberung, die Reconquista der Iberischen Halbinsel von den Mauren zu stärken. Natürlich begriff man in der burgundischen Abtei sehr gut, wie gefährlich dieser Kampf auf Tod und Leben war und wieviel unberufene Kräfte sich eindrängten. Das Abendland ließ sich in den Kampf mit einem kulturell hoch überlegenen Gegner ein. Zudem kam es oft genug vor, daß man eine maurische Stadt nur darum berannte, um der Frauen habhaft zu werden und einen Grafenhof in der Picardie, im Artois mit den glutäugigen Haremsdamen zu schmücken. Sie brachten übrigens neben den Künsten der Liebe eine besondere Form der Gesittung mit, die bis heute nachgewirkt hat. Bei solchen Unternehmungen spielte der burgundische Adel im 11. und 12. Jahrhundert eine besondere Rolle. Thibault von Semur, Graf von Chalons, nahm 1064 an der Einnahme von Barbastro teil. Herzog Hugo I. von Burgund, der seine Tage in Cluny beschließen sollte, wurde 1078 Führer eines der Kriegszüge. Sein Bruder, Herzog Eudes I., beteiligte sich 1087 an einer Unternehmung. Ein weiterer Bruder der Fürsten, Heinrich von Burgund, und sein Cousin Raymond von Burgund-Comté tauchen zu gleicher Zeit in Kastilien auf, um ihr Glück zu machen, heiraten Töchter König Alphons VI., der seinerseits in zweiter Ehe mit Konstanze von Burgund vermählt ist, der Nichte des hl. Hugo. Zum Grafen von Portugal avanciert und mit der Befreiung des Landes von der Almoraviden-Herrschaft beauftragt, wird Heinrich von Burgund der Stammvater der ersten portugiesischen Dynastie sein. Genauso wie Raymond von Burgund-Comté es zum Grafen von Galicia brachte, also ebenfalls einen dynastischen Beginn darstellte. Nord spanien war eine Art burgundischer Domäne geworden. Nun, die Mönche von Cluny begriffen, daß es um etwas Größeres ging, als mit den herkömmlichen Methoden verwandtschaftlicher Versippungen Dynastien zu gründen. Sie knüpften ein geistiges Band.

Die Anwesenheit spanischer Prälaten in Cluny, auch außerhalb großer Feierlichkeiten oder wichtiger Generalkapitel, zeigt deutlich, wie eng die Beziehungen zwischen Santiago de Compostela und Cluny seit der Zeit Odilos geworden waren. Es wurde angedeutet, daß Bischof Dalmatius von Compostela 1095 in St. Peter und Paul den Altar des hl. Jakobus weihte – ein höchst demonstrativer Akt! Wiederum in Cluny verlieh später Papst Calixtus II., Bruder des Grafen von Galicia, Raymond von Burgund, die erzbischöfliche Würde des Dalmatius dem großen Bischof Diego Gelmirez, Wiederhersteller der Kathedrale von Compostela, an den Santiago voller Erinnerungen steckt. Pierre de Roda, Bischof von Pamplona, der eine der Kapellen des Chorumgangs der neuen Kathedrale von Santiago geweiht hatte, mußte nach Cluny kommen, um die St. Gabriels-Kapelle in der Tour de l'Horloge zu weihen. Kurz, Beziehungen spannen sich die Fülle hin und her. Doch im Grunde ging es um ein sehr viel tieferes Phänomen, und Cluny erkannte es sofort. Uns Heutigen freilich hat die so von den schwarzen Mönchen organisierte Wallfahrtsstraße eine der schönsten Hinterlassenschaften der romanischen Epoche beschert – die Fülle der Wallfahrts- und Andachtskirchen am Wege, sei es in der Provence, Burgund, Aquitanien, der Touraine, Navarra, Aragonien oder León. Wie Perlen auf einer

Schnur reihen sie sich mit ihren üppigen Portalen, diesen regelrechten Schauwänden, die dem Pilger die Herrlichkeit Gottes, die Sündigkeit der Welt und den Wert der Überwindung haben einprägen sollen.

Aber was hat es eigentlich mit dem seltsamen Jakobus-Kult, der in Spanien aufgekommen war, auf sich? Der Legende nach hatte der Apostel Jakobus Major Spanien evangelisiert und war hernach in Jerusalem enthauptet worden. Auf wunderbarliche Weise kehrte der Leichnam des Märtyrers ins Land seiner Wirksamkeit zurück. Jedenfalls fand der Bischof von Iria gegen 830 den an die Küste von Galicia verschlagenen Sarkophag des Apostels an einem Ort, der seitdem ›Campus Stellae oder Compostela‹, zu deutsch Sternenfeld, genannt wurde. Man mag sich erinnern, welche Symbolkraft der Stern Sant Jagos in südlichen Landstrichen besitzt. Sehr bald setzten Wallfahrten ein, ja die Auffindung der Gebeine zog die Verlegung des Bischofsitzes von Iria nach Compostela, dem Ort der Entdeckung, nach sich, seit man dem hl. Jakobus, der in merkwürdiger Personalunion mit der Gestalt des Jakobus Minor verschmolz, eine mystische Anführerschaft im Kampf gegen die Mauren zuschrieb. Sant Jago Matamoros, Jakobus, der Maurentöter, zwiegestaltig und in erstaunlicher Ähnlichkeit zur Castor- und Polluxsage auf weißem Pferde den Truppen zum Siege voranreitend, eine weiße Fahne in seiner Hand schwingend, ist das nationale Symbol des christlichen Spaniens in seinem schweren Abwehrkampf gegen die Mauren geworden. Möglich, daß wir in der auf einem Schimmel reitenden Christusgestalt der Krypta zu Auxerre, zu der die Kunstgeschichte keine Parallele findet, eine Analogie des Themas erblicken dürfen; oft genug hat sich in damaliger Zeit der Heilsbringer Jakobus mit der Vorstellung des Heilandes vermischt. Der Kampf gegen die Mauren blieb bald nicht mehr eine Angelegenheit der bedrängten nordspanischen Königreiche – das ganze Abendland, freilich bei geringer Beteiligung Deutschlands, nahm unter Führung Frankreichs daran teil. Das moralische Rückgrat dieser Reconquista aber bedeutete die Pilgerstraße nach Santiago, über die ungezählte Menschen aus Skandinavien, Irland, vor allem dem übrigen Westeuropa, nach der Heilsstätte zogen. In der ersten Hälfte des 12. Jahrhunderts erreichten die Wallfahrten ihre stärkste Beteiligung. – Es ist eines der erregendsten, unbekanntesten Kapitel der abendländischen Geschichte: genau genommen neunhundert Jahre läuft, zieht, pilgert jeder, der sein Herz beschwert weiß, den mühsamen Weg über die Pyrenäen, durch die Täler Navarras und über die glühendheißen Paßstraßen des kantabrischen Gebirges. Welches begehrte Zeichen, die ›Coquille de Saint Jacques‹, die Sankt Jakobs-Muschel und die aus schwarzem Bernstein geschnittenen Abzeichen der Pilgerschaft, auf Hut und Schulterkragen genäht, mit heimbringen zu können! Was ist damals schon Rom? Eine sich nur mühsam der Korruption ihrer herrschenden Familien entwindende Stadt. Was selbst Jerusalem? Das abendländische Christentum hatte eine Stoßrichtung und einen Auftrag empfangen, die durch den Leib des Jakobus, des ältesten Jüngers Christi, geheiligte Erde Spaniens den Ungläubigen zu entreißen.

Es gibt ein interessantes Dokument dieser von zahllosen Beinen begangenen Straße, das 1140 in Compostela zusammengestellte ›Liber sancti Jacobi‹, das noch in den Archiven der Kathedrale von Santiago enthalten ist und mit dem Namen ›Codex Calixtinus‹ benannt wird, ob eines angeblichen Vorwortes des Papstes Calixtus II., dessen Zuverlässigkeit in Frage steht. Das Manuskript gliedert sich in fünf Bücher. Die ersten drei enthalten liturgische Stücke zu Ehren des Heiligen, die Aufzählung der Wunder, die durch seine Einwirkung geschehen sind, und die Erzählung von der Meerfahrt seines nach Galicia verschlagenen Körpers. Der vierte, für sich stehende Teil enthält die Chronik des Pseudo-Turpin, die Karl dem Großen zugeschrieben wird, mit der Geschichte von Rolands Tod zu Roncevalles. Das fünfte Buch endlich, auf das es uns ankommt, stellt einen regelrechten Führer für den St-Jacques-Pilger dar. Man findet darin praktische Ratschläge für die große Reise, wichtige Hinweise auf Wasserstellen in den zu durchquerenden Ländern, auf die Schwierigkeiten der Route und Angaben über die Verschiedenheit der Menschen, denen der Pilger begegnete. Auch sind darin eine Anzahl von Heiligtümern empfohlen, die zur Verehrung von Reliquien aufgesucht werden sollen; jene vor allem, an die sich oft wunderbare Legenden knüpften. Es ist allerdings kein von Cluny inspirierter Wegweiser gewesen, denn das Kloster wird in dem Text nicht einmal mit Namen erwähnt, ebensowenig die cluniazensischen Abteien, die der Weg kreuzte, hingegen ist der Besuch zahlreicher Augustiner-Klöster empfohlen. Der Verfasser war also offensichtlich selbst nicht Cluniazenser, sondern versuchte, den schwarzen Mönchen auf seine Weise ins Handwerk zu pfuschen. – Man nimmt an, der Autor könnte Aimery Picaud von Parthenay-le-Vieux sein, bekannt als Compilateur des ›Codex Calixtinus‹ Gleichgültig aber, wer der Verfasser war, das Buch gestattet uns, den von den Cluniazensern betreuten ›camino francés‹ und seine französischen Ausgangsstraßen nachzuzeichnen.

Die erste Route, die ›Via Turonensis‹, ging vom berühmten Heiligtum des Apostels der Gallier, von St-Martin in Tours aus, das als Vorbild für eine Reihe wichtiger Kirchen der Pilgerstraße gedient hat, nämlich für St-Sernin in Toulouse und die Kathedrale Santiago in

Compostela. Dieser Weg wurde gern von den Wallfahrern aus der Normandie, England, den Ländern des Nordens oder der Ile de France genützt. Er querte Poitiers, St-Jean-d'Angely, Saintes und schließlich Blaye, wo der selige Roland ruhte, dessen elfenbeinernes Horn man zu St-Sernin in Bordeaux sehen konnte. Von hier aus stieß er gradewegs durch die endlosen Kiefernwälder des Landes nach Süden vor.

Die zweite Route kam von Vézelay, wo die Mönche auf der ›colline inspirée‹ seit Mitte des 11. Jahrhunderts die Reliquien der hl. Maria Magdalena hüteten, die man in St-Maximin zu Marseille dem Grabe entnommen hatte. Dank dessen hatten sich bereits zahlreiche Wunder begeben. Vézelay war darüber selbst zu einer Wallfahrtsstätte geworden, zumindest zu einem bedeutenden Sammelpunkt der Santiago-Pilger aus den östlichen Gebieten Europas. Von hier aus führte der Weg über La Charité, St-Léonard, Limoges und Périgueux, wobei man in St-Léonard den Heiligen gleichen Namens anrief und in Périgueux St-Front, der noch durch den hl. Petrus höchstselbst zum Bischof geweiht worden war.

Die dritte Route, die ›Via Podiensis‹, von der der Führer sagt, daß auch ›Bourguignons‹ und ›Teutons‹ sie benutzen konnten, kam von Notre-Dame-du-Puy. In Conques gab sie Gelegenheit, die Reliquien des hl. Foy zu verehren und leitete den Pilger sodann über Moissac nach Ostabat, wo sie sich mit den beiden vorher genannten Pilgerstraßen vereinigte, um die Pyrenäen beim heutigen St-Jean-Pied-de-Port zu überqueren und durch das Tal von Roncevalles nach Pamplona vorzustoßen.

Die vierte Route war die ›Via Tolosana‹, die von Arles kam und von Pilgern aus Italien oder dem Rhône-Tal benutzt wurde, St-Gilles berührte und über St-Guilhem-le-Désert und Toulouse entlang den Pyrenäen zog, die sie in Somport durchstieß, sodann Jaca, die alte Hauptstadt Aragoniens, gewann und nun erst nach Westen bog. Über Leyre führte sie nach Puente la Reina, wo sie mit den anderen Pilgerstraßen zusammentraf. – Jeder Wallfahrer, der in Puente la Reina anlangte, erhielt, gleich aus welcher Richtung er kam oder welcher Nation er angehörte, ein Nachtlager, ein Pfund Brot und einen Liter Wein. Den Arga-Fluß nahe der Stadt überschritt man seit Anfang des 11. Jahrhunderts auf einer heute noch stehenden Brücke. Nunmehr führte der gemeinsame Weg, eben die ›via francigena‹ oder der ›camino francés‹ durch Navarra, Kastilien, León und Galicia. Estella, Najera, Burgos, Fromista, Sahagun, León, Astorga, Ponferrada, Villafranca hießen die einzelnen Stationen bis nach Santiago. Übrigens war es auch möglich, entlang der kantabrischen Küste zu wandern, wo beispielsweise die Kirche von Santillana del Mar nahe der berühmten Höhle von Altamira eines der bemerkenswertesten Denkmäler dieser Zeit darstellt, und über Oviedo Santiago de Compostela zu erreichen. Allein, dieser Weg scheint der mühseligere von zweien gewesen zu sein, deren keiner an körperlicher Beschwer zu wünschen übrig ließ.

Freilich ist man ob der bedeutsamen Rolle Clunys bei diesem Weg erstaunt, nirgendwo außerhalb Burgunds, ausgenommen in La Charité-sur-Loire, dem Architekturtypus von Cluny III zu begegnen, der grade durch seinen Reichtum räumlicher Möglichkeit, seine charakteristische Form mit dem Chorumgang, der ›Déambulatoire‹, für die Prozessionen von Pilgermassen geeignet gewesen wäre. Andererseits zeigen sich die gegen Ende des 11. und 12. Jahrhunderts gebauten spanischen Kirchen in der Nähe des Jakobus-Weges sehr verschieden von denen, die einem früheren Zeitabschnitt angehören.

Allein, der Wissenschaft bleibt auf diesem Felde noch viel Arbeit zu leisten.

Jedenfalls haben sich die burgundischen Mönche nicht kleinlich erwiesen. Wie die romanischen Gotteshäuser Nordspaniens, dürften auch die romanischen Kirchen Frankreichs gelegentlich Motive oder ornamentale Themen aufgenommen haben, die letzten Endes aus der islamischen Welt stammen. Da gibt es geflochtene Kapitelle, Dreispannbögen, Profile, vielfarbige Mosaiken, die rechtwinklige Rahmung von Portalen kufischen Charakters. Auch ein besonderer Kapitelltyp leitet sich offenbar von der maurischen Architektur ab, der sozusagen von einem vereinfachten korinthischen Vorbild ausging, bei dem sich die Blätter in äußerstem Maß wulstig zurückbogen. Noch mehr Einfluß empfing freilich die Skulptierung der Oberfläche des Steines, wenn sie eine erhabene Stickerei vortäuschte. Nachdrücklich ist diese Wirkung der arabischen Kunst in der Kathedrale von Le Puy zu finden, aber auch spürbar in anderen Gebieten Frankreichs wie der Auvergne, dem Limousin, dem Saintonge und in Burgund. Selbst die Kathedrale von Cluny hat, laut Kenneth J. Conant, dieses Stigma arabischer Beeinflussung von der Chorhaube bis zum Portal getragen. Nicht vergessen darf schließlich der romanische Spitzbogen Burgunds bleiben, wenn auch seine genaue Herkunft nicht belegt werden kann.

Möglich, daß gewisse Formen durch Anregung spanischer Goldarbeiten nach Frankreich gelangten oder durch Elfenbeinschnitzereien, wie wir sie aus der Abtei von San Millan de la Cogolla kennen. Die mozarabisch inspirierten Buchmalereien von San Albin de Abelda haben durchaus den Bildhauern als Modell dienen können, die das Tympanon von Moissac skulptierten. Gewiß wäre es absurd, so enge Beziehungen, wie sie die Abhängigkeit der Säulenstatuen der Ile de France von der

Skulptur des Languedoc oder Burgunds darstellt, an den Straßen Santiagos zu suchen. Ohne Zweifel aber haben sich Baumeister und Bildhauer, ohne sich vom Pilgerstrom behelligen zu lassen, auf dieser Route von einem Werkplatz zum andern begeben und an Vorbildern gelernt. Man kann nicht von einer spezifisch romanischen Kunst der Pilgerstraße reden, aber es ist sicher, daß die Wallfahrten die Entwicklung der Sakralarchitektur und einen Austausch von Gedanken begünstigten.

Wir kennen Namen, Erinnerungsstücke, ganze Pilgerausrüstungen, wie sie uns die Confréries de St-Jacques zu Dijon oder Chalon hinterlassen haben, und wir wissen um die Pilgerschaft einzelner Menschen, wie die des Jean Juillet von Jambles nahe Givry, eines burgundischen Winzers, der 1733 von Lyon aus die Pilgerfahrt nach Santiago angetreten hat und sein Ziel in etwa zwei Monaten erreichte. Selbst das Germanische Museum in Nürnberg birgt eine solche Ausstattung, wenn der deutsche Pilgrim Stephan von Praun auch nicht über die Via Francigena nach Santiago zog, sondern von Madrid aus, wo er mit einer Gesandtschaft am spanischen Königshof weilte. Daß diese Belegstücke neueren Epochen angehören, versteht sich bei der Vergänglichkeit der Stoffe von selbst. Auf dem Architrav unter dem Tympanon von Autun sind sie dargestellt, wie sie wanderten, den Brotbeutel zur Seite und in der Hand den Pilgerstab, die Wallfahrer nach Santiago. Was nicht sichtbar wird, ist die Kapsel mit Dokumenten, die jeder bei sich trug. Denn der Besuch jeglichen Heiligtums wurde durch Stempel und Unterschrift sorgfältig verbrieft.

Neunhundert Jahre einer Pilgerschaft ohnegleichen, die uns die wundervolle Formenfülle so vieler Kirchen am Weg erst erklärt! Neunhundert Jahre Wallfahrt von cluniazensischer Prägung, wenn auch bald die Zisterzienser den schwarzen Mönchen den Rang ablaufen sollten! Manchmal glaubt man noch heute ihre feierliche Liturgie, ihre Chorgebete, ihre Anrufungen, ihr Psalmodieren in Santiago de Compostela wahrzunehmen. – Wahrhaftig, 1962 war's; das Zeitalter der Mönche von Burgund schien in der Kathedrale Santiagos aus tausendjährigem Schlaf erwacht!

Ein Domherr stirbt zu Santiago

Der Regen schauerte seit zwei Tagen hernieder, und der Wind vom Atlantik sorgte dafür, daß er den gehörigen Nachdruck besaß. Am Cap Finisterre, des Festlandes westlichstem Punkt, schwankten die Wellen in haushoher Gischt gegen den Felsen; im Hafen von Vigo schaukelten die Kutter der Sardinenfischer so sehr, daß ihre Mastspitzen über die ganze Himmelskugel fegten, und in jeder der zerklüfteten Buchten um La Coruna rannte die Phalanx der Wogen mit lechzender Zunge hoch auf die Strände.

Nur eines blieb von dieser Symphonie des Regens und Windes ausgenommen: die Kathedrale von Santiago de Compostela. Natürlich flossen auch hier Regenbäche so gut über den Portico de las Platerias wie das Obradoiro, das barocke Westwerk, das schützend vor dem Portico de la Gloria liegt. Aber im Innern der Kathedrale herrschte jenes unvergleichliche Schweigen, welches das der Erhabenheit ist. Der in Galicia allenthalben gegenwärtige, allmächtige Regen – er ward hier weder vernommen noch überhaupt geahnt. Vom Hauptaltar, über dem die goldenen Barocksäulen schimmern, tönten leise, leise wie Bienengesumm die Chorgebete. Wirklich, da spürte man's, dies war die eigentliche Ernte der Zeit – lebender Herzen Beschwer, gefaßt in die Form uralter Anrufungen. Von der Kapelle La Communión, in der alle

Viertelstunde die Heilige Zehrung ausgeteilt wird, drang des Priesters Stimme nur wie fernes Flüstern ins Hauptschiff. In der Reliquienkapelle aber fehlten selbst diese flaumleichten Laute.

Neun Uhr dreißig! Jeden Tag wird der Raum um diese Zeit für eine Viertelstunde geöffnet. Gläubigen wie Besuchern. Es liegen darin die Fürstengräber, über die Santiago verfügt. Das Grab Ramons von Burgund, des berühmten Kreuzfahrers, der 1107 starb, oder jenes der 1149 verschiedenen Donna Berenguela, der Gattin Alphons VII. von Kastilien, des Emperadors, die so betörend schön gewesen, daß sich die jungen Mädchen von Galicia noch heute nichts sehnlicher wünschen, als einmal wie eine Berenguela auszusehen.

Neun Uhr fünfunddreißig Minuten. Schweigsam waren drei Männer dabei, im Boden des mit zahllosen Grabplatten gepflasterten Kreuzganges eine noch leere Grube zu öffnen. Darin würde man am Nachmittag jenen Mann beisetzen, der etwas wie der gute Geist der Kathedrale des hl. Jakobus gewesen war. Ihr historisches Bewußtsein gleichsam. Der Mann, in dessen Kopf ihre ganze Geschichte gestapelt lag, der die Geschichte des Ramon und der Berenguela kannte und genauso die von den Wissenschaftlern nie ganz geklärten, geheimnisvollen Anspielungen der romanischen Figurenportale des Portico de la Gloria und des Portico de las Platerias, oder was es mit den Cluniazensern samt den Bischöfen Dalmatius und Gelmirez, die zu Clunys großen Zeiten regierten und diese Stadt bedeutend machten, auf sich gehabt hatte. Wie kaum ein anderer kannte er sich in der ungeheuren Fülle von Begebenheiten und Zeugnissen einer überlangen Vergangenheit aus – in den Stationen der romanischen Pilgerstraße so gut wie in den Schriften des Aymerigo Picaud. Und grade sein Abschied von dieser Welt machte die Erinnerung an Cluny so dringlich. Es geht die Rede von Don Robustiáno Sández Otéro, sechsundachtzig Jahre alt geworden und soeben verstorben, Canonigo und Direktor des Diözesanmuseums von Santiago de Compostela.

In der Reliquienkapelle las ein junger Domherr in feierlicher Unberührtheit sein Brevier. Das Gesicht war schmal, die Nase nachdenklich lang; das Antlitz drückte jene unnachahmliche Beherrschtheit und innere Sammlung aus, die niemand zu stören wagt. Währenddessen wartete der Tote aufgebahrt. Er hatte sein Leben lang gewartet. Erst auf ein Leben für Gott, sodann auf das Leben in Gott. Der junge Domherr schlug die Ärmel seiner schwarzen Soutane zurück; die weinroten, von cremefarbenen Spitzen überzogenen Stulpen seines Untergewandes kamen zum Vorschein. Er klappte das Buch zu und stand auf; die Stunde der Reliquienwache war vorüber.

Las cinco de la tarde, fünf Uhr nachmittags, als die Exequien für den Alten begannen, saß der junge Kanonikus im Chor unter der silbernen Jakobsfigur, nahe dem Erzbischof. Im Schiff vorm Altar hatten sich zu Seiten des Katafalkes zwei Gruppen angehender Kleriker versammelt, je eine links und rechts. Über der Soutane trugen die jungen Leute das weiße Chorhemd. Der Sarg in ihrer Mitte wirkte fast zierlich. Gebete klangen auf, endlose Gebete, die der Vorsänger am Altar mit einer männlichen, wundervoll modulierenden Stimme intonierte. »Requiem aeternam dona ei, Domine«, betete er; »et lux perpetua luceat ei«, respondierten die Seminaristen im Chorus. Es folgten der Introitus, das Graduale, der Traktus, die Sequenz, »Dies irae, dies illa, solvet saeculum in favilla: Teste David cum Sibylla . . .« und wiederum hätte dies vor tausend Jahren in Cluny oder hier aus dem Munde von Cluniazensern aufklingen können. Nicht, weil es Geist von ihrem Geiste war, sondern weil es die nämliche eindringliche Versenkung verriet, eine Hingerissenheit, eine Ausdruckskraft, wie sie nur den Cluniazensern eigen gewesen sind.

Es durchschauerte sie alle, vom Erzbischof bis zum jungen Domherrn, vom Vorsänger bis zum letzten der jungen Kleriker, die in einem dichten äußeren Kreis um die Seminaristen und den Katafalk standen, ein jeder umgürtet mit breiter, hellblauer Schärpe – schlankwüchsige, eher kleine Gestalten mit edel geschnittenen Köpfen, und ein jeder eigentümlich allein, fast isoliert. Man fühlte, daß in ihnen der herbe, harte und hohe Geist ferner Ahnen wach geblieben war, die ohne Bedenken und Zaudern die Küsten und Länder aller Zonen missioniert hatten. Welche die Meere aller Weltteile befahren, auf dem Boden aller Kontinente gekämpft und sich genauso wie ihre Nachfahren heute und hier zu Gebet und Requiem versammelt hatten, wenn einer von ihnen geblieben war. Keineswegs, um den Toten zu beklagen. Was wog der Leib schon? Vielmehr, um fürbittend den Aufstieg der Seele vor den Richterstuhl Gottes zu begleiten.

Es blieb das Ergreifende ihrer Religiosität, daß sie keine anonyme Gemeinschaft schuf, sondern ein jeder der Gläubigen, ob Laie oder Priester, Gott ausgesetzt war. In allem, was Tröstung anlangte, schien diese Religiosität voll Härte. Jeglicher ihrer Bekenner stand als eine Eins, als Person vor Gott, während doch das Persönliche geringer als nichts wog. Spürbar kam es auf diese herbe Unterscheidung an, die gewiß spanisch war und doch mit dem cluniazensischen Geiste in nichts differenzierte. Und während Weihrauchwolken aufquollen, Schellen rasselten, bläuliche Schwaden durch den Chor über das silbergetriebene Bildnis des Apostels Jakobus wallten, standen, hockten und knieten die jungen Männer gesenkten Kopfes, aber weder in falscher Fömmelei noch ästhetisch mitgenießend. Sie stellten nichts dar, nahmen nicht teil an etwas, sie waren identisch mit dem, was sich hier abspielte. – Keineswegs, daß sie das Erbe der Mönche von Cluny verwalteten. Ebensowenig konnten sie als ihre Nachfahren gelten, und dennoch erschienen sie als die Verkörperungen der schwarzen Mönche, die einst missionierend, planend, gründend bis hierhin gezogen waren, Sendboten einer inneren Macht ohnegleichen. Die jungen Kleriker von Santiago lebten, beteten und sangen voll einer andern Menschen kaum mehr verständlichen Ausgesetztheit den Tod und die Todesfeier, die vielleicht der vollkommenste Ausdruck ihrer Religiosität war.

Hatte man es sich nicht genauso, wie sie hier standen, einst in St. Peter und Paul, in Toulouse, Moissac, Pamplona, Sahagun vorzustellen? Die kreuzförmige Kirche von Santiago füllte sich mit Menschen, die Abschied von Don Robustiáno Sández Otéro nahmen, der einer der großen Erforscher des ›camino francés‹, der Straße nach Santiago, gewesen war. Hier stand eine Gruppe von Frauen beisammen, den Velo, den Schleier über das Haar gebreitet, dort kniete verloren ein einzelner. Ganze Bärte von rinnendem Wachs wuchsen den Kerzen am Katafalk an, und das Gebet für den Toten dauerte immer noch. Bis endlich die feierliche Musik mit ihren ekstatischen Stimmen einsetzte. Ein großer Chor hatte sich hoch auf der Orgelbühne in der Vierungsempore versammelt. Klagend und schauerlich beschworen Baritonstimmen das Letzte Gericht. Machtvoll und selig schwebten Knabensoprane zur Höhe des Paradieses hinan, dem die Seele nunmehr entgegenwallte, um nur noch in der Anschauung Gottes zu leben – in diesem Augenblick wurde es Ereignis! Es war nicht nur die Stunde Don Robustiános, der schmal und still in dem schon geschlossenen Sarge ruhte, es war auch die einer ungeheuren Tradition, deren großer Urheber und Anreger Cluny hieß.

Die Kapitulare erhoben sich und ordneten sich zum Zuge. Gefolgt vom Erzbischof und einer langen Suite von Klerikern schwankte der Totenschrein jetzt dem Kreuzgang entgegen – schwankte davon durch ein Spalier von Kerzen, die dem Heimgegangenen auf seinem größten Weg, dem vom Altar St. Jakobs in die Ewigkeit, leuchteten. Wie es schon zu romanischer Zeit gewesen war, als Ramon von Burgund in Santiago seine Ruhestätte fand oder Erzbischof Cashel von Irland, einige der großen Wallfahrer, die zu jener Zeit Stab und Muschel, die Abzeichen St. Jakobs, zum Zeichen ihrer Pilgerschaft getragen hatten, als die Mönche Clunys noch Compostela betreuten.

Der Regen floß unterdessen da draußen ungehemmt. Er gurgelte durch die Dachtraufen, prasselte auf die Steinfließen der Plaza de los Literarios. Er rann in ganz Galicia: durch die Gossen von La Coruna und über die Stapel von Kisten, in denen die Sardinenfischer von Vigo ihre Beute verpacken. Er rann über quellende Wiesen, durch wehende Palmenwedel und violett schimmernde Eukalyptuspflanzungen – ein Gleichnis der rinnenden Zeit, und er prallte doch machtlos ab von der steinernen Stadt Santiago wie ihrer königlichen Kathedrale, die das Herz Spaniens und eine einzige Erinnerung an die Größe von Cluny ist.

Sie haben sie nicht gebaut, die Mönche von Cluny, und es ist nicht einmal eine Kirche ihres Ordens. Und dennoch schienen sie auf eine unerklärliche Weise anwesend. Denn der Kult Santiagos ist ihres geistigen Wirkens sichtbarste Spur.

Abt Hugo von Semur

Eine fromme Legende berichtet, der Plan zur Abteikirche St. Peter und Paul in Cluny sei den Baumeistern, den Mönchen Gauzo und Hezelo, vom hl. Petrus selbst eingegeben worden. Allein, das ist es nicht einmal, was die Verwunderung des Chronisten erregt, vielmehr daß ein junger Mann von einigen Zwanzig, Sohn der Herren von Semur en Brionnais, Abt Hugo also, einen Bau aufführen ließ, der um so mehr eines Kaisers würdig war, als kein Kaiser dergleichen jemals fertig gebracht hätte. Eine Empfindung, die uns noch immer überwältigt; denn wenn es auch Architekten und Steinmetzen gab, Pläne zu entwerfen, wenn es Könige wie Alphons VI. von Kastilien und Heinrich I. von England gab, dem Werk mit Subsidien beizustehen – daß Cluny III der vollkommene Ausdruck der ›ecclesia christiana‹ seiner Zeit gewesen ist und alle Strömungen der Epoche in diesem Bau mündeten, bedurfte einer Konzeption, die der Erzähler der Legende ganz offenbar von einem architektonischen Gerüst oder Plan unterschied. Gleich einer scholastischen ›Summa‹ umfaßte diese ungeheure Konzeption das religiöse Gedankengut ihrer Epoche. – Es ist die erste und vielleicht größte Leistung des jungen Abtes Hugo von Semur gewesen, an dem uns so vieles rätselhaft bleibt, weil er so einfach, groß und monumental dazustehen scheint. Wahrscheinlich haben schon die Zeitgenossen nicht ganz mit ihm fertig werden können. Weil er baute, schien er prachtliebend, dann wieder zu weltlich gebunden, weil er eine Rolle in den Händeln der Politik spielte, ohne daß er es doch recht gewollt hätte; und was es da noch mehr an Mißverständnissen gab. Sie rätselten mit ihrer Kleine-Leute-Logik an ihm herum und sahen nur Widersprüche. War vielleicht einer demütig, wie es sich für einen Mönch gebührte, wenn er so gut aussah? War er nicht wirklich auf Macht aus, wenn er von Päpsten konsultiert wurde? Alles, was Hugos geniale Erscheinung verkörperte, paßte niemals richtig ins herkömmliche Bild. Schon der Herkunft nach schien er eigentlich zu einem großen Leben in der Welt vorausbestimmt. Von Vaters Seite gehörte er zum Grafenhaus Semur, das im Brionnais beheimatet war, aber auch Besitzungen im Raum von Autun und Mâcon besaß. Von Seiten der Mutter gab es sogar Beziehungen zu höchsten Geschlechtern; sie stammte von den Robertinern ab, einer Familie, aus der sowohl die capetingischen Könige Frankreichs wie die Herzöge von Burgund hervorgingen.

Am 15. Januar 1049 empfing Abt Hugo, derzeit fünfundzwanzigjährig, als Zeichen seiner neuen Würde das Abtskreuz. Die Nachricht vom Tode seines Vorgängers hatte ihn als Legat von Cluny auf dem Reichstag zu Worms getroffen. Etliche Monate später weilte er bereits in Rom bei der Papstwahl Leo IX., und wiederum wenig später, am 31. März 1051, hob er ein erlauchtes Kind in Köln aus der Taufe, den späteren Kaiser Heinrich IV. Darauf reiste er in päpstlicher Mission nach Ungarn, um die Differenzen zwischen dem deutschen Kaiser und König Andreas zu schlichten. Kurz, er ging sicheren Schrittes durch die Vorzimmer der Herren dieser Welt und hatte keineswegs zu warten, bis man ihn einließ – alle Türen standen ihm offen. Auf der ungarischen Reise kam es zu einem Zwischenfall. Bei der Rückkehr wurde er von einem magyarischen Adeligen bis 1053 festgehalten, ein unerhörtes Ereignis, das denn auch sofort den Kaiser und die Reichsmacht auf den Plan rief. Bald darauf befand sich der Abt in Florenz; er kam eben zurecht, um den letzten Seufzer seines Freundes Papst Stephan IX. mitzuerleben. Ach, diese Dienste für Rom! Diese Legaturen, diese Missionen auf den

Konzilen! Seines Herzens Neigung gehörte etwas ganz anderem, galt den spanischen Unternehmungen des Ordens. Die Rolle Clunys bei der Reconquista läßt sich um diese Zeit kaum hoch genug einschätzen. Was die schwarzen Mönche damals vollbrachten, glich dem Geist nach aufs Haar einer Wiederbelebung des Rolandsliedes.

Es verwundert kaum zu hören, daß man einem solchen Abt bei verschiedenen Gelegenheiten die Tiara antrug. Wäre er von dem hochmütigen Geist beseelt gewesen, den seine Widersacher ihm nachredeten, hätte er zweifellos angenommen. Allein, keine Frage, er nahm es ernst mit dem Gebote der Devotion. Nur für sein Kloster ließ er sich einiges gefallen; Rom belehnte ihn mit dem Ehrenrechte, während der Prozession und der feierlichen Messe die Mitra zu tragen, sowie bei den Hauptfesten des Jahres die Dalmatica und liturgische Sandalen samt Handschuhen anzulegen. Vorrechte, die noch Papst Paschalis für Ponce de Melgueil erneuerte, bis sie zum allgemein geübten Gebrauch der Äbte von Cluny geworden sind. Es sollte vom Heiligen Stuhl entschieden zum Ausdruck gebracht werden, daß der Abt von Cluny kirchenfürstlichen Rang besaß. Vielleicht war es dies, das man Hugo von Semur als Großspurigkeit auslegte. Aber der Vater aller Dinge, der sich verschiedentlich geweigert hatte, selbst Papst zu werden und während dessen Regentschaft zwei andere Cluniazensermönche zum Pontifikat aufgestiegen waren – 1088 Urban II., ein geschickter Politiker, und elf Jahre später Paschalis II. –, Abt Hugo, diese Stütze der Päpste im Kampf um den Investiturstreit, mußte sich wohl zur Hinnahme einer Ehrung bequemen. Es war ja wichtig, sein Verhältnis zu Papst Gregor VII. innig zu halten, wenn er auch den Bitten des Heiligen Vaters um häufigere Anwesenheit in Rom nur selten entsprechen konnte – sein Kloster brauchte ihn. Aber bei der Affäre von Canossa war er zugegen, und grade sie macht deutlich, was von seinem vorgeblichen Ehrgeiz zu halten war. Er erschien keineswegs, weil Kaiser Heinrich IV. als sein Patenkind gelten durfte. Daß er zusammen mit der Gräfin Mathilde den Papst zugunsten des vor den Toren barfüßig im Schnee harrenden, auf Lösung seines Bannes wartenden Büßers umstimmte, lief ja praktisch auf eine Schlappe der Kirchenpolitik hinaus. Man kann dem großen Abt also nur schwerlich den Vorwurf der Kaiserfeindlichkeit machen. Es ging einfach um das, was hier zu tun blieb: der Nachfolger Petri hatte christliche Liebe zu üben, und mochte die Spekulation des in die Enge getriebenen Kaisers noch so genau auf diesen Punkt zielen.

Gewiß, Cluny ist damals in einem weltlichen Sinne vermögend geworden wie nie zuvor. Die fruchtbarste Zeit des Klosters hob an. War in den Anfangsjahren die Ausbreitung der cluniazensischen Reform nur methodisch und schrittweise vor sich gegangen, hatte sie von Burgund nur langsam auf die Länder an der Loire, dann das Bourbonnais und das capetingische Frankreich übergegriffen, um sich sodann der Auvergne, dem Rhône-Tal, der Welschschweiz, der Haute-Provence, dem Languedoc, der Gascogne, Aquitanien und schließlich von hier aus Kastilien und Aragon zuzuwenden, öffneten sich ihr jetzt die Picardie, die Champagne, Flandern und Lothringen. 1077 schlossen sich gar England und Schottland an. Die Kongregation zählte mehr als tausend Niederlassungen, darunter auch etliche Nonnenklöster. Die Ausnahmestellung Clunys war offenbar. Aber hatte man sich gegen eine so sichtbare Auszeichnung durch des Himmels Gnade zu wehren? Wog außerdem nicht die Fülle der Ströme monastischer Gelehrsamkeit, Anregungen und Befruchtungen schwer, die sich von Cluny aus in die Welt ergossen? – Welche Berechtigung bekommt doch das Wort, daß die Eulen der Minerva erst in der Dämmerung der Zeitalter zu fliegen beginnen! Denn alles in allem läßt sich nicht übersehen, daß Clunys größte Epoche seine letzte große blieb. 1069 entstand St-Martin-de-Pontoise, 1073 Grandmont, 1075 Molesmes, 1084 La Grande-Chartreuse, 1096 Fontevrault, 1099 Cîteaux – lauter Abteien, die berufen waren, neue monastische Gedanken von ungleich härterem Geist in die Zukunft zu tragen. Kurz nach Hugos Tod kamen noch Tiron und Clairvaux hinzu. Aber die Gefährdung für den cluniazensischen Reformgedanken war schon bei seinen Lebzeiten sichtbar. Das Jahrhundert mauserte sich. Natürlich konnte man Abt Hugo nichts Genaues nachsagen oder konkrete Vorwürfe erheben, und tatsächlich ist nichts läppischer als die gegen Cluny vorgebrachten Bedenken. Man wollte anders sein als bisher und damit gut. – Es liegt also eine eigene Tragik über dem so erfüllten Leben des größten der cluniazensischen Äbte. Aber gehört dergleichen nicht zu jeder säkularen Erscheinung?

In der letzten Lebenszeit zog sich Abt Hugo gelegentlich in eine Art Sommerresidenz, nach Berzé-la-Ville, zurück, eine im Grunde bescheidene Villegiatur in den Bergen des Mâconnais. Wenn sie auch noch vom Blitz getroffen wurde und niederbrannte, kurz nach seinem Tod erstand sie auf seinen ausdrücklichen testamentarischen Wunsch in alter Form. Der Abt nämlich, der so glänzend regiert und Cluny so groß gemacht hatte, starb am 29. April 1109 und wurde hinter dem Ostaltar der neuen Basilika beigesetzt. Rund sechshundert Jahre später starb ihm dieses, sein größtes Werk nach, die St. Peter und Pauls-Kathedrale. Bis wiederum fast hundert Jahre später die bescheidene Villegiatur von Berzé-laville aus der Vergessenheit tauchte, das gewissermaßen letzte authentische Zeugnis des großen Abtes. Die winzige, bescheidene Kapelle von Berzé-la-Ville ist nämlich übersponnen mit Malereien im Stile von St. Peter und Paul. Die Schöpfer der Malereien, die zu den ältesten Frankreichs gehören, waren die nämlichen Künstler, die Cluny III ausgestaltet haben.

Kapelle im Licht – Berzé-la-Ville

In Berzé-la-Ville begegnet man dem Geist des Abtes, des hl. Hugo von Semur, dessen schwierig zu fassende Genialität am besten durch den scholastischen Begriff der ›Summa‹ symbolisiert wird, also noch einmal. Der Ort ist ein winziger Weiler in den Hügeln des Mâconnais. Irgendwo wird fern am Horizont der Felsen von Solutré sichtbar. Hecken schwingen hinauf und hinab, will sagen, ein von Buschreihen gesäumtes Wiesengelände mit lustigen Kälbern darauf. Nun folgt eine kleine Kastanienallee, die Zufahrt eines ockergelben Schlosses, Berzé-le-Châtel, das in warmer Tönung erdig vor dem mächtig hinabströmenden Hang steht. – Der Tag war voll Glut; lange Mittagsstunden mußte man im Schatten von Hecke und Wiesenrain hocken. Aber wie gut dergleichen, um ein Land kennenzulernen! Wie doch das Gewachsene, Dornige, Sperrige allemal auferbaut, indem es das Stürzen anstaut! Jetzt eine Straße, die frank und frei in die Höhen hinauskurvt, und daran der Mauerkubus eines bäuerlichen Anwesens mit einem Hof voll Hühnergegacker, Entengeschnatter und Truthahngekoller. Reisigbündel liegen in einer Ecke gehäuft, in einer anderen sind Karren zusammengeschoben. Das ist es. Berzé-la-Ville. Weiß Gott, wie man auf diese Bezeichnung verfallen ist. Man bimmelt an einem Draht, um sich anzumelden, geht eine Außentreppe empor, ein blitzsauberes, fliesenbelegtes Interieur voll Kühle und Grünpflanzen folgt. Man steigt abermals höher: die

Kapelle des hl. Hugo. Graues Gemäuer, das hoch im Licht von Burgund steht. Drin kleine Rundbogenfenster der Apsis, die ob des Lichtes wie Geschmeide blinken. Romanisches so hoch im Leuchten, das ist immer, wie wenn Schwalben plötzlich die Gabe vollen Amselgesanges verliehen wäre.

Seit rund 1080 ist die Priorei im Besitz der Mönche von Cluny gewesen, wenn sie namentlich auch erst rund hundert Jahre später aufgeführt wird. Die Anwesenheit des hl. Hugo von Semur läßt sich genauer, nämlich sechsmal, nachweisen. Von 1103 an jedes Jahr bis zu seinem Tod, mit Ausnahme von 1105. Der Abt zählte damals rund achtzig Jahre, und man nimmt an, er sei nach Berzé, das wir uns nur von etlichen, vielleicht gar nur zwei Mönchen bewirtschaftet vorstellen müssen, in Begleitung hoher Würdenträger des Klosters gekommen, um sich vom Riesenbetrieb in Cluny zurückzuziehen. Möglich, daß gelegentlich einmal ein hoher Gast wie Papst Paschalis II. bei ihm war, der von Weihnachten 1106 bis Februar 1107 in Cluny weilte. Dergleichen würde den Aufwand erklären, den die Kapelle verrät, die einzig von dem alten Berzé übriggeblieben ist. Denn die sonstigen Baulichkeiten gehören der Epoche um die Mitte des 18. Jahrhunderts an.

Es ist eine Malerei, die man grandios nennen möchte und doch dem Herzen viel näher empfindet, zwischen 1100 und 1110 entstanden. Daß hier die gleichen Künstler am Werk waren, die auch Cluny III ausmalten, läßt sich belegen. Aber es waren wirklich Künstler; sie sind der Aufgabe nicht schematisch zu Leibe gegangen, sondern mit einem guten Gespür für das Angemessene. Unzweifelhaft, daß Berzé-la-Ville um einige Grade leichter, anmutiger, vielleicht sogar verspielter sein dürfte, als es die Abteikirche war. Sein Zauber ist köstlich, wiewohl man die Erhaltung nur sehr rudimentär nennen kann.

Aber der gute Abbé Jolivet, Curé von Berzé-la-Ville, der die Peinture 1887 unter einer Schicht von Mörtel und Putz wiederentdeckte und aufgeregt so lange daran herumklopfte, bis alles am Tage lag, begriff mit Recht, daß er hier einen Schatz gefunden hatte. Das verlorene Cluny – hier lebt es trotz allem fort. Unter der segnenden Hand Gottes, umzogen von der Glorie, im Gewölbefeld der Cul-de-four-Apsis, angetan mit weißem Gewand und rotem Mantel auf blauem Grund, ein Christus, links und rechts von Aposteln umstellt. Er ähnelt ziemlich dem, den wir vom Kollektenbuch von Cluny kennen, wenn er auch für diesmal allein in der Mandorla sitzt und die Falten nicht so radial von seinem Körper ausstrahlen, sondern in merkwürdig weicher Modellierung, sehr reich, aber auch überaus gepreßt die Körperformen nachvollziehen. Das stimmt auf seine Weise sehr mit der manierierten Faltengebung überein, wie wir sie von den Christusfiguren des Tympanons zu Vézelay oder Autun kennen. Zu Füßen des Herrn stehen zwei Diakone, St. Vinzenz und Laurentius; darunter folgt die Zone oberhalb der Arkaturen mit sechs Heiligenbildnissen und an den Außenrändern dieser Zone zwei heilige Äbte, die ohne Zweifel Odo und Majolus oder Odilo und Hugo darstellen sollen, denn sie tragen das Skapulier der Benediktiner. Wieder darunter folgt die Zone der Fensterdurchbrüche mit der Legende des Blasius und dem Martyrium auf den begrenzenden, blinden Außenfeldern. Die unterste Zone endlich, immerhin vom Fußboden noch ein Meter vierzig hoch reichend, trägt neun Bildnisbüsten, von denen man einige hat identifizieren können.

Aber diese Szenen und Bildnisse allein tun es nicht, sondern die starke Betonung des Schmuckhaften. Oben über dem Triumphbogen ein Fries mit ornamentalen Zeichnungen und Gratinierungen. Gefäße wie Pyxis und Kelch, von denen Spruchbänder ausgehen, sind viel verwandt. Natürlich ist alles nur Spur, Patina sozusagen, und dennoch ein beglückender Augenblick, wenn man hier steht und das Herz inmitten des Mâconnais höher schlägt: man ist einem Stück authentischen Cluny begegnet, einem Bau, in dem die Gegenwart des hl. Hugo noch Wirklichkeit war.

Paray-le-Monial

Man wird der Größe des hl. Hugo von Semur freilich noch an anderer Stelle inne. Was auch die Kenner behaupten mögen. Zugegeben, ebenfalls ›en miniature‹, wenn auch nicht in gar so geringen Maßen und keineswegs im malerischen Sinne, sondern im architektonischen. Es geht die Rede von Paray-le-Monial, dessen Basilika im engen Anschluß an Cluny III entstand. Der hl. Hugo ist bei der Einweihung noch zugegen gewesen. Sie wurde also anfangs des 12. Jahrhunderts errichtet, wobei man einen Teil aus dem 11. Jahrhundert, den kurzen Narthex, einbezog. Der Grundriß hat dadurch eine gestauchte Kürze erhalten. Auf der anderen Seite kommt das dem Eindruck von Höhe, den das Kirchenschiff macht, zugute.

Die Basilika von Paray-le-Monial schwindelt also ein bißchen. Aber wer wollte es sich verdrießen lassen, stets einen der guten Parterreplätze zu erhalten und nie ganz hinten zu sitzen? Übrigens merkt man es auch nicht ohne weiteres und damit gut. Sonst aber läßt sich Paray-le-Monial trotz bescheidenerer Größenordnungen und einer geringen Zahl an Türmen durchaus mit Cluny vergleichen. Es bleibt bei all seiner basilikalen Würde so ein Schwesterlein, ein Familienjunges. Aber eben die Rasse ist ganz die gleiche. Man muß nur, von der Chapelle de la Visitation kommend, gleich in den herrlichen Parc des Chapelains gehen – noch erfüllt von dem erstaunlichen Anblick, den die in gläsernem Sarg friedvoll ruhende Marguerite-Marie Alacoque bietet, die einige Sträßchen weiter im Konvent der Visitantinnen ihr eigentliches Heiligtum hat und Paray-le-Monial zum Zentrum der Herz-Jesu-Verehrung machte. Sie hat hier gelebt, sie ist hier am 17. Oktober 1690 gestorben.

Man muß also, durchblasen von den Winden, die im Herbst durch die Straßen von Paray-le-Monial fauchen, möglichst an einem der hohen Feste, vielleicht gar am Todestag der Heiligen, die Kathedrale besuchen. Betritt man sodann den Park, der sich um den Chor zieht, hat man im Kleinen ein gewissermaßen reduziertes Cluny vor sich. In Gestalt der radial ausstrahlenden Kapellen der Apsis, die zum Chorumgang gehören, zu dem man nach cluniazensischem Brauch die Seitenschiffe erweitert und vorgezogen hat, und obendrein im ganzen Aufbau des ockerbraunen Gemäuers, das Dach über Dach emporklimmt, bis der gewaltig auffahrende Vierungsturm erreicht ist. Es atmet wirklich Clunys Geist.

Welch ein großartiges Außengewände, diese Kirche! Sie ist Architektur, immer wieder und vor allem ein Werk der Baukunst. Vergeblich wird man nach Bauschmuck suchen; alles bleibt von heiliger Nüchternheit. Was das bedeutet, bemerkt man eigentlich erst, wenn man ins Innere eintritt. Denn da erhebt sich, erstaunlich hoch wirkend, wenn auch um die Hälfte niedriger als Cluny, nämlich zweiundzwanzig Meter hoch, ein Schiff, dessen atmendes Emporfahren beinahe gotisch wirkt. Unterliegen wir keinem Irrtum, bei den hier verwandten Spitzbogen der Arkaturen handelt es sich um die in Burgund bereits seit dem 11. Jahrhundert gebrauchte Form – recht ungehörig, denn es führt die im Sinn einer klassischen Kunsthistorie dressierten Geister immer wieder von neuem irre und war zudem offenbar ein Geschenk des Islams aus dem maurischen Spanien, wie anzunehmen, über die kämpfenden Fronten hinweg. Man spürt überhaupt mit etlichem Unbehagen arabische Anklänge in dieser so vollkommen christlichen Kirche. Mit welch tiefem Recht hat man das Nordportal die ›Pforte eines orientalischen Palastes‹ genannt! Wie grandios, mächtig, schon in vorgelegte Säulen, Pilaster, kannelierte Lisenen, Schäfte gegliedert und durch Querriegel unterbrochen, wallen die gewaltigen Pfeilerbündel empor! Wie königlich umstehen die eng gestellten, überlangen, von schmalen Rundbögen überwölbten Säulen den Chor! In der Tat, in Paray-le-Monial lebt etwas von der weltumspannenden Größe Clunys. Es lebt etwas von der Unzerstörbarkeit des romanischen Christentums darin, das, wir müssen es bekennen, jede tektonische Schwere verloren hat.

Man hat in einem sonst sehr guten französischen Buch über die burgundische Romanik gesagt, die Atmosphäre von Paray-le-Monial bestehe aus Schweigen und Licht. Da weiß man also, wie Geschwätz aufkommt! Nichts ist so dinglich, so präsent und da, so hiesig, gegenwärtig und deutlich, wie das Mauerwerk dieser alten Mönchskirche am Ufer der Bourbince. Nein, es ist etwas ganz anderes vonnöten, um Paray-le-Monial zu erleben. Am Todestag der Marguerite-Marie Alacoque sollte man zur Morgenstunde in diese Kirche gehen, wenn das Schiff dicht gedrängt mit Menschen besetzt ist und aus dem Querschiff der Chor der Visitantinnen die Gregorianischen Meßgesänge in kunstvollen Modulationen zu intonieren anhebt – schwellend, verebbend, klagend, anrufend, beseeligt aufsteigend; dann wird man es mit einmal spüren, daß der Atem, der diese Kirche durchweht, ganz und gar nichts Ätherisches und ebensowenig durchaus nichts ›an sich‹ ist. Die Basilika gleicht einem aus der Fülle einer unerhörter Aufschwünge fähigen

Seele geborenen Akkord. Oder noch genauer, sie ist ein Instrument, eine unter kunstvoller Spannung zusammengesetzte Glocke, die man nur mit einem kleinen Hammer zu berühren braucht, und schon gibt sie einen wundervollen Klang von sich.

Fast töricht, den kleinen Ort ringsherum nunmehr noch zu beschreiben: die Altstadt mit ihren krummen Rentnersträßchen, das Rathaus, das so demonstrativ schön auf seinem Platz liegt wie nur je ein Magistratsgebäude im Fränkischen. Man kehrt doch immer wieder zur Kirche zurück, die sich im Wasser der Bourbince spiegelt.

Es kann geschehen, daß der Küster im Narthex mit einem behäbig an der Kirchenpforte installierten Bettler in einen erbitterten Wortstreit gerät – warum nur, da muß doch ein Bettler hin, versteht er das nicht, dieser Prophet der Kirchenordnung? Und es wird mit Sicherheit geschehen, daß einem die Besucherladungen aus den Autobussen auf die Nerven gehen – lauter drängelnde, schubsende Weiber mit dicken Markttaschen. Die Meßdiener machen einen nervös, die zu Beginn des Gottesdienstes ganze Gebirge von Reservestühlen abbauen und den Gläubigen zur Selbstbedienung weiterreichen – prachtvolle Gelegenheit für irgendeinen Praktikus, sich wie ein Oberfeldwebel aufzuführen! Weiß Gott, es ist nichts zwangloser als solch ein französischer Gottesdienst. Und dennoch wird man in dem unsäglichen Zauber dieser Kirche wie in einen Traum eingesponnen dahocken und sitzen bleiben, ob einen die Omnibusweiber auch halb unter Röcken, Mänteln und Markttaschen begraben. Es macht alles nichts, wenn erst die Visitantinnen, diese Nachfolgerinnen der einstigen Benediktiner, den Raum mit der Süße ihrer Stimme erfüllen und die Kerzen am Altare brennen.

In diesem Augenblick bemerkt man etwas, das man

sonst keineswegs versteht, und das doch ganz unerläßlich ist, ja, die erste Voraussetzung zum Verständnis von Paray-le-Monial darstellt: die tiefe Beziehung zur Musik, welche den cluniazensischen Bauten eigen ist. Nirgends spürt man das so wie hier. Es gibt da Korrespondenzen, die man anderwärts nie empfindet – nicht einmal in dem lichten Bauleib von Vézelay, der ganz etwas anderes, nämlich Geist, ist. Aber Paray-le-Monial besitzt das Einleuchtende, Verzaubernde der Musik. Es ist die Bachsche Fuge, aber von unendlicher Süße und Jahrhunderte vorweggenommen.

Natürlich wäre es töricht, dergleichen durch architektonische Analogien zu belegen, wiewohl man einige heranzuziehen vermöchte. Aber darin liegt nun einmal nicht das Geheimnis. Es ist ein unsäglich feierlich gestimmter Raum, in dem alles ganz innerlich wird, wenn es auch keineswegs leicht, sondern von äußerster Eindringlichkeit erscheint. Ganz zweifellos vermögen die hoheitsvollen Arkaturen zum Seitenschiff und die Säulenstellungen um den Hauptaltar das meiste dabei. Hier sind so wundervolle Raumverhältnisse geschaffen, daß man, man kann nicht anders, höher gestimmt zu atmen beginnt und zu bleiben wünscht. Und genau dies Faszinierende dürfte von St. Peter und Paul zu Cluny einst ausgegangen sein, wenn wir den Nachrichten trauen dürfen.

Paray-le-Monial. Abend. Gewitterregen treibt strömend hernieder ins ›Val d'Or‹. Der Bettler vom Narthex sitzt längst in seiner Kneipe und besäuft sich. Der Spiegel der Bourbince wird von Wasserhieben gestriemt, und man selbst wandert ruhelos umher. Dort die Kapelle der Visitantinnen mit dem Kerzengesteck vor dem gläsernen Sarg der schönen Puppe, in welche die Mumifizierung die hl. Maguerite-Marie Alacoque verwandelt hat, die eines Advokaten tumbes Töchterlein war und nicht einmal zum Schafehüten taugte, ehe sie ihre Erscheinungen hatte – lassen wir sogar sie im Frieden der Verehrung ruhen, die ihr zuteil wird. Lassen wir alles. Das Museum der Heiligen im Park mit der Ausstellung der Gerätschaften ihres Lebens, ihrer Pönitenz, ihrer Zelle, ihres Habits. Was tut das alles? So oft ein Blitz herniederzuckt über den Parc des Chapelains und die Silhouette der Kathedrale aus der Nacht reißt, weiß man um etwas ganz Anderes, Höheres, das man selbst über den auserlesenen Genüssen der burgundischen Tafel des im Guide Michelin Gastronomique rot unterstrichenen Hotelchens jenseits des ›Canal du Centre‹ nicht vergißt – es ist die ganz ohne Aufhebens sichtbar gemachte, überwältigende innere Hoheit Clunys. Man merkt in Paray-le-Monial, wie groß Cluny innerlich war. Andere Kirchen vermögen festlich, fromm, intim, feierlich, hehr oder alles mögliche zu sein. Diese aber verschlägt einem den Atem, obwohl sie fast allen Schmuckes bar ist. Man weiß selbst nicht genau warum. Es ist Hoheit im Spiel, wiewohl alles ganz nah und fühlbar bleibt. Hoheit des Menschlichen. Genau das ist die Wirkung von Cluny um die Zeit Abt Hugos. Sublimité, humanité, piété. Sie haben in aller Devotion eine so hohe Auffassung von des Menschen Innerlichkeit kultiviert wie niemand zuvor und hernach, die schwarzen Mönche. Das macht ihre Rolle in der Geschichte so einmalig und ihre Aufgabe so einzigartig.

Nachspiel – Abt Petrus Venerabilis

Wie schnell sich doch die Kräfte verbrauchen, wie bald geht es mit der Substanz zu Ende, ist erst die große historische Stunde vorüber! Kein Mensch vermöchte am Beispiel von Cluny darzulegen, an welcher Kraft oder inneren Größe es dem letzten der bedeutenden Äbte gemangelt habe, und doch erreicht seine Gestalt niemals mehr die plastische Fülle seiner Vorgänger. Cîteaux war auf den Plan getreten; ihm gehörte die Zukunft. Wenn es auch für lange Jahrhunderte einen Klosteralltag wie zuvor für Cluny geben sollte. Seine glanzvolle Epoche war zu Ende, ohne daß sich ein anderer Grund finden läßt, als daß ein glücklicherer Nebenbuhler aufgetreten war. Von Verfallserscheinungen zu reden, erscheint uns als allzu billige Münze.

Freilich gehört in dieses Bild eines erstaunlichen Stagnierens, sodann Resignierens, endlich Zurückgehens der Erzabtei ein beklagenswerter Umstand. Die kurze Zwischenregierung von Abt Ponce de Melgueil, der von 1109 bis 1122 den Krummstab trug, eines verfänglich überheblichen, prunkliebenden Mannes, dessen Maßnahmen unglücklich, verwirrend, korrupt anmuteten, ohne es immer zu sein, bis er für abgesetzt erklärt wurde und ruhelos verbitterten Herzens ins Heilige Land auf Wallfahrt zog. – Wenn andere untergehen, dergleichen Menschen kommen stets wieder! Es ist eine Kraft der Enttäuschung in ihnen, die sie alles bestehen läßt. So finden wir Abt Ponce zu Regierungszeiten seines eben auf Inspektionsreise weilenden Nachfolgers 1125 zurückgekehrt, wo er zu allem Überfluß die Macht im Kloster usurpierte, den Gottesfrieden störte, heilige Geräte veräußerte; mit anderen Worten, sich als gänzlich desperat gewordener Mensch offenbarte, der zum Äußersten getrieben war und dem unser Mitleid gebührt. In diese kurze Zwischenzeit fällt ein Ereignis, das Abt Ponce schadete wie nichts anderes. Das Mittelgewölbe der neuen Kirche St. Peter und Paul brach ein. Für jeden, der an Zeichen glaubte, und die ganze Zeit tat das, war dies ein sichtbarer Umstand, wie schlecht es mit Abt Ponce bestellt war. Rom griff denn auch ein, befahl ihn in die Heilige Stadt, exkommunizierte ihn; Papst Honorius setzte ihn gar gefangen. Ponce starb schon nach wenigen Monaten in dieser Haft. Doch dies am Rande.

Bereits am 23. August 1122 war die Epoche des letzten der großen Äbte Clunys angebrochen, die gleichwohl von Ohnmacht gekennzeichnet ist. Kaum ein Wunder. Man wußte nicht, was die Menschen drängte, soviel Eile mit einer Askese zu haben, die jedes vernünftige Maß überstieg, aber die jungen Leute in hellen Scharen in die Klöster der Zisterzienser strömen hieß. Wirklich findet sich kaum ein zureichender Grund dafür, es sei denn der eines gesteigerten religiösen Empfindens. Allein, im Grunde muß es das ungeheuer exemplarisch wirkende Beispiel des jungen Mönches Bernhard von Clairvaux gewesen sein, das die Welt derzeit veränderte. Der Abt von Cluny, der Lenker der Erzabtei einer ungeheuer machtvollen Kongregation, stand fortan im Schatten eines kleinen zierlichen Mannes, der an seiner Statt Schiedsrichter Europas wurde, die Massen zum Kreuzzug aufrief, in Spanien Kloster um Kloster übernahm und alles, was Cluny gewesen war, getan, geleistet hatte, noch tun wollte, geradezu lähmte.

Dies war die Lage, die Abt Pierre de Montpoissier antraf, als er inthronisiert wurde – derselbe, den man später Petrus Venerabilis nennen sollte. Durch seine Mutter war er verwandt mit der Familie Hugos von Semur. Er zählte damals zweiunddreißig Jahre und hatte in der cluniazensischen Priorei Sauxillange studiert. Sein Weg war der eines normalen Mönches gewesen: mit siebzehn Jahren, einige Monate vor dem Tod Abt Hugos, legte er seine Gelübde ab. Er wurde nunmehr als Studienleiter nach Vézelay geschickt, an dem sein Herz zeitlebens mit besonderer Liebe hing. Später hatte er dort das Amt eines Klosterpriors inne. Zwei Jahre weilte er sodann in der Dauphiné, bis er zum Abt von Cluny gewählt wurde.

Seine Regentschaft sollte vierunddreißig Jahre währen.

Die wirtschaftlichen Schwierigkeiten zur Zeit seines Regierungsantritts scheinen nicht gering gewesen zu sein, obwohl ein freundlicher Stern über seinen ersten Tagen leuchtete; der Papst selbst hatte ihn als Oberhaupt der cluniazensischen Gemeinschaft eingeführt. Aber die laufenden Verpflichtungen waren nun einmal immens gestiegen, ganz ungebührlich hatte sich die Zahl der Mönche des Mutterhauses erhöht; statt hundert Konventualen, die der Klosterbesitz zu ernähren vermochte, lebte die dreifache Zahl davon.

Auch der bald vom Zaun gebrochene Streit mit den Zisterziensern unter Abt Bernhard, der keineswegs milde vorging, machte Abt Pierre sehr zu schaffen. Gewiß verdient die ruhige Umsicht seiner Amtsführung Anerkennung. Der Abt von Clairvaux sollte dem besonnenen Petrus sogar hohes Lob zollen. Andererseits blieb seine Regentschaft mit einer Reihe bedenklicher Maßnahmen belastet, die selbst in der Erzabtei Befremden ausgelöst haben. Er schuf einen Stand von bevorrechtigten ›Chanoines réguliers‹, womit es Mönche erster und zweiter Klasse gab; ferner unterstellte er etliche Prämonstratenser-Klöster der cluniazensischen Observanz. Man muß den Grund zu solchen Maßnahmen wohl darin erblicken, daß der Abt sichtbare Erfolge, Bekehrungen zur cluniazensischen Idee brauchte. Eben daran mangelte es. Lediglich vier Prioreien sind zu seiner Zeit neu gegründet worden; nur noch eine davon in Spanien, das immer als Musterfall gelten durfte – San Vincente zu Salamanca. Auch regte sich in steigendem Maß der separatistische Geist der Tochterklöster, die sich, wie Vézelay – es muß den Abt besonders geschmerzt haben – selbständig zu machen suchten. Politisch war Cluny längst zur Ohnmacht verurteilt. Wenn Petrus im Streit um den erzbischöflichen Stuhl von Compostela zwischen Innozenz II.

und Alphons VIII. von Kastilien vermitteln wollte, mutet uns dieser Versuch bereits wie eine ungebührliche Einmischung an. In solcher Lage war es kein Wunder, wenn der Abt von Cluny trotz der Bitten des hl. Bernhard und des Abtes Suger von St-Denis es ablehnte, in Chartres an den Vorbereitungen für den zweiten Kreuzzug teilzunehmen.

War es wirklich kluge Voraussicht, wie sein Historiograph meint, oder nicht einfach Besorgnis, in einer Nebenrolle auftreten zu müssen?

Zudem mehrten sich weltliche Widersacher, zwangen ihn zur Gründung einer Festung Lourdon auf den Hügeln vor Cluny, dazu bestimmt, feindlichen Übergriffen auf den Klosterbesitz Schach zu bieten. Sie, die bis 1632 bestand, dokumentierte mehr als zutreffend, wie wichtig Cluny der weltliche Besitz war. Im Grund hatte der Abt mit dieser Maßnahme durchaus recht. Wie eh und je gelüstete es die Grafen von Mâcon nach den Liegenschaften der Erzabtei; vollends seit sie sich durch Heirat einer Verwandten, der Béatrice von Burgund mit Kaiser Friedrich I. Barbarossa, mächtig fühlten. Natürlich auch die jungen Herren von Brancion, die nach Ausrücken ihres Vaters zum Kreuzzug sogleich über die Abtei herzufallen suchten.

Welch verzweiflungswürdige, kleinliche Bagatellen, gemessen an den großen Verhältnissen, die bislang in Cluny geherrscht hatten! Dennoch waren sie für die Abtei lebenswichtig geworden.

Es darf uns nicht hindern, die großen Züge im Wesen dieses Abtes zu sehen. Sein reger Briefwechsel, seine Schriften, die freilich mehr zugunsten des weltlichen Wohles seines Klosters ergingen, seine Bevorzugung der intellektuellen Beschäftigung, wie sie mehr und mehr zum Schwergewicht des benediktinischen Lebens wurde, beweisen, daß er doch noch in die Linie der großen cluniazensischen Äbte gehört. Wenn er wie Hugo von Semur seinen Eifer gegen den Islam richtete, geschah es nicht in unkluger Verdammung, vielmehr, indem er den Koran ins Lateinische übertragen ließ, um dem mohammedanischen Glauben besser begegnen zu können. Er schrieb sogar eine Widerlegung des Islam, von der Teile erhalten blieben. Literatur und geistliche Musik, Wendigkeit in der Apologetik, dialektische Fähigkeiten und Kenntnis der platonischen Schriften waren ihm eigen; laut eigenem Eingeständnis gehörten Vergil und Horaz zu seinen bevorzugten Schriftstellern. Petrus Venerabilis besaß unzweifelhaft Größe, wenn er auch kaum Gelegenheit fand, sie zu entwickeln.

Noch einmal erlebte Cluny einen großen Tag am 25. Oktober 1130. Damals weilte Papst Innozenz II. nebst einem großen Aufgebot kirchlicher Würdenträger, des Adels und der Bevölkerung in den Klostermauern, um die eben wiederhergestellte Kirche neu zu weihen. Elf Tage hat der Pontifex Maximus damals in Cluny zugebracht, in dem einmal die Politik des Abendlandes gemacht worden war.

Aber dann begab sich eigentlich nichts mehr. Oder doch, eine rührende Episode trug sich zu, ehe Abt Petrus Venerabilis 1156 starb und im Chorumgang sein Grab fand, das Mr. Conant wiederentdeckt hat. Sie wirft ein warmes, herzliches Licht auf das Kloster im Tal der Grosne.

Abélard und Héloise

Zu Beginn der vierziger Jahre des 12. Jahrhunderts klopfte ein früh gealterter Mann an die Klosterpforte von Cluny, der damals sechzig Jahre zählen mochte. ›Abélard‹ und ›Magister‹ gab er seinen Namen und Titel dem visitierenden Mönch zu erkennen, der ihn dem Gästehaus zuzuweisen hatte. Der schwarze Klosterbruder, an mancherlei Benennung gewöhnt, gute wie schlechte, hohe wie niedere, stockte.

»Auf dem Wege nach Rom«, fügte der Gast müde hinzu. Aber das befreite den Mönch keineswegs von seiner Ratlosigkeit. Der hier vor ihm stand, war kein anderer als der berühmteste Gelehrte seines Zeitalters, in dessen Schule zu Paris wohl jeder junge Geist einmal seine Nase gesteckt hatte. Der Mann, dessen glänzend geschriebene Werke durch Tausende von Händen zirkuliert, dessen Gedanken zum Universalienstreit erregt diskutiert worden waren; kurz gesagt, er galt als Begründer einer neuen Wissenschaftslehre, der Scholastik schlechthin. Wenn auch über seinen unruhigen, schwankenden Charakter mancherlei Anekdoten im Umlauf waren.

Freilich, zwei Konzile, 1121 zu Soissons und das eben verstrichene von Sens hatten seine Thesen, daß man nur das Beweisbare glauben dürfe, als bare Häresie verworfen. Keine Frage, daß hier ein geschickter Schachzug des Abtes Bernhard von Clairvaux den Ausschlag gegeben hatte, weil alle Kirchenfürsten im Kapitelsaal des Domes von Sens im Grunde Angst vor dem kleinen Mönch empfanden, der tagelang gar keine glänzende, vielmehr fast jämmerliche Figur neben dem in wundervoller Eloquenz dozierenden, scharfsinnigen Gelehrten gemacht hatte, bis er plötzlich mit der verfänglichen rabulistischen These gekommen und bei den vor jedem Verdacht der Häresie zitternden Prälaten durchgedrungen war: man habe alle Glaubenslehren en bloc und a priori hinzunehmen, ehe das Denken beginnen dürfe.

Es wirkte fast wie ein Trick, aber genügte doch, den seinem Gegner weit überlegenen Abélard, dem glänzendsten Geist des Jahrhunderts, jeden Kredit bei den Mitgliedern des Konzils zu entziehen.

Und nun war Abélard ein kranker, erschöpfter, vom

Schicksal geschlagener Mensch, dessen Bücher man zum zweiten Mal verbrannt und dessen Schule man geschlossen hatte, auf dem Wege nach Rom, um sein geistiges Recht auf den freien Gedanken und die Beweisbarkeit der Religion vorm Heiligen Vater zu vertreten.

Ach, es schwang nicht nur dies im Namen des berühmten, eben erst verdammten Mannes mit, auf den man in ganz Frankreich insgeheim stolz war. Sondern die rührende, nun schon weit hinter ihm liegende Liebesgeschichte mit Héloise, der Nichte des Kanonikus Fulbert – des klugen, bildschönen, blutjungen Mädchens von siebzehn Jahren, zu dem der alternde Gelehrte, schon vierzigjährig, in einer so verzehrenden, beglükkenden, jedes Hemmnis beiseite schiebenden Liebe entbrannt war, daß er Tod und Verdammnis dafür auf sich genommen hätte. Und noch immer gedachte er der fast unerträglichen Süße des jungen Geschöpfes, des Sohnes, den sie ihm geboren hatte, des Briefwechsels mit ihr, seit sie kurzerhand ins Kloster von Paraklet verschleppt worden war. Gewiß zu ihrem inneren Heile. Welche Rolle hätte sie sonst in dem unseligen Bund mit einem Kleriker gespielt? Die einer Pfaffenhure, wie die Zeit dergleichen ganz unverblümt nannte. Denn gar so selten spannen sich solche Verhältnisse damals keineswegs an. Héloise hatte es übrigens mit ihrem gescheiten Verstande längst zur Äbtissin gebracht; sie war eine große Liebende geblieben, die ihr überströmendes, noch ganz von der Liebe zu Abélard erfülltes Herz nun dem ›Herrn Himmels und der Erde‹ weihte. Während er . . . weiß Gott, welche grauenhaften Abgründe von Rach- oder gar Eifersucht in dem Onkel Kanonikus damals aufgebrochen waren, als er den Gelehrten in verschwiegener Nacht kurzerhand überfallen und entmannen ließ! Als ein stöhnendes, halb verblutetes Bündel Mensch wachte Abélard auf, um gleich wieder im Schmerzensdämmer einer Ohnmacht zu versinken, bis ihn seine Freunde denn doch ins Leben zurückgebracht hatten. In welch ein Leben!

Da saß er nun, der hochberühmte, von Tragik umwitterte Mann, der erleuchtetste Geist seines Jahrhunderts; hockte ganz still in der Pförtnerstube von Cluny und fragte nach dem Almosenier, der seinerseits eilig einen Oblaten, der ihm zur Hand ging, davonschickte, was hier zu tun sei. Mit gebeugtem Kopf hockte Abélard da, ein Mensch, der sein Zeitalter denken gelehrt hatte, der es gewagt hatte, die Widersprüche zwischen Bibel und Kirchenvätern in seinem ›Sic et non‹ zu sammeln und den kühnen Satz zu formulieren, der Zweifel führe zum Forschen, das Forschen zur Erkenntnis und Wahrheit. Stumpf und müde kauerte er vor sich hin, neben seinem Gepäck, und dachte und wollte nichts mehr. Jeder wußte um seine Männerschande. Aber auch das galt ihm nichts mehr nach der Niederlage von Sens. Er wollte nur noch nach Rom; gleichgültig, was ihm dort geschah. Er wollte sein Recht auf den freien Gedanken vorm Papst durchsetzen. Wenigstens das! Dann aber war es an der Zeit für den Mönch aufzumerken. Der da, gefolgt von dem Oblaten, dem Klosterschüler, kam, war der Vater Abt höchstselbst, der sich um niemand anders in der Stube des Almoseniers kümmerte, sich aber zu dem müde dasitzenden Mann hinunterbeugte und ungeachtet des päpstlichen Verdammungsbriefes, der eben in allen französischen Klöstern eintraf, besorgt fragte: »Seid Ihr krank, Meister Abélard?«, um ihm nunmehr wortlos den Arm zu bieten und dem gealterten Gelehrten liebevoll die Hand zu streicheln. »Ihr werdet Euch ausruhen können, so lange Ihr wollt«, sprach er nun mit versteckter Zärtlichkeit. Was Wunder? Hatte der junge Pierre de Montpoissier nicht ebenfalls zu des Meisters Füßen gesessen?

So jedenfalls haben wir uns Abélards Ankunft und Aufnahme in Cluny zu denken, die zu den Ruhmesblättern des Klosters gehört: der große, wenn auch nach dem Urteil des Konzils irrende Geist – das letzte Wort in dieser Sache wurde freilich niemals gesprochen –, der weltberühmte, viel verketzerte Abélard, hier fand er Zuflucht und Hilfe, als alle Welt sich von ihm losgesagt hatte.

Es ist ferner bekannt, daß der Abt der Ehrwürdigen Mutter Héloise, Äbtissin von Paraklet, von dem Vorfall Kenntnis gab, daß er nach Rom schrieb und den Papst unterrichtete, der Gelehrte sei zu einem »ins Nest heimgekehrten Spatz« geworden, und daß er den Kranken schließlich mit aller Schonung in die friedlichere Abtei von St-Marcel bei Chalon geleiten ließ, wo der Alternde in der meditativen Stille des Kreuzganges seinen inneren Frieden wiederfand. Freilich hatte sich zuvor, und wir wissen nicht aus welchen Motiven – war es Wunsch, geschah es auf Vorstellung des Abtes von Cluny hin, beides ist möglich –, etwas höchst Erstaunliches begeben: Bernhard von Clairvaux, Abélards Gegner von Sens, erschien auf die Nachricht von der gefährlichen Erkrankung des Meisters in Cluny und gab ihm den Friedenskuß.

Nur die Eine, nach der Abélards Herz verlangte, und die er sich doch seit jener furchtbaren Verstümmelung, die man ihm angetan, wiederzusehen scheute, weil er sich rundheraus schämte, als ein Verschnittener und Halbmann vor sie hinzutreten – die Eine, nach der sich seine Seele verzehrte, kam niemals mehr, bis der Tod ihm 1143 die Augen schloß.

Drittes Buch

Die Wege

»Immer wacht noch ein Licht,
das nie unter den Scheffel gestellt wird.«

Ch. Péguy, Mysterium der Hoffnung

Die Flamme

Strahlungen

Die Kunst von Cluny – wie seltsam – ist ohne eigentliche Nachfolge geblieben. Wenigstens im weiteren Wirkungsbereich der Abtei. Im engen Umkreis bekunden grade Burgunds berühmte Kathedralen wie St-Lazare zu Autun, daß es nicht nur eine Auswirkung, sondern eine echte Umsetzung und Neuschöpfung des cluniazensischen Geistes gab. Freilich findet sich auch eine Zahl kleinerer Kirchen im Lande, die Clunys Vorbild wie einen Kanon des Bildens und Bauens übernahmen. Man kann das an einem sehr wichtigen Thema der cluniazensischen Bildhauerei, im Motiv der Himmelfahrt Christi vom ehemaligen Westportal der Klosterkirche, deutlich studieren.

Ist man landauf, landab gefahren durch den Südwesten Burgunds, gelangt man ins *Brionnais*, das Zentrum einer vorcluniazensischen Bildhauerei. Die Straße schnürt immer am Rand des Loire-Tales entlang. Plötzlich taucht Charlieu auf, das wie so viele Orte Frankreichs einer frühen mönchischen Siedlung entstammt. Die Große Revolution hat freilich mit dem Kloster reinen Tisch gemacht. Immerhin steht noch der Westbau und daran anschließend ein Stück Kreuzgang. Rudimentär ist noch Plastik erkennbar. Gelegentlich lugen sogar aus den ältesten Resten des Bauwerkes Formen hervor, die man in Avenas sah. Zweifellos hat die Skulptur des Brionnais an den ersten Bauten des 9. und 10. Jahrhunderts zu Charlieu mitgewirkt. Aber um das geht es nicht, vielmehr darum, wie auf dem Westportal die Himmelfahrt Christi dargestellt wird: der Herr in einer von zwei Engeln getragenen Mandorla, umgeben vom Viergetier, auf dem Türsturz die zwölf Jünger, Maria in ihrer Mitte.

Oder in *Anzy-le-Duc*. Lange, lange geht es durch ein von Hecken gesäumtes Land der Wiesenhänge mit versteckten Schlössern und Bauerngütern. Vor Digoin tut man einen Katzensprung nach rechts; da liegt Anzy-le-Duc. Die Heimat von Abt Bernon sozusagen, der Cluny gegründet hat. Nicht nur, daß man hier kennenlernen kann, wie die Kirche von Charlieu einmal aussah. Der Stein des Gotteshauses zeigt einen so goldenen Ton, daß man bereits betroffen steht. In der Apsis finden sich Fresken, und vor allem sind da die Reste des alten Portales mit der Himmelfahrt Christi im Tympanon, auf dem Türsturz die zwölf Jünger, in ihrer Mitte Maria. Schriebe man eine Kunstgeschichte, wäre die Liste noch bedeutend zu erweitern. Oder *St-Julien-de-Jonzy* mit den ekstatisch posierenden Engeln, welche die Mandorla tragen, *Perrecy-les-Forges* mit der Fülle mythischer Gestalten, Dämonen und den erstaunlichen Engeln der Vorhalle, welche die Mandorla des Herrn halten, jeder mit sechs Flügeln versehen ... Das ist alles keine ganz große Kunst. Allein, es vermag eines: Es überwältigt ob seiner Fülle, und es betrübt ob des Unterganges, dem es geweiht ist. Versinkende Runen einer Nachfolge Clunys, wie weit sie doch über das Land verstreut liegen! Bald werden selbst die geschicktesten Restauratorenhände nicht mehr genügen, um sie zu retten.

Einen Ort freilich gibt es, da ist Cluny noch einmal ganz gegenwärtig, *La Charité-sur-Loire*, das man die älteste Tochter Clunys nennt. Diese in der zweiten Hälfte des 11. Jahrhunderts erbaute benediktinische Prioreikirche konnte fünftausend Menschen fassen. Was man heute noch sieht, sind die nach einem Brand von 1559 übriggebliebenen Reste.

Um La Charité richtig zu begegnen, ist es nötig, sofort nach links über die Loire abzubiegen, mittels einer jener gewaltigen, über zwölf Bögen errichteten Brücke, durch welche dieser Strom über Gerölle, Sträucher, weite Kies- und Sandbänke rauschend dahinfließt. Noch ein paar Schritte stromab, dann bietet sich eine prachtvolle Stadtfront am gegenüberliegenden Ufer dar. Gärten und Parks, von Koniferen durchsetzt, ziehen sich hoch zu einem alten Burggemäuer. Über dem Uferkai heben sich schöne Häuser des vorigen Jahrhunderts, und über dem Gewirr von Dächern und Kaminen wiederum steigt alles beherrschend der prachtvolle Turm von *Ste-Croix-Notre-Dame* mit dem mächtigen Sockel, auf dem sich ein Uhren- und Blendarkadengeschoß und zwei weitere Etagen aufbauen, die von Biforien durchbrochen werden; bis zuoberst, von Dohlen umschwärmt, das hohe, spitze Schieferdach mit kraftvoller Entschiedenheit in den Himmel stößt.

Von nahem gewinnt diese Großartigkeit an Pracht des Details, wie sie in Cluny kaum größer gewesen sein kann. Jeder kleine Pfeiler präsentiert sich kanneliert oder gemustert, Blendarkaden ziehen sich entlang der alten Prioreigebäude bis zur Kirche, während unten im Turm noch eines der alten Tympana erhalten ist, das ein Relief mit dem thronenden Christus trägt, dem der Mönch Gérard, Gründer und Prior von La Charité, das Münster darbietet. Ah, aber die Kirche erst! Da ist es am besten, gleich durch die Grande Rue bis zum Impasse des Bénédictins zu steigen, damit man einen Blick auf den Chor mit den radial ausstrahlenden Apsiden und das Querschiff bekommt. Welch ein Reichtum, aber auch welch ein Maßhalten im Überfluß! Am Hochchor und Querschiff ziehen sich Zierate gleich in zwei Geschossen entlang. Oben Blendarkaden und unten Fenster, während sich aus ihrem Schnittpunkt das gewaltige Viereck des Turmes erhebt. Das ist die himmlische Herrlichkeit, irdisch sichtbar gemacht – die Stadt der Verheißung, ein Zion. Man ist angesichts dieser Kirche sehr geneigt, den Mönchen von Cluny ihre vorgebliche Weltlichkeit zu vergeben. Da man's in Cluny nicht mehr sehen kann, muß man für La Charité doppelt dankbar sein.

Schaut man ins Innere, wird man gefangen von dem wundervollen gelben Ton, der den Stein durchwogt. Dieses Interieur ist nicht so großartig wie das von Paray-le-Monial, sondern nüchterner, um einige Grade mönchischer. Aber die feierliche Herrlichkeit der Säulenstellung um den Chor bleibt ganz die gleiche. Wie schön, daß in und an dieser Kirche nichts den Blick behindert, um sich ganz der Architektur zu überlassen, diesem reinen Spiel der Form, das unterm seidenblauen Himmel der Loire-Landschaft etwas Überwältigendes besitzt! – Man darf nicht vergessen, daß La Charité keine Wallfahrtsstätte ist, noch war. Es bedurfte sozusagen nicht der Anstrengung von Amts wegen, um die Gläubigen zu ergreifen. Es wirkt daher trotz seines reichen Schmuckes intimer. Es geht mehr zu Herzen. Es ist einer der schönsten Augenblicke, welche die burgundische Architektur kennt.

Anlaß genug, sich an Autun zu erinnern, das die Erbschaft von Cluny samt seinen großen Schwestern Vézelay und Saulieu auf eigene Weise antrat! Indem es sie umsetzte. Denn wieviel Spuren auch zu jeder der drei Kirchen hinführen, sie sind Neuschöpfungen aus verwandtem Geist. Was freilich St-Lazare zu Autun anbetrifft, kann nicht verschwiegen werden, daß es auf einem Boden entstand, der von Traditionen barst. Noch heute gibt er allenthalben Stücke versunkenen Lebens preis. Von der Zeit der Kelten bis ins hohe Mittelalter.

Spuren-Autun

Hier, im Landbecken am Südrande des Morvan, hat man also alles zusammen: die Kunst von Cluny und die Kunst der Epochen, die vorher da waren – in *Autun*, das eine der erstaunlichsten Stätten und Städte der Welt darstellt. Jenem Autun, in dem man zum ersten Mal vollkommen begreift, warum man den Namen der Kunst um das Jahr 1000 ›romanisch‹ nennt. Denn Autun ist eine römische Gründung, entstanden kurz bevor Caesar das aufrührerische Bibracte der Gallier auf dem Mont Beuvray einnahm und dem Erdboden gleich machte.

Vielleicht macht es die Hanglage, daß unter den Schichten der Jahrhunderte immer wieder das Antike so unbefangen und naiv zutage tritt, als sei es gestern erst ausgegraben oder niemals verschüttet gewesen. Gleich am Ausgang nach Nevers liegt ein sogenannter Janus-Tempel, ein schweres, machtvolles Trümmerkarree mit aufstrebenden Zyklopenwänden in Meterdicke, vierundzwanzig Meter hoch, von dem noch zwei Geschosse stehen. Man kann sogar noch das Monument einer früheren Epoche sehen. Oberhalb von Autun, nach Uchon zu, ragt der *Stein von Couhard* auf, ein merkwürdig schief getürmtes Gebilde, das vielleicht die Grabpyramide eines Druiden darstellt. Aber um zu erkennen, was Autun einst besaß, braucht man nur das Musée Rolin zu besuchen, das eines der schönsten der Welt ist; hier nämlich findet man zwei alte Ansichten der Stadt. Eine davon ist ein großes, naives Schlachtengemälde, das die Belagerung von 1591 durch die Truppen der

Liga darstellt – ungefähr achttausend Franzosen und Schweizer gegen zweitausend Bourguignons. Oder, in Personennamen gesprochen, die Attacke des Maréchal Doulmont gegen den Stadtkommandeur Seigneur de Chissy. Das Bild bietet einen prachtvollen Überblick.

Oben liegt der *Faubourg St-Blaise*, schon von Feinden besetzt. Links davon, in den Bergen, *Couhard* mit der berühmten Pyramide, derzeit Platz einer Artillerie- und Reservestellung. Unten ist der Feind bereits in die Faubourgs *St-Panthaléon* und *d'Arroux* eingedrungen, aber die Burg hält sich und auch die zentralen Stadtteile. Das Ganze kann man eine Mischung aus Gemälde und Plan nennen. Was man darauf vor allem erkennt, ist die beherrschende Lage der Kirche *St-Lazare*, nahe dem Schloß von Autun. Es gibt ferner einen spätmittelalterlichen Stich zu sehen, auf dem man die ganze Stadt säuberlich aufgereiht findet. Darunter noch Reste aus römischer Zeit, die uns unbekannt sind, wie die Tempel der Minerva und des Apollo, während sich zu dem außerhalb der Mauern gelegenen Janus-Tempel noch ein Tempel der Proserpina und des Pluto sowie Aquädukte gesellen. Welche reiche römische Vergangenheit Autun doch besitzt! Das meiste davon ist erst in den letzten dreihundert Jahren verschwunden. Man kann sich an Hand dieser Monumente unschwer vorstellen, welches Gewicht das Altertum hier besaß, als sich die Mönche von Cluny des Vorbildes der *Porte d'Arroux* bedienten, um einen der charakteristischen Züge in die Kunst der burgundischen Romanik zu prägen. Unerläßlich, in aller Breite davon zu berichten.

Da ist die *Porte St-André*, ein ziemlich gut erhaltenes Stadttor der römischen Zeit mit zwei mittleren Durchlässen für Fahrzeuge und zwei Fußgängerpassagen zur Seite. In der ersten Etage besitzt sie eine Galerie von zehn Arkaden, wobei die beiden äußersten als Eckpfeiler vorspringen. Es gibt ferner am ehemaligen ostwärtigen Rande der Römerstadt ein *Amphitheater*. In seinen Dimensionen das größte, das Frankreich kennt. Man hat es zum Teil wiederhergerichtet. Aber man sieht das Alte doch noch, von Zwergfarn überwuchert, von Lazerten überhuscht, als Mauertrümmer aus dem Boden brechen. Man erblickt die Spuren des Hypocaustiums, der Maschinenanlage also, und, sitzt man eine Zeitlang beobachtend auf den Steinen, entdeckt man auch, daß der Boden noch allenthalben von Treppen und Gängen unterhöhlt ist. Es gibt schließlich die *Porte d'Arroux*, auch Porta Senonica genannt, da sie nach Sens hinausführt. Sie blieb nur mangelhaft erhalten, auch war ihr Bau zierlicher aufgeführt als der der Porte St-André. Allein, dieser in seiner Anlage ganz ähnliche Scherben aus vier Torbögen samt Arkaden in der ersten Etage hat eine ungeahnte Bedeutung erlangt. Er ist einer der Brunnen, aus denen die burgundische Kunst geschöpft hat. An seiner mit korinthischen Kapitellen dekorierten Außenseite tragen die der Wand vorgelegten Pilaster Kannelierungen. Die cluniazensischen Baumeister von St-Lazare haben hier ihre wichtige Entdeckung gemacht. Sie konnten das ausgezeichnet für ihre Kirchen brauchen. Daher denn dieses Motiv auch landauf, landab immer wieder auftaucht.

Doch es kommt noch mehr hinzu, das die Bedeutung Autuns für das anbrechende Zeitalter des Christentums auch ›ideologisch‹ unterbaut. Im Musée Rolin der Stadt findet man ein Epitaph aus dem 2. Jahrhundert n. Chr., dessen Text die Glaubensverheißung des frühen Christentums so kraftvoll ausströmt wie das Antlitz eines mit leuchtenden Augen dem Tod entgegen schreitenden Märtyrers. Man hat dieses Epitaph, das älteste christliche Dokument Galliens, in den Fundamenten eines dem hl. Petrus geweihten Oratoriums aus dem 3. Jahrhundert gefunden. Es ist – wie faszinierend – griechisch beschriftet. Was doch zu dem Schluß zwingt, daß in Augustodunum Menschen griechischer Abkunft gesessen haben. Eine solche Blutesmischung würde unterschwellige Strömungen in Autun erklären, die man von allem Anfang an spürt. Selbst das römische Augustodunum um die Zeitenwende erscheint uns allemale um einige Grade spiritueller als die römischen Pflanzstädte mit der Vordergründigkeit ihrer Kolonialarchitektur gewöhnlich. Daß im 5. Jahrhundert ein Bischof Euphronius die Kirche St-Symphorien in St-Pantaléon, einem Vorort von Augustodunum, errichten ließ, von der nur eine Marmortafel mit einem Lamm aus altchristlicher Zeit übrigblieb, die ohne Zweifel als Retabel verwandt war, daß später die Abtei St-Martin hinzukam, welche die merowingische Königin Brunehaut gegründet hat, sei am Rande vermerkt. Sie bestand übrigens bis ins 18. Jahrhundert. Lediglich aus Inschriften ist uns bekannt, daß sie nach Art der konstantinischen Basilika angelegt war, und die Apsis der Klosterkirche berühmte Mosaiken aus Gold auf blauem Grunde besaß. Einziges Zeugnis dieser Epoche blieb der schwarze Sarkophagdeckel der merowingischen Königin, den man heute im Musée Rolin sehen kann. Es kamen ferner hinzu ein untergegangenes Kloster St-Andoche, von der Königin Brunehaut als Hospiz für arme Reisende gegründet, sowie ein Nonnenkloster St-Jean. Beider Verlust verwundert kaum. 732 wurde Autun durch Sarazenen überfallen und zerstört.

Ah, diesen überreichen Spuren an einem Herbstmorgen nachzugehen – welch ein Geschenk! Die Sonne klomm eben über die Dächer; der Meilenstein kündigte an: ›Faubourg d'Arroux 0,0 km‹. Man war da und stand, solcherart hingewiesen, bereits vor der Pforte, der eine so hohe Bedeutung zukommt, wie sie nur je ein römisches Gemäuer für den Wiederaufbau des Okzidentes nach 1000 erlangte. Ein noch gar nicht altes, dickes, halb verkrüppeltes Weiblein zog sich schwer atmend auf einer Stufe die Socken über die bleichen, dicken Waden, und dort huschte eine schöne junge Frau im Négligé durch den Blumengarten. Die Birnbäume bogen sich noch unter der Last der Früchte, und im Boulevard de la République dröhnten die Camions. In einer nahen Kneipe aber standen Arbeiter bereits bei einem ersten Glas Wein zusammen, und die Worte flogen. – Morgen in einer französischen Vorstadt!

St-Lazare in Autun

Zuoberst von allem lag und liegt in Autun also die Kathedrale, die dem hl. Lazarus geweiht ist, der nach der Legende mit den heiligen Marien über das Mittelmeer nach Frankreich gekommen war, um später in St-Maximin zu Marseille zu sterben. Eine Überlieferung, die gar nicht falsch sein muß, will, daß der halb sagenhafte Girard de Roussillon die Reliquien des Heiligen 1079 an eine ursprüngliche Kathedrale St-Nazaire in Autun gab, die heute verschwunden ist. Von 1120 bis 1140 hat man ihnen eine eigene Kathedrale, St-Lazare eben, gebaut. Nur selbstverständlich, wenn die römischen Reste der Stadt ihr in mancher Beziehung als Vorbild dienten. Daß sie in ihren von der Antike übernommenen Maßen gradezu klassisch wirkt und ihr Inneres schwer und fest gefügt, wird kaum mehr erstaunen.

Freilich, beim ersten Blick ins dunkle Grau des Schiffes verwirrt eines, die Gotik, die man überall zu fühlen glaubt: in den geknickten Bögen, in den unterbrochenen Diensten. Keine Angst, es sind Nebensächlichkeiten, die hierzulande kein Abweichen vom Kanon der Architektur bedeuten. Sehr bald empfindet man mit einem Gefühl der Erleichterung, aber auch der Verwunderung, wie romanisch und wie eigenständig burgundisch alles ist. Die Pforte d'Arroux feiert im Zwischengeschoß der Blendtriforien, bei denen nur das mittlere ein echter Durchbruch ist, eine triumphale Auferstehung. Aber man erblickt noch mehr Einflüsse. Welche königliche Gewalt, mit der die Vierungspfeiler aufstreben wie zu Paray-le-Monial oder einst in Cluny – bekanntlich hat sich Autun lange Zeit gegen den Einfluß der großen Abtei gewehrt, bis Etienne de Bagé 1112 das Bischofsamt antrat. Etwas bleibt allerdings immer anders: die kannelierten Lisenen, die Frucht des mit Leidenschaft aufgefaßten Motivs von der Porte d'Arroux, wallen mit hoch. Sie streben kraftvoll zu jedem der Joche empor, die das Gewölbe des Langschiffs tragen. Und doch war dieser so mächtige Bau berufen, grade die Spiritualität des christlichen Mittelalters auf seine Weise zu verkörpern. Denn wiewohl das äußere Bild von St-Lazare in späteren Zeiten ganz und gar überfremdet wurde, das dunkle und schwere Innere wird von einer so unerhörten Formenwelt durchwaltet, ja durchlodert, wie sie nirgendwo mehr zu finden ist. Sie ist das Werk des gleichen Meisters Gislebertus, der zwischen 1130 und 1135 das Tympanon schuf, dessen Erhaltung eigentlich nur einer glücklichen Borniertheit zu verdanken ist. Man hat es im 18. Jahrhundert aus Mißvergnügen an seiner allzu deutlichen Sprache eingegipst und mit einem belanglosen Machwerk der Zeit gleichsam überbaut, ehe die Stürme der Großen Revolution ausbrachen. Der Christuskopf wurde dabei abgeschlagen. Doch wie eine wundervolle Fügung will es uns erscheinen, daß man ihn wiederfand und nach der Freilegung des Tympanons an seiner alten Stelle einsetzte. Hier freilich bleibt etwas nachzutragen. St-Lazare ist der Patron der Leprakranken, und seine Kirche zu Autun war eine der Wallfahrtsstätten dieser Unglücklichen. Man muß sich das in aller Deutlichkeit immer wieder vor Augen führen, um das grandiose Tympanon zu verstehen.

Leprosenzug

Was wir zu begreifen haben?

Irgendwann in dem Jahrhundert, das sich seit 1137 noch für mehr als sechs Jahrzehnte abhaspeln wird. Ein wüster Kordon kaum kenntlicher Kreaturen, angeführt von einem Mönch und eskortiert von Berittenen, die sich mittels ihrer Spieße Distanz und Respekt verschaffen, wälzt sich durch die kotigen Straßen von Autun bergan, St-Lazare entgegen. Die Fenster der Häuser sind verödet, die Türen hastig verschlossen. Vergeblich scheppern die lumpigen Elendsgestalten mit ihrem Bettelnapf – rein mechanisch, da sie niemanden erblicken, der ihnen aus der gebührenden Entfernung ein Almosen zuwürfe. Allesamt sind diese Unglücklichen bürgerlich ›tot‹ und aus der Gemeinschaft der Menschen ausgestoßen – Männer, Frauen, Halbwüchsige, Kinder dieses Elendszuges der verrutschten Mäuler, eingesunkenen Nasensättel, knolligen Stirnauswüchse, schwärenden, stinkenden, halbverstümmelten Glieder, die sich nur mühsam und mittels Krücken vorwärts schleppen. Daß sie rechtlich und kirchlich nicht mehr ›existieren‹, seit eine Kommission der Gutachter sie für aussätzig erklärte, hat seine besondere Bewandtnis. Um der Lebenden willen sind sie von ihren Familien getrennt und in Leproserien vor den Toren der Ortschaften angesiedelt worden. In Meursault an der Côte d'Or findet man draußen an der großen Straße von Beaune nach Chagny, außerhalb der Ortschaft also, noch heute einen solchen romanischen Bau. Sie sind gar nicht so selten. – Die

Leprosen haben allesamt Fürchterliches hinter sich: die eigene Totenfeier, während sie an der Kirchentür knieten und der Priester die Exequien für sie zelebrierte, worauf ihre Angehörigen ein paar Krumen Erde über sie schütteten, weinend, verzerrten Gesichtes oder gar schreiend. Zum Zeichen, daß sie nun nicht mehr dazu gehörten: selbst ihre Mutter, die sie gepflegt und gewaschen hat, ist ihnen nun eine Fremde; ihre Frau, die ihnen gestern noch tröstend die Hand gestreichelt, sie wird jetzt einen anderen heiraten dürfen, die Hübsche. Sie gilt als Witwe. Die ›Gutleute‹, die von nun an nur noch auf weite Distanz ihr Haus, ihren Hof, ihre Kinder von ehedem, ihre Gerätschaften und Vieh, alles, was ihr Leben ausgemacht hat, erblicken dürfen, sind mit der Unerbittlichkeit und Konsequenz, die nur das Mittelalter den Menschen gegenüber kannte, dem Elend des Bettlertumes überantwortet.

Da sind sie also. Eine Wallfahrt makabrer Gestalten, die sich in der Gier, eines letzten Zipfels Lebens und Lebensfreude teilhaftig zu werden, wahllos vermischen, Männer und Frauen, wenn sie einander hinter den Büschen begegnen. Die wahllos in sich hineinschlürfen, was sie an Wein, an Nahrung bekommen, bei lebendigem Leibe verfaulende, triefäugige, humpelnde, fluchende, geifernde, nur durch die Angst vor rigoroser Züchtigung gebändigte Gestalten. Sie ziehen die heutige Rue de l'Arquebuse hinan, denn sie kommen von der Côte d'Or, biegen ab zum Bischofspalast, quellen auf den Platz vor St-Lazare zu der ihnen bestimmten Vorhalle, über der sich seit 1137 das Tympanon mit der Aufschrift »Gislebertus hoc fecit« erhebt. Ein Bild des Jüngsten Gerichtes. Als wenn es der Schrecken in ihrem verlorenen Leben noch nicht genug wären!

Schon beginnt der geleitende, anführende Zisterzienser-Mönch mehr schreiend als anweisend ihnen Befehle zuzurufen während die eskortierenden Landreiter der burgundischen Herzöge rücksichtslos auf die Nachzügler eindreschen, um sie auf den Platz zu treiben. Eine gespenstische Messe, die der Ausgestoßenen, hebt vor der Vorhalle des Gislebertus, diesem größten Ereignis von Autun, an, die Wallfahrtsmesse der Ausgestoßenen, die ihr Elend zu den wundertätigen Reliquien des hl. Lazarus in dieser Kirche tragen, den man nach dem Lukas-Evangelium mit dem armen Lazarus identifiziert.

Was die Unglücklichen dort oben sehen, kann Trost gewähren, aber auch die Flamme der Schrecken in ihren verwüsteten Seelen noch mehr anfachen, die zu retten man diesen Pilgerzug der Verlorenen – vorsichtig alle Siedlungen aussparend – hierhin geleitet hat. Und wirklich, ist es denn Beseligung, die sich dort oben auf dem Tympanon, selbst auf der Seite der Auserwählten, zuträgt? Oder nicht vielmehr Bergung vorm Äußersten? Grollt auf der Seite der Verdammnis nicht der ungeheure Donner des Weltunterganges? Und alle jene Menschen, die dort abgebildet stehen und mit oft lemurenhaften Gesichtern sich andrängen, um Gnade oder Strafe zu finden, sind das überhaupt Wesen von gewohntem Maß?

Es ist nötig, das Tympanon von St-Lazare zu Autun unter solchen Vorzeichen zu betrachten, um es überhaupt zu verstehen. Was sollen uns alle Deutungen, wenn wir den Zweck und das Anliegen dieses Portales nicht respektieren? Es war, blieb und bleibt ein Dokument äußerster Lebensnot, und jener Meister Gislebertus, der auf dem Türsturz seinen Namen einmeißelte, wußte um die ganze Skala menschlicher Empfindungen. Man möge sich nicht täuschen. Im Grunde blieb das Dasein für ihn immer mit Feuer und Schwefel getränkt – so wie das Hemd jener Armesünder, die man zum Richtplatz führte, um sie dem Scheiterhaufen zu überantworten, damit wenigstens ihre Seele gerettet wurde.

Denn die ungeheuer tiefe Lehre von St-Lazare zu Autun besagt in lapidarer Kürze: die Welt ist böse; in der Überwindung liegt alles.

Gislebertus

Die Anlage ist ähnlich der von Vézelay, nur daß hier kein Gnadengeschehen dargestellt wird, sondern das Letzte Gericht. Überlang und gewaltig thront Christus inmitten einer von vier Engeln getragenen Mandorla, wie man es längst von den kleinen Kirchen im Lande kennt. Zur Rechten sitzt die Gottesmutter, zur Linken zwei Apostel. Ein erstaunliches Erschrecken durchfährt die Jünger, die, von der Gewalt des richtenden Herrn wie betäubt und hypnotisiert, der Szene zuschauen, der sie beiwohnen. Schon wird der Himmel von einigen Seligen besetzt. Es ist wirklich ein Okkupieren. Schon klimmt ein weiterer, von einem Engel gestoßen, hinan. Alles ist voller Bewegung und Dramatik. Szenisch und körperfaßlich wird das Gericht vorgeführt. Der Seelenwaage präsidiert St. Michael. Gleichsam angesogen von Christus schweben die Seelen empor, die ein gnädiges Gericht gefunden haben. In den äußeren Winkeln aber nistet's von Ungetier – welche Stengelglieder, welche Visagen! –, indessen sich auf dem Türsturz die Auferstehung selbst, der Aufbruch zum Jüngsten Gericht, vollzieht. Mit entsetzter Miene sehen sich die Verdammten von den Seligen geschieden. Mächtig greifen eines Teufels Hände in unerhörter Kühnheit der Komposition nach einem Verdammten. Kaum sanfter vollzieht sich die Auferstehung der Begnadeten. Es sind nicht nur die gleichsam von Berufs wegen Frommen wie Bischöfe und Mönche dabei, sondern ganze Familien, und vor allem, geradezu in den Mittelpunkt gerückt, zwei Pilger, die auf ihren Taschen das Abzeichen Sankt Jakobs von Compostela, die Muschel, tragen.

Es gibt kaum ein anderes Stück Bildhauerei, an dem das hierarchische Moment des himmlischen und irdischen Personales so unbedenklich über die Natürlichkeit der Größenverhältnisse obsiegt. Ganz gleichgültig, wieviel Raum gebraucht wird, durch mehrere Etagen der Szenen führen die Körper der Apostel, überlang fahren die Leiber der Engel hinauf und hinab. Wie von Stürmen erregt, bilden sich Spiralen auf den Gewändern, kräuseln sich die Faltenwürfe der Kleider zu richtigen Wellenschlägen. Alles ist visionär, ein gellender Tubaton von der Posaune des Jüngsten Gerichtes.

Im Innern der Kirche hat man den Meister dann abermals, wo die Kapitelle von seiner Hand die Pfeiler umziehen. Welch ein Schweben, welch ein Stürzen des Simon Magus, wie gewaltig Samson, der den Löwen niederschlägt, oder wie reif und schön auch das Kapitell mit Daniel in der Löwengrube. Oh, er kann auch lyrisch und zärtlich sein, dieser Künstler, wie auf der Darstellung des Ostermorgens, wo er den heiligen Frauen vor dem leeren Grab Kissen unter die Füße breitet. Oder wie machtvoll: die drei jungen Männer im Feuerofen. Wie hingeplaudert die Geschichte vom Wolf und dem Kranich in der Vorhalle. Wie grauenvoll andererseits die Dämonen der Versuchung. Wie einfältig fromm, naiv fast und doch von köstlichem Reiz in dieser prachtvollen dekorativen Nutzung der Decke, das Relief der schlafenden Drei Könige, die der Engel weckt. – Man muß es neben anderen Kostbarkeiten im Kapitelsaal der Kirche suchen, wohin man bei der Restauration einige besonders wertvolle Stücke verbracht hat. Hier gibt es die herrliche Flucht nach Ägypten mit dem Bilderbuchesel zu sehen, hier die Anbetung der Weisen. Was hat er eigentlich in dem Kosmos seiner Bildwerke nicht gestaltet, der Meister Gislebertus? – Freilich, da fehlt immer noch eines der erlesensten Stücke, eines der schönsten Werke abendländischer Kunst überhaupt, jene berühmte, anmutige Eva, welche die nämlichen Banausen, die das Jüngste Gericht zuschmierten, von ihrem Standort, dem ehemaligen Türsturz des Nordportales, weggerissen haben. Das Gegenstück, der liegende Adam, fehlt noch immer und mag in irgendeinem Fundament eingemauert der Wiederentdeckung harren . . .

Beim Anblick der Eva

Im *Musée Rolin*, einige Schritte seitab von St-Lazare, mit seinem großen Arsenal gallo-römischer Erinnerungen, alter Grabtafeln und kostbarer Reste eines Lazarusgrabes von 1170, befindet sie sich. Plötzlich steht man ihr Auge in Auge gegenüber. Sie ist viel schöner, viel zarter und zugleich viel größer als gedacht. Ausgestreckt käme die Figur fast auf die Maße einer zierlichen Frau. Sie besitzt also Dreiviertelsgröße, die Verkleinerungsform der Zärtlichkeit. Der Körper ist dabei von jener Schlankheit, die eine für das Languedoc typische Längung bekundet. Ihre Schultern werden von schmalen Haarsträhnen wie von Wasser überronnen. Die Bäume an ihrem Kopf, die Trauben vor ihrem Schoß, der Apfelzweig, von dem sie die Frucht pflückt, umschmeicheln sie. Dieses Bildwerk ist eine zärtliche Liebkosung. Legt sie die Hand an die Wange, um ein Bedenken darzutun, ist es ein Nachsinnen?

Man muß sich übrigens auf eine Überraschung gefaßt machen. Der Bildhauer bedient sich eines technischen Kniffes, der mit außerordentlicher Kühnheit angewandt wird. Die Figur ist eigentlich als Flachrelief und nicht vollplastisch gearbeitet, etwas, dem man zu wenig Beachtung schenkt. Ihre Volumen treten kaum hervor. Zugleich aber erweist sich, daß der ganze Körper rund zwölf Zentimeter aus dem Stein herausgegraben wurde. Eine ganze Handbreit liegt er also vor dem Hintergrund, wobei die so entstehende Tiefe plastisch nicht durchmodelliert ist. Das bedeutet, der Künstler hat sich einer illusionistischen Technik bedient, um stärkere Schatten erzeugen zu können. Wenn er den Körper dabei im Grunde flächig behandelte, muß es ihm vor allem auf das Erkennbare, Zeichnerische angekommen sein. Er muß gewollt haben, daß seine Figur sehr deutlich identifiziert wurde, was wiederum den Schluß gestattet, daß der Platz, an dem sie sich befand, nur eine Betrachtung aus der Distanz zuließ. Doch dies am Rande.

So, wie es da jetzt im Musée Rolin zu erblicken ist, auf schwarzer Wand zwischen vier anderen kostbaren Steinen und leicht von oben angestrahlt, macht es beinahe bestürzt, so schön und zart ist das Bildwerk. Psychologisiert wird nichts, aber dafür eine ganze Geschichte erzählt. Erstaunlich, wie die Bäume dergestalt ornamental gegeben sind, daß sie Schlangenleibern gleichen. Effektiv ist keine Schlange da. Eine Teufelshand hat ihr den Apfel zugereicht. Die Bäume genügen eigentlich schon, damit man Bescheid weiß. Es floß dem Künstler als eine Möglichkeit zusammen. Mit jener Freiheit, die er sich auch bei der Wiedergabe der Fabel erlaubte, als er die Eva, die den Apfel pflückt und zugleich ihrer Tat nachträumt, liegend darstellte. Abermals: ist es ein Horchen, ein Bedenken, das sie die Hand an ihre Wange legen läßt? Ist es Weibes List, die hier ein Sinnbild findet? Wir wissen das alles nicht. Wir wissen nur diese unsäglich anmutige Figur, in ihrer Nacktheit frei von jeder Erotik. Und doch oder grade darum atmet sie den unschuldsvollen Zauber einer kreatürlichen Weiblichkeit.

Es gibt noch ein anderes Kunstwerk im Musée Rolin, ein Bild aus ganz anderer Zeit. Aber es bekommt durch die Anwesenheit der Eva einen besonderen Akzent. Es ist das in der ersten Etage hängende Christi-Geburts-Bild, das der Kardinal Rolin, ein Sohn des Kanzlers Philipps des Guten, von dem später gesprochen wird, durch den sogenannten ›Meister von Moulins‹, durch Jean Perréal, also um 1480, malen ließ.

Kein Hauch, der eine Seelenregung verriete, alles kniet stumm, fast traurig vor dem heiligen Kinde; selbst über die beiden Hirten im Hintergrund oder die links unten anbetenden Engel ist dieser merkwürdige Ernst gebreitet. Die zum Gebet erhobenen Hände geben der Gottesmutter fast die Haltung einer Orantin. Nach rückwärts sieht man auf einen grünen Berg mit einer Schafherde und einem Engel, der den Hirten die Frohbotschaft bringt, und ein weiteres Tal mit einer von einem Fluß bespülten Stadt der Ebene. Es handelt sich also nicht um Autun. Was auf diesem Bilde berührt, ist die unsägliche Hoheit. Dieses ganz höfische, nach dem Kanon der Etikette schneeblasse Antlitz der Madonna, über deren Augen sich lange Lider senken. Das Blau ihres Mantels, die Farbe der Heiligkeit, beherrscht das Bild mitsamt dem Weiß ihrer Haube und dem Weiß der Windeln auf eine merkwürdige Weise. Die warmen Töne rosa und grün im Gewande Josephs oder der Hirten, der Purpur des knienden Kardinals und das Tabakbraun des Ochsen sind sozusagen um eine schwindende Mitte gemalt. Das gibt dem Bild seine enorme Distanz von allem Vulgären. Es ist eine Madonna, die man bewundert und gern hat, aber sie ist durch die adelige Blutleere dem niedrigen Leben entzogen. Sie hat das Hoheitsvolle und Zerbrechliche, das auserwählten Geschöpfen zukommt. Man merkt gleich, daß sie durch die Welt der Farben und kräftigen Sinneseindrücke wie eine Fremde geht. Man glaubt zu spüren, wie sie im Umgang voll verhaltener Freundlichkeit ist, um doch mit ihrem Fühlen und Sehnen im Jenseits beheimatet zu sein. Dabei bekundet sie nichts Nonnenhaftes, sie wirkt schön, unerhört schön, aber ihr Lyrismus ist nicht der von Fleisch und Blut, Liebe und Nachtigall; er folgt einem bestimmten Ideal, dessen höchste Maße die der höfischen Welt sind. Wir müssen zugeben, daß ihre Nase etwas lang geraten ist und ihre Schönheit nicht einfacher Natur. Nicht, daß man bei diesem Gesicht von etwas abzusehen brauchte, aber man versteht, daß dieser kleine Zug menschlicher Individualisierung, dieses Schmalmachen ihres harmonischen Gesichtsovales mit den weichen Kinderlippen, eine Unterstreichung der fragilen Gebärde ihrer Hände bedeutet, die gleichwohl so kräftig ansetzende Gelenke haben. Wie wir ja überhaupt irren würden, wollten wir in dieser Figur etwas Schwächliches sehen. Diese Durchsichtigkeit ist vielmehr das Timbre der Noblesse. Diese Hände geben sich nicht mit groben Dingen ab. Das bleibt den mit Fäustlingen oder Schwielen bewehrten Hirtenhänden überlassen. Diese Hände sind von vornherein zum Gebet da – und natürlich jeder courtoisen Gebärde, die ihnen obliegt.

Wie ein Gegenpol zur Eva wirkt es, das Bild. Welch ungeheure Spannweite es hat, dieses Autun! Man möchte immer hier weilen ...

Im Morvan

Kommt man aus der Ebene von Autun ins *Morvan*, geht es anfangs Kurve um Kurve durch Waldtäler hinan. Ein Hochland beginnt, dessen wenige Häuser als Regen-

10 DIJON, Notre Dame
Lithographie von E. Sagot

11 Dijon, Rundbau von St. Benigne vor dem Abbruch
Kupferstich von Lallemand

12 Dijon, St. Benigne, Rundbau vor dem Abbruch
Unbekannter Zeichner

13 Dijon, Herzogsschloß und neue Residenz
nach Hardouin-Mansart

14. Dijon, Kathedrale St. Benigne
Lithographie des 19. Jahrhunderts

schutz mit Schiefer bedacht sind. *Arleuf* – nach endlosen Wäldern und Farnhainen ein Höhenort, in dem sich Kneipe an Kneipe reiht. Das ist die Gegend der Skifahrer. Im Nordwesten auf höchster Höhe zeigt sich bereits, um die Kuppe eines Berges geschwungen, *Château-Chinon.* Man befindet sich im Herzen des Morvan, quert den Oberlauf der Yonne, hier noch ein schmales Bächlein, das immerhin ankündigt, das Land flache sich nunmehr nach Nordwesten ab. Die Blumen sind in dem langsam herbstlich werdenden Laub der Gärten selten geworden, aber die Chausseesteine, meterhoch und weiß gekalkt, machen es wett. Sie tragen allesamt eine rote Haube. Zeichen dafür, daß hier im Winter der Schnee den Kraftfahrern zu schaffen macht. Freilich, Schneezäune braucht man nicht. Die Straßen sind alle mit hohen Wallhecken bestanden, die sorgfältig ausgeschoren werden.

Château-Chinon ist ein kleiner Luftkurort, und oberhalb davon, wo vorzeiten eine Burg stand, hebt sich ein Kalvarienhügel. Vor der Burg war ein gallisches Oppidum da wie auf dem Mont Beuvray. Natürlich nicht so groß und gewiß auch nur eine Fluchtburg. Man hat von hier einen weiten Blick ins Nivernais hinaus und auf die höchsten Erhebungen des Morvan. Unten schlängelt sich die junge Yonne durchs Tal. Es ist Morvan-Landschaft par excellence und burgundische Landschaft dazu: durch Hecken eingehegte Wiesenquartiere, Wälder und Hügel und über sie hinausragend im Süden der Bois du Roi und Mont Beuvray.

Endlose Serpentinen talauf, talab. Schon schwenken die Straßen nach Norden auf Avallon und Vézelay zu. Auf der Höhe ein Ort, freundlich hergerichtet für Fremde und Ferienzeiten mit bunt gestrichenen Häusern, aber dennoch von Geheimnis umwittert. Das Morvan ist der keltischen Stämme großes Reduit gewesen.

Hier hatten sie nicht nur ihre Fluchtburgen, durch dichten Urwald geschützt – noch heute wächst der Wald des Morvan ob der reichen Niederschläge in dickichtartiger, quellender Fülle. Hier hatten sie ihre Heiligtümer und Opferstätten. Hier setzten sie auch ihre Toten bei.

Davon stammen sie wohl, die Gräber, nach denen der Ort *Quarré-les-Tombes* benannt ist. Heute mag man noch rund hundert leere Sarkophage zählen, die man dort um die Kirche gelagert findet, oft aufgeschlagen, jedenfalls alle der Gebeine beraubt. Früher sollen es rund zweitausend gewesen sein. Einer ist da, der noch seinen Deckel besitzt. Lager und Deckel gleich groß aufeinandergestülpt wie zwei Halbschalen. Völker, die solche Steinsärge für ihre Toten meißelten, meint man, müßten genaue Jenseitsvorstellungen gehabt haben. Waren es also Römer? Kaum zu denken. Die Gelehrten rätseln daran herum. Es dürfte dabei bleiben, daß die gallische Urbevölkerung sich dieser Bestattungsart bediente. Vielleicht, nachdem sie mit anderen Weltanschauungen in Kontakt gekommen war.

Hart nördlich davon ein Dorf, *St-Léger-Vauban*, bei dem es noch Brunnen mitten auf der Straße gibt und sich die Reihen der Häuschen hinter weiten Vorplätzen ducken. Da ist 1633 einer der großen Franzosen des großen Jahrhunderts zur Welt gekommen, der Ingenieur Sébastien le Prestre, der später Marquis de Vauban hieß und mit seinen Festungsanlagen, Belagerungen und Verteidigungen die Kriege Ludwig XIV. gewann. Sein Denkmal steht auf einem freien Rasenplatz inmitten des Dorfes, eine Bronzefigur auf hohem Sockel in der Marschallspose. Als Kind dürfte er die niedrigen Katen des Dorfes genauso gesehen haben, wie sie heute noch sind – ärmlich, dürftig. Vielleicht ist sogar einer der Jungen, die unter den Linden an seinem Denkmal Fußball spielen, ein neuer Vauban?

Hinter ein paar Bergen erneut eine keltische Weihestätte, ein Druidenstein. Das heißt, heute ist auf dem Felsen eine Marienstatue gegründet. Einige Schritte davon zieht sich eine riesige Mauer entlang. Sie biegt an einem Sandhang an der Straße nach rechts und zieht dann ins Tal. Sie ist jungen Datums, erst in den fünfziger Jahren entstanden. Es handelt sich um die Klostermauer der berühmt gewordenen *Abtei Pierre-qui-Vire* inmitten der Einsamkeit der Wälder, in denen es winters, wenn die Flocken endlos herabfallen auf die Berge des Morvan, tagelang nichts anderes zu hören gibt als das Heulen des Sturmes.

Ach Gott, diese Verlassenheit der Wälder, diese Unermeßlichkeit der Forste hier oben! Wie halten sie das nur aus, die Patres, die im Gespräch mit einem Besucher vor den Klostermauern umherwandeln, wiewohl sonst Schweigegebot herrscht. – Das monastische Leben in Frankreich besteht zwar nach wie vor auf der Isolierung von der Welt, aber mehr um der Geschlossenheit der Gemeinschaft willen. Sonst sucht man sehr die Berührung mit ihren Problemen. Es fand sich unter das Bild eines lachenden Mönchsgesichtes der Satz geschrieben: »Un moine triste est un triste moine – ein Mönch, dem die Traurigkeit im Gesicht geschrieben steht, ist ein trauriger Mönch.« Das dürfte bezeichnend sein. Im Grunde weht hier der nämliche Atem wie in Taizé.

Wenig später, und man ist in die Ebenen zurückgekehrt, über deren Landstraßen die Tanker donnern – man befindet sich in Saulieu an der neuen großen Verbindungsstraße, die nach Paris führt. Jenem *Saulieu*, dessen Kirche St-Andoche ein anderes Kleinod romanischer Kunst bildet. Jenem Saulieu, dessen Kapitelle vielleicht von allen burgundischen Skulpturen die schönsten sind.

Freilich, schaut man so in *St-Andoche* hinein, das einst unter Abt Etienne de Bagé, ehe er zum Bischof von Autun avancierte, eine Klosterkirche war – blickt man von der Eingangstür entlang des Schiffes auf den Chor, verblüfft vor allem eines: die Flachheit. Plakettenhaft sitzt das Dekor auf dem Gemäuer. Das Grau dieser Kirche ist schwer und materiell, die Maße sind weder erhaben noch zärtlich, sondern mittelmäßig an Größe. Das Gewölbe, eine leicht angeknickte Tonne, erinnert von fern fast an das Hufeisen Mohammeds; nur im Chor sind die zwei Gurtbögen wirkliche Rundbogenjoche. Dieser Chor selbst ist 1704 völlig phantasielos neu gebaut worden.

Alles, was Saulieu besitzt, bedeuten daher die Kapitelle. Fast beiläufig sitzen sie am Kopf der den Pfeilerbündeln vorgelagerten Dienste. Das Unauffällige, hier ist es Prinzip. Als Dekor betrachtet, wirken sie fast nebensächlich. Schaut man jedoch genauer hin, wird einem klar, daß es sich um einzigartige Meisterwerke handelt. Manche besitzen die Zartheit von Bijoux und bekunden einen Lyrismus, der innerhalb der burgundischen Romanik ganz neuartig wirkt. Andere sind ungewöhnlich dramatisch. Es scheint alles ganz unbeschwert gemacht, vor allem fehlt jede demonstrative Absicht. Die Ekstase, die Glut, die Vézelay oder Autun durchfluten, besitzen sie gleichwohl. Schließlich waren sie es, die Schule gemacht haben – St-Andoche ist zehn Jahre vor St-Lazare zu Autun entstanden. Man kann es dort oder anderwärts, wie in der kleinen Kirche von La Roche-Pot sehen, wo man dem Motiv von Bileam und seiner Eselin wieder begegnet. Sogar auf eine höchst überraschende Weise. Denn wiewohl in der kleinen Dorfkirche in den Bergen hinter der Côte d'Or dem Tier Maul und Beine, dem

Reiter die Füße weggeschlagen sind, erkennt man noch den unsäglichen Zauber der Szene mit ihrer tiefen Erfassung des Wesentlichen. Man möchte sogar hinzufügen, der nur vorsichtig und gleich einer Erscheinung auftretende Engel sei in dieser zögernden Gebärde des abgewandten Sich-Zeigens aller Engel Maß und Urbild. Er ist lang, dünn und entkörperlicht. Alles wird ausgedrückt durch die Abwendung des Rückens, die Haltung der Linken und den ein wenig rückwärts gewandten Blick, als wolle er zu dem Esel sagen: Vorsicht, da bin ich, aber laß dir nichts anmerken! – In Saulieu, und das ist bezeichnend, besitzt die Szene einen anderen Akzent: Bileam spornt seinen Esel, wie man eben im Süden die Esel reitet, während das Tier bereits geblendet vor der himmlischen Erscheinung zurückweicht. Er aber, nach Art aller falschen Propheten, hört nichts, sieht nichts, begreift nichts. Der Akzent ist in diese Spannung verlegt.

Eine Säule weiter, die ›Versuchung des Herrn in der Wüste‹, bleibt vielleicht von allen das erregendste Kapitell. Eine spannungsvolle Zone, durchschlängelt von einem Baum, klafft zwischen dem andringenden Satan und dem erschauernden Gottessohn, der den ihm dargereichten Stein zu Brot verwandeln soll. Rechts hinter ihm erscheint ein Engel, um die Schriftstelle anzudeuten: »Und siehe, Engel kamen und dienten Ihm.« Alles ist Bewegung, sogar die Form des Kapitells wird ein wenig außer acht gelassen. Um dieser Aktion noch Nachdruck zu verleihen, zeigen sich die Körper, die Falten, der Baum, das Blattwerk, die Abgrenzung nach oben mit wellenförmigem Lineament überzogen. Gegen die behagliche Ruhe, die sonst gelegentlich in den romanischen Kapitellen waltet, wird hier die Unruhe des Glaubens und der Bewährung, ja sogar die Angst vor der Versuchung gesetzt.

Oder die Erhängung des Judas am entsprechenden Pfeiler des südlichen Schiffes! Eine gepunzte Leiste grenzt das Kapitell nach oben ab, an den Ecken wölben sich zwei Bündel vegetabilischer Herkunft. Dazwischen spielt sich, die Senkrechte sozusagen als Ausdrucksmittel benutzend, das makabre Geschehen ab. Satan, in seinen Rippen stark geometrisch quergestreift, hat Judas die Hand geführt, der nun mit offenem Munde an seinem natürlichen Galgen baumelt. – Nimmt man die ›Flucht nach Ägypten‹, einen Pfeiler näher zum Chor hin, findet man eine legitime Umformung der Judas-Szene ins Tumb-Fromme. Die Einfachheit, der gläubige Sinn, die Naivität werden zu einem Höchstmaß gesteigert. Zugleich besitzt dieses Kapitell, auf dem die Gottesmutter, das Kind gleich einer Puppe haltend, starr auf dem Esel sitzt, in der Vorwärtsbewegung des Tieres eine bildhauerische Aktivität, die man sonst nicht beobachtet. Ganz quer gestellt marschiert auch Joseph regelrecht in den Kirchenraum hinein, den Sack über dem Rücken, den Esel am langen Zügel führend. Das Tier seinerseits, wie bei früheren Prozessionen üblich, ist auf Räder gestellt. Sei es, daß der Künstler solcherart eine Reminiszenz geben wollte, sei es, daß er – diese Erfindung wäre köstlich – dergestalt die Bewegung anzudeuten gedachte. Wie es in der Natur der Sache liegt, offenbart dies Kapitell eine besonders glückliche Ausnutzung der Formen. Die scheibenartigen Räder zuunterst, das lose Rankenwerk der Bäume im Hintergrunde, der horizontal gelagerte Leib des Tieres, die aufrechte Madonnengruppe, das sind Akzente, die sich mit der vorgeneigten, die Wölbung modellierenden Figur des Joseph zu einem besonders geglückten Ineinanderspiel vereinigen. Welch eine Kunst im scheinbar Beiläufigen!

Man kann etwas ähnliches vom zweiten Pfeiler dieses Seitenschiffes mit der ›Auferstehung Christi‹ sagen.

Rechts die Frauen im Aufbruch zum Grabe, in der Mitte der Christus des ›Noli me tangere‹, links davon abermals die drei Frauen im Augenblick, da Maria Magdalena den Herrn erkennt und ins Knie sinkt. Was hier so einzigartig wirkt, ist die Gebärde der Christusgestalt, die sich dem weiteren Kontakt mit dem Irdischen verweigert. Ein übermächtiges Haupt, ein gewaltiger Nimbus, zwei abwehrend ausgebreitete Hände, und über Schultern und Mantel geworfen, in schwungvoller Muschelform, der überwallende Umhang, dessen linker Saum in schwingendem Fall die Szene schließt. Das ist im Spannungsraum zwischen Maria Magdalena und dem Herrn noch einmal ganz große, geniale Intuition, ein ›Auge in Auge‹ von Mensch und Gott, eine Ursituation der Menschheit. Kaum jemals so wundervoll gesehen wie hier, wo der kleine Frauenkopf dem mächtigen, gleich einer Sonne über ihm stehenden Haupt des Herrn mit seinem fernen Blick gegenüber steht.

Saulieu – Kapitell um Kapitell wandern wir's ab, erblicken Themen der biblischen Geschichte, kämpfende Tiere, Darstellungen, in denen Köpfe aus Blattwerk sprießen oder ein kleiner Hirt auf eines Fabeltieres Rükken das Horn Olifant bläst. Da zeigt sich deutlich persisch-sassanidischer Einfluß. Die Fülle, die Universalität der romanischen Welt drängt an. Einerlei, welche Deutungen man ihr auch zu geben versucht – sie verkörpert einen Kosmos der Phantasie, Phantastik und Intuition, zu dem das Attribut ›begnadet‹ trotz allen Dämonengetriebes nicht übel paßt.

Licht von Vézelay

Das Tor

Ist man in *Avallon*, gar nicht weit nach Nordwesten von Saulieu, geschieht völlig unvermittelt etwas sehr merkwürdiges. Man gerät körperfaßlich in den Bann der Geistesmacht, die *Vézelay* bedeutet. Man wird zum Pilger. Das sagt sich so, aber es hat nichts mit Schwärmerei zu tun. Ein innerer Wandel vollzieht sich. Wochenlang ist man von Kirche zu Kirche gezogen und weiß nun, jetzt ist man ›da‹. Wirklich, das Tal des Cousin und später das des Cure zu betreten, bedeutet eine Ankunft, und Avallon bildet das Tor.

An sich lebt es als friedliches Städtchen mit seinem hübschen, geschieferten Uhrenturm und den Wällen zum Flanieren für Pensionäre und Pärchen so hin, von denen man einen anmutigen Blick ins schluchttiefe Tal des Cousin hat, durch das die Straße der Verheißung gen Vézelay führt. Schon schwerwiegender, daß man in Avallon unweigerlich auf die uralte Kirche *St-Lazare* stößt. Die ersten Fundamente stammen aus dem 4. Jahrhundert. Unter dem Chor von heute soll es noch eine Krypta aus dieser Zeit geben. Um 1000 schenkte ein Graf von Burgund, das ist wichtig, eine Reliquie hierhin, das Haupt des hl. Lazarus, des Patrons der Leprosen. Seither diente die Kirche von Avallon als Wallfahrtsstätte ähnlich Autun. Wieviele dieser Unglücklichen es damals gegeben haben muß! Sie erwies sich bald als zu klein. Sie war immer wieder zu klein. Man hat drei- oder viermal angestückt, wie sich heute noch an den Jochen und dem gestuften Boden im Innern erkennen läßt.

Freilich, das alles macht es nicht, und in der Tat verrät das Interieur nichts Besonderes. St-Lazare zu Avallon ist ganz einfach eine der guten Mütter im Lande, die brav und rüstig seit nunmehr fast tausend Jahren ihre Küchlein hüten. Nur in einem Punkt stimmt das nicht. Da hat sie einen genialen Augenblick, und auf den kommt es an: das Portal. Es macht die Kirche zur Pforte nach Vézelay, so festlich und großartig ist es, wenn auch das heutige Bild nicht mehr ganz mit dem alten übereinstimmt. Ursprünglich nämlich besaß die Fassade der Kirche zwei Flankentürme nebst drei Portalen. Der nördliche Glockenturm, bereits in mehreren Bränden angesengt, brach 1633 zusammen und begrub die linke Kirchenpforte. Man muß sich denken, der verschwundene Turm habe den gegenwärtigen und das verschwundene Tor dem kleineren rechten von heute geähnelt.

In diesen Portalen liegt die Größe von Avallon. Es ist die Stelle, an der es den Besucher durchfährt, wiewohl sich keinerlei rationale Gründe finden lassen. Die Feinheit ihres Schmuckes, das Filigran ihres Dekors, die Sorgfalt und die Üppigkeit der Arbeit lassen selbst eingefügte menschliche Gestalten wie dekorativen Schmuck erscheinen. Fünffach schwingen sich die Archivolten um das leider seines plastischen Schmuckes beraubte Tympanon: Engel von merkwürdig ekstatischer Gewalt in der inneren, sodann die Musikanten der Apokalypse, darunter der harfeschlagende David, nunmehr Tierkreiszeichen und Monatsbilder und sodann zwei Bögen mit Akanthus- und Weinblättern. Diese Bogenwölbungen stehen auf einem Säulengewände mit feinen korinthischen Kapitellen; die mittlere Säule ist um sich selber gedreht und kanneliert. Und an eben dieser Stelle findet sich, einziger Fall in Burgund, ein Säulenheiliger, vollplastisch, gotisch dünn, ein Vorläufer von Chartres. Das ist bereits alles.

Jemand hat gesagt, mit dieser Verlegung des plastischen Schwergewichtes sei die Rolle, welche die Kapitelle in den romanischen Kathedralen besaßen, ausgespielt, und das stimmt wohl. –Wirklich, es steckt voller Hinweise, dieses Tor zu dem Wunderlande von Vézelay. Man merkt elektrisiert auf. Die Glut von Autun, Saulieu fängt wieder zu knistern an, nur daß es sich diesmal um etwas ganz anderes handelt. Avallon ist nicht vom Inhalt her zu verstehen, sondern dekorativ, und in gewisser, freilich eingeschränkter Weise gilt das auch für Vézelay. Seine Kapitelle sind ganz und gar nicht die gleichen wie die von Autun. Was man auch reden mag. Es sieht aus, als sei eine Hand darüber hingefahren und habe das allzu Laute fortgewischt. Im Grunde besitzt sogar das berühmte Tympanon über dem Mittelportal des Narthex das. Man muß nur einmal weit genug zurücktreten, um das ›Scheibenhafte‹ und die außerordentliche Bedeutung des Ornamentalen der äußeren Archivolten sowie des Türsturzes zu erblicken. Dann geht einem ein Licht auf. Autun ist ganz anders komponiert und empfunden. Da schlägt einer mit Fäusten um sich. Vézelay aber bleibt im Grunde, ungeachtet seines enormen und unvergleichlichen Ranges, Goldschmiedearbeit in großen Dimensionen. Natürlich werden alle professionellen Kunstbetrachter diesen Gedanken als absurd verwerfen. Aber das sagt schließlich nichts. Während das Tympanon von Autun die ganze Vorhalle übertönt, ist das von Vézelay in seine Wand eingefügt wie ein Schmuckstück. Eine ganz andere Gesinnung waltet. Auch bei den Kapitellen spielt die künstlerische Ökonomie eine merkwürdige Rolle. Vielmehr noch als in Saulieu sind sie Kräuselungen des Steines. Wenn man dies auf Bildwiedergaben nicht immer bemerkt, liegt es an der unseligen Methode der Kunstbücher, ihre Abbildungen ohne Rücksicht auf die Dimensionen zu reproduzieren. Es ist das nämliche Verfahren der filmischen Großaufnahme, mit der man Sensationen schafft. Die Romanik hat von solchen Mätzchen noch nichts gewußt. Für sie galt das menschliche Auge als Maß aller Dinge. Wenn es ihr überhaupt darauf ankam, daß etwas gesehen wurde. Manche Reliefs, Statuen oder Kapitelle sind ganz einfach steinerne Gebete, die man irgendwo anbrachte, weil man sicher war, Gott werde sie schon erblicken. Unser säkularisiertes Denken verführt eben zu den absonderlichsten Irrtümern. Man muß das bei den Kapitellen von Vézelay berücksichtigen. Ihre Faktur ist gemeinhin erstaunlich zart, wenngleich von einem Lyrismus nirgends die Rede sein kann. – Aber natürlich wird dergleichen nur angemerkt, um einen Hinweis zu geben . . .

Zieht man von Avallon durch das grüne Gewucher und Bachgemurmel im Tal des Cousin oder später über Höhen hinweg, die kahl und schon abgeerntet im Nachmittag liegen, öffnet sich auf einmal der Blick nach Vézelay – da hat man sie, die ›colline inspirée‹, eine Burg Gottes auf dem Berge! Voll Begier anzukommen, entschließt man sich erst nach einigem Zögern, zuerst *St-Père-sous-Vézelay*, der Keimzelle von allem im Tale, die Ehre anzutun. Man findet dort eine gotische, niedrige, etwas aufgedonnerte Kirche mit üppiger Fassade und riesigem Narthex. Schon besser, sich nicht überflüssig zu befrachten und sogleich voller Andacht den Hang hinanzusteigen, um dem Thema Vézelay nahe zu kommen. Solch eine Begegnung mit dem Genius will schließlich vorbereitet sein. Doch scheint es geraten, die Ankunft hinauszuzögern, etwa indem man um die ›Remparts‹ – die Wälle unter den hohen Bäumen hinweg, einen Weg rings um den Berg nimmt . . .

Einmal zeigte sich flüchtig ein junges Mädchen, später eine junge Frau, das war alles; man war auf dem herrlichen Weg allein, lief entlang der alten Stadtmauer, an der zuerst der ›rote Turm‹ kam und seinen Akzent setzte. Der Blick fiel oft genug durch Gebüsch über den abfallenden Hang hinweg ins Freie. In der Ferne ließ sich ein Dorf im Tal sehen. Es war ein ganz milder Abend voll duffen Lichtes, die Grille sang noch jetzt im späten September. Sang, solange sie Lebenszeit hatte. Dunklere Partien, Schattenzonen kamen. Die steilen Stadtmauern traten zurück. Richtiger Wald schwoll an. Der Weg endete nicht, er führte immer im Bogen um Vézelay weiter, wirklich wie eine Verheißung. Man ist in solchen Stunden sehr glücklich. Unter den Bäumen war Zeit genug, sich alles, was man schon wußte, in Ruhe vor Augen zu führen. – Wie gut es doch ist, im Abend anzukommen, wenn alles bereits dunkelt und in die Schatten der Mythe zurücksinkt! Da kann man das geliebte, gesuchte, umworbene Ziel gleich einer Erwartung mit in den Traum nehmen und auf den Morgen hoffen. Morgen. Das Wort bekommt dann noch einmal Zauberkraft!

Abend dämmerte also, ein scheidendes, goldenes Licht trieb hoch in der Luft einher, olivfarbene Dämmerung hing über den Hängen. Man ging fast achtlos dahin und doch voll gespannter Aufmerksamkeit. Dort mußte sie sein, nein, war sie, die Stelle, von welcher der hl. Bernhard am Osterfest 1146 zum Kreuzzug gepredigt hatte. Die Kirche lag gar nicht weit. Natürlich. Der Gottesmann mußte sich vor seiner Ansprache doch im Gebet gestärkt haben. Alleen wallten mit dunklen Mündern heran, orakelten, was der Heilige gesagt haben konnte. Dann zeigten sich alte Gemäuer vom Refektorium des

12. Jahrhunderts. Ganz sicher, daß sie damals schon standen, als Sankt Bernhard hier weilte. An dieser Stelle hatte er sein karges Brot mit den Patres geteilt. Denn daß er nur in der Gemeinschaft der Brüder und nicht beim Abte zu Gast geblieben war, schien ganz außer Frage.

Vor dem Eingang der Kirche traf man unterdessen Vorbereitungen für das abendliche ›Son et Lumière‹-Spiel, Wort und Ton bei angestrahltem Gemäuer. Solch eine moderne Erfindung des Teufels. Eine ›Altsteinoper‹ verriet eine deutsche Übersetzung des Programmes. ›Vézelay, die Oper in Stein‹. Sie machen das jetzt in Frankreich überall. Aber, so wirft man zaghaft ein, diese Bauten sind doch samt Figuren und Reliefs errichtet, daß Sonne und Mond sie von oben bescheinen. Und warum dieses pathetische Gehabe armseliger Provinzschauspieler mit den Versen eines Winkelpoeten, um einen Geist zu beschwören, von dem niemand je einen Hauch verspürt hat? Noch mitternachts lärmte das durch Lautsprecher verstärkte Salbadern zum Hotelfenster hinein, sodann Musik, Glockenläuten und wieder fern, tragisch-schwer oder traurig-sanft das fade Deklamieren im Mysterienspielton. Es ist arg, was sie da treiben.

Eine stille Nacht, ein stiller Morgen kamen. Sie machten alles vergessen. Man konnte endlich in der Kirche sitzen, seinen Gedanken nachhängen und schreiben, durchströmt von dem seltsam beglückenden Friedensgefühl, das Vézelay vermittelt. Es ist eigentümlich mit diesem kühlen, makellosen Bau bestellt, dessen Farbenspiele durch eine rhythmische Verteilung von Licht und Schatten, will sagen durch den Wechsel von grau-bräunlichem und falb-weißem Stein auf den Gurtbögen, entstehen. Sitzt man in seinem Schoß, fühlt man sich aufgenommen in die große Gemeinschaft erlauchter Geister des Abendlandes. Selbst Plato und Homer gehören hinzu. Man spürt ihre heilige Kontinuität körperlich, spürt das Große, Einzigartige, Unwiederbringliche, das Vézelay verkörpert, als klare, kühle, jeder Sentimentalität ferne Essenz. Die übrige Welt wird zu einem überflüssigem Nichts. Wirklich, man muß Vézelay am Morgen besuchen, wenn auf dem Tympanon des Narthex ein leichter Schattenton liegt, der seine zart bräunlichrosa Farbe grau überfängt, und der Chor von Licht durchwaltet wird. Die Biforien in seiner Mitteletage bleiben gleichwohl ganz dunkel. Oben und unten ist scharfes, helles Licht, das den großen, wundervollen Schiffsraum durchwebt, einen Wald voller Lichtheit. Gewände der himmlischen Stadt. Das Makellose, das, in dem man, ohne noch Wünsche zu spüren, glücklich ist. Man empfindet: hier, hier bin ich. Jetzt bin ich. Jetzt, hier. – Der Augenblick wird erfüllt. Das Sein als Dauer. Man wird nicht, man vergeht nicht in der Kirche von Vézelay. Man ist. Das ist der Friede, der von ihr ausgeht. Man ist ganz für sich, ganz bei sich, ganz in sich beschlossen . . .

In Ste-Madeleine

Die Kirche von Vézelay ist eines jener Bauwerke, die ob ihrer Höhenlage bereits aus der Ferne stürmisches Entzücken auslösen. Man muß dazu einrechnen, daß sich das Örtchen Vézelay so wohl proportioniert und aus lauter sorgfältig bemessenen Rechtecken, Kuben und Dreiecken übereinander staffelt wie nur je ein burgundisches Nest. Diese erstaunliche Ausgewogenheit der Maßverhältnisse ist der beherrschende Eindruck jeder burgundischen Ortschaft und spricht sehr für die Herkunft des Landes aus lateinischen Traditionen. Über solchen Staffelungen also erhebt sich Ste-Madeleine – freilich, wenn man nahe herangekommen ist, nicht mehr ganz so berückend wie einst, ehe die Restauratoren des 19. Jahrhunderts über die Fassade geraten sind. Vor allem ist da der berühmte Turm St-Antoine über dem Querschiff, ohne Zweifel einer der schönsten Türme in französischen Landen. Allein, dies äußere Gesicht von Vézelay hängt bereits mit seiner erstaunlichen Geschichte zusammen.

Gegründet im 9. Jahrhundert, der Legende nach durch Girard de Roussillon, geweiht 878 durch Papst Johannes VIII., sodann während der Normanneneinfälle verwüstet und schließlich im 11. Jahrhundert Cluny unterstellt, war diese Kirche nach der Übertragung der Gebeine der hl. Maria Magdalena eine Art Nationalheiligtum. Von weither strömten die Büßer heran. 1120 geschah etwas Furchtbares; am 22. Juli ging das ganze Schiff in Flammen auf, stürzte ein und begrub tausend Pilger unter sich. Man hat schnell mit den Wiederherstellungsarbeiten begonnen und seit 1140, dies entsprach den Bedürfnissen, weil die Besucher auch die Nächte in den Kirchen zuzubringen und hier zu herbergen pflegten, ein Vorschiff oder einen Narthex angefügt. 1215 kamen die Arbeiten mit einem gotischen Chor zum Abschluß. Fast unnötig zu sagen, daß Vézelay seine Epoche des Niedergangs erlebt hat. Die Auffindung anderer Reliquien der hl. Magdalena zu St-Maximin in der Provence um 1300 nahmen ihm seine Anziehungskraft; seine Märkte verödeten. Religionskriege setzten ein, 1569 plünderten die Hugenotten und schließlich tat die Große Revolution das ihre. Bis der Dichter Prosper Mérimé in seiner Eigenschaft als ›Inspecteur des monuments historiques‹ die Aufmerksamkeit auf das wunderbare Bauwerk lenkte und eine gigantische Restaurationsarbeit anhob, die von 1840 bis 1859 gedauert hat. Einer ihrer Hauptmeister war Viollet-le-Duc. Vergessen wir also bei den willkürlichen Wiederherstellungen der

Fassade nicht die großen Verdienste ihrer Restauratoren.

Allein, ist es wirklich dieses äußere Gesicht, das uns an diesem der französischen Welt heiligen Ort beschäftigt? Als am 31. März 1146 der hl. Bernhard auf dem nördlichen Abhang des Kirchenhügels zum zweiten Kreuzzuge aufrief, stand die Abtei auf einem Höhepunkt ihres Ruhms. Vézelay wurde einer der großen Pilgerorte des Zeitalters und sozusagen der Kopf oder die Ausgangsstation eines der vier großen Wege, die quer durch Frankreich nach Santiago de Compostela führten. Bei dem erregenden Appell des Abtes von Clairvaux war nicht nur eine riesige Menge Volkes und eine fast unzählige Schar adeliger Herren zur Stelle, sondern auch Ludwig VII., König von Frankreich. Sie alle nahmen damals spontan das Kreuz, um ins Heilige Land zu ziehen. Wenn es beim dritten Kreuzzug, zu dem man sich 1190 in Vézelay entschied, nicht zu Predigten kam, so darum, weil der Ort die Begegnung zweier Monarchen erlebte, die von hier aus gemeinsam aufbrachen, König Philipp August von Frankreich, Philipp II. genannt, und Richard Löwenherz, König von England. Später kam der hl. Ludwig zu verschiedenen Wallfahrten hierhin. Zum guten Ende sollte sich selbst der hl. Franz von Assisi einstellen; er hat hier seinen ersten Minoriten-Konvent auf französischem Boden gegründet.

Auch heute, nach Jahrhunderten der Verlassenheit, wird Vézelay wieder von Franziskanern behütet.

So weit die Ereignisse im Rahmen jenes Vézelay, das man das innere nennen möchte. Es sei noch erwähnt, daß Romain Rolland die letzten Jahre seines Lebens in Vézelay zubrachte und seinen dicken Band über Péguy schrieb, der inmitten der deutschen Besetzung ein Bekenntnis zu Frankreich wurde – er, den hier der Anhauch der Größe berührte und der sich von hier den Ausgang eines neuen europäischen Bewußtseins versprach.

Es gibt noch ein drittes Vézelay, jenes mystische, von dem Claudel uns berichtet hat. Vergegenwärtigt man sich, daß diese Kirche in der Lichtheit ihres Gemäuers, rhythmisch gegliedert durch Strebepfeiler und die Gewölbebögen, weiß und falb im Wechsel ihres Gesteines von Andilly und Tharoiseau und schließlich noch durchweht von einem rosafarbenen Hauch – vergegenwärtigt man sich, daß man in dieser Kirche wie in einem atmenden Wesen steht, begreift man gut die Intuition Claudels, der sich hier mystisch vom Leibe, dem Blond des Haares und dem rosigen Atmen der Wange jener Heiligen umgeben fühlte, deren Reliquien man am gotischen Chor von Vézelay andächtig küßt. Verstehen wir Vézelay aus diesem Gedanken, der sicherlich bei der Erbauung mitgesprochen hat, empfinden wir die überwältigende Kühnheit in diesem gegenüber Tournus völlig schwerelosen Bau, der alles vorwegnahm, was später die Gotik bewegte. Allein vergessen wir nicht, auch in dieser mystischen Erscheinung das Element sorgfältig gewahrter Maße und die geometrische Klarheit der Proportion zu betonen, die das Wunder dieses Kirchenschiffes nur noch vergrößern, indem sie es völlig vergeistigen.

Mit der Bauplastik von Vézelay hat es, wie gesagt, eine etwas eigene Bewandtnis. Man möchte sagen, sie sei vom Glaubensleben distanzierter als die zu Autun und Saulieu. Sie verfügt, nebenbei bemerkt, auch nicht über die gleiche plastische Kraft, sondern ist, was man auch einwirft, ›geistiger‹. Vielleicht sollte man sagen: ästhetischer. Vor allem stellt sie keineswegs eine ›Biblia pauperum‹ – also eine Illustration des biblischen Geschehens für die Laien – dar. Die dem Mittelschiff zugewandten Seiten der Pfeiler tragen ihre Kapitelle durch vorgelegte Dienste sogar so hoch, daß man sie ohne Feldstecher nicht erkennen kann, während sie an den übrigen Seiten in gewohnter Höhe sitzen.

Da finden sich also die Bilder der Wollust, der mystischen Mühle, des Knabenraubes, des Hubertus, des reichen Mannes und Lazarus, der Imker und des goldenen Kalbes – wundervoll oft, wie solch eine Figur um die Ecke des Kapitells gelegt und konzentriert wird. Indessen, die Archetypen des christlichen Glaubenslebens und der Heilsgeschichte sind nicht vorhanden. Es geht fast ein wenig akademisch zu und scheint daher nicht ausgeschlossen, daß einige Forscher mit ihrer Meinung den Kern der Dinge treffen, der spätere Abt von Cluny, der gelehrte Petrus Venerabilis, eine Zeitlang Studienleiter zu Vézelay, habe hier eine Art Tugendreglement aufgestellt. Wie dem auch sei – die Darstellungen des Heilsgeschehens sind auf die Tympana der Narthex-Portale verlegt. Rechts und links sieht man Geburt und Tod Christi. Doch alles, was Vézelay in dieser Beziehung vermag, sagt erst das Mittelportal, der eigentliche Durchgang vom Narthex zum Kircheninnern, aus. Oder noch genauer, jenes gleichsam aus gebranntem Stein geschlagene Tympanon und die Mittelsäule der Pforte, durch welche die Pilger einst nach langer Wallfahrt in die Kirche der Verheißung geströmt sind.

Dieses Tympanon macht das Herz von Vézelay und zu einem Teil auch das von Burgund aus. Dargestellt wird das pfingstliche Ereignis. Keinesfalls aber, wie uns die Apostelgeschichte berichtet, in historischer Art, sondern gleichsam in einer Darstellung an sich. Mächtig thront ein riesiger, mit übergroßen Händen begabter Christus inmitten, im Besitz aller göttlichen Gewalt, umzogen von der Mandorla. Noch sein Gewand verrät ein geheimnisvolles Strahlen, eine Bewegung, die von ihm auf alles übergeht, was ihn umgibt. Einzig sein hieratisch und fern auf das Unverrückbare gerichtetes Antlitz bildet einen Ruhepunkt. Noch die zwölf Apostel zu seinen Seiten ergreift die jähe Bewegung, die von dem Herrn ausgeht, und veranlaßt sie, mit dem Buch der Bücher in Händen, die göttliche Lehre bis in die fernsten Zonen der Welt mitzuteilen. Denn an der Hüfte und am Knie trägt der Herr jene gegenläufigen Spiralformen, die symbolisch andeuten, daß er Lebens-, Todesbegleiter und Heilsbringer zugleich ist. Wie sie einander drängen auf ihrem Wege zu Christus, diese auf dem Türsturz dargestellten Völkerschaften! Das ganze Geheimnis des Heiles, das ganze Credo des Glaubens ist hier Gestalt geworden. Darunter aber, vor die Mittelsäule gestellt, weist Johannes der Täufer mit dem Finger auf das Lamm Gottes, das die Sünden der Welt trägt. ›Christ ist Mensch geworden‹, soll das bedeuten, ›er hat eure Sünden auf sich genommen!‹

Im Lande Claude Tilliers

Die meisten Kreuzzüge sind anders ausgegangen, als man zu Hause gehofft hatte. Auch jener, zu dem der hl. Bernhard auf dem Hügel von Vézelay aufrief. Einen Nachhall der allzu kurzen Kreuzfahrerherrschaft im Heiligen Land vermag man noch heute in Burgund zu erkennen: nur gut zwanzig Kilometer von Vézelay entfernt.

Dort nämlich liegt *Clamecy*, die Geburtsstadt zweier großer Dichter, Romain Rollands, der es eine Stadt des schönen Widerscheines und der sanften Hügel genannt hat, und Claude Tilliers, der keinen Grund sah, mit seiner Vaterstadt, vielmehr ihren Bürgern, so glimpflich zu verfahren. Er ist nicht grade sanft mit dem ganzen Spießergesindel umgesprungen, mit dem Herrn Dupin, diesem berufsmäßigen Renegaten, dem Gerichtspräsidenten, dem Bischof und den anderen Schranzen der Bigotterie und des Dünkels. In seinem ›Onkel Benjamin‹ hat er sie für immer der Lächerlichkeit preisgegeben, jenem im Grund so tragischen Buch, das mit den Worten beginnt: »Ich weiß nicht, warum der Mensch eigentlich so am Leben hängt.« – Ah, der große, aufrechte, todkranke, aus der Hefe des Volkes aufgestiegene Schulmeister, Redakteur und Pamphletist mit dem warmen Herzen, der ein so schweres Schicksal hatte – Claude Tillier aus Clamecy eben, dieser hübschen Mittelstadt an der Yonne, deren steinerne Brücke sich im kaum bewegten Wasser des Flusses spiegelt.

Clamecy, so ist zu bemerken, war Sitz eines Bischofs von Bethlehem. Das ging so zu: Guillaume IV. von Nevers starb 1168, nach Palästina gezogen, an der Pest. Er bestimmte in seinem Testament, daß man ihn in geweihter Erde zu Bethlehem begrub. Dafür dotierte er den derzeitigen Bischof der Geburtsstadt des Herrn, sozusagen als Gegenleistung, mit dem Hospital von Pantenor zu Clamecy. Für den Fall, daß der Kirchenfürst einmal eine Zuflucht brauchte. – Er bedurfte ihrer tatsächlich bald, als das Königreich Jerusalem zusammenbrach. Von diesem Zeitpunkt ab hat es bis zur Großen Revolution zu Clamecy rund fünfzig Bischöfe von Bethlehem ›in partibus‹ gegeben. Eine Kirche ›Notre-Dame-de Bethléem‹ existiert sogar noch heute; sie liegt ganz nahe dem schönen Fluß und der Brücke, die als Wahrzeichen die Figur eines der ›flotteurs‹ trägt, eines jener Holzflößer, die früher das aus dem Morvan herabgeschwemmte Stammholz aus dem Wasser fischten und mit einem Schlagzeichen versahen.

Die Zeit der Flößer ist vorbei. Verschollen sind auch die Spuren des wunderbaren, lauteren Dichters Tillier, dessen man sich hier gar nicht so gern erinnert. Die Erinnerung an den großen Romain Rolland hat seine Gestalt verblassen lassen. Es ist seltsam, daß Tillier in Deutschland soviel mehr Resonanz als in Frankreich fand, seit Ludwig Pfau Anfang der fünfziger Jahre des vorigen Jahrhunderts den ›Onkel Benjamin‹ bei den

Bouquinisten von Paris entdeckte. Seine Vaterstadt hat ihm immerhin eine Gedenkbüste gesetzt. Auf dem Marktplatz von Clamecy steht sie. Nur die Jahreszahlen ›1801–1844‹ darauf und sein Name. Hinten sind einige Werke genannt: ›Mein Onkel Benjamin‹, ›Cornelius‹ und Pamphlete. – Das wäre es auch wohl. Auf dem Sokkel der Büste spielt ein kleiner bocksfüßiger Satyr auf der Pansflöte. Das allerdings trifft genau daneben. Wahrscheinlich sollte damit Tilliers Gestalt für die guten Bürger von Clamecy verständlich gemacht werden, denen seine Werke als Ärgernis galten. Immerhin, da steht er nun und schaut hinab auf den prachtvollen Turm von St-Martin mit seinem überreichen Schmuck, wo der von ihm grimmig gehaßte Bischof residierte. Es ist so etwas wie eine verewigte Feindschaft. Aber man muß das nicht allzu tragisch nehmen. Claude Tillier als Lebender oder in der Ewigkeit ohne Feinde – nicht auszudenken!

Nicht weit von Clamecy hinter einigen flachen Hügeln liegt *Moulot*, an dessen Kirchlein Claude Tillier seinen Benjamin Rathery den Ewigen Juden spielen ließ. Und auch *Corvol* und *Varzy* folgen, in dem der Urindoktor Minxit residierte. – Man befindet sich mitten im *Nivernais*, wo die Landschaft zur Loire hin immer offener wird und an allen Straßen die Poterien, die Töpferwerkstätten, ihre Erzeugnisse zur Schau stellen.

Die schönsten davon sieht man freilich in Nevers. Es gibt dort ein richtiges Fayence-Museum in der ehemaligen Chapelle Ste-Marie. Doch das ist eine Geschichte für sich.

Ausflug nach Nevers

Die Fayencen von Nevers spiegeln ein Stück europäischer Historie. Sie sind durch Lodovico Gonzaga, Gemahl der Henriette von Cleve, ins Land gekommen, den Karl IX. von Frankreich am 2. März 1566 mit der Herrschaft Nevers belehnte. Der Gonzaga brachte in seinem Gefolge eine italienische Familie von Keramikern mit, Conradi geheißen, und er hat sich, wie seine Nachfolger Karl I., Louise-Marie und Karl II., bis ins einzelne für die Schicksale dieser Familie interessiert. Als das Nivernais an den Neffen des Kardinals Mazarin, Philippe Jules Mancini, fiel, erlosch das landesherrliche Interesse an dem aufblühenden Gewerbe sofort. Aber es machte nichts mehr aus. Die Stadt zählte bereits eine große Zahl von Manufakturen, deren Ruf im ganzen Lande verbreitet war.

Bis 1753 hatten sich nicht weniger als elf Fayence-Werkstätten niedergelassen. Sie bildeten ein Viertel nahe der Kathedrale. Die Erde des Nivernais eignet sich gut für Poterien. Sie enthält zwei Teile ›argile‹, das ist Ton, und einen Teil ›marne‹ oder ›chaux‹, Mergel oder Kalk mit einer Färbung von Gelb bis zum Ziegelrot.

Man kann im Museum prachtvolle Arbeiten dieser Manufaktur sehen, Geschirre, Barbierbecken, Krüge und Kacheln. Am amüsantesten sind die Teller aus der Zeit der Revolution mit Aufschriften wie: »Vivre libre ou mourir« oder eine köstliche Schüssel mit einem ›Arbre de l'Amour‹, darauf Gott Amor mit Pfeil und Bogen in der Krone eines Baumes thront, während die Männer gleich Äpfeln im Gelaub sitzen und von den Frauen heruntergeholt werden, wie wenn Eva zum zweiten Male den Apfel pflückte. Eine Reihe von Krügen aus dem 17. Jahrhundert ist in der delikaten Technik des Kupfergrüns bemalt. Aber vielleicht bleibt es am schönsten, was sie in der Gegenwart machen: Geschirre im Bleu de Nevers, einem wundervoll tintigen, violett durchhauchten Dunkelblau, dessen eigentliche Reize dadurch wachwerden, daß man es mit weißer oder gelegentlich chromgelber Farbe bemalt.

Überhaupt, welch eine amüsante, interessante Stadt, dieses Nevers! Die drangvolle Enge, die das Leben in Dijon kennzeichnet, ist einer beschaulichen Weite gewichen. Die Luft der Loire-Landschaft weht. In breitem Trakt wallt die frühere Zufahrt von der Freitreppe des Schlosses dem Strom entgegen, noch immer flankiert durch die längst zu Bürgerhäusern gewordenen Bauten der Vorburg mit ihren hohen Dachstühlen von Schiefer – Nevers ist eine Stadt besonders schön gearbeiteter Schieferdächer. Nach rückwärts fällt der Blick auf das Herzogsschloß mit seinen Türmen, großen Fenstern und sechs stolzen Mansardenluken, in dem gleich zwei spätere Königinnen geboren wurden, Louise-Marie Gonzaga, die den polnischen König Ladislaus IV. und dann seinen Nachfolger Johann Kasimir, und Marie de Lagrange d'Arquian, die Johann Sobieski ehelichte. Von 1645 bis 1696 haben die zwei Prinzessinnen des Nivernais die Schicksale Polens mitbestimmt ...

Nur wenige französische Städte vermochten diesen Zauber einer Residenz zu bewahren wie Nevers, wo zwischen das Grau der Straßenzüge das Grün der Parks gemalt ist und hier oder dort noch wundervolle alte, mit Wein umsponnene Fachwerkhäuser so unversehrt dastehen wie im 17. Jahrhundert! Welch eine Lust umherzuschlendern! Man kann es so machen, wie so viele, die in diese Stadt kommen, und die hl. Bernadette Soubirous in ihrem Glassarg im Konvent St-Gildard besuchen. Oder man steigt die steilen Treppen zum Musée Archéologique in der Porte du Croux empor, wo es prachtvolle Reste von der untergegangenen Kirche St-Sauveur, einer Priorei von Cluny, zu sehen gibt – ach, dieses Kapitell, das den Tod des Reichen mit dem traurig nachsinnenden Engel auf der Seite darstellt, das ist ein Stück, das, wie das Tympanon mit der Übergabe des Schlüssels an St. Petrus durch den Herrn, zu den großen Augenblicken burgundischer Plastik gehört. Oder man wandert an der gewaltigen Kathedrale St-Cyr vorüber, die gleich den Kaiserdomen am Rhein zwei Chöre besitzt, man geht durch alte Gassen und die Remparts, die ehemaligen Wälle und Gräben hinab zur Loire, wo man trotz des Verkehrs der Uferstraßen noch immer spürt, daß hier die Mitte Frankreichs mit ihrem Himmel voll Duft und Milde anhebt. Oder man kehrt endlich in die Herzkammer von Nevers zurück. Das ist inmitten herandrängender Häuser der winzige Platz von St-Etienne. Wer vom Stein angerührt zu werden vermag, hier widerfährt es ihm.

Da diese cluniazensische Prioratskirche 1063 begonnen und in gut dreißig Jahren beendet wurde, ist sie von bezwingender Einheitlichkeit, ein Bau von anspruchsvoller Strenge mit hohem Querhaus, wuchtigem Chorhaupt und gleich einer Pranke hinausgeschobenen Chorumgangskapellen. Aber das macht es nicht. Die Größe von St-Etienne läßt sich erst im Innern erkennen. Dort wallen die Mittelschiffswände in hoheitsvoller Gebärde, die ihresgleichen sucht, über raumbildende Arkaden, Emporendurchbrüche und Lichtgaden zum Tonnengewölbe empor. Vertikal durch überlange Dienste gegliedert, welche die Jochbögen tragen. Im Chorumgang wachsen die Säulen wie Bäume direkt aus dem Boden, und allenthalben webt schwebende Helligkeit durch den Raum und zeigt an, welch hohe Ordnungen bereits die Romanik ersann, um die Schwere des Steines mittels des Himmelslichtes in Geist zu verwandeln.

Gotische Zeiten

Perspektiven

Auch in Burgund gibt es Augenblicke, in denen man ganz genau spürt, wie der Zipfel der alten Welt abbröckelt, in dem wir so fest zu wurzeln meinen. Die Reste erlauchter Vergangenheit, sie schwinden, versickern im verdorrten Boden eines Zeitalters der praktischen Gehirne. Schon, daß man sie zu offiziellen Sehenswürdigkeiten degradiert, sagt genug. Es ist immer das Letzte, wenn man unter die Wechsler gerät.

Dijon, abends. Dreihundert Kilometer weit schweift das Leuchtfeuer vom sechshundert Meter hohen *Mont-Afrique* am Rande der Stadt über das Land. Eine Milliarde Kerzen mißt seine Leuchtquelle, eine der stärksten der Welt. Hinauf also die langen Kehren über Corcelles! Da liegt sie bereits tief unten, die Stadt, ein endloses Lichterbeet. Oder nein, es heben sich Leuchtbarrieren aus der ebenen Flut, die neuen Hochhausblocks, die sich jede Mittelstadt in Frankreich schuldig glaubt. Man könnte sie loben, sogar romantisch finden als Nistkästen für Sterne. Aber am Tag? Hoffnungslos, wie ihre klotzige Baukastengeometrie jede Silhouette zerschlägt. Was bedeuten da noch die steinernen Turmhauben von St-Michel, die glasierten Ziegeldächer St-Bénignes, die stumpfen Kegelspitzen von Notre-Dame mit dem gotischen Dachreiter? Verloren, verlegen, fehl am Platze stehen sie im Gewirr der Dächer herum, entthronte Könige, deren Reputation unaufhaltsam sinkt. Gleichen sie nicht dem ›petit homme gris‹, von dem man im Folklore-Museum Puycousin zwischen einem ganzen Hochzeitszug von Trachtengruppen und der verschämt in altmodischer Badewanne hockenden Wachsfigur auf einem alten Teller lesen kann – jenem für die große Welt so völlig nebensächlich gewordenen ›grauen Männchen‹ also, aus dem hübschen Lied, das nach der Melodie von ›Toto carabo‹ zu singen war?

Il est un petit homme
tout habille de gris à Paris
jouffle comme une pomme.
Oui, sans un sous comptant,
constant,
et dit: moi, je m'en . . .
et dit: moi, je m'en . . .
ma fois, ma fois, moi, je m'en ris.
Oh, qu'il est gai, oh qu'il est gai
le petit homme gris.

Freilich, es will unerlaubt, wenigstens unpassend dünken, die respektablen Gotteshäuser von Dijon solcherart zu bagatellisieren. Aber warum sich soviel vormachen? Sind sie nicht samt und sonders zu Aschenbrödeln geworden? Auch wenn ihnen der Fremdenverkehr zu einer gewissen Rangerhöhung verhalf?

Ah, und welche Rolle sie doch einst im Bild der Stadt spielten! Selbst das ärmlich wirkende Parvis St-Philibert, in dem man früher den Bürgermeister wählte, oder St-Jean mit seinen kahlen Fluchten von Wänden, darin man Bossuet taufte, den späteren Bischof von Meaux, Kanzelredner und wortgewaltigen Parteigänger der Politik Ludwig XIV.

Oder gar die üppigeren unter ihnen, wie St-Michel, am Endpunkte der großen Achse, welche die Rue de la Liberté durch Dijon furcht, die von der Square Darcy ausgeht und am Herzogsschloß endet: im Innern flutet es noch von gotischen Formen; aber als man mit der Fassade zu bauen anhob, war bereits die Zeit der Renaissance angebrochen. Daher denn St-Michel ein schweres, in lauter Quergeschosse gegliedertes, antikisierendes Äußeres mit zwei schweren Kuppelhauben auf den Flankentürmen trägt!

Eine Kirche gibt es freilich in dieser Stadt, *Notre-Dame*, die sich bei aller Eigenart königlich über das Viertel des Herzogsschlosses samt den umliegenden Gassen, einschließlich der alten Fachwerkbauten in der Rue Goudron, erhebt. Das ist wahrhaft ein klassisches Beispiel dieser eigentümlichen burgundischen Gotik, die im Grunde nur eine Fortsetzung oder Variante der alten romanischen Baugepflogenheit darstellt. Aber welch ein herrliches Maß in der Gliederung der Wand über den gotisch zugespitzten Arkaden, den Triforien, den Obergadenfenstern! Wie leicht, festlich und doch ganz nahe dem Romanischen! Es stimmt schon, daß man vor dem Äußeren ein wenig verblüfft dasteht. Die ganze Fassade von Quergalerien überzogen, die keinerlei Aufwärtsbewegung, sondern höchstens eine eigenwillige Aushöhlung der Wand bedeuten. Selbst für die Portale gilt das Prinzip der Ausmuschelung. Es stimmt eben in Frankreich mit unserer Formel nicht, die Gotik sei ein nach oben strebender, Gott suchender Stil. Man muß sie aus ihrer Bindung an das Hergebrachte begreifen und als Aperçu empfinden. – Eine bilderstürmende Zeit hat sämtliche Figuren von den Archivolten Notre-Dames weggeschlagen, so daß man heute nur noch den Umriß sieht, wo sie gesessen haben. Narben, die unaufhörlich bluten . . .

Wahrlich, Dijon ist die Stadt einer lautlosen Passion. Was ihre gotische Epoche betrifft, muß man zudem umlernen. Gewohnte Wege geht nichts, selbst die sonst in Frankreich üblichen nicht.

Da ist *St-Seine*, von Dijon nach Nordwesten, im Schoß eines tiefen Tales gelegen. Von dem alten Kloster inmitten eines Örtchens blieb die Abteikirche mit gewaltig hohem Turm bestehen. Wie Notre-Dame von Dijon zu Beginn des 13. Jahrhunderts begonnen und wie sie ein Mittelding zwischen der burgundischen Romanik und der Gotik der Ile-de-France. Von jener unterscheidet sie sich eigentlich nur durch das Fehlen der Empore. Der Stein ist warm, goldgelb getönt. Lang wallen die Mauern im Chor, streben die Dienste. Erst bei genauerem Hinsehen merkt man, diese Kirche ist dennoch aufgeschluchteter. Die Knickung der Bögen wirkt nicht mehr behaglich und romanisch breit, sondern entschieden, und das Schiff scheint etwas höher als sonst emporzuschwingen. In dieser Nuance liegt alles!

Man findet dieselbe Eigenart in Semur – jenem *Semur-en-Auxois*, in dem jedes Jahr am 31. Mai seit 1639 ein Pferderennen stattfindet, die ›Course de la Bague‹, deren Preis immer der gleiche blieb. Unbedingt nötig, die köstliche Stadt am Armançon von der Straße nach Paris aus anzufahren. Plötzlich im Grunde ein dicker Turm, ein zweiter! Die Dachlinien verlängern sich, schon schließt sich das Bild zu einer Festung, darunter, darüber wachsen Häuser, und hoch über alles ragt eine gotische Kirche hinaus, Notre-Dame. Das ist noch eine Ankunft. Man hat alles sofort. Der ganze kostbare, alte Ort, in dem es tausend hübsche Einzelheiten gibt, präsentiert sich auf einen Blick. Burg und Stadt sind fast ganz umflossen und stehen gleich einer Mauer über dem Fluß. Vom Pont Joly sieht man's. Kreuz und quer furchen Gassen hindurch, hübsche Häuser gibt es die Menge, bewehrte Tore, schöne Erker. Sehr schwierig, ein Einzelstück herauszugreifen. Höchstens die Tour de l'Ourle d'Or wäre zu nennen, so geheißen ob ihres goldfarbenen Steines. Fünfundvierzig Meter hoch hebt sich der runde Koloß mit seinen mehr als zwei Meter dicken Mauern, der heute Sitz jener historischen Gesellschaft ist, die auf dem Mont Auxois die römische Stadt ausgräbt. Kein Wunder, daß das Historische soviel Bedeutung besitzt. Die meisten Bauten sind uralt.

Das Schönste an Semur bleibt freilich wiederum die Kirche. Im 13. und 14. Jahrhundert hat man ihr das Gesicht von heute gegeben. Der Chorumgang bekundet noch veritable Romanik, weiß Gott! Aber das macht es nicht. Auch die vielen Dekorationen und Andachtsbilder oder eine Grablegung vom Ende des 15. Jahrhunderts mit dem trauervollen Ernst und der Schwere ihrer Gestalten nicht. Die Kirche von Semur ist froh gestimmt. Sie ist eine ganz ungewöhnliche burgundische Kirche, wenn sie sich auch keine Flatterhaftigkeiten gestattet. Ernsthaft und organisch streben die Formen empor. Man denke sich das Langhaus der Abteikirche von St-Seine oder den Chor von Notre-Dame zu Dijon enger, höher gezogen, da hat man Semur. Der Wille zur Aufwärtsbewegung ist diesmal sehr dringlich; man kommt nicht aus seinem Bann. Aber es ist ein Wille, in dem keine der edlen Formen zerstört wird. Das heitere Wohlmaß bleibt. Das macht Semur burgundisch. Die Schwere ist nicht aufgelöst, vielmehr ins Gleichgewicht gebracht. Dazu besitzt die Kirche große Obergadenfenster. Ihre Wände atmen, erglühen, erblassen mit dem wechselnden Licht, der Wolkenzug draußen wird zu einem magischen Geschehen. Notre-Dame gleicht darin einem Kind, dessen Stimmungen schnell wechseln. Schlank und hoch aufgewachsen, wie das Schiff einmal ist, erweist es sich als von sehr edler Rasse.

Freilich ließe sich am Rande wohl auch St-Mammès zu Langres nennen. Wiewohl dem burgundischen Raum nicht mehr recht zugehörig, nimmt Langres noch einmal das Schema der burgundischen Kirche auf. Welch ein seltsames Gotteshaus, dieses St-Mammès! Alles, was die Zeitalter geleistet haben, vereint es. In der Säulenstellung des Chores, in den Biforien wird noch einmal ein Anklang an Burgund versucht. Wie in Autun finden sich gar Pilaster, wenn auch nicht kanneliert, so doch durch eine Mittelfurche gezeichnet. Das Gotische ist lediglich in den zugespitzteren Arkaden zu finden.

Aber freilich, die Harmonie fehlt. Breit und schwer lastet der mächtige Chor. Der Raum hat sich für's Deftige entschieden. Nur der Zierat und das burgundische Schema wurden übernommen. Wie sollte es auch in diesem alten, oft umkämpften Bischofssitz mit seinen Wällen, Toren, Türmen, die noch heute bestehen, anders sein? Man befindet sich im Grunde in einem anderen Land und lebt nicht mehr aus der nämlichen Freiheit und Fülle.

Allein, es bleibt zugleich anzumerken, daß das wirklich gotische Element Burgunds, von Niederburgund abgesehen, sich nicht in den Pfarrkirchen der Städte offenbart. Allzu lang hat man uns glauben gemacht, gotisch zu denken, zu fühlen, zu gestalten sei eine Umorientierung des Stiles. Aber wie jede Wandlung des Kunstempfindens, bedeutet es in Wahrheit einen Umbruch, der den gesamten Menschen ergriff. Bedienen wir uns eines Modewortes: es entstammt dem existentiellen Bereich. Nur auf diesem Umweg ist es in die Architektur übergegangen. Keine Gestalt, in der das so deutlich wird, wie in der bedeutsamsten ihrer Epoche, dem hl. Bernhard von Clairvaux, der, bezeichnend genug, abermals ein Burgunde war. – Freilich macht er's uns schwer! Anders als die Äbte von Cluny hat er der

Kunst niemals die geringste Fähigkeit zur Offenbarung des Göttlichen zugesprochen. Zudem glaubte dieser Revolutionär, wie so viele seines Schlages, das Heil in der Rückkehr zur äußersten Einfachheit zu finden. Das aber heißt, daß er sich hergebrachter, kurz, romanischer Formen für den Bau seiner Kirchen und Klosteranlagen bediente. Ein erstaunlicher Fall tritt ein. Die Vorkämpfer eines neuen Geistes erweisen sich in ihrer Ausdruckssprache als Traditionalisten. Das ist nur ein scheinbarer Widerspruch. Die Geschichte liefert zu diesem Thema Präzedenzfälle die schwere Menge.

Der heilige Bernhard in Cîteaux

Draußen sank schon der Abend und sie hockten noch immer beim rubinrot schimmernden Volnay, während der Vertreter für Trikotagen seine hanebüchenen Anekdoten zum besten gab – tüchtige Bourguignons, muntere Lebensbemächtiger, niemals um einen derben Witz verlegen, der Sonne, der Lebensfreude und des Weines wackere Söhne! Welch ein Überschwang auf diesem westlichen Ufer der Saône zwischen Dijon und Mâcon, jener gesegneten Region, in welcher die Weinstöcke hochberühmter, in aller Welt bekannter Traubengeschlechter in Prozessionen die Hänge der *Côte d'Or* hinanwallen!

Etwas weiter nach Osten hingegen . . . Man kann sich kaum krassere Gegensätze vorstellen. Nichts reizloser als das brettflache Gebiet zwischen den Auenwäldern der Saône bis zum Flußufer hin. Die Gestaltungskraft der Natur scheint völlig erlahmt und einer müden Resignation gewichen. Die Landschaft verwandelt sich in eine Region öder Teiche und ebener, feuchter Wiesen, bevölkert mit dem fahlweissen, für die Schlachthäuser von Paris bestimmten Rindvieh aus dem Charollais. Es ist die Gegend, in der das *Kloster von Cîteaux* liegt, die geistige und seelische Heimat jenes Mannes, der bestimmt war, Cluny in seiner geschichtlichen Rolle abzulösen . . .

Bernhard von Clairvaux hieß er erst mit einem späteren Attribut. Sein Vater, der Herr von Tescelin, titulierte sich Seigneur und Chastellain. So kam er als drittes von sieben Kindern auf einem Schloß nahe Dijon zur Welt. Man schrieb das Jahr 1090. Die Mutter war den Grafen von Tonnerre verwandt und hatte selbst etwas herzogliches Blut in den Adern. Daniel-Rops, einer der Biographen des Heiligen, schreibt diesem Umstand die adeligen Züge im Wesen Bernhards zu. Als ob es solcher Erbschaft bedurft hätte! Der junge Mensch zählte grade einundzwanzig, als ihn jenes erstaunliche Fieber ergriff, das uns heute wie eine Offenbarung der tiefgründigen Seite im Wesen Burgunds anmutet. Was ihn trieb? Vielleicht ein Gefühl des Ungenügens, vielleicht ein innerer Aufschwung, von dessen Glut wir nichts ahnen. Noch immer steht die schmale Silhouette dieses Mannes, der mit beschwörend erhobenen Armen von den Hängen der Berge, den Treppen der Kirchen zu den Massen predigte, vor dem abendlichen Himmel Europas gleich einer Vision. Freilich, jener hl. Bernhard, in dessen Vorzimmer Könige warteten, den Päpste um Rat angingen, der Schiedsrichter Europas – jener Mann, der Hunderte von Klöstern als Saat seiner Gedanken aufkeimen sah, die abendliche Menschheit zu den Kreuzzügen begeisterte, in Bamberg mit dem Kaiser verhandelte, im Rheinland den Judenpogromen ein Ende machte, in Pisa das mit der Wahl Anaklets entstandene Schisma schlichtete – dieser Mönch von unvorstellbarer Gewalt, der seinen Mitbrüdern nur in Einem voraus sein wollte, der Erniedrigung, der Hingabe und Unbedingtheit der Liebe – dies alles ist der Bernhard einer späteren Zeit, eben der von Clairvaux, wohin er 1115 von Cîteaux aus aufbrach, um im ›Val d'Absinthe‹ am Nordrand Burgunds noch einmal ganz von vorn zu beginnen. Cîteaux, an dessen Pforten der hl. Bernhard im Jahr 1112 nebst zweiunddreißig Genossen klopfte, um nach uraltem Ritus auf die Frage des Abtes Etienne Harding: »Was ist Euer Begehr?« zu erwidern: »Das Erbarmen Gottes« – Cîteaux, das den hl. Bernhard nur drei aber um so entscheidendere Jahre in seinen Mauern sah und das für immer der Mittelpunkt des Zisterzienserordens blieb, erlangte für das Leben und Wirken des Gottesmannes eine andere Bedeutung. Ganze vierzehn Jahre bestand der Konvent damals erst – eine Gründung des aus Cluny hervorgegangenen Abtes Robert von Molesmes, der hier nach einem anderen Geist zu leben trachtete. Eben befand sich die junge Gemeinschaft in einer schweren Krise. Die Anzeichen für ein kontemplatives Leben standen so schlecht wie möglich. Es war harte Arbeit vonnöten, um das Kloster überhaupt am Leben zu erhalten. Aber genau diese Grenzsituation scheint es gewesen zu sein, die den hl. Bernhard verlockte.

Man ist mit einigem Grund geneigt zu sagen, Cîteaux habe in seinem Leben einen ganz modern wirkenden Gedanken entstehen lassen und gereift. Das, was die Existenzphilosophen mit wechselnden Vokabeln als das ›Geworfensein‹, die ›Unbehaustheit des Menschen‹ oder das ›Sein‹ schlechthin bezeichnen, und was die Biographen des Heiligen das ›Abandon du Chrétien‹, die Verlassenheit des Christen, nennen, die kaum etwas anderes, freilich unter ganz entgegengesetzten Vorzeichen, ist.

Auf diese innere Lage kam es dem Heiligen an. Es ging darum, aus dem letzten Herzenswinkel alles, was das Christentum im Lauf der Jahrhunderte an Gefälligem, an behaglicher Tröstung, an Selbstgenügsamkeit in sich gespeichert hatte, auszuroden. Das Gotteserlebnis wurde abermals in elementarer Distanzierung von Schöpfer und Geschöpf empfunden. Nackt, schutzlos und ausgeliefert stand der Mensch im ungeheuren Walten des Kosmos, durch keine andere Kraft als die Unbedingtheit seiner Hingabe und seines Glaubens fähig, die Vereinigung mit Gott zu erreichen. – Dies ist genau die innere Situation der beginnenden Gotik.

Eben das bot Cîteaux dem jungen Mönch. Noch heute spürt man es. Die Abgeschiedenheit wirkt nicht mehr so streng, seit es Autos und Autostraßen gibt. Aber die Verlassenheit blieb. Hat man die ausgedehnten Waldgefilde westlich der Saône und sodann eine Region von Teichen durchquert, die mehr oder weniger entstanden, weil der tonige Grund ein Versickern oder Abfließen der Regenwässer verhindert, befindet man sich bereits inmitten jenes Kabinettstückes von landschaftlicher Öde, darin Cîteaux liegt – Wiesen, Felder, Gehölze, deren Kennzeichen die Trivialität ist. Übrigens, damit kein Irrtum entsteht, es blieb von dem ursprünglichen Kloster, dessen Kirche einmal die Begräbnisstätte der kapetingischen Herzöge Burgunds war, so gut wie nichts erhalten; ein paar Fundamente, ein paar Arkaden vom alten Kreuzgang. Indessen, das heutige steht um nichts prosaischer und kaum anders in der Gegend. Einige schmale, hohe, langgestreckte Bauten, bar jeden Zierates und mehr Kasernement als Kloster, eine sparsame Kirche, ein karg zu nennendes Refekorium, auf dessen nackten Tischen die Wasserkrüge stehen, lange Gänge, durch deren Dunkel nachts die Schritte der in einsamer Prozession dem Chorgebet zuwallenden Mönche mit der weißen Kutte hallen. Den riesigen, rechteckigen Klosterhof, über den stets einige Mönche mehr laufend als gehend ihrer Arbeit zueilen, beschließt das quergelagerte, zweigeschossige Gebäude einer langgestreckten

Scheuer aus Ziegeln. An ihrem Fuß ein Schuppen mit zum Trocknen ausgelegten Maiskolben, die orangefarben in die Landschaft leuchten und der einzige freudige Farbakzent sind. Die Nüchternheit wird durch etliche Baumkulissen eher unterstrichen als verhüllt. Alles ist überdimensioniert, viel zu weitläufig, als daß es anzurühren vermöchte – Häuser, Mauern, Scheuern, Hof wie Felder. Es gibt nichts, was das Herz anspräche. Spätere Tochtergründungen wie Fontenay in Burgund, Fountains in England oder Ebersbach am Rhein nehmen sich neben Cîteaux gradezu romantisch aus.

Die exemplarische Nüchternheit von Cîteaux wirkt immer noch unerhört. Sie verkündet das Ausgesetztsein des Christen, dessen irdischem Wandel die Ordensregel des hl. Bernhard nur die bare Lebensfron, die Entsagung und das Gebet ließ. Als der Gottesmann hier weilte, lagen die Verhältnisse noch einige Grade schwieriger als heutzutage. Es war verzweifelte, die Fingerknöchel gichtisch verhärtende Arbeit nötig, um die Sümpfe rings um das Kloster trocken zu legen – das Wort ›Cistel‹, von dem sich sowohl der Ordensname der Zisterzienser wie jener der Abtei ableiten, bedeutet Röhricht. Dazu gebot die vom hl. Bernhard inspirierte Ordensregel auch nachts das Tragen der Kutte, als Getränk diente lediglich klares Wasser, die Mahlzeit bestand sommers aus zwei, winters aus einem Gemüsegang. Ein einziges Wolltuch mußte als Zudeck genügen. Das Bett war eine Pritsche, der Alltag ein Acker voll brauner, frostiger Schollen, auf dem nichts als die Not zu ernten stand.

Man begreift die Unerbittlichkeit, aber auch den Sinn dieser Impulse erst ganz, wenn man Cîteaux gesehen hat. Man versteht dann auch, warum das Kloster nur eine Station im Leben des Heiligen blieb. Als es nach drei Jahren seiner Anwesenheit aufzublühen begann, mußte er weiter, mußte ins Brachland hinaus, damit ihn des Lebens volle Härte traf und seine Hingabe am äußersten Maß der Entsagung wuchs. So geschehen 1115, als der hl. Bernhard nach Clairvaux, am Nordrande von Burgund, ging. Dem gewaltigen Propheten und Neinsager hätte auch dies nicht genügt, wäre er darüber nicht eine fast mythische Gestalt und nebenbei zum heimlichen Oberhaupt der Christenheit und geistigen Vater des Abendlandes geworden.

In Cîteaux war er das noch nicht, sondern nur ein einfacher Mönch, der durch die ungestüme Glut des Glaubens, seine seelische Kraft und seine Tapferkeit inmitten eines Zeitalters schwankender Königsmacht und üppig aufschießenden Feudalwesens, unbedenklichen Lebensgenusses und leichtfertiger Verhärtung das ›Abandon du Chrétien‹ vorzuleben vermochte. Es gibt im Museum von Dijon eine ergreifende Reliquie, ein ausgebleichtes, an seinen Rändern leicht geplatztes, im 15. Jahrhundert in Messing gefaßtes Trinkschälchen aus Nußbaumholz, dessen sich der Heilige nachweislich zwischen 1112 und 1115, also in Cîteaux, bediente. Ein Ding, das in seinem Gebrauch stand. Ärmer als arm. Einfacher als einfach. Selbst dies ein äußerstes Maß. Verzicht, absolute Entsagung, ein Dasein an den Rändern des Möglichen und voll schneidender Härte. Durchschauert von Ängsten der Verlassenheit und Kämpfen der Selbstüberwindung, von denen wir nie etwas wissen werden . . .

In Fontenay

Freilich, von seiner eigentlichen Schöpfung, von *Clairvaux* am Nordrande von Burgund, wo sein Name groß wurde und im Tal der Aube, hart südlich *Bar-sur-Aube*, ein Kloster von unerhörter Ausstrahlung entstand – nichts mehr. Gewiß, da ragen gewaltige Mauern hoch, ziehen sich Trakt um Trakt die Gebäude hin, aber von jenem ›hellen Tal‹, das der Gottesmann an dieser Stelle schuf, blieb kein Stein. Die Anlagen entstammen einer späteren Zeit und, was schlimmer ist, sie sind nicht einmal mehr zu besuchen. Wo früher die frommen Zisterzienser ein Leben harter Entsagung führten, brüten heute die stumpfen Gesichter von Sträflingen vor sich hin. Man hat aus Clairvaux ein Zuchthaus gemacht.

Will man etwas vom Geist ursprünglicher Zisterzienseranlagen erkennen, wie sie der Heilige plante und schuf, sollte man daher gleich nach *Fontenay*, hart südlich Semur-en-Auxois, gehen. Dort liest man es gleichsam von den Steinen ab, wie sich das zisterziensische Leben im 12. Jahrhundert zutrug.

Zwar, es regnete den ganzen Tag über in Fontenay, richtige Sturzfluten strömten herab, indessen schien dergleichen höchst angemessen, damit man nicht auf den Gedanken verfiel, bei der hübschen Lage des Klosters im Talgrund habe ein geheimes Lebensbehagen mitgespielt. 1906 ist die Abtei, bis dahin seit der Revolution als Fabrik benutzt, restauriert worden. Von West nach Ost, genau gerichtet, zieht sich die jeden Schmuckes bare Kirche mit der eckigen Apsis. Taubenschläge und gewisse Gemeinschaftsanlagen liegen irgendwo seitlich vor dem Zugang des Gotteshauses. Im Süden fügt sich der Kreuzgang an, dessen Ostseite sich zum Kapitelsaal öffnet. Abermals weiter im Süden folgen Küchen, Refektorium, Wärmehalle. Eine Mauer umschließt das Ganze, an die das Fremdenhaus, die Pförtnerstube und Bäckerei samt Schmiede angebaut sind, während sich im Osten – einziger Luxus der zisterziensischen Welt – ein Kräutergarten über den Hang zieht. – So das mehr oder weniger für alle zisterziensischen Abteien gültige Schema, in dem sich ein äußerstes Maß an Zweckmäßigkeit mit einer Einfachheit ohnegleichen verbindet, wenn auch die Arkaden des Kreuzgangs erlesenen Adel bekunden und der Steinschnitt wundervoll ist. Dergleichen wollte man nicht, es saß sozusagen in der Hand.

Übrigens, noch heute, wo sich jedes Jahr im September die Äbte des Ordens in Cîteaux zum Generalkapitel treffen, führt man das gleiche Leben wie vor achthundert Jahren, übt man die gleiche Enthaltsamkeit. Wie sagte jener freundliche, mehr als schmale Mönch des in der höllischen Sonnenglut eines Hochtales der Provence schmachtenden Klosters mit leuchtenden Augen: »Bei uns Zisterziensern ist eben alles groß.«

Man nennt Fontenay gern die zweite Tochter des hl. Bernhard. Als er Abt von Clairvaux geworden war, gründete er von hier aus drei Niederlassungen: 1115 *Trois-Fontaines* bei St-Dizier, 1118 *Fontenay* und drei Jahre später *Foigny*. Dank der Hilfsbereitschaft des Bischofs von Norwich, der hier Zuflucht gefunden hatte, ließ Fontenays Kirche nicht lange auf sich warten. Bereits 1130 begann ihr Bau. 1149 ist sie durch Papst Eugen III. geweiht worden. Es mußte alles sehr schnell gehen. Der große Gottesmann besaß wenig Zeit.

Aber es gibt in Burgund, welch interessanter Fall, auch Zisterzienser-Kirchen, die entstanden, ehe der hl. Bernhard zum Maß aller Dinge wurde. *Pontigny* im Norden von Auxerre etwa, das 1114 durch zwölf Mönche von Cîteaux unter Führung von Abt Hugo von Mâcon gegründet wurde. Noch erstaunlicher: da bricht die Gotik durch. Proportionen und Geist der gewaltigen Kirche ähneln verblüffend der *Kathedrale von Sens*, wenn man natürlich auch alle Schmuckformen wegdenken muß. Aber das nämliche tektonische Prinzip hat den beiden Gotteshäusern seinen Stempel aufgedrückt. Was man an Klosterbauten sieht, ist nicht sonderlich von Belang; das findet sich in Fontenay tausendmal besser. Aber die Kirche! Das Schiff in sieben, der Chor in drei Joche geteilt, zwischen beiden eine mächtige Vierung, und in diesem großen Trakt scharf durch Rippen konturierte Gewölbe, die durch Obergadenlichter aufgeschluchtet und erhellt werden, dazu reiche Pfeilerbündel, denen runde Dienste vorgelegt sind. Selbst ein Chorumgang ist da. Das zisterziensische Prinzip der schlichten, eckigen Apsis ist aufgegeben zugunsten von radial ausstrahlenden Chorumgangs-Kapellen, wenn sie auch eckig angelegt sind. Die Obergadenfenster des eigentlichen Chores wirken in ihrer scharfen Durchschluchtung des Gemäuers wie eine Zusammenraffung der Bauenergien, und der Chor wird von den Rundpfeilern so feierlich umstellt wie zu Paray-le-Monial. Der Bau ist um 1150 begonnen worden und aufgeführt in einem ganz hellen, beige-weißen Kalkstein, der dem freudigen Klang von Fronleichnam entspricht.

Dies die ›zweite Tochter von Cîteaux‹ am Ufer des Serein und an der Grenze dreier Bistümer, *Auxerre*, *Sens* und *Langres*, die eine Zuflucht englischer Kirchenfürsten werden sollte. Thomas Becket hat hier von 1164 bis 1170 Schutz vor dem Haß Heinrich II. von England gefunden, um, nach Canterbury heimgekehrt, zwei Jahre später in seiner Kathedrale ermordet zu werden. Stephen Langton floh vor Johann Ohneland von 1208 bis 1213 nach Pontigny, und 1240 stellte sich Edmund Rich ein, St-Edme, wie er nach seiner Kanonisierung hieß. Er starb zwei Jahre später und liegt im Kirchenboden von Pontigny begraben.

Seit 1947 ist die Abtei überdies wieder besiedelt durch die ›Pères de St-Edme‹, die hier ein franco-amerikanisches Studienzentrum eröffnet haben. Aber schon zuvor konnte sich Pontigny einigen Zuspruchs rühmen. Bis 1939 fanden in den weiten Räumen des alten Klosters die ›Décades de Pontigny‹ statt, zu denen erlauchte Geister erschienen – Thomas Mann, André Gide, T. S. Eliot, um nur einige zu nennen . . .

Jenseits der Berge: Niederburgund

In Auxerre

Kirchen, Kirchen, immer wieder Kirchen. Alles, was Burgund hervorgebracht hat, liegt, so scheint es, in ihrem Bannkreis beschlossen. Die religiöse Kunst ist das natürliche Element dieses im Grunde schwerblütigen Landes, das sich nur zögernd zur Anmut entscheidet. Über endlose Berge und Täler hinweg nichts als Baum und Strauch, die schwere Mühe der Ackerfron, Einsamkeit wie vor alters, und dann nach einem halben hundert Kilometer bäuerlichen Genügens und winziger Landstädte plötzlich gleich einer Krone: die Stadt. Da liegt sie. Immer ein großes Gotteshaus darin.

Solchermaßen ist es mit *Auxerre* bestellt. Selbst wenn man den weiten Landweg von La Charité kommt, erblickt man es über Hügel hinweg unvermittelt und fern im Tal und immer etwas unwirklich. Ein unentschiedenes Licht scheint darüber hinzugeistern. Im Grunde freilich liegt das an dem maßlos aufgetürmten Bau des Gotteshauses *St-Etienne* aus der gotischen Epoche; es ist die fünfte Kirche, die seit dem Jahr 400 an diesem Platz steht. Man hat praktisch von 1215 bis ins 16. Jahrhundert daran gebaut. Etwas wie eine Vorstadt wächst unvermittelt heran; sehr plötzlich ist man umfangen von Häusern landstädtischen Behagens. Aber wo man auch steht, die bleiche Kathedrale bleibt die Krone dieser

Stadt. Wenn auch Auxerre andere Zelebritäten die Menge besitzt! Da sind die Reste der berühmten Abtei *St-Germain*, die in der Zeit Karls des Großen sechshundert Mönche und zweitausend Scholaren zählte. Freilich blieb außer einem hübschen Museum und den Krypten nichts Bedeutendes von St-Germain erhalten. Allein, diese Grablegen der karolingischen Epoche, in denen sich einige von Frankreichs ältesten, wenn auch recht rudimentäre Wandmalereien befinden, gleichen einem Schacht in die Zeit zurück. Man steigt hinab, durchschreitet sie auf einem Quergang, klimmt abermals nieder bis in die Rotunde von St-Maxim, steigt hinan in eine darüber gemuldete Rotunde, die Kapelle St-Clément, und kehrt doch immer wieder zum Sarkophag des St-Germain zurück, der hier nach einem Leben des Aufstieges, der Macht und Demut am 1. Oktober 448 beigesetzt wurde. Doch zurück zu St-Etienne.

Erst diese fünfte der in Auxerre entstandenen Kathedralen hat sich über die Zeit gerettet. – Es ist einiges an St-Etienne nicht ausgeführt, einiges verwittert und abgeregnet. Die allzu zahlreichen Friedensboten, die Tauben, besudeln die Treppen und Vorplätze der Portale mit ihrem Kot. Die in unendlicher Fülle über die Archivolten des Mittelportales verstreuten Bauplastiken, Christus in der Mandorla nebst der Gottesmutter, Johannes, den törichten und den klugen Jungfrauen sowie zahllosen Szenen des Alten Testamentes, hinter denen sich die Fensterrose mit einem Durchmesser von sieben Metern erhebt, wirken aufgesetzt. Nirgends Ruhe, nirgends Wand. Wiewohl voller Harmonie, wallt doch der Turm im Schmuck seiner Fialen und Durchbrüche, wallt das Mittelfeld im Dekor seiner Überfülle von Skulpturen ohne Frieden zu finden empor. Es handelt sich nicht darum, einen architektonischen Einfall zu formen, sondern das Visionäre auszusagen.

Aber worin besteht es? Der Stein ist kalkig grau. Er besitzt nicht die kräftige Farbe der Dinge. Bei dieser Kathedrale mit dem einzig ausgeführten Nordturm, den eine Plattform krönt, geht es darum, über dem Gewirr des Tages Erscheinung zu sein. Das ist ein ganz einfacher Gedanke, an dem man gar nicht viel herumzurätseln braucht. Die Metaphysik dieser Kirche ist augenfaßlich. Man darf sogar sagen, daß ihr der torsenhafte, unfertige Zustand nur zugute kommt. Sie steht über der hügeligen Stadt am Ufer der Yonne wie ein gewaltiger Entwurf. Sie ist ein Versuch, Gott zu erreichen. Ihr bleiches, leergeblutetes Grau, dem nichts Dingliches anhaftet, besitzt die Farbe einer Nonne, die sich anschickt, von diesem Leben Abschied zu nehmen. Aber natürlich ist diese Kirche sehr viel mehr, als ein Menschenantlitz auszudrücken vermag, denn sie offenbart ein Spiel wundervoller Harmonien; sie ist Darstellung und Gegenstand gewordener Gedanke. Sie ist das Hohe, das Unerreichbare. Dies will ihr Außenantlitz besagen.

Im Innern merkt man freilich sofort, daß man in Burgund, besser in Niederburgund, weilt, dessen Hauptstadt Auxerre ist. Im Grunde hat sich hier nichts Revolutionäres vollzogen. Es findet sich alles vor, was schon in Cluny angelegt war. Eher umstehen die Säulen des Chores den Altarraum ein wenig gelassener. Die Empore wird ganz von Kolonnaden umzogen, die sehr lang und dünn sind. Die Fenster darüber dürfen nicht einmal groß genannt werden, wenn auch von ihnen etwas Besonderes ausgeht, von dem noch zu sprechen sein wird. Die Pfeilerbündel der Vierung schießen ohne Unterbrechung bis zu winzigen Kapitellchen empor, an denen der Triumphbogen fast zu beiläufig ansetzt. Indessen ist dieser Raum nicht gotisch schmal geworden, sondern breit und lebensvoll geblieben.

Was also an St-Etienne gotisch wirkt, sind im Grunde

nur einige, wiewohl bezeichnende Züge. Der Kern ihrer Architektur bleibt das gewohnte burgundische Gerüst, sowohl im Aufbau wie in der Disposition. Man darf sogar sagen, daß sie im Innern eigentlich nach einem Plan des 12. Jahrhunderts errichtet worden ist. Und doch hat sich in ihr ein dramatischer Umschwung vollzogen. Was ist es? Wiewohl ausdrücklich anzumerken bleibt, daß St-Etienne vom Geiste der Harmonie lebt, scheint etwas an ihr geschwunden. Sie macht uns klar, daß die Baumeister des festen Fleisches der Steine müde geworden waren. Keineswegs etwa, um von dem geheiligten Kanon des Bauens abzuweichen. Sie gedachten nur sehr dringlich auszudrücken, daß Gewölbe, Mauerwerk, die Einhöhlungen der Seitenschiffe, die Gewölbe-Rippen geistige Elemente waren. Es schien den Baumeistern unausweichlich, auf die fast prangende Sinnenhaftigkeit der festen burgundischen Mauer zu verzichten. Sie wollten eine Bekehrung. St-Etienne stellt wirklich einen Weg nach Damaskus dar. Aus den Gewölbezwickeln sind Segel geworden, die sich vorm Anhauch des Geistes bauchen. Und warum noch viel Festigkeit in den Gewänden, wenn man doch in die Seitenschiffe mehr Atem einströmen lassen will, als dergleichen Gebäudetrakte bisher besaßen? Auf eine sehr eigentümliche Weise offenbart uns diese Kirche, daß die Gotik kein Baurezept, sondern der innige Wunsch war, den Gesang volltöniger anzustimmen. – Freilich war Glück im Spiel, daß sich dies so offenkundig dartat! Beim Eintritt in die Kirche durch die Portale und über den scheußlichen Taubenkot hinweg, spielte jemand die Orgel. Das war es! St-Etienne ist eine lautlose Orgel, jenem Instrument also gleich, dessen Fugen und Passacaglien ja niemals ins Grenzenlose hinausschweifen, sondern bestimmtem Gesetz, einer gewissen Strenge, ja sogar der Wiederholung und dem Rhythmus unterliegen. Nur auf diese Weise kann man die Kirche von Auxerre wirklich verstehen. Sie wird sonst eine unter anderen bleiben. Erst durch das Beispiel der Musik offenbart sie, daß auch ihr Inneres an dem visionären Charakter teilhat, den das Äußere besitzt.

Es kommen die Fenster des 13. Jahrhunderts dazu. Merkwürdig, je länger man ihnen gegenübersitzt, desto magischer und tiefer, desto teppichhafter, orientalischer und transparenter werden sie in ihren vornehmlich blauen und roten Tönungen. Sie sind die optische Begleitung der Musik der Formen. Wenn es im Innern schon dämmert, steigt ihre Intensität auf das Höchste. Dann bekommen sie jene Transparenz, die wie eine Offenbarung wirkt.

Allein, das Erstaunlichste von Auxerre ist, unter der Kathedrale gelegen, die romanische Krypta, die man zwischen 1023 und 1030 an der Stelle zweier anderer Krypten errichtet hat. Sie war die Grundlage des verschwundenen romanischen Baues, den man Auxerre IV nennen könnte, und besitzt neben einem Hauptschiff eine Umgangsgalerie, die an der Stirnseite zwei enge Durchgänge besitzt. Eine Apsis öffnet sich, die mit seltsamen alten Malereien ausgestaltet ist. Bischof Humbaud, zwischen 1087 und 1114 geistliches Oberhaupt von Auxerre, hat sie anbringen lassen. Ein großes Kreuz teilt das Gewölbe in vier Abteilungen. In den vier Feldern sind Reiter zu sehen, Engel zu Pferde. In der Mitte des Kreuzes erscheint Christus, ebenfalls beritten, auf einem Schimmel. Diese Darstellung gibt es nirgendwo mehr, sie ist einzigartig: Christus der König! Man darf mit dem Propheten Malachias sagen: »Da kommt der Herr, der Beherrscher der Welt.«

Auch der Kirchenschatz ist erlesen. Man findet dort Fresken mit dem Martyrium der hl. Katharina und sehr schöne Stundenbücher flämischen Ursprungs, Reliquiare und Schmelzarbeiten aus dem Limousin.

Abends kann man das Bild der Kathedrale und ihrer Umgebung vom flachen, gegenüberliegenden Yonne-Ufer wie ein Kleinod genießen. Die Silhouette von St-Germain hebt sich machtvoll über den Schräghang der Häuser. Der schwarzdunkle Fluß spiegelt die Stadtvedute mit letzter Kraft, eine dünne Stegbrücke schwingt sich gleich einem Reifen von Ufer zu Ufer, zwei Eselchen weiden in frommer Einfalt am Wasser, und ganz hoch erhebt sich das graue und schwerelose Geklüft der Kathedrale über die Szene. Welch ein Augenblick! – Man kann die Ansicht übrigens auch morgens im vollen Frühlichte vom Pont-Bert genießen. Da besitzt sie nicht mehr die gleiche Magie, aber sie ist deutlicher. St-Etienne leuchtet dann auf wie eine machtvolle Burg, fast gelbfarben, die Dächer hingegen sind alle in kraftvolles Rot getaucht. Die gewaltig herausstakenden Seitenstreben von St-Germain ähneln im scharfen Licht den Füßen einer ungeheuren Heuschrecke. – Es ist die Stunde, in der alles von Leben wibbelt und kribbelt. Fahrzeuge schieben sich durcheinander; dort gibt es einen Verkehrsunfall, Autoschlangen stocken, ein Neger an der Straßenecke schmaucht gelassen und unberührt sein Pfeifchen. Kisten und Kästen türmen sich vor den Alimentations. Kleinbürgerfrauen, dürftig oder auch gar nicht zurechtgemacht, eilen mit Stangen Brot umher. Die Kinder sind längst zur Schule, nur die Kleinsten drücken sich an den Scheiben der Fenster die Nasen platt. Zeitungen mit fetten Schlagzeilen in allen Händen. Man hat dasselbe zwar schon einigemal im Radio gehört und viermal im Vorübergehen am Kiosk gelesen, aber eine Zeitung ist man sich schließlich schuldig; das gehört zum Fortschritt, zur Intelligenz und zur weltanschaulichen Haltung. Alle drei Punkte glaubt sich jeder Franzose schuldig zu sein. – Morgen in der ostwärtigen Vorstadt der Kapitale von Niederburgund!

In den kleineren Städten geht es freilich viel weniger lebhaft zu. Fahren wir nur einige Dutzend Kilometer nach Osten hinaus, und man wird das schönste Exempel dafür erleben, *Tonnerre*, das keineswegs wie das weiter im Norden gelegene Troyes zur Champagne gehört, sondern noch eine echte burgundische Stadt ist.

Von Tonnerre – kreuz und quer

Tonnerre ist eine kleine Stadt am Armançon, der sich an ihr vorbeischlängelt, während sie die Gunst der Natur nutzt und sich mit hohen, roten Dächern, ähnlich fränkischen Nestern, in das Tal zwischen zwei Bergzügen schmiegt. Überwölkt wird der Grund zu früher Morgenstunde vom blauen Rauch der übereinander gestaffelten Häuser. Was man alles sehr gut beobachten kann. Es bleibt nämlich unerläßlich, in Tonnerre sogleich zur Kirche St-Pierre hinaufzusteigen, von deren Plattform aus man allen Herden in die Feuerstelle und allen Frauen in die Töpfe gucken kann. Die Lage ist herrlich. Im Grunde das von hohen Pappelreihen durchzogene Tal des Flusses, daneben ziehen sich hübsche Häuserreihen, Kirchen und Winkelgäßchen hin, und alles ist so quick, sauber und frisch, so von Kindergeschrei überjauchzt und vom Wind überweht, als wäre das Leben ein ewiger Ferientag! Selbst die alten Häuser, die ihre Dächer um den Felsen von St-Pierre drängen, sie haben nichts Verbrauchtes, nichts von dem muffigen Elend anderer französischer Altstadtviertel. Rings umziehen Höhen das anmutige Bild, in denen Wein wächst.

Es gibt drei berühmte Dinge in dieser Stadt. Eines ist die *Fosse Dionne* am Ende des Hügels von St-Pierre. Wirklich, eine höchst eigenartige Geschichte: umstanden von dicht gescharten Häusern tut sich hier ein tiefer ›Blautopf‹ auf, ein Quellgrund von etwa fünfzehn Metern Durchmesser, dessen Farbe gelegentlich ins Grünliche spielt. Er liefert hundert, manchmal auch nur zehn Liter Wasser pro Sekunde. Natürlich wird dieses ›Nymphäum‹ von einer Mauerbrüstung umzogen, an die sich, rings überdacht, die Waschbecken der fleißigen Frauen von Tonnerre anschließen, die wiederum von einem Gang zum Wandeln und Knien und abgeschrägten Steinen umrundet werden, auf denen die Wäsche gescheuert wird. Denn hierzulande reibt und ribbelt man wirklich noch nach Vorfahrenbrauch das Wäschestück mit Bürste und Seife bis aller Dreck heraus ist. Für einen Augenblick denkt man, es sei schade, das kleine Naturwunder unter dem Felssockel von St-Pierre zu solch profanen Zwecken zu entweihen. Allein, bald wird man so gefesselt von diesem Stück unverfälschten Volkslebens, daß jedes ästhetische Bedenken verraucht.

Die zweite Sehenswürdigkeit stellt das *Hôtel d'Uzès* in einem kleinen Nebensträßchen dar, ein Renaissance-Haus mit einem schönen Cour d'Honneur und einem reizenden Treppenturm in der rechten, hinteren Ecke, das heute als Sparkasse dient. Hier ist am 5. Oktober 1728 der Chevalier d'Eon zur Welt gekommen, dessen halb tragische, halb lächerliche Geschichte derzeit einiges Aufhebens machte. Charles-Geneviève-Louise-Auguste-Andrée-Timothée d'Eon de Beaumont hat sich nämlich im Verlauf einer brillanten militärischen und diplomatischen Karriere einmal der Verkleidung in ein Damenkostüm bedienen müssen. Die Sache ging schief, worauf er sich nach London absetzte. Die Rückkehr nach Frankreich – und welcher Franzose der großen Jahrhunderte hätte ohne die Atmosphäre von Paris leben können? –, die Rückkehr also wurde ihm nur unter der Bedingung gestattet, daß er fortan Frauenkleidung trug. Man kann sich schon denken, was hinter der Affäre steckte, mit der er sich kompromittiert hatte. Fortan trug er sie also, sogar, als er nach England zurückkehren mußte, weil die Große Revolution ausbrach. Dort ist er 1810 gestorben. Bis zu diesem Abschluß seines Daseins bestanden einige Zweifel an seinem wahren Geschlecht. Die allgemeine Neugier war so groß, daß man nunmehr das Faktum in Augenschein nahm und feststellte, der Chevalier d'Eon war wirklich ein Mann. – Es ist eine sehr französische Geschichte voller Pikanterie und eine echt burgundische obendrein.

Das dritte Ereignis von Tonnerre ist *das Hospital.* »Dieses Gebäude wurde 1293 durch Marguerite von Burgund, Witwe Karls von Anjou, Königs von Jerusalem und Sizilien, Bruders des hl. Ludwig, erbaut«, kann man lesen. Wirklich hat es als Krankensaal und zugleich als Kirche bis zur Mitte des 17. Jahrhunderts gedient. Von da bis zum 18. Jahrhundert war es eine Art überdachter Begräbnisplatz, bis es im 19. Jahrhundert wieder zur Pfarrkirche avancierte, wenigstens zeitweilig.

Der Saal hat zugleich den Schauplatz für eine Reihe wichtiger Ereignisse abgegeben. 1359 besetzte ihn Eduard III., König von England, nach Plünderung der Unterstadt von Tonnerre. 1542 empfing König Franz I. hier im Augenblick des Pfingstfestes den Gesandten Karl V., der ihm den Krieg erklärte. Am Besuch von Potentaten hat es selbstverständlich ebensowenig gefehlt, bis der mächtige Raum während der Revolution zum Versammlungsort bestimmt und hernach in ein Magazin verwandelt wurde.

Er ist wirklich ein gewaltiger Bau, dieser Saal mit seinem enormen Tonnengewölbe aus Eichendauben. Am Kopfende befindet sich eine kleine Tribüne, die Rückseite ist als Andachtsraum hergerichtet und im Chor steht das 1823 im Zeitgeschmack wiederhergestellte Grab der Marguerite de Bourgogne, die am 4. Juli 1308 zweiundsechzigjährig gestorben war. Ein flügelloser Engel erhebt sie aus dem Todesschlaf. In einer Seitenkapelle ruht der einst mächtige François de Tellier, Marquis de Louvois de Courtanvaux und de Crusy, Graf von Tonnerre, Rat des Königs, Kommandeur und Kanzler, Minister und Staatssekretär im Kriegsdepartement, Oberintendant der Post, des Bauwesens, der Gärten, der Kunst und Industrie. Das wären die Honoratioren. Aber das eigentliche Ereignis dieses Saales ist anderwärts zu finden.

In einer niederen Kapelle, die einst der Königin Marguerite diente, findet man eine Grablegung des 15. Jahrhunderts, die ein reicher Kaufmann, Lancelot de Buronfosse, am 30. April 1454 gestiftet hat und von zwei Bildhauern, Jean-Michel und Georges de la Sonnette, ausführen ließ. Hier lebt noch einmal die Kunst des großen Claus Sluter auf, von dem später gesprochen werden wird. Ein starker Realismus verbindet sich mit leidvoller Trauer, die von erstaunlich echtem Ausdruck ist, ohne in große Gebärden auszubrechen. Sieben Personen zählt das Werk, die Heilige Jungfrau, von Johannes gestützt, die das Haupt des Herrn hält; ferner zwei heilige Frauen nebst der hl. Magdalena und zwei Alte, Nikodemus und Joseph von Arimathia, die den Leichnam bei den Extremitäten anheben. Die breit geschnittenen Köpfe der Trauernden sind bezeichnend, und sie kommen besonders eindringlich zur Geltung, wenn man das Werk schräg vom Fußende anschaut. Dann werden sie wirklich zu einem Erlebnis. Sie tragen die große Wahrheit in sich – jene Überzeugungskraft, daß hier keine Artisten eine Schauszene gestellt hatten, sondern wahrhafte Künstler das Leid um den Tod des Herrn als einen schmerzreichen, erschütternden, immer wiederkehrenden und daher beispielhaften Augenblick der Menschheitsgeschichte auffaßten.

Freilich, es ist sonst an Einmaligem wenig genug, das uns Tonnerre bietet. Oder doch, eines, weswegen man eigentlich hierhin gefahren ist: die Unversehrtheit, Stärke und den Frieden einer französischen Kleinstadt.

Aber man kann dessen auch an anderer Stelle inne werden – in *Montargis*, das von Auxerre genau nach Westen hinaus liegt, an den Grenzen des Burgund der Valois-Herzöge. Allerdings sollte man nicht grade dorthin kommen, wenn Markt ist. Da dokumentieren solche Nester gern, wieviel Bauernfüße oder wieviel alte Citroën-Motoren sie in Bewegung zu setzen vermögen. Aber die alten Häuschen an der Roanne, die mit den Beinen im Wasser stehen, verlieren trotz des Ameisengewimmels der Landleute ihre eherne Ruhe der Jahrhunderte nicht. Jemand angelt dort gar im Trüben, wo es, weiß Gott, nur Schirmgerippe oder verrostete Emaileimer an Land zu ziehen gibt. Es ist gar nichts Bedeutendes an Montargis, nicht einmal der Ruisseau du Puiseaux, ein Höhenweg zum alten Schloßberg, bietet viel Aufregendes. Nur die Kirche, die hat es wieder einmal. Alte, niedere Seitengewölbe, ein derbkräftiges Mittelschiff und davor ein lichtes Aufrauschen der Flamboyant-Fenster. Leider mit faden Malereien im Chor. Graubräunlich getönte Säulen streben ganz hoch, um eine Art Halle zu bilden. – Es fand grad eine Hochzeit statt und Ladungen von weißgelben Gladiolen überschwemmten den Altar. Die Braut erwies sich als winzig. Die Arme, es machte ihr sichtlich zu schaffen, weswegen sie überdimensionierte Stöckelabsätze trug, die ihr beim Knien gleich Sporen von den Hacken abstanden. Der Priester seinerseits zeigte sich hinter seiner Altarmensa höchst zivil, indem er den Kelch, nachdem er getrunken, umständlich und gründlich auswischte . . .

Oder man fährt von hier ein Stück nach Süden hinaus,

vorbei an den Resten eines Amphitheaters und weiter an Fundamente antiker Thermen, hart nördlich Montbouy am Loing bis *Châtillon-Coligny*.

Es ist keine große Landschaft, dieser Nordwestzipfel Burgunds, das Senonais und das Gâtinais, aber in der endlosen Weite niedriger Hügel und quellender Flußtäler, der Getreideäcker mit ihren Obstbäumen und der Wald- und Pappelquartiere – in diesem im Grunde anspruchslosen Land gedeiht gelegentlich eine heimliche Anmut. Da gibt es versteckte Schlösser oder verträumte Landhäuser im Winkel, blumenbunte Gärten, darinnen der Trompetenbaum zahllose Blüten treibt. Oder es tritt sogar eine veritable Romantik zutage, wie in Orten vom Schlage *Châteaurenards* – durch eine alte Burgzufahrt gelangt man ins Innere eines weitläufigen Ruinengemäuers, darin sich, etwas hausbacken, aber schön gelegen, die frühere Burgkapelle befindet, die seit dem 11. Jahrhundert als Pfarrkirche dient. Ein hübsches Mädchen lag hinter dem Burggemäuer im Gras und schaute ob der unvermuteten Störung verwundert hoch, und am Kircheneingang buckelte eine Katze vorbei. Gegenüber, das mußte des Küsters Haus sein! Auf den Fensterbänken quollen gelbbunte, üppige Begonien. Durch das alte Burgtor fiel der Blick hinab auf die Versponnenheit eines winzigen Landstädtchens.

In den Sommermonaten kann man in diesen kleinen Orten abseits der Straße wundervoll allein sein, während ein Flugzeug über den Himmel brummt, der Wind durch lichte Waldhänge rauscht und überall, in jedem Grund, ein moosgrüner Fluß entlangtreibt. Niemand, der den Wandernden stört, will er schwarzgetupften Käfern mit leuchtend roten Rückenschilden oder den Grashüpfern zusehen. Höchstens Monsieur Straßenarbeiter. Aber auch vor ihm hat man bald Ruhe. Schlag zwölf klemmt er sein Warnbrett ›Chantier‹ unter den

Arm und wandert den mittäglichen Suppentöpfen von Madame Straßenarbeiter entgegen.

Wie gesagt, nichts Besonderes. Und doch ein Land voller Sommerseligkeiten, mit Hamsun-Gefühlen zu begehen. In Frankreich wandert kein einziger Mensch, daher bleibt man selig und glücklich allein . . .

Dann aber erschien es im Banne der Mittagsstunde: *Châtillon-Coligny*, ein winziger Ort, der Rest einer Mauer, ein Türmchen und dahinter ein englischer Park, die Eingangsgebäude mit Spalieren belegt; das wiederhergestellte Schloß lag auf der Höhe. Am Parkeingang neben dem Ufer des Loing wuschen Frauen, ungeachtet der heißen Stunde. Die Sonne brütete wirklich lastend. Eine gotische Kirche zeigte sich, der geschieferte Campanile stand abseits. Dies also ist das Milieu, in dem der große Coligny, Admiral und Generalissimus von Frankreich, Neffe des Marschalls Anne de Montmorency, aufwuchs, der 1557 vor St-Quentin in spanische Gefangenschaft geriet, wo er zum Calvinismus übertrat, um nach seiner Freilassung Führer der Hugenotten zu werden. – Die Franzosen können es diesem aufrechten Mann mit dem offenen Gesicht, dessen jüngste Tochter die letzte Frau Wilhelms von Oranien war, nie ganz verzeihen, daß sie ihn in einer der grauenhaftesten Episoden der französischen Geschichte samt zweitausend Glaubensgenossen in Paris und zwanzigtausend in den Provinzen auf Grund der Kabalen Katharina Medicis in der Bartholomäusnacht umbrachten.

Hier hat er also seine Kinderspiele getrieben, hier ist er durch Busch und Tal gestreift und hat von einem großen Leben geträumt, das für ihn auf solch schreckliche und verräterische Weise enden sollte, als er grad dreiundfünfzig Jahre zählte . . . .

In Chatillon freilich wird man außer einem Erinnerungsmal im Park des Schlosses, das ihm einige Holländer gesetzt haben, kaum an den großen Mann erinnert. Das Schweigen der Kleinstadt ist stärker als die Schrekken der Geschichte.

Oder *Joigny*, hoch über dem Tal der Yonne! Unten an der Route Nationale standen ganze Eskorten der Gendarmerie Nationale, die Maschinenpistole im Anschlag, und hielten jeglichen Wagen an. Über die Straße lag quer ein Seil mit schweren Reißbolzen, die jeden Reifen zerfetzen mußten. Man suchte grade die Attentäter von Petit-Clamart und hat sie am selben Tag auch bekommen. Friedlich und königlich lag unterdessen *St-Julien-du-Sault* über der Côte de St-Jacques, wie man das Yonne-Ufer hier nennt, und auch in Joigny sah und merkte man von alledem nichts. Steilstraßen und Fachwerkhäuser, zwei Kirchlein, eher unbeholfen als feierlich, Taufe in *St-Jean* und Gottesdienst in *St-Thibault* – der Friede der französischen Kleinstadt würde sich selbst von einem Weltuntergang nicht sonderlich stören lassen.

Wenige Kilometer nach Norden trägt es sich zu, daß man plötzlich den Übergang von Burgund zur Champagne spürt. In der Landschaft freilich ändert sich nicht das geringste. Aber zwischen zwei Dörfern, die keinen Kilometer weit auseinander liegen, kann es geschehen, daß die Giebel der Häuser ihr rechtwinkliges Dreiecksmaß aufgeben und die Dächer jene träge, breitgelagerte Form annehmen, die das Anheben einer anderen Landschaft bedeutet. Gott mag wissen, wer das den Leuten einredet, so zu bauen. Aber kein Zweifel, Burgunds nordwestliche Grenzecke ist da, in der, ein letzter, hoher Ausklang burgundischer Gotik, *Sens* mit seiner erlauchten Kathedrale liegt.

Es war bereits Abend. Der Einzug trug sich gar nicht wie vorgenommen zu. Den ganzen Tag hatte es geregnet – mal wenig, mal viel. Der Mittag ward einsam auf eines Ackers Höhe im Schutz eines Baumes verbracht. Lastwagen krochen seitab über die Höhe. Der Wind rüttelte mit wütenden Fäusten an allem, was stand und ging. Da lernt man wieder, wie seenah Frankreich allemal ist! Man saß im Einfallstor von des Sturmes und der Regenschauer Gewalt.

Endlich ließ das Strömen der Himmelsflut ein wenig nach; das breite Tal der Seine ward sichtbar – sehr gegen Programm und Absicht war eine Umfahrt über *Montereau* nach Norden notwendig gewesen. *Château-Thierry* kam, in dem La Fontaine geboren ist. Einen Straßenzug weiter lag sein Geburtshaus. Die Seine, dieser keineswegs größte, aber doch renommierteste, auf alle Fälle jedoch weltläufigste Fluß Frankreichs, erschien mit gebordeten Kais, einem Lastkahn, armen, kleinen Häuschen dahinter; mitten im Fluß wiegte sich ein Schilfinselchen im Wind, ein Dorado für Wassergetier aller Art. Hinter einem Höhenzug folgte *Pont-sur-Yonne* und dann wieder ein Tal. Burgund war da. Sozusagen als Bollwerk und Wall nach all den Ackerbreiten und Hügeln der Champagne. Der Regen strömte schon wieder. Die Feldmäuse hatten ihren Vorrat eingebracht und saßen friedlich zu Hause. Man war gänzlich allein mit dem Überfluß an Landschaft und Nässe.

Aber es war dann trotz Regens wie eine Erscheinung gleich vielen burgundischen Städten: *Sens*, Kapitale jenes berühmten Erzbischofs Guillaume von Sens, der gegen Ende des 12. Jahrhunderts den Chor von Canterbury erbaut hatte, die Stadt eines berühmten Konziles und einer noch berühmteren Kathedrale, der ersten im Reigen der gewaltigen gotischen Kirchen Frankreichs, in der noch der hl. Ludwig mit Marguerite von Provence getraut worden war, die Stadt, in der 1163 Papst Alexander III. lange Zeit weilte und in der man schließlich, abermals früher, den großen Abélard verdammt hatte. Man muß wissen, daß Sens tatsächlich für lange Zeit so etwas wie der religiöse Schwerpunkt der französischen Mitte gewesen ist. Chartres, Auxerre, Meaux, Paris, Orleans, Nevers und Troyes unterstanden allesamt seinem Erzbischof.

Noch im Abend ging es dahin durch die Straßen, während der Regen troff und Leuchtkringel aus tausend von Licht spiegelnden Pfützen zauberte. Solch eine Stadt will schließlich erobert sein.

Die gegen 1140 begonnene *Kathedrale* erhob sich massig und schwer in den Himmel, ein Spuk fast, der da dämmergrau aus dem Dunkel des Nachthimmels tauchte. Oben schien sie gleich einer Ruine einfach abgebrochen, wie man das häufig an französischen Kirchen findet. Wie klug! Ein Fassadenturm, das genügt schließlich; keinerlei Spitzhaube darauf zu erblicken. Auch die säuberliche Querteilung der Geschosse mit ihren mächtigen Nischen, welche die Aufwärtsbewegung so gründlich und heilsam unterbrechen, läßt niemals das Maß vergessen, sondern lebt gradezu von diesem Widerspiel aus Quergezogenem und Aufwärtsbewegung – selbst diese Querteilung war im Abend noch deutlich. Es witterte etwas von Altertum und Geschichte um das Bauwerk. Eine immer wiederkehrende Erscheinung in Frankreich – während romanische Kirchen gleich einem unzerstörbaren Fels in den Schlaf der Menschen ragen, macht die Gotik eher den Verfall der Zeit, das Ruinöse, Ausgelaugte und Abgenagte sichtbar.

Natürlich, man würde das bei Tageslicht genauer betrachten! Ebenso das enggestellte Balkengefüge der

Fachwerkhäuschen des ›Marché des Porcs‹, des Schweinemarktes; dort war ein ganzes Geschoß auf einen einzigen Holzpfeiler gestelzt und kragte über eine geräumige Ecke hinaus. Rauten bräunlichen Holzwerkes musterten die Wand dicht wie Gespinste. Allenthalben gab es kleine geschnitzte Masken zu sehen, auch eine gewaltige Rebe, in der Menschlein emporstiegen. An der Ecke zur Hauptstraße schlief gar ein Atlas, die Wange in seine Linke geschmiegt, in hockender Stellung, während die Rechte nicht müde wurde, das lastende Haus zu stützen. – Am nächsten Tag wurde der Bau als das ›Haus des Abraham‹ identifiziert und die Rebe als ›Wurzel Jesse‹. Aber im Abend, während der Regen troff, schien es eigentlich schöner, und war es auch ungenau, so doch ahnungsvoller, vollkommener und von Geheimnis umwittert.

Darüber war längst die Essensstunde gekommen. Es ist etwas Schönes um diese abendliche, festliche Mahlzeit in Frankreich. Anfänglich tritt man voll Bangnis in die Karawansereien des 20. Jahrhunderts hinter einfacher grauer Häuserfront, um dann zumeist mehr als eine Hoffnung erfüllt zu finden. Singen wir getrost das Loblied der kleinen Hotelchen, deren Taxpreis der Guide Gastronomique rot unterstreicht. Wie behaglich und sauber die Zimmer, wie festlich die Zurüstung im Speisesaal! Eine froh gestimmte Menge, Blumen hier und dort, Spiegel allüberall an den Wänden, blitzende Gläser, Weinflaschen mit ruhmvollen Namen, und alles tafelt in so gemessener, schwereloser Lust, als gäbe es nie Hast und Eile auf dieser Welt, ausgenommen bei den Bedienerinnen. Da ist man denn wirklich zu Hause: einige Hors d'oeuvres, ganz nach der Art, als Gott noch in Frankreich lebte, einige köstliche Schnecken mit Kräuterbutter, eine Forelle, ein Hühnchen, Salate, und immer vom Besten und sehr mit Bedacht vorgelegt –

die Müdigkeit, die Verkrampfung der Fahrt lösten, entspannten sich. Sogar der kleinen anspruchslosen Gasträume müßte einmal gedacht sein, in denen man auf das Essen wartet und seinen Apéritif zu sich nimmt. Nichts von der kauzigen oder bürgerlichen Gemütlichkeit deutscher Kneipen. Vielmehr der Raum niedrig, rechteckig, mit langen Ledersofas und Spiegeln darüber, sehr nüchtern. Man sitzt beieinander, nebeneinander, Auge in Auge. Es kommt keine Lust auf, sich stundenlang zu verspinnen und schwer zu berauschen. Öffentlich zu trinken und Ja zum Genuß zu sagen, ist keine Sünde. Es kann durchaus geschehen, daß man ob ihrer Öde krank vor Heimweh wird. Aber meist sind sie von jener herrlichen, quicken Frische, die uns mit Sentimentalitäten verschont. Im Hotelchen zu Sens, dieser Fundgrube von Frieden und Behagen in grauer Seitenstraße, waren sie es.

Kathedrale von Sens

Wie schön das in französischen Gotteshäusern ist: man sieht stets den gemauerten oder behauenen Stein, man lernt in Stein denken! Er ist auch in Sens das eigentliche Zeugnis dafür, daß die Gotik in erster Linie eine Sache der Baumeister und nicht der Schwarmgeister war. Man kann sagen, es gäbe in Burgund Kirchen, die höher emporstrebende Schiffe, enger gestellte Chöre besitzen. Man vermag einzuwerfen, es fänden sich romanische Kirchen wie die von Laon, die unendlich steiler und aufgeschluchteter wirken. In der herrlichen Kathedrale von Sens, die von Autun ihre Pfeilerstellungen mit den Biforiendurchbrüchen entlehnt zu haben scheint, spielen solche Vergleiche gar keine Rolle. Das Mittelschiff erweist sich von behaglicher Breite; es reicht an die weite Raumfülle der Hallenkirchen heran. Trotzdem hat es gar nichts damit gemein. Dienste und Pfeiler streben so hoch empor wie nur je, das basilikale Schema ist vollkommen beibehalten. Die Maße regeln sich nach dem Prinzip des Goldenen Schnittes, die Gewölbe der Seitenschiffe sind dem gebundenen System unterworfen . . .

All dies prädestiniert *St-Etienne* nicht zu einem gotischen Gotteshaus. Gotisch ist denn auch vornehmlich die starke Betonung des Konstruktiven zu nennen. Aber keineswegs so, daß die Rippen nackt und nüchtern hervorträten. Die vielfältig durchbrochene Wand bleibt stets im Ebenmaß, und wiewohl die mächtigen Obergadenfenster sich sehr viel höher als gewöhnlich in das Deckengewölbe hineinschieben, um sie aufzuschluchten, zerstören sie nichts. Da sie gut sichtbar sind und das Licht, von den Gewölben reflektiert, in den Kirchenraum hinabstrahlt, behalten sie ihre alte Funktion. Wie unglaubhaft es auch klingen mag, dergleichen ist nicht ein Ergebnis der Architektur, sondern vor allem des Steines. Man muß sich klarmachen, daß die Kirche von Sens in einem fast gänzlich undinglich scheinenden Kalkstein erbaut ist, der keineswegs indifferent, aber immer bereit wirkt, durch sein blasses Grau alle Tönungen aufzufangen und widerzuspiegeln, die das Licht durch die bunten Fenster ins Innere wirft. Morgens um zehn Uhr etwa geschieht es, daß das Hauptschiff in seinen südwärtigen Gewölbezwickeln voll gelbgrünen Lichtes ist, das fast beinern und ein wenig unwahr über die riesenhaften Dienste und Pfeilerbündel oder auch die Biforienbögen des Mittelschiffes hinabrinnt. Welch eine energische Grenze, Beginn einer neuen Zone, der Vierungsbogen! Das Vierungsgewölbe nämlich samt den Ansätzen der aus- und einmündenden Querschiffe ist ganz in rötlich-violette Farbtöne getaucht. Dahinter der Chor wiederum gelblich-grün. Nun die Apsis: abermals violett. Diese Farben darf man, versteht sich, nicht als reines Kolorit empfinden, sondern in ihrer Transparenz; zudem sind sie stark mit dem Graubeige des Steines untermischt. Unaufhörlich wechseln sie. Je nach Gewölbe und Grad des Einfalles, je nach Schattenwurf von Rippe oder Fläche erscheinen sie dunkler oder heller. Das ist etwas ganz Wundervolles. Hat man das Glück, einen nicht zu hellen Sonnentag zu erwischen, scheint es bei längerem Zusehen, als erröte, ja erglühe und blühe das Gestein von der Vierung ab.

Natürlich, dieser Stein! Man hat mit sehr großem Gespür ein Material erwählt, das den verschiedensten Ansprüchen genügt. Der Stein mußte an sich schon so kostbar sein, daß er ohne jede farbige Fassung den Forderungen der Architektur entsprach – ah, wie sorgsam, wie kalligraphisch gleichsam die Mauern aufgesetzt und gefugt sind! Zugleich mußte dieser Stein aber auch demütig genug sein, selbst nichts bedeuten zu wollen. Er durfte nicht prangen, sondern mußte die Fähigkeit besitzen, als Gefäß des Lichtes zu dienen, das durch die Obergaden- oder Chorfenster auf ihn hereinfiel. Wie gelungen das ist! Ein unglaubliches, unaufhörliches Atmen durchwaltet den Raum und macht ihn zum lebenden Wesen.

Runen

Es war ein ganz blauer, erster Oktobertag, die Hauptstraße von unwahrscheinlichen Fluten von Autos durchschwemmt. Soviel Engländer konnte ganz Britannien nicht zählen, wie hier entlangfuhren. Aber auch die Franzosen litt es nicht daheim. Die Jagd ging eben auf. Das Wild im Walde von Othe oder in den Forsten von Montargis, in den Gebüschen, Feldern und schütteren Waldstrichen, diese Handvoll scheuer Lapins und Fasanen gingen einer schweren Zeit entgegen. Den gestrigen

Samstag hatten die Waffengeschäfte bis abends spät voll mit Leuten gestanden, die sich mit Drillichanzügen, Gummistiefeln, Flinten, Patronengurten, Jagdtaschen versorgten. Doch auch die Angler fuhren hinaus, im Rücksitz Käscher, Ruten, Eimerchen und Büchsen, darin jeder sein unfehlbares und geheimes Rezept, den Köder bewahrte. Und nicht nur sie, sondern auch alle, die ein Vehikel zum Fahren besaßen, fuhren. Der Himmel war eine Seide von Blau, und das Licht tanzte wie besessen über die Dächer. Die von der Nachmittagssonne beschienene, in der Großen Revolution grausam verstümmelte Fassade der Kathedrale war ein einziges Geschwirr sich tummelnder Schwalben. Unerläßlich, von diesem sehr lieblichen Wunder zu berichten: die abgeschlagenen Heiligen, die Nischen, die Simse, Erker waren überall benistet von den winzigen Hirondelles, die gleich reinen Flügelseelchen zwitschernd die Luft durchjagten.

Freilich, wer nicht so hoch hinaus oder so weit ins Freie konnte, saß ebenfalls draußen. Die alten Weiber von der Rue Thénard, Rue du Tambour d'Argent, Rue de la Vannerie oder Rue des Ballets, diese Schönheiten von gestern oder vorgestern, hockten gemütlich auf Treppenstufen beisammen und hatten ihren Schwatz über Amouren, Kinderkriegen und Rheuma. Einen einzigen traurigen Platz gab's an diesem ausgeleuchteten und dennoch seidigen Vorherbsttag der perlenden Luft, das Musée Jean Cousin, das stets verschlossen war, wiewohl es geöffnet sein sollte. Ein Fensterladen stand verheißungsvoll offen. Aber selbst das ungeduldige Zerren am Griff des Läutedrahtes fruchtete nichts; offenbar hatte man drinnen den Glockenklöppel umwickelt. Bis eine Nachbarin kam, die sichtbarlich ob der Möglichkeit froh schien, eine so schwerwiegende Nachricht weiterzutragen, das Haus sei und bleibe verschlossen. »Peut-être pour toujours.« Denn Monsieur sei heute in der Frühe entschlafen. »Comment?« »Décédé. – Il gît en paix.« – »Wer? Doch wohl Jean Cousin nicht, der Glasmaler aus der Renaissance-Zeit?« – »Nein, Monsieur le Guardian, ah, le pauvre!«

Da war also jemand im Glück der herbstlichen Morgenstunde still von dieser Welt gegangen und schlief nun so fest, daß ihn kein Erdbeben erwecken konnte, während auf den Straßen die jungen Menschen hin und her zogen und der Himmel blau war. Wirklich, sehr töricht, an solchem Tage zu sterben. Unterdessen schritten die Füße schon längst auf Erkundungsfahrt weiter durch die stillen Straßen von Sens, an denen sich hinter hohen Mauern kleine Vorgärten und Patrizierhäuser verbergen, jedes mit einem kleinen Cour d'Honneur davor, der von zwei Wohntrakten flankiert wird: das des Docteur Pineton oder das des Monsieur Olivier Caquereau. Oder es tauchte über den Mauern, viel erlauchter, schöner und lebhafter als die Fassade sich darbietet, der gotische Chor der Kathedrale mit seinen Strebepfeilern und rings um die Apsis gelagerten Kapellen über Einfassungsmauern auf. Wahrhaft ein Wunder! – Den schönsten Blick darauf hatte man freilich aus dem *Palais Synodal!*

Es ist dies ein anderes Museum von Sens. Will sagen, das Bauwerk dient nur ganz nebenbei dazu, denn es hat selbst Geschichte gemacht. Und ebenfalls ganz nebenbei gibt sich der Blick auf die prachtvolle Südrose des Gotteshauses mit ihren mächtig züngelnden Rippen im Flamboyant-Stil frei. Auch was heute darin gezeigt wird, ist beiläufig, wie sich versteht. Das rechtwinklig zur Kathedrale liegende Palais, das Viollet-le-Duc »unique en France« genannt hat, entstand im 13. Jahrhundert unter Erzbischof Gauthier Cornu. Das Obergeschoß öffnet sich nach schmaler Treppe voll berauschender Schönheit – weite Fenster, weite Gewölbe, grau-edler Stein. Das war schon der Würde eines mächtigen Kirchenfürsten angemessen, wie der von Sens es gewesen. Allerdings muß man anmerken, daß hier die ›Officialité‹, das geistliche Gerichtslokal, seinen Sitz hatte. Heute hängen Bilder darin, zeigt man Tapisserien, Statuen – was eine Kirche so an Überflüssigem hergibt. Man braucht es nicht mehr. Im Erdgeschoß befindet sich ein noch viel größeres Arsenal ausgedienter Schönheiten, eine fast makabre Gesellschaft, möchte man sagen. Denn zu zerbrochenen Christus- und Prophetenköpfen, entthronten Fialen, erlöschenden Gesichtern, verwischten Fratzen gesellt sich dort die Höllenschar ehedem als Wasserspeier dienender Teufel, welche die Seelen Verdammter bei den Haaren zur Hölle herniederreißen; schamlos spreizt Luxuria, das Sinnbild von Völlerei und Geilheit, die Schenkel. Man muß schon sagen, diese Jahrhunderte beschönigten selbst an den Kirchen nichts. Da war die Religion noch wahrhaft voll Lebenskraft und schonte sich nicht. Wenn es auch nicht mehr die Dämonen der Romanik waren – Gestalten der Bosheit blieben es doch. Man zeigte sich nicht von gefühlvollen Schwärmereien verblendet, sondern wußte, daß es der Faustschläge bedurfte. Man stellte die ganze Gemeinheit des kreatürlichen Menschen ans Licht und machte ihm sehr nüchtern klar: so siehst du in Wirklichkeit aus. Obwohl man dazumal weder einen Kinsey-Report noch intime Tagebücher kannte. Ganz offenbar lebte diese Epoche mehr in der Selbsterkenntnis.

Eigentlich hat das untere Stockwerk des Palais Synodal früher als Wache, Gerichtssaal und Gefängnis in einem gedient. Es gibt sogar einen kapellenartigen Raum, in dem man gleich hingerichtet werden konnte. Im Saal der Wache zwei große Kamine, damit die armen Herren Schergen und Schließer nicht allzuviel froren. Nebenan die Verliese. Sie haben keinerlei Feuerstellen, wenngleich sie über einen anderen erstaunlichen Luxus verfügen – vielleicht, weil sich die niedrigen Höhlen der Gefangenen in so erlauchtem Hause befanden. Damit es also, deutlich gesagt, nicht allzusehr stank, wenn man die Zellentür öffnete, waren in die Wand kleine Nischen mit Gelegenheiten eingelassen. Für die Handvoll Dämmerlicht, die den armen Schächern in ihren Verliesen vergönnt war, hatte man schräge Schächte gemauert, die oben in schwer vergitterte Fensterschlitze mündeten. Hier schmachteten des Erzbischofs Gefangene und warteten ihres Gerichtes, das gelegentlich in dem kapellenartigen Raum stattfand. Anzunehmen, daß man hier auch die Folterungen vornahm, wenn es vonnöten war. Immerhin saßen die Gefangenen in ihren Cachots mit ihrem Elend wenigstens allein – eine Kette mit einer Kugel ans Bein geschmiedet oder direkt an der Wand in Ketten gelegt. Sie haben in den Zellen sehr merkwürdige Botschaften hinterlassen, diese Unglücklichen. Der Stein der Mauern ist weich; er läßt sich ritzen. Sie vertrieben sich also die Zeit damit, mit einem Gabelzinken oder einem Stück Holz ein Gewirr von Eingravierungen in die Wände zu ritzen. Es sind die erschütterndsten Dokumente von Sens. Jeder Strich eine Rune der Not. Nichts von der Wiedergabe der bei Gefangenen doch sonst üblichen Sexualkomplexe. Die hat man eben nur, wenn man im Unglück noch über gewisse Aussichten verfügt. Wenn man aber in der baren Lebensangst vegetiert, wie die Gefangenen der Gotik, schreibt man andere Zeichen auf: Beschwörungen, Wappen, heraldische Embleme allenfalls, damit eine Erinnerung bleibe. Aber dies, so spürt man, ist bereits frivoler Trotz gewesen. Immer wieder haben sie den Gekreuzigten in die Wand geritzt, haben sie Buchstaben vom Stein zu ertrotzen versucht, Gesichter konturieren wollen, des

Königs Bildnis beschworen und dies alles kraus, kreuz und quer über die Wand gelagert, struppig, gerillt, gefurcht, bis sich hier und dort eine Form manifestierte, die jeder der Gefangenen respektiert hat, weil auch er sie in seiner Herzensnot als Beschwörungszeichen benutzen konnte. Es leuchtet aus den Ritzbildern eine ganz eigenartige Mentalität auf: sie lehnten sich keineswegs gegen das Gericht oder den Gerichtsherrn auf, wie man doch denken müßte, sie gestanden auch nicht; vielmehr riefen sie die großen Autoritäten an, denen auch ihre Richter zu gehorchen hatten. Wenigstens taten sie dies im Bilde. Es sind ganz unsentimentale Zeichnungen, die da die Wand überziehen, aber sie sind überaus ergreifend. Man muß sich klar machen, daß die mittelalterliche Justiz wenig Modifikationen des Strafvollzuges kannte und von dem Prinzip getragen war, die härteste Strafe sei in jedem Fall angemessen, damit die Seele durch Reue gerettet werden konnte. Was galten schon Schmerzen?

Das hatte also ein jeder der Gefangenen, die hier unten saßen, vor sich: den Tod. Wenn es ganz schlimm kam und er im Steinverließ der ersten Zelle saß, sogar noch etwas Furchtbareres. Da gibt es eine Klappe, durch die man ihn bloß hinabzuwerfen brauchte, einen schwarzen, finsteren Schacht, eine Oubliette, über der man kurz und bündig den Deckel verschloß. Darin verkam er mit gebrochenen Gliedern; er verhungerte oder verfaulte, ohne daß sich noch jemand um ihn gekümmert hätte. Nicht einmal der Scharfrichter. Dies war wohl das Schlimmste von allem. Von solch geheimen Ängsten spürt man etwas in den völlig unpersönlichen gotischen Ritzzeichnungen der Kerker von Sens. Sie klagen nicht. Sie versuchen es von vornherein mit dem Äußersten, sie beschwören.

HLIPPE LE. HARDY FIX DV ROY IEAN DVC DE BÕG

Es gibt noch ein eigentliches *Musée Municipal*. Darin kann man sehen, was es mit dem alten Volksschlag der gallischen Senonen, die Brennus 390 v. Chr. gegen Rom geführt hatte und deren Stadt die mächtigste Galliens war, auf sich hatte. Waffen finden sich, wenn es auch nur noch rostige Rudimente sind. Man merkt, die Aktionen der Römer gegen Gallien besaßen einigen Grund. Nach der Niederwerfung wurde das Senonenland eine Provinz des Lyonnais.

Auch sonst besitzt dieses Museum Torsen, Bruchstücke, Scherben die schwere Menge, gallo-römisch, römisch-griechisch, etruskisch, wie es eben der lebhafte Handel von dazumal mit sich brachte. Freilich notiert man das mit geheimer Belustigung. Denn dieses Museum ist ein Musterbeispiel für den Sammeleifer der Dilettanten des 19. Jahrhunderts. Da hat einer Ammonshörner, Petrefakten, überhaupt Fossilien gesammelt und bei seinem Tode der Stadt vermacht, um sich ein Stück Nachruhm zu sichern. Oder ein anderer versuchte sich als Entomologe und richtete ganze Legionen unglücklicher Insekten mittels Alkohol und Stecknadel hin – auch sie sind neben dem Namen des Donateurs vorhanden. Ein dritter hat Bilder gesammelt. Sie hängen rings an den Wänden. Ein vierter Skulpturen, darunter einen hübschen Nackedei als Diana mit einem wirklich exzellenten Hinterteilchen – man hat sie mitfühlend nahe neben den Ofen gestellt, dessen Abzug quer durch den hohen Raum läuft.

Es gibt ferner Erinnerungen an Napoleon. Sie stellen sozusagen das Heiligtum dar. Wer sie der Stadt vermachte? Es steht nicht dabei. Darunter finden sich einige herrliche Blätter, die den Korsen bei der Belagerung von Toulon und bei der Rückkehr von Elba zeigen. Schiffssilhouetten im Hintergrund, etliche Trikoloren, eine begeisterte Ovationen darbringende Bevölkerung und die fest geschlossenen Reihen seiner ›Grognards‹, die wer weiß wie, gleich zur Stelle waren und alle wie Nußknacker aussehen. Allein, man findet, zum wievielten Male in Frankreich, auch den Hut, den Napoleon bei Waterloo getragen. Für einen Untergang und eine eilige Flucht ist er sehr gut erhalten. Zudem liegt in der Vitrine, und dies klingt glaublicher, ein geschnittener Amethyst, den der Kaiser der Comtesse Walewska – Augenzwinkern erlaubt – geschenkt hat. Einige Autographen von Napoleons Hand, als der Kaiser noch ›Général en Chef‹ der Republik war, und spätere Schriftstücke aus der Kaiserzeit runden das Bild. Ein kleiner Stein von Sankt Helena wirkt daneben wie eine wehmütige Erinnerung. Das hat man also von ihm, samt einem Stück Holz eines der Bäume, die früher sein Grab beschattet haben, nach hier gebracht. – Wie lieben sie ihn doch, diesen kalten Rechner, die Franzosen. Er hat die Eigenschaft der Rasse verkörpert und ungeachtet aller Tyrannis einen notorischen Wunschtraum befriedigt: die Gloire durch Missionierung der Welt nach französischem Rezept.

Welch ein herrliches, provinzielles Sammelsurium, dieses Musée von Sens! Welch eine herrliche Stadt. Man muß hinunter zur Yonne oder zum Boulevard du Mail gehen, da wird man es sehen. Die Regenströme der letzten Zeit haben den Fluß üppig schwellen lassen. Er strömt an der Kirche St-Maurice vorüber, grüßt die Liebespaare auf der Insel, die er bildet, trägt willig die Lastkähne und Boote, die am Kai vertäut liegen – richtige Hausboote darunter, versteht sich, mit Namen wie ›Thétu‹ oder ›Bonne Union‹. Gelegentlich im Lauf langer Jahre kommt zu den schwarzen Kästen gar eines hinzu. Man muß schon sagen, es sind recht unsicher gewordene Hausungen. Gegen das Wetter tragen sie an Bug und Heck einen Lattenverschlag. Aber sonst? Nichts – nicht Klingel, nicht Fußkratzer, nicht Diele. Man geht über die morschen Planken und ist, hui!, mitten in der Küche, wo die schwimmende Bootsfamilie mit einer ganzen Batterie von Weinflaschen eben Tafel hält. Ganz ohne Umstände. Es ist ein herrliches Familienlager. Im Schlafzimmer nebenan – denn das Schiff ist nur ein Zimmer breit, ein Ponton gleichsam und eine Arche Noah mit einer Art D-Zug darauf –, im Schlafzimmer also stehen die Betten mehr auf- als nebeneinander, und das Radio brüllt den ganzen Tag. So laut, daß die Spaziergänger am Kai eine Gratisvorstellung haben. Keineswegs, daß Madame Barthout oder einer der anderen Schiffsbewohner darauf hörte. Aber man hat eben die Gebühr entrichtet, und so nutzt man es aus. Man denke, je mehr Sendungen, je mehr Konzerte, je mehr Nachrichten, um so billiger werden sie im Querschnitt! Monsieur Barthout gab diese Ökonomie eines Tages neben anderem preis. Er hatte lange darüber nachgedacht.

Aber freilich soll weniger von diesem Schiff noch dem Nachbarboot berichtet werden, vielmehr von der ›Belle Alliance‹, die früher weiter oben, nahe dem Anwesen von Madame Charles Drouot, festgemacht hatte. Das Haus fällt auf, weil in dem Garten eine ganze Reihe von jenen mannshohen Stauden wachsen, deren Früchte man Perruches, will sagen Wellensittiche, nennt. Malt man ihnen mit einem Kopierstift ein Paar Augen an und nimmt man das kurze Stielchen als Schnabel, so kann man sie rings um eine Tränke oder Wasserschale hängen, hellgrün wie sie sind. Eine kostenlose Menagerie, die ewig hält!

Der Besitzer von ›La Belle Alliance‹, gestand Monsieur Barthout augenzwinkernd auf einer der hübschen, schattigen Bänke des Boulevard du Mail, litt an einer

Krankheit, über die man nicht gern spricht. Alle Vierteljahre packte es ihn, und dann soff er drei Wochen lang, bis er sich in die Kunstschützin eines Wanderzirkus vergaffte, die ihr Amazonendasein ohnehin leid war. Eines Tages wird jede Französin eine Hausfrau sein wollen. – Monsieur Barthout trug seinen anthrazitgrauen, ringförmig eingedellten Hut bei der Erzählung unternehmend in den Nacken geschoben. Das läßt den Verdacht aufkommen, er habe ein wenig gelogen.

Eine Zeitlang lebte der Schiffsmann mit seiner Amazone vollkommen friedlich, bis ihn wieder sein ungeheurer Durst übermannte. Den ersten Tag ertrug es die Kunstschützin, daß er schnarchend und stoppelbärtig auf dem Kanapee seinen Rausch ausschlief. Am zweiten Tag dachte und am dritten Tag handelte sie. Sie packte ihr Bündel Sachen, um ihrem weitergezogenen Zirkus nachzufahren, nahm eine dieser langläufigen Pistolen zur Hand, mit denen sie bislang ihr Brot verdient hatte, knallte »päng – päng« rings um das Lager des schnarchenden Säufers, der eben wieder mit voller Ladung nach Hause gekommen war, Löcher in den morschen Holzboden der ›Belle Alliance‹, die sich alsbald mit kniehohen Springbrünnlein zu füllen begann, und zog zur Bahn.

»Und die ›Belle Alliance‹?«

»Was schon?«, sagte Monsieur Barthout, »sie soff ab wie eine lecke Blechbüchse, bis es auf einmal großes Geschrei und Gelächter am Ufer gab. In der Tür erschien das verquollene Gesicht eines Mannes, der eben von seinem bereits schwimmenden Bette rutschte. – »Vous comprenez, Monsieur, il criait toujours: ›glou-glou – glou-glou‹.« Weil ihm das Wasser zum Munde hereinlief.

»Und dann?«

Monsieur Barthout zuckte die Schultern. »Er war

ruiniert seit dem Untergang der ›Belle Alliance‹. Das Heben lohnte sich nicht, und das Geld, das er damit verdient hatte, indem er gelegentlich seine Kajüte an Pärchen vermietete, blieb aus. Aber getrost – sie haben ihn zum Zapfer bei ›Thevenot, Vins fins‹ gemacht, weil er nie mehr einen Tropfen angerührt hat.«

Wie gesagt, es war eine, mit Augenzwinkern erzählte, burgundische Geschichte. Eine von der anständigen Sorte, die man sogar Damen vorsetzen kann. Es gibt auch andere.

Bal champêtre

Es stimmt schon, das Leben hat in Burgund auch amüsante Züge. Gab es da nicht, Urtyp aller Schelme seines Jahrhunderts, jenen Roger du Rabutin, Grafen de Bussy, der sich so übermäßig im Dienste Ludwig XIV. langweilte, daß ihn Turenne seinem Souverän höchstpersönlich als den »besten Offizier von Eurer Majestät Armee, was Couplets betrifft« anzeigte? Dieser Mann, der die berühmte Madame Sévigné seine Cousine nannte, ließ es nicht dabei bewenden, in einer Gesellschaft übermütiger junger Leute den Sonnenkönig und seine Amour mit Maria Mancini durch Stegreifliedchen der Lächerlichkeit preiszugeben, deren er eine schwere Menge verfaßt hat. Samt seiner Geliebten, der Marquise de Montglat, auf seine Besitzungen in Burgund verbannt, schrieb er auch noch eine ›Histoire amoureuse des Gaules‹, die praktisch eine summarische Satire auf die Affären, Liebeleien, Libertinagen und Amouren bei Hofe zu Versailles war und ihrem Verfasser sechs Jahre Haft in der Bastille einbrachte. Als er sie verbüßt hatte, kehrte er nach Burgund in die Arme seiner Montglat zurück. Nach Bussy-Rabutin eben, das gar nicht weit von Alise-Ste-Reine in einem grünen Tal des Châtillonnais versteckt liegt, ganz einfach und gleichwohl elegant, so wie man es zu früheren Zeiten als Kulisse für einen ›Bal champêtre‹, ein Tanzfest im Freien brauchte. Alle Schlösser Burgunds haben das – denn von eigentlich burgundischen Schlössern vermag man ja nur bei ganz wenigen zu reden.

Das verwunschene *Bussy-Rabutin* mit seinem Cour d'Honneur hinter dem Wassergraben ist abseits des Ortes im grünen Dämmer eines tiefen Parkes gelegen, ein richtiges französisches Mespelbrunn. Was sollte der Graf von Bussy mit seiner vielen überflüssigen Zeit schon anfangen, seit das Schreiben für ihn so riskant geworden war? Er baute das Schloß also nach seinem Geschmack aus, führte zwischen zwei Rundtürmen älteren Datums eine Fassade im neuesten Alamode-Stil von 1649 auf und fügte diesem Renaissance-Teil reinsten Wassers zwei Flügel mit Galerien zum Binnenhof an, die abermals in zwei Rundtürmen endeten; der eine davon diente notabene als Kapelle. Es ist ein kleines irdisches Paradies geworden, dieses Bussy-Rabutin, selbstverständlich bedurfte es eines ›Saals der Devisen‹ für die Innenausstattung – man lebte nun einmal im Zeitalter der Allegorien und Embleme. Dort vermag man das Antlitz des Grafen Roger betrachten; es ist herzlich bedeutungslos. Ferner gehörte ein ›Saal der großen Soldaten‹ zum Interieur, in dem man fünfundsechzig Kriegsmänner abkonterfeit sehen kann, angefangen mit dem Marschall Du Guesclin. Natürlich waren es Phantasiebildnisse, aber schließlich machte das nichts. Das ganze Leben des Comte war eine Seifenblase. Die Kehrseite des französischen Zentralismus im 16. bis 18. Jahrhundert, einer Zeit, in der Burgund längst zu einer Provinz degradiert und völlig bedeutungslos geworden war, bestand darin, daß es die Existenz jeder Person von Stande außerhalb von Paris oder gar Versailles zur Farce machte. Für einen

Mann von Ehrgeiz, Talent und Esprit wurde sie gar zu einem geistigen Todesurteil. Diese Bedeutung hatten die großen Könige ihrer Hofhaltung immerhin verliehen.

Indessen, es ist eine sehr hübsche Farce, dieses Schlößchen Bussy-Rabutin im Châtillonnais, in dem der Vetter der Madame Sévigné nebst seiner Geliebten hauste. Überhaupt, will man die wenigen Schlösser sehen, welche die Große Revolution überdauert haben, muß man allemal in das Land nordwestlich von Dijon hinausfahren. – Einige Ausnahmen zugestanden: *Sully* nahe Autun etwa, eine mächtige, von vier Karreetürmen flankierte Anlage, die man das ›Fontainebleau Burgunds‹ nennt; der Marschall Mac Mahon, der im Siebziger Krieg eine Rolle spielte und später Präsident der Republik war, kam hier zur Welt. Oder *Ratilly*, tief im Herzen der Puisaye, Burgunds einsamster Gegend. Zwei Frauen, die sich hier zufällig zu einem Schwatz begegnen, haben ihren großen Tag. Hügelauf, hügelab geht es durch eine Welt der Hecken und Wiesen; selten ein Weiler, noch viel seltener ein Dorf. Ratilly liegt weit, weit von der Straße nach Auxerre entfernt und beinahe ebenso weit vom nächsten Nebensträßchen. Herrlich anzuschauen, ein richtiges Schloß der Sage, schwer, alt, dem 13. Jahrhundert entstammend. Zwei mächtige Rundtürme heben sich neben der Brücke über den Graben; außerdem sind noch zwei Flankentürme da, allesamt rundleibig und mit Kegeldächern bemützt. Es ist eine Festung voller Gewalt nebst einem romantischen Aspekt von Giebeln und Dächlein, gebettet in einen Frieden, der vollkommen wirkt. Im ehemaligen Burggraben blühen schon Herbstblumen, der alte Efeu an den Türmen schließt seine Blüten bereits wieder und in einem Winkel, von Hopfen überrankt, wuchert ein dichtes Gebüsch von Bambus. Ringsum zieht sich der schweigende

Wald. 1653 hat sich La Grande Mademoiselle einmal für eine Woche hier aufgehalten, und später richteten die Jansenisten an dieser Stelle eine heimliche Druckerei ein. Aber sonst hat sich nichts von Belang begeben. Während der ganzen Geschichte Burgunds und Frankreichs – nichts!

Aber die übrigen Schlösser Burgunds liegen wirklich im Umkreis von Dijon! Wenn das auch mit dem gar zu schönen *La Roche-Pot* in den Höhen der Côte d'Or solch eine Sache ist. Die Restauratoren haben mal wieder allzu gründliche Arbeit geleistet! Sagen wir es gleich heraus: an diesem Schloß der schweren Türme mit ihren bunt glasierten Ziegeln, den Wehrmauern, die sich steil und trutzig aus Gefels und Herbstlaub heben, der Zugbrücken und Altane ist leider alles nicht wahr. Es gibt – wie unvorsichtig! – in La Roche-Pot ein Bild zu sehen, das den Zustand zeigt, in dem es aus den Wirren der Großen Revolution hervorging. Es war wirklich nichts mehr da als ein Plateau und etliche Mauertrümmer mit Fensterhöhlen. Die Rekonstruktion erfolgte natürlich nach alten Plänen. Man könnte in diesem Bilderbuchschloß ein Hotel für europareisende Amerikaner eröffnen. Dennoch, La Roche-Pot hat seine Vergangenheit: Philippe Pot, von dessen Grabmal im Louvre noch die Rede sein wird, und der berühmte Kardinal Retz waren zeitweilig seine Besitzer. Aber was hilft das, wenn nichts mehr authentisch ist?

Es war ein ganz alter Führer da, der in Pantoffeln herumschlürfte, die Treuherzigkeit in Person. Er log, daß sich die Balken bogen. Was sollte er schon machen, der Arme!

In dem Schloß von *Tanlay*, nahe Tonnerre, geht es redlicher zu. Man hat es 1550 angelegt und später umgebaut. Alles atmet hier noch den Geist der Zeit Ludwig XIII., die wenig von der barocken Üppigkeit der nachfolgenden, aber bereits alle Eleganz der späteren Epoche besaß. Tanlay ist ein Schloß, dessen Vorhof säuberlich von der sogenannten Vorburg getrennt ward. Zum Château geht es über breite, sorgfältig durch Steinmauern gefaßte Burggräben, die dicht mit blühenden Seerosen bewachsen sind. Am Beginn der Brücke heben sich zwei pagodenförmige Obelisken, dann kommt ein kleiner Torbau mit gewundenen Säulen, worauf man im Ehrenhof steht. Der Haupttrakt nimmt sich höchst edel aus: eine zweigeschossige Front mit hohem Dach und Mansarden, klar und einfach durch Lisenen gegliedert. In den Innenecken stehen Treppentürme und auf den hohen, quadratischen Kaminen steinerne Flammenspiele. Die beiden Seitenflügel sind niedriger gehalten und dienen zum Teil als Remisen. Der Außenseite, also dem Graben zu, hat man dem Bau Rundtürme vorgelegt, auf deren Kuppelhaube eine Laterne sitzt . . .

Es war Mittag. Die Sonne glühte. Ein Schild: ›Mardi geschlossen‹, und heute war Mardi. Man trifft das so oft, kommt von weither und findet das Ziel aller Mühen versperrt. Es blieb nichts übrig, als dieses Dorado höfischer Eleganz in der elenden Einsamkeit eines winzigen Dorfes wie eine schöne Schläferin nicht in der Ruhe zu stören und still über die breiten Burggräben davonzugehen.

Als Lieblingskind der Handbücher, Führer und Kunsthistoriker gilt freilich *Ancy-le-Franc*. Weiß der Himmel, warum! Das Schloß liegt in einem kleinen Ort zwischen Hügeln des Châtillonnais, gar nicht weit von Tanlay entfernt und ist recht heruntergekommen. Was ihm Rang verleiht? Die klassische, ruhige Gliederung der großen, vierflügeligen Anlage. Zugegeben. Indessen, man kann nicht umhin, festzustellen, daß soviel leere Rhetorik im Spiel ist wie auf der klassischen Bühne Corneilles. Am schönsten wirkt noch der Innenhof. Schaut man aus einem der Fenster in dieses weiße, sonnenbeschienene Viereck hinaus, wünscht man sich allegorische Gestalten auf und ab spazieren zu sehen. Irgendwie schreit hier alles nach Emblem und Heraldik. Daß Ancy-le-Franc einmal viel bedeutsamer gewirkt hat, liegt auf der Hand. Gleichwohl, es läßt heute kalt. Es ist ein frigider Bau. So, wie die Perspektiven von Versailles lähmend wirken. Selbst für das Innere gilt das. Üppig kassettierte Decken, heftig bemalte Antichambres, eine Salle des Gardes mit Kanönchen und Türkendolchen. Genau der Kram, der sich in Jahrhunderten anhäuft, wenn man ein großes Haus führt. Möglich, daß es dem Eigentümer, dem Comte de Mérode, trotz der gesalzenen Eintrittspreise an Geld fehlt, den Bau instand zu halten. Bei diesem Schloß, diesem Musterfall rationalistischer Geisteshaltung mit seiner Kühle und Regelmäßigkeit, wäre alles auf ein äußerstes Maß an Pflege angekommen.

Doch *Fontaine-Française* macht es bald wieder gut. Wiewohl man es nur von außen betrachten darf. Vielleicht kann es in seiner Lage zwischen zwei Teichen und nahe Gray sogar als großartigstes der Schlösser Burgunds gelten. Heute ist der Postweg, auf den man früher von den Schloßfenstern hinabsah, wenn eine Kutsche sich näherte, freilich zur Chaussée geworden. Leer liegt das Château mit seinen eleganten Räumen in den Baumwipfeln eines einsamen Parkes und zugewachsen das Wasser mit seinen Binsen, Seerosen und Verästelungen, die sich im Gebüschschatten verlieren. Aber es spiegelt noch immer die Anmut, die vielleicht weniger dem Bau an sich als der ganzen Anlage eigen gewesen ist. Da findet sich eine Treppe zum Anlanden und Abfahren an der Stirnseite des Sees, um nur eines der Aperçus der Gartenarchitekten zu erwähnen, und man kann sich unschwer einbilden, wie sie dort einmal herumstolziert sind, die Glückskinder jener verschollenen Epoche, die 1789 in Glut und Rauch unterging . . .

Oder auch *Talmay*, auf dem Wege von Gray nach Auxonne! Eine mächtige Gruppe von Buchen flankiert den hohen Bergfried; und die alten Häuser des Ortes mit ihren hohen zermürbten Dächern am Ufer der Vingeanne zaubern die vollkommene Idylle einer ländlichen Zwerg-Dynastie. Leider hat man die vier Reihen alter Buchen zur Vorburg geschlagen, die ihr Rauschen mit dem des Wassers in der Vingeanne vermischten. Hier offenbart Burgund all jenen Zauber, der mittels hochgiebeliger, ziegelroter Dachwinkel und quellgrüner Wiesen fast an die Niederlande gemahnt.

Kommt man wenig später nach *Auxonne*, findet man bald bestätigt, daß Spitzdach und Wiesengrün dem Ostsaum Burgunds einen ganz eigenen Reiz verleihen. Das Nest sieht aus wie ein holländisches oder preußisches Garnisonsstädtchen von ehedem. Nüchtern-freundliche Häuserzeilen und breite Straßen. Auf alten Stichen läßt sich erkennen, daß der Ort früher als Brückenkopf einer Verteidigungslinie gegen das Reich gedient hat; die Saône fließt hier vorüber. Solcherart mag die militärische Tradition von Auxonne entstanden sein, der man im Musée Bonaparte begegnet. Denn auch hier hat der große Korse geweilt, einen ganzen Winter lang, als er noch Sous-Lieutenant war. Dementsprechend findet man im Musée allerlei Krimskrams – ein Stück seines Bettgestells oder den Hut, den er angeblich 1810 getragen. Wieviel Hüte dieser Mann besaß! Aber auch viel schöne Stiche aus seiner Zeit, etliches Feldgerät des Kaisers und natürlich das unvermeidliche Eßservice mit seinem großen N, von dem er stets ganze Wagenladungen mit sich geführt haben muß, um überall eines stehen zu lassen.

Der Wahrheit die Ehre, Auxonne ist ein höchst reizvolles Städtchen, und es macht nicht das geringste, daß seine alte Kirche immer wieder aus dem Lot geriet. Den Eingang bildet ein im 16. Jahrhundert angefügter Narthex, und an diesem Vorbau sind Prophetenfiguren zu sehen, die offenbaren, wie sehr des Claus Sluter Kalvarienberg in Champmol bei Dijon, von dem noch zu sprechen sein wird, Schule gemacht hat. Übrigens besitzt man hier eine Traubenmadonna von des Meisters eigener Hand. Es finden sich ausgezeichnete Plastiken, an denen man seine Herzensfreude hat, wenn sie auch nicht zur ganz großen Klasse gehören. Grade das ist es, was hierhin paßt! Denn auch diese Stadt stellt ganz und gar nichts Bedeutendes dar, aber sie gibt einen so reinen und guten Klang, wie eine lange nicht mehr gehörte Melodie aus der Kinderzeit.

Die Stunde von Brou

Nutzen wir die Nähe des Straßenkreuzes von *Dole*, um noch einmal ganz nach Süden zu schwenken! Wenn auch dieser Zipfel eigentlich einen Fremdkörper in der Bourgogne darstellt – die Geschichte geht ihre eigenen Wege. Sie hat es gewollt, daß dieser Teil eines Herzogtumes Savoyen, dann Fürstentumes der Dombes ausgerechnet an den westlichen Nachbarn fiel, als es mit Glanz und Größe Burgunds längst zu Ende war. Schon kommen die breitgelagerten, niedrigen Bauernhäuser in Sicht, in deren Umkreis es von weißem Federvieh wimmelt. Nicht umsonst hängt man hier im Herbst soviel goldene Maiskolben zum Trocknen unter die flachen, leicht geknickten Dächer, in deren Schutz sich Hausung, Stall und Scheune zugleich bergen.

Die Hauptstadt dieser Landschaft des linken Saône-Ufers, der *Bresse*, ist *Bourg*, hinter dem es mit den Teichen erst richtig losgeht. Eine französische Mittelstadt, wie sie im Buche steht. Wie laut ihr Provinzbehagen, wie überquellend ihre Betriebsamkeit! Zu Bourg wiederum gehört eine kleine, stille Vorstadt im Osten, *Brou*, die das Herz der Landschaft darstellt. Denn Brou gilt nicht nur als Höhepunkt des Flamboyant-Stiles der Gotik. Es besitzt in der alten Klosterkirche die Begräbnisstätte der Grafen von Bresse und späteren Herzöge von Savoyen, die mit den Valois-Herzögen von Burgund gewissermaßen verwandt waren . . . Aber es ist nötig, ein wenig von ihrer Geschichte zu wissen.

In *Brou* stand zuerst lediglich eine Benediktiner-Priorei. 1480, als Graf Philipp de Bresse, späterer Herzog von Savoyen, einen Jagdunfall erlitt, legte seine Frau Marguerite von Bourbon, die Großmutter König Franz I. von Frankreich, ein Gelübde ab, diese bescheidene Klause in eine Abtei zu verwandeln. Philipp genas, und Marguerite starb, ohne ihr Versprechen eingelöst zu haben. Die Sache geriet in Vergessenheit. Zwanzig Jahre gingen ins Land. Philipp war bereits tot, aber auch sein Sohn, Philibert, der Margareta von Österreich geheiratet, starb unvermittelt. Man erinnerte sich. Damit seine Seele in Frieden ruhte, machte sich seine Frau ans Werk, das Gelöbnis ihrer längst verstorbenen Schwiegermutter zu verwirklichen . . .

Sie hat viel Unglück im Leben gehabt, diese blutjunge Margareta von Österreich, Tochter Kaiser Maximilians und der Maria von Burgund; Herzog Karl des Kühnen von Burgund Enkelin also. Wie es Brauch war, vermählte man sie bereits im Kindesalter mit dem französischen Thronfolger, dem späteren Karl VIII., den man den ›Leutseligen‹ nennt. Er war zu ihr nicht sonderlich freundlich. Denn kaum stellte sich eine Anwartschaft auf die Herrschaft in der Bretagne ein, wenn er Anne de Bretagne heiratete, ließ er sich von Margareta scheiden. Anne ihrerseits war ebenfalls schon vermählt, sozusagen ferngetraut mit Kaiser Maximilian, den man in

Frankreich ›l'Empereur sans le sou‹, den Kaiser ohne einen Pfennig, nennt. Es fehlten ihm einfach die zweitausend Livres, um mit seinem Gefolge nach Nantes zu reisen und die junge Frau heimzuholen. Worauf auch dieses Ehebündnis gelöst ward und ein drittes entstand: zwischen Karl VIII. und Anne de Bretagne.

Übergehen wir die bitteren Empfindungen Kaiser Maximilians, der sich als Mann wie Vater genasführt sah. Seine Tochter war noch viel schlimmer dran. Sie heiratete zwar den Erben von Spanien; der aber starb nach wenigen Ehemonaten, und Margareta brachte ein totes Kind zur Welt. Jetzt trat Philibert, Graf von der Bresse, in ihr Leben. Sie genoß mit ihm drei ganze Jahre des Glückes. Denn schon als Vierundzwanzigjährige wurde Margareta zum zweiten Mal Witwe, weil Philibert einer Grippe oder Unterkühlung erlag. Diese überlegene, belesene und künstlerisch begabte Frau beschloß, ihrem toten Gatten bis zur letzten Stunde treu zu bleiben. Vor allem tat sie eines, sie löste das Gelübde ihrer Schwiegermutter ein. Die alte Kirche der Priorei wurde abgebrochen; aus Flandern verschrieb sie sich den Baumeister van Boghem, der den umfangreichen Bau eines Klosters nebst einer Mönchskirche in der Rekordzeit von neunzehn Jahren aufführte. In den Chor kamen, gleich einer ewigen Aufbahrung, der Sarkophag Philiberts und seiner Mutter Marguerite von Bourbon und später auch Margaretas zu stehen. Freilich bleibt als tragischer Schnörkel anzumerken, daß die Fürstin die Fertigstellung ihres Planes nicht mehr erlebte, sondern zwei Jahre vor der Konsekrierung des Klosters starb.

Brou ist also nicht nur eine Mönchs-, sondern auch eine Begräbniskirche. Steht man inmitten dieses bei aller Üppigkeit durch das edle Gelbrosa des Steines wundervollen Baues, springt sein erlesener Adel sofort ins Auge. Der Altar mit den Sieben Freuden Mariens zeigt

Szenen von einer Eindringlichkeit, denen etwas von der Größe Riemenschneiders anhaftet. Kein Wunder, in Brou sind neben niederländischen und italienischen vor allem deutsche Meister tätig gewesen.

Vielleicht wirkt unter den Grabmälern das der Marguerite von Bourbon in der linken Chornische am schönsten – die Gestalten der hier beigesetzten Fürstlichkeiten hat alle samt und sonders Conrad Meit geschaffen, der 1526–1532 in Brou wirkte, und zwar in je zwei Versionen: im unteren Teil der Denkmäler ruht der Dargestellte als abgeschiedene und auf der Platte darüber als lebende Figur – damit man beide Bilder vor sich hatte: die man geliebt und die man beweinte. Um die Gewände der Sockel sind Pleurants gestellt, untermischt von Putten mit Wappenschilden. Zweifellos hat die bildhauerische Totenfeier, die eine Tumba nun einmal darstellt, dadurch den Charakter eines Schauspiels bekommen. War es ein Zugeständnis an die Empfindsamkeit der weiblichen Auftraggeberin? Wir wissen es nicht. Immerhin geistert ein letzter Anklang an die Pleurants von Champmol durch die Denkmäler. Zudem finden sich am Grabdenkmal Philiberts Frauenstatuetten von köstlicher Schönheit.

Die Glasmalereien im Chor dieser Kirche wollen uns allerdings nicht mehr so bedeutend erscheinen, wie einer früheren Generation. Selbst das üppige Eichenholzgestühl, von Pierre Terrasson 1530 bis 1532 geschnitzt, das den Chor mit über sechzig Sitzen umzieht, dünkt uns eher ein reizvolles Dekor, denn große Kunst zu sein. Man bewundert die Lebensfülle, die Intuition, den geistreichen Einfall, aber überwältigt wird man nicht mehr.

Da spricht aus den Trakten der drei Kreuzgänge des alten Klosters, die sich der Begräbniskirche von Brou anschließen, schon ein anderer Geist! Kühne Galerien

15 Cluny, Kapitell

16 Saulieu, Kapitell

17 AUTUN, Kapitell

18 Autun, Eva

19-20 VEZELAY, Tympanon

21 Autun, Tympanon

ziehen sich durch zwei Etagen. Man stößt gar auf einen Teil der ursprünglichen Benediktiner-Priorei nebst dem alten Brunnen; dort, wo sich heute, gleichsam im innersten Winkel der alten Anlage, ein kleines Folklore-Museum der Bresse befindet. Die Einrichtung eines alten Hauses dieser Landschaft – weiß Gott, das ist herrlich! Auf dem Tellerbord der Kredenzen prachtvolle Fayencen von Meillonas. Der Tisch hat zugleich als Backmulde gedient. Die Bänke sind karg und schmal, aber sie haben Charakter, und selbstverständlich dürfen Rocken, Haspel und Spinnrad sowie ein Stuhl zum Hecheln nicht fehlen! Am amüsantesten ist vielleicht das Himmelbett mit der am Fußende der Decke aufgehängten Wiege – man konnte ihr sozusagen zwischen Schlaf und Traum einen kleinen Schubs mit dem Fuß versetzen und sie in Schwingung bringen, wenn das Kleine darin unruhig geworden war und schrie . . .

Freilich, welch eines Versäumnisses haben wir uns schuldig gemacht, diese Epoche zu erwähnen und ein ganzes Zeitalter Burgunds auszulassen, das der Valois-Herzöge während der spätgotischen Epoche. Indessen, grade da liegt's – von diesem zweiten großen, dem ›Goldenen Zeitalter‹ Burgunds, muß natürlich in aller Ausführlichkeit die Rede gehen.

Viertes Buch

Das goldene Zeitalter

»Vive Bourgogne est notre cry«

Vorabend

Zum dritten Male Dijon

Zwölf Uhr, fünf Minuten. Am Treffpunkt von Rue de l'Arquebuse, Boulevard Sévigné und Avenue Albert I. in *Dijon* schwillt der Verkehr zu einem Strom an, der ins Stocken gerät und überzulaufen droht. Das ist dort, wo die von Avallon einerseits und Beaune andererseits kommenden Straßen unter der Bahnunterführung hinweg ins Zentrum einbiegen. Der ›Flic‹, der Verkehrspolizist am Straßenrand, hebt die Rechte gegen die Fahrzeugkolonne, quert hurtig die Fahrbahn und besteigt ein kleines, weiß gestrichenes Podest: Zeit einzugreifen. Es gellt von Pfiffen über den Platz. Schon kommt System in die brodelnde Flut. Fronten von Fahrzeugen und Fahrrädern schieben sich bis an die Startstriche vor – Rotlicht, Gelblicht, Grünlicht, los! – »Vite, vite!« wirbelt der Flic seinen Knüppel.

Wiewohl die Leute des nach Lyon orientierten burgundischen Südens durchaus nicht viel auf ihre Provinzhauptstadt geben, kann man um diese Zeit gelegentlich Monsieur Blaise Jeannot aus St-Julien-sur-Dheune über den Zebrastreifen staken sehen. Sehr befriedigt, daß ihm die Fahrzeuge eine Gasse öffnen, schreitet er so sicher dahin, wie weiland die Juden durchs Rote Meer – Blaise Jeannot, Invalide der Kohlenzechen von Montceau-les-Mines, der für gewöhnlich an Schleuse 16 des Kanals du Centre steht und etliche Male im Jahr nach

Dijon kommt. Vorausgesetzt, daß er einen freien Tag hat und sein Neffe Luc die aus dritter Hand erworbene ›Dauphine‹ in Gang bringt, um bei der Zentrale vorzusprechen; Luc fungiert zur Genugtuung Jeannots als Vertrauensmann des Schiffersyndikates. Haben sie ihre Geschäfte erledigt, Luc seine Besprechung, der Alte seine Besorgung im ›Pauvre Diable‹, dem Kaufhaus der kleinen Leute, treffen sie sich in der Kneipe von Père Gallinet an der Rue Jeannin. Dort, wo das Sonnenlicht so hübsch durch das Frühlingslaub fällt. »Et d'abord?« ruft Luc, nachdem man dem Wirt zugenickt und die Mütze in den Nacken geschoben hat. Worauf Gallinet fragt, was er ohnehin sieht: »Wieder einmal im Land?«, um nunmehr Daumen und Zeigefinger der Linken an den Mund zu heben und verlockend mit den Lippen zu schnalzen: »Einen Aligoté 59 hätte ich da . . .« – Der Aligoté ist ein kleiner Wein, der in gewissen Jahren ungewöhnlich gut mitfallen kann, und also der erklärte Liebling aller Kneipenwirte und Kenner mit schmalem Portemonnaie. »Bon«, kommentiert Luc, »genau was wir brauchen.« Worauf sich Onkel und Neffe vollkommen zufrieden ihre Zigaretten anzünden.

Dijon erlebt unterdessen die Mittagsstunden seines Werktages. Es knattert, rasselt, mahlt über die breiten Boulevards wie durch die schmale Rue des Forges mit ihren alten Fachwerkhäusern. Selbst durch die Rue de la Liberté flitzen die Velos, Motorräder, Wagen mit jener vehementen Eile, die sich jeder Franzose schuldig glaubt, wiewohl hier Polizei und Stadtoberhaupt ihre Quartiere aufgeschlagen haben.

An der Rue de la Liberté nämlich hebt sich *das Herzogsschloß* von Burgund, in dem heute Behörden untergebracht sind – gleich gegenüber dem reizenden halbrunden Platz, den Jean Hardouin-Mansart, der Architekt von Versailles, entworfen hat. Ohne den Fahrzeugstrom wäre alles wie eh und je: der ein wenig klobige Turm Philipps des Guten, der Ehrenhof, durch den die Brautpaare zum Standesamt gehen, der Binnenhof mit dem Standbild Claus Sluters und der Portiersfrau, die Schuhe putzt, der Hinterhof, darin die Pompiers, die Feuerwehrleute ihre roten Wagen waschen . . . Immerhin, was stört das schon die Erhabenheit dieser Umgebung! Sie ist erlaucht genug, um es sich leisten zu können. – Hier nämlich sind die drei letzten der vier ›Grands Ducs d'Occident‹, der vier großen Herzöge des Abendlandes aus dem 14. und 15. Jahrhundert geboren, die Burgund unsterblich gemacht haben – *Jean sans Peur*, *Philippe le Bon* und *Charles le Téméraire* – Johann Ohnefurcht, Philipp der Gute und Karl der Kühne also, den man besser nach niederländischer Sitte ›den Stolzen‹ nennen sollte. *Philippe le Hardi* oder der Kühne, ihrer aller Stammvater und Erster, hat hier wenigstens einen Teil seines Lebens zugebracht. Es ist ein Ort so voller Präsenz und Lebensdichte, daß man unwillkürlich den Atem anhält ob der Diskrepanz zwischen dem schweigsamen Dauern des Schlosses und dem grabschänderischen, summenden Ameisengewimmel da draußen, mit dem sich der Alltag des großen Leichnams der Geschichte zu bemächtigen sucht . . . ›Klick‹ machen die Kameras: Miss Baker aus Liverpool, Monsieur Bünzli aus Lausanne, eine Omnibusladung Elisabethverein aus dem Rheinland im Cour d'Honneur zu Dijon . . . Ach, lassen wir uns an dieser Stelle lieber nicht fotografieren! Wir fallen gar so klein aus. Nicht, daß dieses Schloß in seinen Dimensionen zu gewaltig oder zu erlaucht und edel wäre. Ganz gewiß nicht. Es gibt schönere, größere Schlösser, weiß Gott. Aber ob der inneren Maße, die es setzt.

Man kann sie in den Museen von Burgund und Flandern auf den Bildern der van Eyck, van der Weyden oder Memling sehen, die ›Großen Herzöge‹, und versuchen, mit ihnen auf Du und Du zu kommen. Vergeblich. Sie schauen beharrlich an jedem Betrachter vorbei. Erhaben, einsam, verloren in die Nacht ihrer Größe. Immerhin darf man sie ruhig im Stehen oder Sitzen betrachten, während ihre Zeitgenossen noch die Knie beugen mußten. Das ist die Intimität, die uns ihr Tod verschafft; aber auch die einzige.

Die Brunnenstube

Im *Museum*, in das der südliche Flügel des Schlosses heute verwandelt ist, wird das bald offenbar. Man tritt vom Eingang unvermittelt in einen der frühesten Teile des alten Schlosses, das Parterre der *Tour de Bar*, die ursprünglich, als Philipp der Kühne die Hausung der Kapetinger-Herzöge umbauen ließ, Tour Neuve genannt wurde. Tour de Bar hieß sie, seit René von Anjou, Herzog von Bar und Lothringen, darin gefangen saß. Das Gewölbe entstammt also den Ursprungstagen des Valois-Burgunds; es ist so etwas wie sein Herz und Heiligtum. Nicht nur, weil dieser Raum zur herzoglichen Kapelle gehört hat, die 1803 anläßlich der Unterdrükkung des Ordens vom Goldenen Vlies zerstört wurde. Der Orden hatte hier seit Philipp dem Guten seinen Kapitelsitz. Vielmehr genoß die *Ste-Chapelle* seit 1433 besonderes Ansehen; damals schenkte Papst Eugen IV. eine wundertätige Hostie hierhin.

Das übriggebliebene Stück Gewölbe wird durch eine Mittelsäule gestützt; in eine Wand ist noch das alte Weihwasserbecken eingelassen. Hier hängt ein Retabel des 13. Jahrhunderts von einem Altar der Kapelle, dort liegt im Schaukasten die bei den Totenfeiern Philipps des Kühnen gebrauchte Messingkrone oder ›Couronne de l'éffigié des funéraires‹. Auch die Spitze des von 1089 stammenden Abtsstabes des hl. Robert von Molesmes, des Gründers von Cîteaux, gibt es zu sehen – ein Rundfiligran mit einem Tierkopf, der Stern in der Rundung durch einen Rubin markiert. Den hat also Bernhard von Clairvaux, wie man ihn vulgär nennt, noch erblickt. Und schließlich steht da in einer Vitrine etwas wie eine kleine Reliquie eben dieses Erneuerers der Christenheit, eine aus Nußbaumholz gedrechselte und im 15. Jahrhundert in Messing gefaßte Trinkschale. Sie hat der Heilige nachweislich benutzt, als er von 1112 bis 1115 in Cîteaux weilte.

Aber das Entscheidende an diesem Museum, das einmal der Haupttrakt des von Herzog Philipp dem Guten errichteten Schloßteiles war, nach dem Tod Karls des Kühnen als französisch-königliches Logis diente, dann Gouverneurssitz war – das Entscheidende birgt der später als Salle des Gardes benutzte, alte, hohe Festsaal aus burgundischer Zeit, der die zeremoniösen Empfänge und üppigen Feste der Grands Ducs erlebte. Seit 1827 besitzt dieser mächtige Raum eine ganz eigene Weihe. Seither stehen hier die Grabmäler Philipps des Kühnen, Johann Ohnefurchts und seiner Gemahlin Marguerite von Bayern als königliche Reste einer großen Epoche. Die Revolution von 1789, die in ihrem kleinbürgerlichen Ressentiment das Genie ganzer Jahrhunderte zunichte machte, hat vor ihnen nicht angehalten. Die Tumben der Herzöge sind mühsam aus dem Schutt der Zerstörung aufgeklaubte und zusammengeklitterte Reste aus Champmol, von dem gleich zu reden sein wird. Wiewohl Jean sans Peur ein Mann des Volkes war. Was man hernach von den herzoglichen Gebeinen wiederfand, wurde unter dem Nordturm von St-Bénigne beigesetzt.

Da stehen sie also wieder, die Tumben, hergerichtet von den ›Beaux Arts‹, den Konservatoren und Restauratoren: das Grabmal Philipps des Kühnen mit der liegenden Gestalt des Herzogs darauf, dem zwei goldgeflügelte Engel die Krone abnehmen. Der Kopf mit aufgeworfenen Lippen, stark gewölbter Nase. In der Hand trägt der Erlauchte den Zepterstab. Angetan ist er mit weißem Faltengewande und blauem Pelerinenumhang, der dreifach goldgebordet auseinander fällt. So ruht er auf einer Platte von schwarzem Marmor, darunter als Sarkophaggewände eine Galerie von gotischem Maßwerk mit Duplikaten jener ›Pleurants‹ oder Trauernden, die bei der Zerstörung übriggeblieben sind. Die Originale hat man sichergestellt. Es sind die seit 1386 von *Jean de Marville*, vornehmlich aber *Claus Sluter* und endlich von *Claus de Werve* gearbeiteten Figuren des einstigen Leichengefolges. Davor das Grabmal von Jean sans Peur und seiner Frau, begonnen 1443 von dem Abenteurer *Juan de la Huerta*, 1470 vollendet von *Antoine le Moiturier*. Ein wenig gröber, ein wenig formalistischer, mehr auf Repräsentation bedacht. Ferner gibt es in diesem Raum eine Tapisserie der Belagerung von Dijon durch die Schweizer im Jahre 1513 zu sehen und einen Altar aus der Chartreuse von Champmol mit Märtyrerdarstellungen, den *Jacques de Baërze* 1390 bis 1399 gebildet, *Melchior Broederlam* aus Ypern bemalt und vergoldet hat: enormes gotisches Fialenwerk überzieht das Mittelbild und die Flügel mit ihren jeweils fünf Figuren. Ein Passionsaltar aus dem nämlichen Champmol, Antwerpener Exportarbeit des 15. Jahrhunderts, ist weniger bedeutsam. Aber da hängt auch das 1445 von *Rogier van der Weyden* gemalte, oft kopierte Bildnis Philipps des Guten, eine Ahnenprobe des Jean sans Peur, sowie der berühmte Kreuzigungsaltar von Champmol, dessen Flügel abermals Broederlam gemalt hat. – Wem's nicht den Atem verschlägt, dem ist nicht zu helfen.

Steht man draußen an der kleinen ›Place des Ducs de Bourgogne‹, kann man an dem oft umgebauten Schloß auch äußerlich einiges aus der Herzogszeit wahrnehmen – die gotische Fassade zwischen den Türmen Philipps des Guten und der Tour de Bar. So hat die Residenz zur Zeit der Grands Ducs ausgesehen: strenge, hohe Fenster, darüber Mansarden mit gotischem Zierat. Alles sehr viel feierlicher und strenger, als bei der üppigen Prachtentfaltung dieses Hofes zu erwarten stand.

Aber damit hat es sich auch; es ist innerhalb der Bourgogne, abgesehen von Beaune und Châteauneuf im Auxois, ziemlich das Einzige, was vom herzoglichen Burgund übrig blieb. Wenigstens an öffentlichen Sichtbarkeiten, denn die Handschriften und Buchillustrationen bleiben für gelegentliche Ausstellungen reserviert, und die Bilder der burgundischen Schule befinden sich in aller Welt oder im Louvre zu Paris. Auch der Zentralismus hat seine Schattenseiten. Natürlich müßte man sie in Dijon sehen, wo außer Broederlam nichts zu finden ist. Plastiken, die den Geist dieser Epoche spiegeln, gibt es hingegen mehr. Aber die bekräftigen eigentlich nur, was man ohnehin ahnt: welch ein schamloser Ausverkauf dem Untergang Karls des Kühnen folgte, um nicht von Plünderung zu reden . . .

Allein, tauchen wir endlich hinab zu den Anfängen jener Valois-Zeit!

Der letzte Kapetinger

1361. Ein Bote, dem die Angst aus den Augen sieht, nähert sich dem *Château von Rouvres*, einem Schloß im Frieden grüner Weiten südwestlich Langres. Die Bauern stutzten. Was diese hastigen Reiter der Staffetten neuerdings an Nachrichten überbringen, kennen sie allzu genau. Seit dem großen Pestjahr 48 sind eben dreizehn Ernten verstrichen, und bei jeder fiel dem Tod der größte Gewinn anheim. Die unheimliche Krankheit will nicht erlöschen. Der Bote sitzt ab, blickt sich vergeblich um. Niemand da, ihm sein Pferd abzunehmen? So bindet er's selber an, stolpert mit lahm gerittenen Beinen die Stufen der Freitreppe empor, schaut auf, beugt das Knie . . . Oben ein junger Mann, der ihm mit unverblümter Neugier entgegenblickt. Ein Siebzehnjähriger, nach diesem Adelssitz *Philipp de Rouvres* genannt, der Letzte eines Geschlechtes, dessen königlicher Stamm den Thron von Frankreich bereits den Valois überlassen hat, dessen herzoglicher Zweig hingegen in Burgund noch herrschen will wie seit dreihundertdreißig Jahren – der letzte Kapetinger, eben voller Zukunftshoffnung verlobt mit *Marguerite von Maele*, der Erbin von Flandern. Philipps Stimme klingt unsicher: »Was bringst du mit von Paris?«, indessen er vor den scheu beiseite gleitenden Augen des Mannes argwöhnisch aufzumerken beginnt: schon wieder ein Aufflackern der Epidemie?

Allein, bedarf es dieses Erkennens noch? Der schwarze Tod ist kaum minder schnell als der Bote. Am Abend des Tages taumelt der junge Prinz plötzlich, legt sich zurück an die Wand und kann doch nicht hindern, daß ihm die Beine versagen, während glühende Schauer durch seine Glieder jagen und seinen Kopf schwindeln machen, alles ertränkend, alles verschwemmend. Nun, eine Indisposition, was weiter? Aber die Räte bestehen hartnäckig darauf, daß er ein Testament macht. So geschehen am 11. November des Jahres. Philipp von Rouvres, nicht nur Herzog von Burgund, sondern auch Graf der Auvergne und von Boulogne, Herr der Grafschaften Burgund östlich der Saône, des Artois und des Gebiets der Champagne, verfügt, daß ihm in seinen Rechten und Besitzungen folge, wer dazu »par droit ou coustume du pays« befugt ist. Das klingt klug, ist aber ein Quell der Verwirrungen! – Dann geht es rapide zu Ende mit ihm. Zehn Tage später liegt der letzte kapetingische Herzog tot auf der Bahre, verbrannt an der Pest, die wieder durchs Land geht. – So jedenfalls dürfen wir uns sein Sterben vorstellen; genau bekannt sind die Umstände nicht. Noch schwieriger läßt sich der Rechtsstatus seiner Nachfolge klären.

Die Epoche ist schlimm genug. Seit fünfundzwanzig Jahren tobt der Krieg zwischen Franzosen und Engländern, den man später den ›Hundertjährigen‹ nennen wird. Eben erst hat sich der etwas wirrköpfige König Johann II. von Frankreich, Jean le Bon genannt, samt seinem jüngeren Sohn Philipp aus britannischer Gefangenschaft lösen müssen. Ganze Provinzen seines Landes bleiben in englischer Hand. Verwüstet vom kaum niedergeschlagenen Bauernaufstand der ›Jacquerie‹ liegen Äcker, Dörfer und Gärten. Wen mutet es nicht wie eine Groteske an, daß dieser Märchenkönig, der Herrscher von Cypern, Peter I. von Lusignan, ausgerechnet jetzt durch die Länder reitet und die Höfe Europas zum Kreuzzug auffordert? In der Bretagne bricht der Kampf mit den Engländern von neuem aus, zieht sich bis Spanien hin, wo der Connétable Duguesclin König Pedro den Grausamen vertreibt. Bis er seinerseits vom englischen Thronfolger, dem Schwarzen Prinzen, geschlagen, gefangen wird. Unterdessen zieht Karl IV., deutscher Kaiser, zum zweiten Male nach Rom, um seine Macht zu festigen. Von Avignon kehrt Papst Urban V. in die Ewige Stadt zurück. – Wenige Jahre später, und ein Licht wird erlöschen, das diese finstere Welt ein wenig erhellt hat: Petrarca stirbt (1374), ein Jahr darauf auch Boccaccio.

Glückbringender Tod eines unglücklichen jungen Prinzen! Während dergleichen in der großen Welt vorgeht, klären sich die Geschicke des Herzogtumes Burgund auf höchst einfache Weise, und wenn es gegenwärtig auch niemand zu erkennen vermag, sie nehmen jene erstaunliche Wendung, die das Land abermals an die Spitze der damaligen Welt führen wird.

Es ist der Augenblick, erneut darauf zu verweisen, daß die Burgund genannten geographischen Räume zeitweilig in ein merkwürdiges Fluktuieren gerieten. Das Burgund der Valois-Herzöge entspricht zwar im Kern durchaus dem ihrer kapetingischen Vorgänger. Zusehends gleiten die alten Landesteile jedoch in eine Nebenrolle hinüber, seit sich der erste Herzog durch Heirat mit Flandern verbindet. Bald werden die flämischen Niederlande zum eigentlichen Schauplatz des burgundischen Hoflebens.

Artois, Picardie, schließlich sogar Luxemburg, Hennegau, Geldern, Seeland, Holland, Brabant, Limburg, ja die Franche Comté runden das politische Bild und legitimieren es überzeugend, wenn man die Herzöge von Burgund ›Les Grands Ducs d'Occident‹ nennt. Es sind reiche Länder mit vermöglichen Tuchmacher- und Industriestädten. Aus den Niederlanden rekrutieren sich obendrein in unerschöpflicher Fülle die Künstler, die Buchmaler der Epoche. Picardie und Artois steuern vornehmlich Schriftsteller, Gelehrte und Dichter bei. Zweifellos sind sie nicht nur Gestalter dessen, was wir eine burgundische Kultur nennen, sondern in der burgundischen Welt auch ihrerseits erst Gestalt geworden.

Schon jetzt bleibt also festzustellen, daß dem Burgund der Valois ein übernationaler Faktor eignet, eine gewisse Internationalität und Weltläufigkeit höfischer Prägung. Es ist zu einem Teil das, was Jan Huizinga, freilich auf etwas anderes zielend, in seinem Buch ›Herbst des Mittelalters‹ meinte, wenn er die burgundische Kultur einen Überbau nannte.

Wer aber waren die Träger dieser Welt, die von Ausdruckswillen geradezu barst? Hierauf gibt es selbstverständlich nur eine Antwort: die Herzöge aus dem Hause Valois. Ihr Porträt im einzelnen zu entwerfen, bedeutet eine wahre Herzensfreude.

Philipp der Kühne

Der Herzog

Damals also: 1363. Nur zwei Jahre ist der Zeiger der Weltenuhr inzwischen weitergerückt. Das Grau der Epoche blieb. König Jean le Bon von Frankreich belehnt seinen jüngeren Sohn *Philipp von Valois* mit dem burgundischen Teil des kapetingischen Erbes. Denselben, der 1356 als blutjunges, vierzehnjähriges Bürschlein vor Poitiers seinen Vater mit beispielloser Kaltblütigkeit gegen die Engländer verteidigt hat, wiewohl der Dauphin, sein älterer Bruder, geflohen war. Damals wird er zum erstenmal mit dem Beinamen ›le Hardi‹ genannt. Der Anlaß ist zwiefach konkret. Gefangen und verwundet, waffenlos, geschwächt, ausgeliefert also, hat er einem englischen Edelmann, der dem König von Frankreich ob der Niederlage höhnische Bemerkungen zuruft, ein paar Ohrfeigen ins Gesicht geknallt. So etwas vergißt sein Zeitalter nicht.

Aber auch für die Geschichtsschreibung ist es ein Fingerzeig. Mit einer Tat von unerhörter Bravour und mit einem ebenso großen Rigorismus hat das Glück von Burgund begonnen. Philipp wird dergleichen immer wieder bekunden: während der englischen Gefangenschaft ist er mit seinem Vater bei König Edward zu Tisch geladen, wie unter Gekrönten damals so üblich. Als der aufwartende englische Hofmeister seinem Herrn und Monarchen zuerst vorlegt, springt der französische Prinz, eben fünfzehnjährig, von der Tafel hoch und bedient auch ihn aus dem Handgelenk. »Wo hast du Flegel gelernt«, herrscht er ihn an, »daß man dem König von England vor dem König von Frankreich serviert?« – Sehr englisch und weit entfernt, verstimmt zu sein, lächelt Edward, dem das Bürschchen Spaß macht, »weiß Gott, lieber Vetter, Ihr habt den Namen Philipp der Kühne verdient«. – Es ist eine Anekdote, und sie stimmt sogar. Aber selbst wenn sie eine Erfindung wäre, müßte man auf ihrer Wiedergabe bestehen. Es ist die Mentalität, die den künftigen Burgunderherzog kennzeichnen wird. »Wo ich bin, ist oben!« Aber dergleichen bleibt bei Philipp keine leere Form, nicht verkappte, durch betonten Optimismus kaschierte Großmannssucht. Wiewohl der burgundische Staat, der nunmehr unter den Händen des jungen Herzogs entsteht, im berechnenden Spiel vorausschauender Klugheit zusammenwächst, stark, weiträumig, selbständig wird – es bleiben im Guten wie Bösen stets große, sinnfällige Taten und Geschehnisse, die Philipps Wesen und seine Politik charakterisieren. Dieser erste der ›Grands Ducs de Bourgogne‹ aus dem Hause Valois scheint unerschöpflich an Vitalität. Sein Geist ist überaus wendig, seine Auffassungsgabe schnell. Er ist beliebt, leutselig, charmant im Umgang, ein Prinz comme il faut. Übrigens wäre auf eine kleine Eigenart seines Gesichtes aufmerksam zu machen, etwas, das die Fachsprache Prognathie nennt: merkwürdig energisch schiebt sich der Unterkiefer vor – eine Rasseneigentümlichkeit, die sich über Philipps mit Leopold IV. von Österreich verheiratete Tochter Cathérine an die Habsburger vererbt hat. Selbst den vorgeschobenen Unterkiefer verdanken sie also Burgund! Sie schulden ihm viel.

Kein treffenderes Bild von Philipp dem Kühnen als es uns der große Claus Sluter in der Chartreuse von Champmol hinterlassen hat, dem Begräbnisplatz der Valois-Herzöge. Gesammelt, ernst, von der mächtigen Kontur seines Mantels gleichsam nach innen beschlossen, kniet er da. Aber man darf den kleinen Schnörkel am Mundwinkel nicht übersehen; schon möglich, daß er Versenkung und Andacht ausdrücken soll. Allein, keine Frage, das ist Hochgemutheit und Hochmut zugleich, Hochstimmung und Superbia. Kein primitiver Dünkel, hingegen ein tiefes Wissen um die Kostbarkeit und Erlauchtheit seines Blutes. Aber kann uns das wundern in einer Zeit, die den Fürsten so hoch über die Mitmenschen hinaushob, daß man oft darüber vergaß, worum es beim Menschsein eigentlich ging?

Zum Hofhalten verfügt dieser Fürst über eine üppige Reihe von Schlössern: Conflans in der Ile-de-France und das Hôtel d'Artois in Paris, dies ob seiner Eigenschaft als königlicher Prinz. Als Graf von Flandern besitzt er Burgen und Schlösser zu Arras, Lille, Gent, Brügge und anderwärts. Als Herzog endlich das Schloß zu Dijon und eine ganze Liste von Landsitzen. Sie weisen allesamt den nötigen Komfort auf: Bäder, Salons, gedeckte Galerien für den Aufenthalt bei Regen, Ballspielhallen und natürlich auch Räume für die Aufbewahrung von Büchern und Kunstgegenständen. »Il me tarde« lautet der Wahlspruch Philipps des Kühnen – »Es eilt mir.« – Das Wort hat sein eigenes Recht! Mit dem Aufwand der Lebenshaltung verband sich bei Herzog Philipp mehr noch als bei seinen Brüdern Jean, Duc de Berry, und Louis d'Orléans politische Klugheit, besonnenes Kalkül und rastlose Unternehmungslust.

Philipp hat also den Willen zur Größe in die Familie gebracht. Er ist wie ein Sammelbecken, von dem alle Ströme der Zukunft ausgehen: die ritterliche Bravour, aber wohl auch die gallige Malice, welche die Epoche seines Sohnes Jean sans Peur, Johann Ohnefurchts, kennzeichnet. Die lange, volle Zeit der Reife und Ernte, die dem Geschlecht in seinem Enkel Philippe le Bon, Philipp dem Guten, beschieden war. Und des Urenkels Charles le Téméraire, Karls des Kühnen, wahnwitzige, alles in den Strudel des Unterganges reißende Halsstarrigkeit. Er ist wirklich ihrer aller Summe und Samenkorn, dieser erste Herzog Philipp der Kühne. – Es gibt im Museum von Versailles ein Altersporträt von ihm, das etwas von der Großmächtigkeit später Goethebildnisse besitzt.

Gleich sein erster Schachzug läßt die kühle Überlegtheit erkennen, die seine Politik bestimmen wird. Er heiratet die Braut des unglücklichen Philipp von Rouvres, Marguerite von Maele. Immerhin wird es noch fünfzehn Jahre dauern, bis Philipp in den Besitz ihres Erbes gelangt. Was tut es schon; er hat Zeit. Das große Schisma der Kirche beginnt. Die Türken erobern Adrianopel. Karl VI., noch minderjährig und alsbald dem Dämmer einer Geistesschwäche verfallend, wird unter der Regentschaft seiner drei Oheime Orléans, Berry und Burgund König von Frankreich. In England hebt der Bauernaufstand, ein Vorbote künftiger Stürme, an. In Gent, in Flandern müssen Revolten der Städte niedergeschlagen werden. Ludwig von Maele, Philipps des Kühnen Schwiegervater, besorgt das noch. Dann erweist er seinem Tochtermann die größte unter vielen Freundlichkeiten und stirbt. Eben pinseln die Chronisten zusammengekniffenen Auges das Jahr 1384 in ihre Scharteken.

Vorm Schloß zu Dijon reitet der Herold auf, um die neuen Würden des Herzogs auszurufen: Graf von Flandern, Artois, Nevers, Rethel. Und so weiter – die Titel beginnen ob ihrer Vielzahl den Schreibern Pein zu bereiten. Indessen genügt bereits eine einzige Kombination unter ihnen, die von Burgund und Flandern, um eine Sternstunde der Menschheit anbrechen zu lassen.

Ein Engländer, Richard Vaughan, hat jüngst in einem Buch die These vertreten, nicht erst Philipp der Gute oder Karl der Kühne hätten sich um eine Königskrone für das burgundische Herzogtum bemüht, vielmehr bereits Philipp der Kühne. Mag sein, daß Vaughans Gründe triftig erscheinen. Aber zu Philipps Bindung an das Haus seiner Herkunft will es nicht passen. Es gibt ein weiteres Gegenargument; wenn jemand, so wäre es Philipp dem Kühnen gelungen, dergleichen durchzusetzen. Das französische Königtum befand sich auf einem Tiefpunkt seiner Macht. In Deutschland stand es kaum besser. Nie waren die burgundischen Chancen, eine Krone auszuhandeln, so günstig wie damals. Daß seine Bindung an Paris, wo er stets ein Logis behielt, den burgundischen Herzog nicht hinderte, einen höfischen Glanz zu entfalten, der den französischen Hof und alles andere hinter sich ließ, versteht sich. Philipp war zeitlebens nicht nur Politiker, sondern auch Sammler, Kunstliebhaber von hohen Graden, ein Freund eleganter Gewandung, kostbarer Pelzbesätze, edelsteingeschmückter Agraffen, des Geschmeides, der Draperien und Stoffe. Es kam ihm zugute, daß die bürgerlichen Gewerbe in seinen Landen damals einen Aufschwung nahmen wie nie zuvor. Vergessen wir nicht die Rolle der zu Burgund gekommenen flandrischen Städte, die mehr und mehr zu Manufakturen dieser einzigartigen Hofhaltung wurden. Herzog und Herzogin wetteiferten, sich ›à la mode‹ zu kleiden. Sie machten, sie waren die Mode. Jedes Wäschestück der Marguerite von Maele trug das Webmuster des Weißdornblattes. Der Herzog seinerseits erschien bei jeder Gelegenheit in einem anderen, neuen Habit. Die beginnende Renaissance kündigte sich in den Motiven der Agraffen und Schmuckstücke an: Adler, Löwen, Bären, Affen, Pfauen, Falken. Aber der unerhörte Luxus dieses Hofes ist zugleich ein Kulturfaktor ersten

Ranges; er versackt nicht in leerer Üppigkeit, sondern provoziert die Erfindungsgabe der Künstler. Herzog Philipp beschäftigt Goldschmiede wie Jean de Brabant in Paris, Hermann und Venantius von Köln, Hermann Ruissel und Rollequin von Haarlem. Er hält sich Aufkäufer für Geschmeide, das er besonders liebt, in Venedig und Florenz. Bekannt ist die Sammlung von Trinkgefäßen, die er ganz im Geschmack der Renaissance besitzt. Darunter einen ›Humpen des Julius Caesar‹, in den man die Überbleibsel der herzoglichen Tafel für die Armen niederlegt. Am bedeutsamsten aber wurde Philipp durch die Rolle, die er als Mäzen und Auftraggeber der bildenden Künste spielte.

Burgundisch zu malen

Mit dem ›Burgundischen‹ freilich ist das so eine Sache. In Frankreich betonen die Kenner gern, es handle sich in Wirklichkeit um einen franko-flämischen Stil. Das trifft es genau. Burgundisch im Sinne des Wortes waren nur die Auftraggeber. Schon eine regionale Begrenzung der spätgotischen Malerei auf Burgund bereitet Schwierigkeiten, unter anderem, weil die ersten beiden Valois-Herzöge in Paris genauso zu Hause waren wie in Dijon. Allein, wenn man das etwas willkürliche Wort als eine gewisse Geistes- und Stilhaltung, vertreten durch eine derzeit führende, mäzenatische Schicht empfindet, ist alles in Ordnung. Mit den Malern hat es weniger zu tun.

Um die Mitte des 14. Jahrhunderts zeichnen sich in Westeuropa drei Kunstzentren ab. Die Schule von Paris, die des derzeitigen Papsthofes zu Avignon und endlich jene burgundische Schule, die sich um Dijon gruppiert, den Mittelpunkt eines an Macht sehr gewichtig werdenden Herzogtums. Burgund ist damals eine Stätte der Begegnung gewesen.

Aber auch die Einteilung in Schulen muß man richtig verstehen. Ganz abgesehen davon, daß sich in ihnen der Realismus des Nordens, die von Avignon vermittelte Geisteshaltung der Sienesen und die geschmeidige, elegante Formgebung von Paris oft vermischt und sich Eigenentwicklungen nur schwer unterscheiden lassen. Wie in Architektur und Plastik kommen die meisten der Künstler aus Gebieten, die uns der Name der Schulen allzu schamhaft verschweigt – aus den Niederlanden, dem Hennegau, aus Flandern und Brabant. Paris war zeitweilig von flandrischen Malern so sehr unterwandert, daß Mister Sterling, ein Forscher unserer Tage, es mit einem glücklichen Ausdruck als die Hauptstadt der flandrischen Kunst jener Epoche bezeichnet hat. Das kam natürlich auch dem Raum der Bourgogne zugute, wo Philipp der Kühne und sein Sohn Johann Ohnefurcht nicht müde wurden, Aufträge zu erteilen.

Innerhalb von Burgund oder Dijon lassen sich abermals drei Tendenzen ablesen. Es gibt eine Malerei, die weitgehend unabhängig von der französischen Schule und am meisten flämisch orientiert ist. Sie verkörpert sich am stärksten in *Melchior Broederlam*, der zwischen 1394 und 1399 die Flügel des Altaraufsatzes für die Kartause von Champmol malt. Doch ist auch der sienische Einfluß aus Avignon bei ihm unübersehbar. Die Komposition seiner ›Flucht nach Ägypten‹ wirkt wenig bewegt, das Volumen der Figuren kräftig, während die Farbe das Bild in berückender, weicher Fülle mit einem Märchenglanz überzieht. Eine zweite Gruppe schließt sich der Pariser Tradition an, allerdings mit einer realistischeren Auffassung der Außenwelt und nicht so raffinierter Zeichnung. Eine dritte Gruppe endlich wird durch das berühmte, zwischen 1398 und 1416 gemalte ›Martyrium des hl. Denis‹ repräsentiert, das man einer Zusammenarbeit von *Jean Malouel* und *Henri Belle-*

chose zuschreibt. Sie scheint der am meisten bodenständige Typus von Dijon. Möglicherweise entstammt ein Hauptstück der burgundischen Kunst, das 1415 im Auftrag von Guy Poissonier, einem Günstling Johann Ohnefurchts, kopierte ›Capitulaire‹ oder Archivblatt der Stadt Dijon mit der Kreuzigung Christi, der nämlichen Werkstatt. Übrigens dürfte hierhin auch das bekannte, große, runde Misericordienbild des Louvre gehören.

Forscht man dieser Gruppe genauer nach, entdeckt man auch hier Anklänge an *Simone Martini*, der seit 1339 in Avignon tätig gewesen war und der Malerei des Trecento das Gepräge gab. Kein Wunder, daß es dazu kam! Eine ganze Reihe von Simones Werken aus dem Besitze des Herzogshauses wurde in der Kartause von Champmol aufbewahrt. Sie sind samt und sonders verloren gegangen. Aber auch andere Kontakte zu Avignon lassen sich nachweisen. 1394 gab der Kanonikus Hugo Morin, genannt de La Roche, für Notre-Dame von Beaune in der Papststadt ein verschwenderisch ausgestattetes Missale in Auftrag, das heute in der Bibliothek von Dijon bewahrt wird.

Mehr und mehr freilich folgten die Maler des burgundischen Raumes den Vorbildern der französischen Schule, wobei sie zugleich einen bildhauerisch akzentuierten Stil pflegten, der sich in der starken Modellierung der Draperien und Falten ausspricht. Allein, auch das gilt nicht ausschließlich. Bezeichnenderweise arbeitet noch in der zweiten Hälfte des 15. Jahrhunderts der Maler *Jean Changenet* aus Langres in Avignon. Während sich also in Flandern längst eine bodenständige Schule von Weltgeltung konstituiert hat, der die Namen *van Eyck*, *van der Weyden* und *Memling* angehören, bleibt Dijon eine Stätte des Durchganges und der Begegnung verschiedener Einflüsse.

Es gebührt uns, nicht anders als akademisch von diesen

Zusammenhängen zu reden. In Burgund hat sich von der Tafelmalerei der burgundischen Schule fast nichts erhalten. Aber den Künstlern wie *Jean de Beaumetz*, *Jacquemard de Hesdin*, *Jacques Coene*, *Jean Malouel*, *Henri Bellechose*, den *Brüdern Limburg*, *Loyset Lyédet*, *Haincelin de Haguenau*, *Guillaume Vrelant*, *Pestivien* lag es nicht nur ob, Bildaufträge auszuführen, sie mußten auch die Figuren der Schnitzaltäre polychromieren und Miniaturen für Manuskripte malen – angefangen von den Chroniken über das berühmte ›Livre des Merveilles‹ und die Geschichte Alexanders des Großen bis zur Boccaccio-Ausgabe Herzog Ohnefurchts oder dem Stundenbuch Philipps des Guten. Auch das Großbürgertum Dijon hat an dieser Kultur der Buchmalereien teilgenommen. Freilich mischen sich hier abermals viele flämische Künstler ins Spiel. Mag daher die Andeutung eines ewigen Fluktuierens und Wechselns der Einflüsse genug sein.

Die Kartause

Man muß also von einem Übergewicht des niederländischen Elementes im Staat der Valois-Herzöge reden. Nicht nur in wirtschaftlicher Beziehung und in der Malerei, sondern vornehmlich in der Bildhauerei jener Epoche. An ihrem Anfang und Ende steht die Gestalt *Claus Sluters*, gewaltig, einsam, alles überragend. Wenn auch den Anfang ein anderer Niederländer gemacht hat, *Jean de Marville*, den Philipp der Kühne mit Sicherheit schon 1373 nach Dijon rief und mit der Ausführung einer ›Sepulture d'Albastre‹ beauftragte, deren langsame Entstehung wir seit 1384 verfolgen können – eben jenes berühmten Grabmales, das heute im Museum steht. Ein Jahr später tritt ein ›Claus Celoistre‹ in seine Werkstatt ein, Claus Sluter aus Haarlem, wie ein glückliches Geschick ihn zu identifizieren gestattete. 1389, im Todesjahr Marvilles und ziemlich genau vierhundert Jahre vor Beginn jener Revolution, die Sluters Hauptwerk zerstörte, übertragen ihm die Patentbriefe des Herzogs das Amt »pour les images d'ymagerie«. Am 1. Dezember 1396 erscheint unter Sluters Gehilfen ein wiederum wichtiger Mann, sein Neffe *Claus de Werve*, der am Portal und am sogenannten Brunnen von Champmol mitgearbeitet hat. Als Claus Sluter am 31. Januar 1406 stirbt, führt der Neffe das begonnene Werk fort und vollendet es im Januar 1411, dreißig Jahre nachdem es in Auftrag gegeben war.

Summa summarum konzentrierte sich das ganze bildhauerische Genie dieser Epoche in Burgund auf *die Kartause von Champmol* vor den Toren des damaligen Dijon. Das 19. Jahrhundert hat den schon von der Revolution verfallenen, sodann geschändeten, leer geplünderten, aber immerhin noch mit grandiosen Resten geschmückten Ort zur Irrenanstalt degradiert, und unser Saeculum fand bislang keinen Anlaß, diesen Zustand abzuändern. Während die Kirche im 15., 16. Jahrhundert ob des Besuches von Champmol einen besonderen Ablaß gewährt hat. Sie bewies damit mehr Instinkt als die Menschheitsbeglücker des Fortschrittszeitalters. Aber was will man? Die Grabtumben sind ›ausgelagert‹ und stehen hübsch trocken und konserviert im Museum; *die Grabkirche* mit dem Portal kann man gegen Entree besuchen, und, wenn man sich der Mühe unterzieht, durch etliche Winkelwege des Irrenhausgartens zu wandern, auch den *Mosesbrunnen*, den ein schäbiger Pavillon vor der Unbill des Wetters schützt. Mit seinem Sockel steht er in einem Wasserschacht, darin sich, faserig und melancholisch, die Zigarettenkippen der Besucher aufdröseln.

Was in Champmol gewollt wurde, muß man sich heutzutage also in Dijon stückweise zusammensuchen:

die Tumben im Musée des Beaux Arts, den Mosesbrunnen im schäbigen Pavillon, den unbeschreiblich großartigen *Christus-Torso* im Musée Archéologique und die *Portalgestalten* an der Kirche vis à vis der Irrenhausverwaltung. Von den verstreuten Ausstattungsstücken der Kartause gar nicht zu reden.

Um was war es zu tun? Es ist gar nicht schwer, sich den grandiosen Plan dieses ›Mortuariums‹ zu rekonstruieren. September 1377 begannen die Arbeiten an der Begräbnisstätte der Valois-Dynastie, August 1383 legten Marguerite von Flandern und Johann Ohnefurcht, derzeit noch Graf von Nevers, den Grundstein zur Kirche, darin das Grabmal Herzog Philipps des Kühnen stehen sollte. Drei Jahre später ging Philipps des Kühnen Architekt *Drouet de Dammartin* an die Gliederung der Kirchenfassade nach dem im 14. Jahrhundert gebräuchlichen Schema. An den Türpfosten sollten die Standbilder von Herzog und Herzogin stehen; vorm Mittelpfeiler unter einem Thronhimmel die heilige Jungfrau, die in Burgund immer besondere Verehrung genoß. Als Sluter die Nachfolge Marvilles übernahm, wurde das Programm geändert und bereichert; für die Seitenpfeiler plante man nunmehr vier Statuen: die knienden Figuren des Herzogspaares samt den ihnen zugeneigten Schutzheiligen – auf der linken, der Evangelienseite, Philipp der Kühne mit Johannes dem Täufer, auf der rechten, der Epistelseite, Marguerite von Flandern nebst der heiligen Katharina. Etliche Jahre später war man so weit. Zwischendurch mußte sich Sluter mit einer ganzen Reihe anderer Aufgaben beschäftigen – für den Bruder des Herzogs, den Duc de Berry, vor allem aber mit der großen Kreuzigungsgruppe des sogenannten ›Mosesbrunnens‹, der im Kreuzgang der Kartause stehen sollte. Im Grunde stellte er einen Kalvarienberg dar. 1404 hat Sluter dieses Hauptwerk seines Lebens unter Mithilfe von *Claus de*

Werve und *Jean de Prindale* vollenden können. Man schätzt, daß es sich insgesamt neun Meter hoch auf einem Sockel erhob, der die Bilder der Propheten der Passion trug: Moses, David, Jeremias, Zacharias, Daniel und Jesaia. Gemäß einer Überlieferung, nach der Engel bei der Kreuzigung Christi zugegen waren, schmücken sie auch in Champmol die Ecken des hexaederförmigen Sockels.

Als die Große Revolution über die Kartause von Champmol geriet, die Herzogsgräber aufbrach und die Tumben zerstörte, blieb vom Kalvarienberg lediglich ein Torso erhalten, der Kopf des Gekreuzigten. Man hat ihn zufällig wiedergefunden. An die Propheten der Weissagung haben sich die Revolutionäre nicht herangemacht.

Wie allzu oft hat man diese einzig als ganze erhalten gebliebene Gruppe später mißverstanden! Dies will ja nicht Kunst sein wie des Michelangelo Medici-Grabmal, sondern bleibt ein ›Memento mori‹, ein Andachtsbild, um des Todes inne zu werden. Wenn heute alles ein wenig zu nahe, zu stark im Ausdruck, zu beredt in der Aktion wirkt, muß man an die verschobenen Dimensionen und die geschwundene farbige Fassung denken. Der glatzköpfige Jesaias ist von Kummer erfüllt, als quäle ihn ein Verdruß; der Moses gleichsam in Gestrüppen von Bart verborgen . . . Jener Claus Sluter aus Haarlem, der die Kunst eines ganzen Zeitalters befruchten sollte, gleichgültig ob man seine ›Pleurants‹ von den Grabtumben nachbildete oder die Gewalt seiner Aussage in Madonnen, Engeln oder Porträtbildern zu wiederholen suchte – jener Claus Sluter formte seine Gestalten nicht nur, wie er die Menschen in ihrem Alltag umhergehen sah. Er steigerte das noch; er empfand ihre Wirklichkeit als einen dringenden Auftrag. Er sah durch seine Figuren hindurch. Er fand dabei unzweifelhaft etwas Proletarisches als Wesenskern heraus, und er verband es mit einem tiefen Wissen um des Menschen seelisches Gewicht. Dem höfischen Ideal der burgundischen Kultur stand es kraß entgegen.

Erkannten die Herzöge das nicht, die doch sonst auf die erhabene Attitüde bedacht waren, wenn sie beglückt zu dem fertigen Mosesbrunnen aufschauten?

Der Engel von Flavigny

In späteren Jahren, als Sluter anfing für unfein zu gelten, nahm die burgundische Plastik einen anderen Weg. Sie verrät alle möglichen Anklänge. Im Norden sind es vor allem Zuströme aus den Schulen der Champagne oder italienische Vorbilder. Belegstücke dafür finden sich landauf, landab. Selten freilich durchdringen sie sich mit den Resten einer burgundischen Tradition so innig wie in der *Grablegung* aus St-Vorles *im Museum zu Châtillon*, dieser erstaunlichen, lebensgroßen und in höchst beredter Aktion dargestellten Menschengruppe um den Leichnam des Herrn, in deren Ensemble der Betrachter unvermutet und gleichsam als verblüffter Mitspieler tritt. Der Generalstatthalter Edme Regnier de Romprey und seine Frau haben sie 1527 den Franziskanern gestiftet. Da findet man alles beieinander: das Element der Champagne in den manierierten Gebärden, den italienischen Einfluß in den raffinierten Details der Gewandung, und schließlich das Burgundische in den Draperien des knienden Stifterpaares. Wie wortreich es zugeht! Nichts mehr vom schweigenden, ekstatischen Ernst zu Autun. Die Ohren dröhnen regelrecht vor lauter Zusehen.

Châtillon liegt weit im burgundischen Norden. Allein, selbst im Auxois wiederholt sich das. Dort, wo man von Dijon durch endlose Wälder am Mont-St-Jean mit seinem königlichen Ausblick vorüber nach Westen vorstößt. Denn natürlich ist es besser, querfeldein durchs Land zu ziehen, als über die großen Routen. Da gibt es abseits Bergdörfer, elend und halb verfallen. Der Mist liegt auf den Straßen. Selbst in der Physiognomie der Frauen glaubt man die Rune der Erschöpfung zu sehen. Und wie grün doch die Wiesen im Tal sind! Begleitet vom Armançon fließt der Kanal de Bourgogne randvoll in schönen Kurven zwischen schlanken Pappeln dahin.

Hier also, nahe St-Thibault, liegt *Pouilly-en-Auxois*. Im Gegensatz zu den Dörfern ein freundlicher Straßenort. Und unweit Pouilly findet sich eine alte Kirche nebst Totenacker im Hang, *Notre-Dame-Trouvée*, ein Wallfahrtsort mit einer wunderbarlich aufgefundenen Madonnenfigur der romanischen Zeit. Daher denn der Name. Man muß sich den Schlüssel beim nächsten Bauern holen. – Sie steht immer noch hoch im Kurs bei den Frommen, die wundertätige Gottesmutter. Ihr Gesicht ist lebhaft bemalt, eine Krone sitzt auf dem Kopf, ein Stoffschleier wallt über die Schultern, und über ihr öffnet sich die Draperie eines Baldachins. Ringsum Tafeln an der Wand, in Gold auf Marmor: ›Reconnaissance‹ und ›Merci à Notre-Dame-Trouvée‹ heißt es immer wieder, aus lang verschollenen Jahrhunderten bis 1945.

In dieser Kirche findet sich das andere *Heilige Grab* aus dem 16. Saeculum, um das es zu tun ist. Natürlich könnte man auch von dem zu Tonnerre oder Semur reden, die beide noch älter sind. Aber das in Pouilly zeigt deutlicher, worauf es ankommt. Was es sagt, ist gewissermaßen noch programmatischer, wenn auch nicht so suggestiv wie in Châtillon. Neun Figuren um den aufgebahrten Herrn. Der Einfluß der Champagne hat die Gruppe der klagenden Frauen in den Mittelpunkt des Geschehens gerückt. Der italienische Zustrom offenbart sich im reichen Beiwerk an Figuren und Requisit. Da gibt es eingeschlafene Soldaten zu sehen und Engel mit den Marterwerkzeugen. Endlich, ein letztes, versiegendes Rinnsal burgundischer Tradition – die üppige Drapierung mit wallenden Gewändern. Mäntel sind um die Schultern geworfen, damit sie breit auseinanderfallen können; Falten zwängen sich unter Gürteln hinweg, und die Kopftücher oder Kapuzen der Frauen brauchen gar nicht mehr erwähnt zu werden, so selbstverständlich gehören sie hinzu.

Dennoch offenbart sich eines: im 16. Jahrhundert wird es schon rar mit dem ›Burgundischen‹. Die Kraft ist vorbei, nur das Formale bleibt. Wie ein Nachklang hallt durch die Gewänder, was zur Zeit der großen Herzöge noch den Stil des Jahrhunderts bestimmt hat. Die Schulen der Champagne, vor allem die von Troyes, regieren die Stunde.

Wieviel mehr aber grade sie vermag, die wir als legitime Thronerbin in der Zeit nach Sluter ansehen müssen, erkennt man am besten an dem *Engel von Flavigny*. Das ist ein herrliches Stück Bildhauerarbeit. Schon das Hinkommen wird als Freude empfunden! Über romantische Sträßchen in tausend Kehren durch einsame Wiesengründe, Raubvögel scharf äugend und herrisch am Weg. Gelegentlich ein Bauerndorf im Gewirr von Bäumen und Wiesen. Es kommt das Tal der Oze. Im Tälchen nebenan fließt der Ozerain. Mutter und Sohn sozusagen. In dieser Gegend liegt ›sur Ozerain‹, auf Bergesrücken also, das Nest *Flavigny*. Von Anis durchduftet. Eine Süßwarenfabrik produziert hier Anisbonbons. Die Dinger sehen wie Mottenkugeln aus und schmecken auch beinahe so, nur etwas süßer. Aber die Verpackung ist wirklich schön: viereckige Pappstangen mit Bildchen wie aus ›Paul et Virginie‹ darauf.

Die Bonbonfabrik nistet in den Resten einer Abtei aus dem 8. Jahrhundert. *Die karolingische Krypta* blieb erhalten. Das heißt, man richtet sie grad wieder her; ein munter pfeifender Maurer macht das, und man muß das Schlimmste befürchten. Ein Viereckpfeiler aus der Entstehungszeit, ganz mit prachtvollen Bandornamenten überzogen, wurzelt tief im Grund. Auch römische Säulen gibt es, die man sicherlich drüben vom Bergplateau gegenüber gestohlen hat, wo das antike *Alise-Ste-Reine* liegt. Übrigens soll Sainte Reine, die örtliche Heilige, im 3. Jahrhundert bereits in der Krypta von Flavigny oder einer Vorläuferin davon geschmachtet haben. Das ist eine jener hübschen Überlieferungen, mit denen der Volksmund sehr freigebig ist. Aber warum eigentlich nicht? Irgendwo müssen sie doch gelebt und gelitten haben, diese vielen Heiligen von Burgund, die stets befürchten lassen, daß auf den oberen Rängen des Himmels nur französisch gesprochen wird.

Der Ort selbst ist ein winkeliges Bergnest mit einer herrlichen Kastanienallee zum Auslugen auf den Wällen und uralten Häusern, von prachtvoller Steinmetzarbeit an den Tür- und Fensterstürzen. Gelegentlich blockiert eine Dreschmaschine in Seelenruhe jegliche Durchfahrt. Ein Traktor treibt heulend den Emissionsriemen, und Wolken von Spreu wehen über den Kirchplatz von Flavigny, während dem Geifermaul der Maschine Bündel um Bündel von Preßstroh entquillt.

Gleich nebenan liegt das Gotteshaus! Das ist so ein altes, liebes, verschrobenes Ding mit einem richtigen Lettner zwischen dem ehemaligen Mönchschor und dem schmalen Langschiff, das seinerseits wieder von einer Sängertribüne überwölbt wird. Zur Vierung geht es vom Schiff vier Stufen hinan, und da dies so gut gelungen ist, hat man von dort, wie putzig privat das aussieht, Treppen zu den Emporen hochgeführt. Es gibt sogar Seitenkapellen, die aber in Wirklichkeit kaum mehr als Nischen sind.

In einer von ihnen steht er. Schwer beschädigt. Steht da mit seinem süßen Gesicht, seiner tiefen Gürtung, dem schweren Faltenwurf, der denn doch wohl noch burgundischer Nachklang ist, die langen Flügel angelegt und die Hände vor der Brust gekreuzt. Leicht vornüber gebeugten Körpers neigt er sich in seine Aufmerksamkeit, die er der Jungfrau und seinem Auftrag widmet: *der Engel von Flavigny!* Man läßt für diese eine Figur alles andere beiseite, das in den Kirchen landauf, landab zu sehen ist. In dieser Plastik des frühen 16. Jahrhunderts wiederholt sich, was sich in der Architektur drei Jahrhunderte früher schon einmal zutrug, als die Baukunst der Champagne für das Auxois zum Vorbild wurde.

Aber so ergreifend und anmutig der Engel wirkt, der Größe Claus Sluters, ihrer Entscheidung fordernden Haltung, ihrem Umsturz der Werte gegenüber bedeutet der schöne Schmetterling wenig. Denkt man an Sluters unverhüllte Glorifizierung des Proletariers, fragt man sich abermals mit Erstaunen, ob die Herzöge dergleichen eigentlich nicht bemerkten.

Johann Ohnefurcht

Nikopolis

Sie sahen das Menetekel in Sluters Kunst nicht. Sie erkannten auch nicht, wie die Zeit sie überholte. Selbst wenn es für ein halbes Jahrhundert noch aussah, als stiege ihr Stern unaufhaltsam. Es war jenes hastige Emporeilen, das von Anfang an den Sturz in sich trägt, aber grade darum so ungeheuer, erschütternd und exemplarisch für die übrige Menschheit wirkt. Schon in der zwielichtigen Gestalt von Philipps Sohn und Nachfolger *Jean sans Peur* stand alles auf Messers Schneide. Denn eines guten Morgens war er tot wie irgendein Gallinet oder Jeannot, der mächtige Herzog Philippe le Hardi. Er hatte geglaubt, beruhigt sterben zu können. Er rechnete darauf, daß schwere Erlebnisse seinen Sohn, dem vier Jahre später die Belagerung von Lüttich den Beinamen ›Ohnefurcht‹ eintrug, gereift hatten. Aber waren seine Erfahrungen wirklich derart?

Johann, damals als Kronprinz noch Graf von Nevers geheißen, hatte den letzten aller Kreuzzüge durch allzu schneidige Führung ins Unglück gebracht. Mit Beistand des berühmten, für hocherfahren geltenden Marschalls Boucicault, aber gegen den Rat des an anderer Stelle operierenden Oberbefehlshabers König Sigismund von Ungarn. Bei Nikopolis war's, 1396. Weil man's für ritterlich hielt und sich Johann in seiner Valois-Hoheit den

Mamelucken tausendmal überlegen dünkte, ritt er, damals vierundzwanzig, an der Spitze einer französischen Adelsarmee gegen Sultan Bajazid an. Wie sie gleich flohen, die osmanischen Reiter und Fußsoldaten. Hinterher! Was, eine Palisadenwand? Abgesessen! Die rissen sie einfach aus und schlugen die Pfähle dem Feind ins Gekröse. Schon war die erste, die zweite Linie durchbrochen. Nur weiter! – Sie bemerkten nicht, daß des Sultans Spahis in ihrer Flanke erschienen. Kaum einer von ihnen, der mit dem Leben davonkam. Der Burgundensproß lediglich, weil sein Gefolge laut und anhaltend schrie, um wen es sich handelte. Als lebende Beute war der Prinz natürlich kostbarer denn als nackter Kadaver. Das galt auch für seinen Mentor, den Marschall.

So weit der Ablauf dieser Katastrophe der Tollkühnheit! Johann hatte den Sieg bereits in der Hand, aber er wollte einen Sieg ohnegleichen. Er rannte an wie ein Wildeber. Er wollte immer zuviel. Es stand Jean sans Peur ein Leben bevor, das stets gefahrvoll, stets am Rande der Katastrophen entlang balancierte. Im bekannten Antwerpener Bild, das etliche Kenner der Hand Jan van Eycks zuschreiben, sieht man gleich: ein Mann, ehrsüchtig bis zum Wahnwitz. Trug es sich eines Tages nicht zu, daß Capeluche, der Henker von Paris, ein vielbeschäftigter Mann und wie ein Herr von Stande gekleidet, dem Herzog entgegenritt und Johann, damals auf dem Höhepunkt seiner Macht, ihm in Gedanken die Hand gab? Begab es sich nicht, daß der Herzog über dieses Versehen ungeheuerlich außer sich geriet und nicht rastete, bis die unschuldige Ursache solcher Beschmutzung tot und unter der Erde lag?

Es war überhaupt eine merkwürdige Zeit! Nicht nur durch ihre Geschehnisse, sondern in einer existentiellen Beziehung. Wie anders empfand sich plötzlich der Mensch! »Seulète suis, seulète veuil estre« – allein bin ich, allein will ich bleiben! hat damals die Dichterin Christine de Pisan, eine hochbegabte, durchaus emanzipierte Frau bekundet, welche die besondere Gunst Herzog Philipps des Kühnen genoß. »Ik hout!« – ich halte aus! (oder auch: ich nehme die Forderung an), lautete der Wahlspruch des Jean sans Peur. Das sind Züge eines Weltverhaltens, die einige Generationen später, zur Zeit Kaiser Karl v., keineswegs mehr in dieser Schärfe hervortreten, sondern dem erneuten Versuch einer Synthese von Mensch und Kosmos gewichen sind. Auch Luthers Reformation wird im Grunde viel weniger ichbetont sein, sondern herbeigeführt, um das Ich auf wahrhaftigere Weise in metaphysischen Einklang zu bringen, also weniger zu lösen als zu binden. Man muß diesen Gezeitenwechsel des seelischen Verhaltens sorgfältig beachten. Burgund, sein Aufschwung, sein Untergang, stellt den historischen Musterfall einer existentiellen Tragödie dar, den Untergang des sich selbst zur Norm gewordenen Menschen!

Bildnis

Ein kleiner schwarzer Mann mit Blauaugen, festem Blick und energischem Kinn, so steht *Jean sans Peur* vor uns. Der Kopf keineswegs schmal, wie es beim ersten Blick auf das höchst geschickt konzipierte Antwerpener Bild scheinen könnte, sondern massig, mit einem vollen Gesicht. Der Schädel ist etwas eingedrückt. Im Grunde besitzt der neue Herzog weder Feinheit noch Schliff; er spricht mit einiger Schwierigkeit, vernachlässigt sein Aussehen, seine Kleidung. Eine Ausnahme macht er lediglich bei den freilich nicht seltenen Schaustellungen, welcher Art sie auch seien. Dort paradiert er in allem Glanz der höfischen Mode. Daß dieser durchaus häßliche junge Mensch nebenbei wie alle Valois-Burgunder tapfer bis zur Tollkühnheit ist, hat er bereits bewiesen.

Sein Benehmen kann nicht anders als rauh bezeichnet werden. Aber grade das wird ihm beim einfachen Volk Beliebtheit verschaffen. Kein anderer Herzog fand solchen Widerhall, weder sein machtvoller Vater noch der in edler Pose gehalten und schlank einherschreitende Philipp der Gute oder der schwerfällige, gedrungene Karl der Kühne. Erstaunlich, daß Jean sans Peur bei alldem durchaus das Gehaben eines großen Prinzen bekundet haben muß. Seine Häßlichkeit wirkt männlich betont, sein Adlerprofil fasziniert die Menschen. Er mißfällt und verführt im nämlichen Augenblick; und er verbreitet Furcht um sich – es war eine der Methoden seiner rätselhaft bleibenden Psyche, sich durchzusetzen. Das Flämische sprach er gleichsam als Muttersprache; Philipp der Kühne hatte nie auch nur eine Silbe davon verstanden.

Die Grundzüge von Johann Ohnefurchts Politik sind durch einen Gegensatz zu Ludwig von Orléans charakterisiert, der sich schon zu Lebzeiten Philipps des Kühnen abgezeichnet hatte. Wenn Orléans dafür stimmt, den Krieg gegen die Engländer, der seit einiger Zeit ruht, wieder zu beleben, um auf diese Weise Volk wie Staatskasse gleichermaßen schröpfen zu können, lag es im Interesse Burgunds, sich Steuererhöhungen in den Weg zu stellen. Einmal, um sich populär zu machen, zum anderen, um den Schwebezustand der französisch-englischen Mißhelligkeiten zugunsten des burgundischen Staates zu nutzen.

Bestimmt von der Rücksicht auf seine flandrischen Besitzungen und ihren Seehandel, befand sich bereits Philipp der Kühne im Gegensatz zu Paris. Unter Johann Ohnefurcht vermochten burgundische Hofbeamte wie *Jean de Thoisy* und *Thierry Gherbode* enge Fäden zu England zu knüpfen, bis *Jean de Saulx* im Dezember 1406 einen regelrechten Vertrag mit der Insel abschloß.

Zweifellos haben die Unklugheiten *Ludwigs von Orléans*, die Torheiten seiner Freunde, die Verschwendungssucht ihrer Hofkamarilla damals die Kriegsstimmung in höchst verantwortungsloser Weise geschürt, wobei sie Unterstützung und Rückhalt bei *Isabella von Bayern* fanden, Gemahlin des geistesschwachen Königs Karl VI. und Kusine von Johanns Frau *Marguerite von Bayern.* Jean sans Peur vertrat den Standpunkt des zahlenden Untertans und versuchte die kriegerischen Pläne ebenso wie die Verschwendungssucht des Hofes einzudämmen. Sein Rückhalt war das französische Volk.

Sogleich ging der Burgunder aufs Ganze. Mit erhobener Stimme forderte er vor dem Grand Conseil die Herabsetzung der Abgaben. Als man sie noch erhöhte, drohte Johann mit offener Revolte: in seinen Landen würde es keine neuen Steuern geben. Das war eine Sprache, die nie ein Prinz gegenüber dem Königshause gewagt hatte. Sie erklärt Johanns Beliebtheit beim Volk, und sie begründet den wechselseitigen Haß zwischen Burgund und Orléans.

Sehr bald spitzten sich die Verhältnisse zu. Am 12. März 1405 erschien Johann Ohnefurcht mit fünftausend Lanzenträgern in Paris, »um sein Anliegen besser durchzubringen«, wie sein Biograph Enguerrand de Monstrelet motivierend schrieb. Er erhielt die Nachricht, daß Orléans und seine Schwägerin Isabella nach Melun geflohen waren. Johann stieß sofort nach. In Juvisy gelang es seiner Vorhut, wenigstens das Kronprinzenpaar zu erwischen. Johann brachte den Thronfolger und seine Frau unter dem ungeheuren Jubel des Volkes nach Paris zurück. – Der Bruch mit Orléans war offenbar! Es fruchtete wenig, daß es 1406 anläßlich der Hochzeiten von Charles d'Orléans mit Isabella von Frankreich und dem Herzog der Touraine mit Jakobäa von Bayern äußerlich zu einer Versöhnung zwischen den beiden Rivalen kam.

Jean sans Peur löste den Konflikt bald auf seine Weise. Am 23. November 1407 ließ er Louis d'Orléans, immerhin Bruder des Königs, von einem Besuch bei der eben mit ihrem zwölften Kind niedergekommenen Königin weglocken und durch eine gedungene Mörderbande auf offener Straße umbringen. Die Affäre mutet an wie ein schwülstiger Räuberroman.

Sie sei in aller Ausführlichkeit verzeichnet, um die Gestalt Johann Ohnefurchts zu charakterisieren. Allein, diese Tat war selbst seiner Epoche zuviel. Nach hastiger Flucht ins Flandrische mußte er Sorge um eine förmliche Rechtfertigung tragen. Nebst dem Dichter, Gottesgelehrten und Prediger Jean Petit erschien er sehr unbefangen zu Paris im Hôtel Saint-Pol vor erlauchter Zuhörerschaft. Der Dauphin, sein späterer Todfeind, war anwesend, der König von Neapel, die Herzöge von Berry, von der Bretagne, jeder, der zählte. Gekleidet in roten, goldgemusterten Samt, mit kostbarem Rauchwerk als Besatz des Übermantels, trat der Herzog auf. Natürlich gelang es der Beredsamkeit und den scholastischen Pfiffen Jean Petits, den Mord an Orléans in eine sittliche Pflicht für den Mörder umzumünzen, die im Interesse des Königshauses geschehen war. Vier Stunden brauchte er dazu. Worauf Jean sans Peur die Stirn senkte, als bedenke er jetzt erst, welch eine Bürde ihm seine Ratgeberrolle beim König auferlegt hatte, und antwortete: »Je vous avoue – ich billige Euch.«

Aber wenn auch der König offiziell verzieh, die Untat schwelte weit über ein Jahrzehnt fort. Die Parteigänger Orléans, die Armagnacs wandten sich indessen um Hilfe an England. Dann folgte ein Scheinfriede zwischen ihnen und den Bourguignons. Worauf Johann seinerseits an die Engländer appellierte. Heinrich V. von Lancaster reagierte sofort, fiel in Frankreich ein, schlug die französische Armee bei Azincourt, während durch die Pariser

Straßen burgundische Truppen zogen. Für die Armagnacs begann eine Zeit der Schrecken und Morde. Praktisch war die Regierung geteilt: Jean sans Peur saß mit der Königin als Unterpfand in der Hauptstadt, der Dauphin zog sich nach Bourges zurück. Es hätte Johann Ohnefurcht vorsichtig machen müssen.

Damals beging er einen entscheidenden Fehler. Er suchte sich mit dem Thronfolger zu verständigen. Auf der *Yonne-Brücke zu Montereau* traf man sich. Es war eine Falle. Johann trat auf die Planken heraus, dem Dauphin entgegen; ein Getümmel entstand, ein Kriegsbeil blitzte, der Herzog Burgunds brach tot, erschlagen, zusammen. Man schrieb Sonntag, den 10. September 1419.

Sie haben ihn hastig in Wams und Hose, wie er grad lag, unter die Erde gebracht. Aber selbst nach seinem Tod warf Jean sans Peur furchtbare Schatten. Noch im Vertrage von Arras, der 1435 zwischen Frankreich und Burgund vermittelte, wurde vom Kanzler Herzog Philipps des Guten, *Nicolas Rolin*, eine wahre Schaustellung öffentlicher Buße zur Sühne des Mordes an Johann Ohnefurcht gefordert. Nicht nur am Orte der Tat, sondern auch zu Rom, Gent, Dijon, Paris, Santiago de Compostela und Jerusalem sollten in Stein gegrabene Inschriften von jenem Verbrechen künden, das an dem erlauchten Jean sans Peur, Duc de Bourgogne, geschehen war.

Die burgundische Politik blieb seither von einer Rachsucht ohnegleichen gegen Frankreich bestimmt. Letzten Endes zum Verhängnis einer weiteren Generation – Herzog Karls des Kühnen.

Der Park des Buffon

Es gibt einige Orte, an denen vermag man sich Johann Ohnefurchts Gegenwart noch vor Augen zu rufen. In Montbard zum Beispiel. Hier verbrachte Jean sans Peur einen Teil seiner Kindheit; Philipp der Gute hat später am nämlichen Platz seine Schwester Anne mit dem englischen Herzog von Bedford verheiratet. Die burgundischen Herrscher besaßen ein Schloß in dem Städtchen.

Montbard ist eines der hübschesten unter den vielen anmutigen Nestern des Auxois. Auf der einen Seite wird der vorspringende Bergrücken, um den es sich schmiegt, von der Brenne umflossen, auf der anderen vom Kanal de Bourgogne. Westlich des Ortes kreuzen sich beide Wasser, will sagen, der Kanal überquert den Fluß auf einer regelrechten Brücke; die Lastkähne oben schwimmen also über die Köpfe der Paddler unten hinweg. Aber natürlich kann das nur als lustige Beigabe gelten, die nichts mit der Anmut Montbards zu tun hat. Vielmehr ist sie in der Anordnung dieses hoch gestaffelten, kurvig geschwungenen Geweses zu suchen.

Der unterste Ring: Tankstellen, Eisenwaren, Möbel, alles, was schwer ist. In den hangaufwärts steigenden Sträßchen: Alimentation, bunte Obstkästen vor der Tür, Boulangerie, Modes und Coiffeur, alles, was leicht wiegt. Oben in der Galerie die Wohnzeilen der Armen, alles, was kein Gepäck hat auf Erden. Aber Blumen sind vor diese winzigen Häuschen gestellt, daß es eine Pracht ist! Mal in alten, angestrichenen Rollmopsdosen, mal in Tante Chantals Hinterlassenschaft an Poterien, und alles auf dem Bürgersteig einträchtig nebeneinandergedrängt. Einmal war ein mannshoher Kaktus in solch einem anderthalb Quadratmeter großen Lusthain zu sehen, der eben zu erblühen begann wie eine Fackel.

Diese Blumenleidenschaft der armen Teufel erinnert

an einen berühmten Mann. Montbard ist die Stadt des *Georges-Louis Leclerc de Buffon*, der hier 1707 als Sohn eines burgundischen Parlamentsrates zur Welt kam. Sozusagen von Kindesbeinen an zog es ihn zur Wissenschaft; er machte Reisen in Frankreich, Italien, der Schweiz, England, und kaum zählte er sechsundzwanzig, wählte man ihn schon in die Akademie der Wissenschaften. Dann wurde der König auf ihn aufmerksam und ernannte ihn zum Intendanten der königlichen Gärten. Diese Verbindung mit der Natur entschied Buffons künftige Laufbahn. Er begann seine voluminöse ›Allgemeine und spezielle Naturgeschichte‹ zu schreiben, von der er vierzig Jahre nacheinander je einen Band erscheinen ließ. Sie hat ihn unsterblich gemacht. Nicht einmal nur des Themas oder der Erkenntnisse halber, sondern, wie in Frankreich eigentlich zu erwarten, seines glänzenden Stiles willen.

Buffons Ruhm ging durch ganz Europa. Kaiser Joseph II. von Österreich, der Buffon überraschend zu Paris in den königlichen Gärten aufsuchte, hat ihn mit den Worten begrüßt: »Wir stehen uns hier sozusagen von Großmacht zu Großmacht gegenüber, Monsieur, denn ich befinde mich gegenwärtig auf dem Boden Ihres Kaiserreiches.« Eine sehr reizende Schmeichelei.

Buffon ist zwar in Paris gestorben, einundachtzig Jahre alt, aber wenn es seine Zeit zuließ, weilte er in Montbard. Dort hat er die Kuppe des Schloßberges, dies Paradies seiner Kindheit, nach seinem Willen umgestaltet. Die Valois-Gemäuer ließ er bis auf die Rundbefestigung abtragen und das so geschaffene Plateau einebnen, worauf er seine Bäume und Blumen zu pflanzen und jenen Park zu schaffen begann, unter dessen Kastanien hinweg man auf die Brenne im Tal schaut. Auch ein Arbeitskabinett richtete er sich dort oben ein, das heutzutage als kleines Heiligtum gilt; am Rande des mächtigen

Plateaus. Buffon hatte einen Mitarbeiter, der *Daubenton* hieß und ebenfalls aus Montbard kam; dieser war neun Jahre jünger und ist auch älter geworden. Auf einem Denkmal betrachtet er, gleich Hamlet, einen Schädel in seiner Hand, wie solche Leute in nachdenklichen Stunden offensichtlich zu tun pflegen; Daubenton hat eine hübsche Karriere als Anatom gemacht. Welch eine unkomplizierte Zeit! Damals brauchte man nur etwas zu leisten, um es auch äußerlich zu etwas zu bringen.

Ein Nebelmorgen hing über dem Tal. Endlich erschien Madame Sonne als bleiche Wittib im Schwaden. Wenig später lag Montbard im ersten, dunstigen Licht, helle Häuschen draußen an den Rändern, altersgraue Häuser um die höheren Ränge des Ortes. Auf der obersten Terrasse, wo das Leben weder schwer noch leicht, sondern einem Vogelflug gleich ist, trocknete das wärmende Licht alsbald die Bänke aus Stein und Holz ab, so daß man sich setzen konnte. Im Garten Buffons starrte Monsieur Daubenton, dem der Bildhauer, weiß Gott warum, noch zwei Schafe zu Füßen spielen läßt, tiefsinnig auf den Schädel in seiner Hand, und gleich bergab lag *Ste-Urse* mit dem Grab seines Mentors Buffon.

Dergleichen hatte es zu Zeiten von Jean sans Peur zwar nicht gegeben, dagegen ein unversehrtes Schloß. Aber der Ausblick von Herzog Ohnefurchts Guck-in-die-Welt wirkte ziemlich unverändert. Es ist aufschlußreich, in das Kinderland eines Menschen hineinzublicken. Dieses hier hatte ihm eitel Hochgefühle gespendet, und dafür wird er empfänglich gewesen sein, wie die meisten häßlichen Entlein.

Es gibt noch einen anderen Ort mit einem Souvenir an Johann Ohnefurcht, einige dreißig Kilometer nordwestlich Sens, schon außerhalb von Burgund. Dort liegt *Montereau* makabren Angedenkens. Es macht nichts, daß das alte Holzgerüst über die Yonne einer neuen, schön geschwungenen Steinbrücke gewichen ist, hinter der sich die gleiche behäbige, gemütliche Kirche aus gotischer Zeit plustert, die 1419 zugeschaut hat. Dort liest man auf einer Gedenkplatte am Ansatz der Brükkenrampe in schwer entzifferbarer Frakturschrift eine verzweiflungswürdige Reimerei

Lan mil quatre cens dix et neuf
sur un pont agencé de neuf,
fut meurtry Jehan de Bourgogne
a Montereau ou fault Yonne.

Hier haben sie ihn also umgebracht. An einem hellen Septembermorgen, als die Sonne genauso über den grünen Hügeln der Horizonte stand wie heute, und die Lerchen glücklich waren. Eigenartig, man ist von allen Valois-Burgund fasziniert, aber von diesem Satan besonders.

Philipp der Gute

Die schöne Form

Schwieriges Unterfangen, den dritten Herzog von Burgund, in der Reihenfolge *Philipp II.* geheißen, deutlich zu machen, dessen Gestalt abermals im Zwielichte steht! Allzu eilfertig haben ihm die Geschichtsschreiber seines Zeitalters das Attribut ›der Gute‹ aufgehängt. Kam die Inspiration dazu vielleicht von ihm selber, oder haben sie dunkel gefühlt, daß man hier mit dem herkömmlichen Schema von Bravour und Unerschrockenheit nichts ausrichtete? Bei den meisten großen Dynastien gibt es diesen Einen, dessen Erscheinung eine Ausnahme darstellt und der dennoch bezeichnend für seine ganze Familie wird: er setzt die Maße, durch ihn bekommt, was gelegentlich hier oder dort geschehen, erst seinen Sinn. Niemals freilich wird Philipp der Gute, wie seine Vor- und Nachfahren, ganz greifbar sein. Das so oft gebrauchte, selten berechtigte Wort, bei ihm trifft es zu – es war Hoheit im Spiel. Wobei aber denn doch zu erwähnen bleibt, daß des Mittelalters volle Gegensätze noch in ihm Raum besaßen. Solche Charaktere sind stets im Irrationalen angesiedelt. Man beschreibt, aber man ergründet sie nie. Ein Magier, ein Künstler, ein Tausendsassa bleibt Philipp im Grund also immer, wenn auch niemand ihn so geheißen hätte; seine Erlauchtheit stand viel zu hoch über dergleichen. Wie oft tritt er uns andererseits als Mann sehr nüchternen Kalküls entgegen, dessen gemessene Art die Dummköpfe gern mit Bonhomie verwechseln! Allein, welche Irrtümer lassen bereits seine Bildnisse entstehen; manchmal blickt er skeptischen Auges, nun fraulich-weich, jetzt gibt er sich preziös, dann wieder männlich, hart oder federnd, das Antlitz gegerbt und mit beinahe asketischen Zügen. Wirklich barg dieser Mensch in der Mittagszeit seines Geschlechtes das alles in sich, ein wahrhafter Protheus, aus dessen Lebensbeschreibung noch heute jeder Betrachter herausliest, was er grad finden möchte. Einzig das sehr Feine, Erlesene, Auserwählte war immer da. Wie ihm umgekehrt gewisse Eigenschaften stets mangelten. Gut nämlich war er nie, sondern hochmütig und unbedenklich wie nur je ein Valois. Zugleich, trotz seiner vielen Bastarde, seiner politischen Schlauheit, verschwenderischen Feste und prunkvollen Lebenshaltung, fromm bis zur Versenkung. Es kam vor, daß sein Gefolge nach einer Verhandlung, einem Vertragsabschluß endlos mit den Pferden warten mußte, bis nach drei, vier, fünf Stunden denn doch eine Besorgnis aufkam und man nach ihm zu suchen begann, um ihn tief im Gebet versunken in einem Kapellenwinkel zu finden. Schon möglich, daß er sich in die Devotion vergrub, weil sich in einem Punkte bereits das Schicksal zu rühren begann. Weder *Michelle von Frankreich* noch *Bonne von Artois*, erst seine dritte Frau *Isabella von Portugal* schenkte ihm den mit brennender Ungeduld erwarteten Sohn, der am Leben blieb. Der Herzog witterte durchaus die Gefahr, die für Burgund in der Erbenlosigkeit lag.

Aber es gab ja bei ihm auch anderes die Fülle, das sich in einem Schema nicht unterbringen läßt. So konnte er aufrecht und bar jeden Schutzes inmitten feindlichen Musketengeknatters umhergehen und völlig unbekümmert seine Anordnungen treffen, während sich selbst die Haudegen seines Gefolges hinter Palisaden und Faschinen salvierten. Das tat er nicht, um sich mannhaft zu zeigen, sondern weil er ganz sicher glaubte, daß für einen Herzog Burgunds keine Kugel gegossen war. Seine Gleichgültigkeit gegenüber dem Waffenhandwerk widerspricht dem nur scheinbar. Was sollte ihm dergleichen nach Schweiß und Leder stinkendes Metier? Man sagt Philipp sogar eine gewisse Nachlässigkeit in den Staatsgeschäften nach. Er blieb stets ein Genie der guten Stunde, und das ist bei diesem seltsamen Menschen gewiß das Erstaunlichste. Er muß als genialer Urtyp des Dilettanten gelten, dessen Überlegenheit alle Professionals der Politik und Diplomatie mit neidvoller Bewunderung erfüllte.

Auch in spezifisch menschlicher Hinsicht ist Philipps Natur besonders gelagert. Bekannt sind seine gefürchteten Zornesausbrüche. Das jähe Aufflammen der Wut im Streit mit seinem aufsässigen Sohn Karl in der Frage um die Nachfolge im Charollais hat historische Berühmtheit erlangt. Nicht weniger erstaunlich sind seine Frauenaffären. Sein Konsum an willfährigen Beautées war nicht grade gering, wiewohl er andererseits das »l'Aultre n' auray« zu seinem Wappenspruch wählte – es galt Isabella von Portugal und hieß: eine Andere niemals! Aber wahrscheinlich müssen wir das schon der Attitüde zurechnen, die im Leben des Herzogs eine so gewaltige Rolle spielt. Ungeheuer ist ja die aus dem Sendungsbewußtsein geborene Arroganz, mit der er auftrat. Einzigartig das Kreisen um sich selbst und die Fühllosigkeit, die er für Leiden und Freuden seiner Umwelt bekundete, während doch Kunst und Literatur unter seinen Händen zu strahlender Blüte aufbrachen. Düstere Affären wechseln mit hellstem Licht, gewaltsame Entführung junger Mädchen, die er ohne Rücksicht auf

aprez la mort · Et pour ce

PHILIPP DER GUTE,
Herzog von Burgund
›Die Taten des Girard de Roussillon‹
Überreichung der Handschrift an Philipp den Guten
(neben ihm sein Sohn Karl der Kühne
und der Kanzler Rolin)

Dedikationsblatt aus dem Cod. Vindob. 2549
Wien, Österreichische Nationalbibliothek

Freilich auch, daß das Aufbegehren der gequälten Menschenkreatur noch keineswegs die konstruktiven Züge der Großen Revolution aufwies. Wie gefährlich die Krisenzeiten immerhin sein mochten. Unaufhörlich gärte es in den flandrischen Städten wie Gent oder Brügge mit ihrer großen Industrie; Revolten, die man noch kurzerhand zu liquidieren vermochte und mit exemplarischen Hinrichtungen abschloß. Bis sich in den Niederlanden denn doch unwiderstehlich die Schwarmgeisterei der Devotio moderna zu rühren begann, ein Vorzeichen kommender Stürme, die Philipps Zeitalter nur darum erspart blieben, weil es noch nicht reif für sie war.

Es ist keine Frage, daß Herzog Philipp mit einem Hochmut, der wiederum ohne Beispiel blieb, über dergleichen hinwegging. Die schöne Form, in der er lebte, die wundervolle Grandezza seines Auftretens waren freilich nicht hohl und leer, sondern der gemäße Rahmen für seine erlauchte Hoheit und eine Verkörperung fürstlicher Größe, die nach der Meinung der führenden Geister jener Epoche einzig zählte.

Als Philipp die Nachricht vom Tod seines Vaters Johann Ohnefurcht erreichte, die ihn zum Herzog machte, hielt er grade mit seiner ersten Frau Hof in Gent. Man kann ein Symptom darin sehen. Er war hier dem Elemente näher, das einen Großteil seiner Politik ausfüllen sollte – England. Aber keineswegs wie bei seinem Großvater Philipp dem Kühnen, der sich noch ein Staatsschiff für eine geplante Invasion auf der britischen Insel hatte herrichten lassen, das Melchior Broederlam im Hafen von Sluis über und über mit Wappenzeichen und Devisen bemalen mußte. Seit der Ermordung von Jean sans Peur sah sich die Lage anders an. Die Tat von Montereau, die ungestillte Rachsucht zwang Philipp II. geradezu an Englands Seite, ohne daß er freilich darüber die Klarheit des Blickes verlor.

Die rechtliche Situation war verwirrend genug: innerhalb des französischen Staates ein Staat, dessen Herzog den König und Souverän an Fähigkeit und Machtmitteln weit übertraf; damit nicht genug, stand ein weiterer, wirtschaftskräftigerer Teil Burgunds unter anderer, ebenso schwächlicher Oberhoheit. Kaum verwunderlich, wenn das Bestreben des Herzogs darauf zielte, selbst die Souveränität, selbst eine Königskrone zu erwerben, etwas, das sich freilich nur im Einvernehmen mit dem deutschen Kaiser Friedrich III. aushandeln ließ. In der Tat hat dieses Fernziel einen Teil der burgundischen Politik unter Philipp dem Guten bestimmt. Nur zu verständlich, wenn er in der Zwischenzeit sein ganzes diplomatisches Geschick daran setzte, den Schwebezustand der Machtlosigkeit Frankreichs wie Deutschlands zu erhalten. Im Sinn eines späteren Nationalbewußtseins darin eine Art Landesverrat zu erblicken, ist töricht. Die Machtfülle Burgunds stellte ihre eigenen Forderungen. Philipp der Gute war freilich viel zu sehr Politiker, um sie leichtfertig in offenem Kampf zu verbrauchen. Er hat es immer vorgezogen, die Schlachten, die ihm nützten, durch andere schlagen zu lassen.

Ein erbitterter Kampf zwischen England und dem französischen Dauphin hob nunmehr an, über dem ein großer Teil Frankreichs in britische Hände fiel. Als neuer König vermochte Karl VII. zwar gelegentlich einige Erfolge gegen den Herzog von Bedford zu erzielen, den englischen Reichsverweser. Vornehmlich, weil sich Philipp von Burgund zurückhielt. Doch viel solcher guten Tage gab es nicht. Das Auftreten des Bauernmädchens aus Domremy in der Champagne, Jeanne d'Arc genannt, änderte die Lage kaum. Daß es Johanna gelang, das belagerte Orléans mit nur geringer Macht zu befreien oder den König nach Reims zur Krönung zu führen, bleibt ohne Bedeutung, vielmehr kämpfte die Tapfere von Anfang an mit dem Rücken gegen die Wand. Man ließ sie auch auf französischer Seite im Stich, wo man konnte. Als sie 1430 bei Compiègne in die Gefangenschaft der Burgunder geriet, trug sich etwas zu, das einen düsteren Schatten auf den burgundischen Herzog wirft. Selbst seinem Geschichtsschreiber war die Affäre unbehaglich. Philipp verkaufte Jeanne d'Arc unbedenklich gegen zehntausend Goldtaler an England. Von seinem Standpunkt aus konnte er wenig darin finden; diese Reisläuferin, wenn sie nicht gar etwas Schlimmeres war, gehörte nicht einmal dem einfachen Adel an! Worauf die Jungfrau in kirchlichem Prozeß der Zauberei beschuldigt wurde, eingestand, widerrief und als rückfällige Ketzerin einen grausigen Flammentod starb. Man weiß das. Man muß es auch nicht unbedingt mit unseren Maßen messen. Herzog Philipps Epoche empfand das anders als spätere Generationen. Selbst auf französischer Seite scheint man durchaus froh gewesen, die gefährliche Kraft aus der Hefe des Volkes wohlfeil losgeworden zu sein.

Aber Jeanne d'Arc, die so schnöde Geopferte, hatte am Ende denn doch Erfolg. Als sie schon tot war. Daß sich da etwas in Volkstiefen gerührt hatte, bewirkte durchaus einen Umschwung, der auf Philipps Hellhörigkeit zurückgeführt werden muß. Er witterte den Geist der Stunde, fiel von seinem Bündnis mit England ab, und der Krieg war zugunsten Frankreichs beendet. Das heißt, gewonnen hatte ihn Burgund. Es ließ sich im Frieden von Arras teuer für seinen Frontwechsel bezahlen und rundete solcherart nicht nur seinen französischen Lehensbesitz im Norden ab, sondern kam sogar bis auf Haaresbreite an eine volle Souveränität heran. Nur daß die herkömmliche Form der Souveränität, die keineswegs den wirklichen Verhältnissen entsprach, eben gewahrt wurde!

Freilich kann nicht verschwiegen werden, daß damals eine tödliche Gefahr für Burgund erwuchs, wenn sie zur Stunde auch niemand erkannte. Die französische Armee ging reorganisiert und gestählt aus dem Krieg hervor. Sie harrte nur noch des Mannes, der sich ihrer bediente. Das freilich sollte erst ab 1461 geschehen, als Ludwig XI. von Frankreich mit Philipps des Guten Hilfe auf den französischen Thron kam. Doch dies am Rande, als Wegweiser durch die Irrgärten der Geschichte.

Denn natürlich ist es bei der Gestalt Philipps des Guten um etwas anderes zu tun. Man kommt ihm mit der politischen Geschichte nicht bei. Auch mit der Kunsthistorie nicht. In alledem steckt ein Stück von ihm, und er ist dennoch mehr. Er verkörpert Burgund in seiner Totalität.

Eine Einrichtung gab es allerdings, in der sich Herzog Philipp der Gute ganz manifestierte. Sie sollte eine eigenartige Auswirkung auf die Geschicke Europas bekommen. Es war die Gründung des *Ordens vom Goldenen Vlies.*

La Toison d'Or

Er darf keineswegs als der einzige oder gar erste seiner Art gelten. Seit der heilige Ludwig 1234 den Orden der ›Cosse de geneste‹ – der Ginsterschote, ins Leben gerufen hatte, begegnen wir solchen Rittervereinigungen immer wieder. Insbesondere seit der Mitte des 14. Jahrhunderts, einer Zeit, die den politischen Niedergang der Ritterschaft einleitete. 1351 stiftete König Johann der Gute von Frankreich den ›Stern-Orden‹, drei Jahre vorher Edward III. von England den ›Hosenband-Orden‹. 1362 folgte Amadeus V. von Savoyen, zubenannt der

Grüne Graf, mit einer später die ›Annociade‹ geheißenen Gesellschaft. Praktisch gab es während dieser Jahrhunderte in allen Ländern Europas ähnliche Stiftungen. Noch 1578 rief König Heinrich III. von Frankreich den ›Orden vom Heiligen Geist‹ ins Leben. Es waren samt und sonders Versuche, einer politisch überflüssig gewordenen Kaste ideell neues Leben einzublasen. Diese Feststellung ist wichtig. Notgedrungen wurde seitdem zur Haltung, was vorher als gelebte Wirklichkeit gelten durfte. Sehr logisch verbanden sich solche Ordensgründungen stets mit dem Kreuzzugsgedanken, diesem Lieblingsthema der Geschichte zwischen 1100 und 1400, das gleichwohl ein unaufhörliches Desaster bedeutete. Weder organisatorisch noch charakterlich, weder an Disziplin noch an vernünftiger Beurteilung der Lage oder Einschätzung des Gegners zeigte sich die abendländische Nobilität der Aufgabe gewachsen, wie uns Runcimans ›Geschichte der Kreuzzüge‹ belehrt. Allzu hemmungslos die Gier, mit der sich zweite oder dritte Söhne des Adels im Zeichen des Kreuzes Reichtümer oder ein Fetzchen Herrschaft im Orient zu erraffen hofften. Die Geschichte des Rittertums bleibt in dieser Hinsicht die Dokumentation einer makabren Entartung. Auch die bekannte Affäre von Nikopolis gehört hierhin, bei der Johann Ohnefurcht, im Gegensatz zu seinen unglücklichen Genossen, zwar mit heiler Haut davonkam, aber erst nach der Zahlung eines ungeheuren Lösegeldes von wahrscheinlich mehr als zweihunderttausend Goldgulden, die natürlich nicht zu Lasten des Herzogs, sondern der Bauern und Bürger gingen.

Burgund fühlte sich durch diese unrühmliche, wenngleich viel verherrlichte Affäre doppelt zur Wiederbelebung des Geistes der Kreuzzüge verpflichtet. Bereits Philipp der Kühne, darauf Jean sans Peur, hatten eine entsprechende Ordensgründung geplant, ohne daß es zu ihrer Verwirklichung kam. Man geht aber nicht fehl in der Annahme, daß es für Philipp den Guten weitere Motive gab, als er anläßlich seiner Heirat mit Isabella von Portugal 1429 in Brügge den *Hohen Orden vom Goldenen Vlies* ins Leben rief, der wie keine andere Einrichtung den Geist der Epoche spiegelt. Die politischen Nebenabsichten lagen klar zutage. Der Orden sollte die weit verstreuten, nur locker verbundenen Gebiete Burgunds durch ein festes weltanschauliches Band verknüpfen und eine Gruppe von Menschen formieren, für die der Bruch des Treueides schlimmer war als der Tod. Vielleicht ging von dieser auf den ersten Blick etwas romantischen Formulierung die bedeutendste Ausstrahlung des Vlies-Ordens auf das übrige Europa aus. Noch ein Jahrhundert später, als die Zeit der Valois-Herzöge längst vorüber und die Leitung des Ordens in habsburgische Hände übergegangen war, zauderte Wilhelmus von Oranien verhängnisvoll lange, ehe er im niederländischen Befreiuungskampf endgültig mit Philipp II. von Spanien brach. Sein tragisches Zögern läßt sich nur durch seine innere Bindung an den Orden vom Goldenen Vlies erklären.

Als Abzeichen diente den Ordensrittern eine goldene Halskette nebst an der Leibesmitte aufgehängtem goldenem Vlies. Das weist auf eine derzeit nicht ganz unbekannte Legende antiker Herkunft hin, nach der sich das Geschwisterpaar Phrixos und Helle auf goldenem Widder nach Kolchis rettete, wo das Reittier dem Sonnengotte dargebracht ward und Äetes sein gleichsam wundertätiges Fell erhielt. Worauf der Jason der Argonautensage auszog, um es an sich zu bringen . . .

Es gibt eine pikantere Anekdote. Danach spielte das Widderfell auf das Blondhaar der schönen Maria von Combrugghe an, der bekanntesten unter den vierundzwanzig Geliebten Philipps des Guten. Was wahrscheinlich eine Erfindung ist. Trotz oder grade wegen der Ähnlichkeit dieses Motivs mit dem des englischen Hosenband-Ordens, der bekanntlich auf ein kleines Malheur der Gräfin Alix von Salisbury zurückgeht. – »Graveleuse« nennt der französische Text des Katalogs für die Ausstellung des ›Ordens vom Goldenen Vlies‹, Brügge 1962, dieses Geschichtchen. Schlüpfrig also. Solcherart ins Licht rückend, was harmloser Biedersinn hinter dieser Anspielung auf ein ›goldenes Vlies‹ denn doch kaum vermutet hätte. Es existiert noch eine andere Version. Danach zielte der Name auf die Gewinne, die der flandrische Wollhandel für die burgundischen Herzöge abwarf, was nun freilich bare Medisance, wenn auch nicht schlecht erfunden ist.

Übrigens erwies sich die Legende von Kolchis bald als unbrauchbar. Jason, mithin Ordenspatron, erinnerte ob seiner Rücksichtslosigkeit gegen Medea peinlich an die burgundische Politik gegenüber Frankreich. Der bibelkundige Bischof von Chalon-sur-Saône schlug daraufhin vor, sich auf Kapitel 6 des Buches der Richter zu berufen: »Und Gideon sprach zu Gott, willst Du Israel durch meine Hand von den Midianitern erlösen, werde ich ein Fell mit der Wolle auf die Tenne legen. Wird der Tau auf dem Fell allein sein und die ganze Erde umher trocken, so will ich merken, daß Du Israel durch meine Hand erlösen wirst, wie Du geredet hast. Also geschah es.« – Diese kleine Bibelerzählung gab mancherlei Hinweis. War hier doch die Auserwähltheit der Ordensritter ebenso angedeutet wie ihre Exklusivität und ihre Führerrolle.

Erstaunlich, mit welchem Enthusiasmus Flandern die Proklamation aufnahm, wo man den Beutel sonst ängstlich verschlossen hielt. Spontan kam eine Stiftung von hunderttausend Kronen für die neue Institution zusammen. Das mochte freilich Hintergründe besitzen. Einmal befriedigte die mit einem erneuerten Kreuzzugsversprechen verknüpfte Gründung unzweifelhaft ein seit Nikopolis keimendes Ressentiment. Vor allem aber entsprach die den Ritter auf tugendhaftes Leben, Edelmut, Schonung der Feinde, Tapferkeit festlegende Ordenssatzung gewissen Wunschträumen der Zeit – man kann diese Illusionen nicht anders nennen. Übrigens gibt es keinen Grund, an der Aufrichtigkeit solcher Vorsätze zu zweifeln, wie es Huizinga tut, nur weil man Ungereimtheiten und Widersprüche darin entdeckt. Wenn der Orden vor allem der Gottesliebe, der Verteidigung des Christentumes, der Verehrung der Heiligen Jungfrau und des Apostels Andreas, dem Patron des herzoglichen Hauses, dienen sollte, wenn er ferner die Mehrung und Ehre des Rittertums fördern wollte, konnte er des Beifalles aller Volksschichten sicher sein.

Die Statuten, insgesamt sechsundsechzig Artikel, wurden beim ersten feierlichen Kapitel zu Lille am 22. November 1431 ›en langue bourguignonne‹, in burgundischer Sprache, verkündet. Dies, so hieß es, sei dem Französischen gegenüber das ältere, vor allem keinen Änderungen mehr unterworfene Idiom, was ohne Zweifel ein Schlaglicht auf ein zunehmendes burgundisches Nationalgefühl wirft. Erst im 16. Jahrhundert wurden die Statuten ins Lateinische übertragen, damit sie auch ›estrangiers‹, den Fremden, verständlich waren.

Zählte der Ritterorden anfangs einunddreißig Mitglieder, stieg ihre Zahl in späteren Jahrhunderten beträchtlich. Mit höchster Genauigkeit regelte das Statut die Zeremonien bei den Kapiteln, einschließlich der ›Inquisitions‹, der Befragung der Mitglieder über ihr Betragen, die eine Art öffentlicher Beichte darstellte. Selbst der Ordenssouverän, der jeweilige burgundische Herzog, hatte sich ihr zu beugen. Karl der Kühne ist auf den Kapiteln verschiedentlich gerügt worden, weil er seine Dienerschaft scharf angefahren hatte. Die humanitäre Tendenz, wie wir sie sonst im ganzen Mittelalter vergeblich suchen, bleibt also nicht Theorie, sondern ist geübte Praxis. Sehr viel bedeutsamer werden freilich andere Züge. Nur der Ordenssouverän darf einem weiteren Ritterorden angehören. Die übrigen, dem Schwertadel entstammenden Mitglieder haben sich ausschließlich für Burgund zu entscheiden. Man erkennt darin unschwer den Geist und die politische Methode Philipps des Guten, der die Ordensbrüder fest an sein Staatsgebilde band. Aber die Rittergesellschaft wurde auch in anderer Beziehung zum Instrument des Regimes, wenn sie alle Händel zwischen den Mitgliedern schlichtete, also den Grund innerstaatlicher Zwistigkeiten beseitigte. Es gibt einen weiteren, hochinteressanten Passus. Artikel 4 der Satzung schrieb vor, daß die ›Confrères‹, die Mitbrüder, hinsichtlich aller schwerwiegenden politischen Angelegenheiten, insbesondere im Fall eines Krieges, konsultiert werden sollten. Das sieht nach einem konstitutionellen System aus; aber wie die Dinge nun einmal lagen, konnte es eine geschickte Führung leicht dahin bringen, mittels dieser beratenden Kammer den Ordensbrüdern umgekehrt eine unentrinnbare Mitverantwortung aufzuerlegen. Gab es doch eine Reihe von Präzedenzfällen, die als äußerste Schande galten und den Ausschluß aus dem Orden zur Folge hatten: Häresie, Treubruch gegenüber dem Herzogshaus und Feigheit vor dem Feind. – Jahrhundertelang haben ähnliche Vorschriften in allen Staaten Europas das Verhältnis von Souverän und Untertan geregelt und zu einer sittlichen Bindung gemacht, bis in den einfachen Soldateneid hinein. Die Statuten des Vlies-Ordens waren gewiß nicht allein bestimmend dafür, aber sie haben zweifellos den Archetypus solcher Verpflichtungen mitgeformt.

Die innere Verfassung sah folgendermaßen aus: Vier

Großoffiziere waren dem Orden attachiert. Der Ordenskanzler sollte möglichst ein Prälat oder wenigstens ein Mann großer Erfahrung sein; ihm kam die Bewahrung des Ordenssiegels und Vorbereitung der Kapitel zu. Es gab ferner einen Schatzmeister, einen Schriftführer oder ›Greffier‹ und endlich einen ›Roi d'armes‹ oder Wappenkönig, der auswärtige Angelegenheiten und Missionen erledigte, versiert in der Heraldik sein mußte und das Zeremoniell regelte. Um den Hals trug dieser für das Ordensleben so bedeutsame Mann ein großes Emailcollier, ›Potence‹ oder ›Carcan‹ genannt, das mit dem Wappen sämtlicher Ordensritter besetzt war.

Blickt man die frühen Ordenslisten durch, fällt auf, daß in den zehn Kapiteln unter Philipp dem Guten zuerst ein Stamm ergebener Gefolgsleute geschaffen wurde, wobei die Anteile des alten Burgund ein wenig gegen Flandern überwogen. Namen wie Guillaume de Vienne, Regnier Pot, Philippe de Ternant sind seit eh und je burgundisch. Dann aber begann der Zustrom von Fürsten – sei es Charles d'Orléans oder Alphonse V. von Aragon, Adolph von Cleve oder Jehan de Portugal – den nichtregierenden Hochadel zu überfluten. Unter Karl dem Kühnen fanden lediglich zwei Kapitel statt, bei denen von Edward IV. von England bis Ferdinand V., dem Katholischen, König von Sizilien und Aragon, samt den unvermeidlichen Croy, Lannoy und Lalaing die europäische Elite im Orden vereinigt war.

Die nachhaltigste Wirkung blieb dem Orden durch die hier kultivierte Mentalität beschieden. Von nun an wuchsen die Söhne der regierenden Häuser Europas im ›burgundischen Sinne‹ auf – eine Erziehung, die Kaiser Karl V. wie Philipp II. von Spanien, Kardinal Granvella oder Prinz Wilhelm von Oranien, genannt ›Taciturnus‹, kurz die gesamten Akteure des künftigen Welttheaters, genossen.

Drei Herren

Der Seigneur

Von Philipp dem Guten findet sich in Burgund, das er groß machte, so gut wie keine Spur, nimmt man nicht den nach ihm benannten Turm des Schlosses dafür. Erinnerungen an seine Epoche gibt es hingegen durchaus: Reminiszenzen an jene Adelskaste zumeist, welche die Kulisse für den in schlanker, zerbrechlicher Taille, Faltenröckchen, Schnabelschuhen und turbangroßem Hut auftretenden Herzog darstellte.

Ternant ist ein winziges Straßendorf, gelegen an den Randbergen des Morvan, dort, wo sie in Hügel, diese wiederum in die schwingende Weite des Nivernais übergehen. Hier hat der Seigneur *Philippe de Ternant* seinen Stammsitz, den das Register der ›Toison d'Or‹ als Nummer 22 verzeichnet. Er gehörte also dem Gründungskapitel an. Sein Schloß ist nicht mehr zu sehen, hingegen im bescheidenen Dorfkirchlein zwei flämische Flügelaltäre, die er gestiftet hat. Man muß sich etwas umständlich die Tür der Hütte Gottes aufschließen lassen, was ein Weiblein vom Ende der abfallenden Dorfstraße besorgt, und dann erblickt man sie, den Ritter nebst seiner Ehefrau. Einmal auf der theatralischen Reliefszene einer Kreuzigung, bei der die Figuren dicht übereinandergedrängt stehen; im Vordergrund mit gerungenen Händen die Gottesmutter, darüber die Gruppe der

Kriegsknechte und wieder darüber die Gekreuzigten vor einem Goldgrund, auf den die Silhouette einer flandrischen Stadt gemalt ist. Der Seigneur kniet vorn links, angetan mit langer Kutte und dazu, wie erstaunlich, gegürtet mit einem Wehrgehänge, darin ein Stilett steckt. So gerüstet, betet er den Gekreuzigten an, während seine Frau, auf dem Kopf eine gestärkte, weiße Haube, ihre Aufmerksamkeit, echt weiblich, der klagenden Gottesmutter widmet. Die Kostümierung scheint kaum einem Einfall des flämischen Künstlers zu folgen, denn die Dame Ternant trägt sich ganz ›a la mode bourguignonne‹. In der Hand hält sie jenes aufgeschlagene Gebet- oder Gesangbuch, das noch jahrhundertelang als Requisit zahlloser Frauenbildnisse dienen wird, um die Hände der Dargestellten zu beschäftigen und sie gebührend in Szene zu setzen. Eine aus innerer Sammlung aufgeschreckte Schöne, das wirkt doch unfehlbar; selbst wenn sie ein leichtes Huhn gewesen sein sollte.

Die Ternant, die Schöne mit der emailfarbenen Weißhäutigkeit ihres Milch- und Blutgesichtes und der Seigneur, wirken beide recht jung. Ein bißchen Schmeichelei ist im Spiel, denn unser Ordensritter ging damals bereits auf die Mitte dreißig. Von seinem Charakter, seinem Wesen sagt das Bildnis nichts. Es dürfte auch schwerlich interessiert haben. Er besitzt das übliche Adelsgesicht, ganz hübsch und etwas leer, kurzum, dazu angetan, Dorfmädchen den Kopf zu verdrehen und beim Anblick eines Bauern auf seiner Jauchekarre angeekelt dreinzuschauen, wiewohl er dergleichen Gestänke von Kindesbeinen an gewöhnt sein mußte. Die Bauernverachtung kam damals in Mode.

Auch der zweite Altar zeigt die Ternant, wie sich gehört, als kniendes Stifterpaar, diesmal auf den äußeren Flügeln und zwar samt ihren Schutzpatronen. Den Seigneur angetan mit dem ›Damier‹. Das war eine Stoffmusterung nach Art der Dame-Spielbretter, das will sagen schachbrettförmig, die heraldische Bedeutung besaß und zum Wappen der Ternant gehörte. Um den Hals trägt er die Kette des Goldenen Vlieses. Um Madame auf dem rechten Flügel bemüht sich die Gottesmutter persönlich; mit einer geringeren Schutzpatronin gab sich die Dame Ternant nicht zufrieden. Schüchtern kann man sie in ihren Ansprüchen weiß Gott nicht nennen. Das war noch eine Weltordnung. Man mußte nur richtig geboren sein. Ob ihnen eigentlich niemals einfiel, daß der Heiland, den sie umknieten, eines Zimmermanns Sohn gewesen war?

Der Seneschall

Auch bei dem nächsten Seigneur wiegt das adelige Blut schwer wie Blei auf der Waagschale des Weltgerichtes. Ach, tausendmal schwerer! Denn er war wirklich ein großer Herr, Seneschall von Burgund, ein machtvoller Mann – *Philippe Pot*, Herr von La Roche de Nolay geheißen und 1494 gestorben. Unter Nummer 62 steht er im Ordensregister verzeichnet, zum Mitglied erwählt auf dem 10. Kapitel, das zu St-Omer stattfand. An ihn gibt es gleich eine ganze Reihe von Erinnerungen. Freilich, das berühmte *Schloß Roche-Pot* in den Tälern abseits der Côte d'Or, das so sehr durch seine Vollkommenheit, seine Märchenstimmung, seine Luken, Schießscharten, Zugbrücken, Terrassen und Kemenaten entzückt, dieses vollkommen eingerichtete Adelsnest, ist fauler Zauber; die Neuzeit hat es auf ein paar alten Mauerresten wiedergebaut. Man muß sich wirklich fragen, ob dieses sauber angepinselte, mit glasierten Ziegeln gekrönte und gegen Entree zu besichtigende Schloß den Gedanken der Zeugenschaft, der bei historischen Gemäuern einzig wiegt, nicht ad absurdum führt. Was diese Restauratoren und Rekonstrukteure sich alles leisten!

Aber es gibt ein Schloß, das zum Teil wirklich eine Schöpfung Philippe Pots ist, *Châteauneuf im Auxois*, hoch über grünem Tal gelegen, durch das der Kanal de Bourgogne seine blinkende Spur zieht. Ein ganzer Ort schmiegt sich ringsum, gebildet aus den Villegiaturen reicher Kaufleute von Dijon, die sich hier seit dem 15. Jahrhundert ihre Sommerwohnungen bauten. Die alten Bogenhallen der Häuser sind inzwischen leider in enge Zugänge vermauert worden, aber die Fensterstürze bekunden noch den großen Stil, hier und dort klebt gar ein Wappen, ragt ein Turm edlen Maßes. Macht nichts, daß die Kühe der ansässig gewordenen Bauern auf dem Pflaster der Gassen ihre Kleckse hinterlassen, wenn sie zur Weide gehen. Da ein Blumenwinkel, dort ein Eckchen, drüben ein Winkelchen, kurz, ein Ort zum Verlieben. Man kann auch auf einen kleinen Eichenhain hinterm Ort hinausgehen oder einen Aussichtspunkt im Westen von Châteauneuf besuchen und auf einen See hinausschauen. Vor allen Dingen, man kann zum Schloß wandern und Monsieur Pot seine Aufwartung machen.

Da hat man hinter Zugbrücke und Tor wirklich einmal das herzogliche Burgund. Der eckige Donjon mit den Wandbildern eines Grafen und einer Gräfin von Vienne entstammt sogar noch dem 12. Jahrhundert. Dann aber ist nur noch das Zeitalter des Seneschalls da. Er hat den breitgelagerten Mittelflügel des Schlosses errichten lassen, darin sich die Salle de garde und ein Balkonzimmer mit gewaltig dicken Mauern befindet, aus dem man einen unvergleichlichen Blick über das Auxois, grüne Wiesen, blinkende Flußläufe und ferne Berge genießt. Wie seltsam nahe man dem Seigneur Philippe Pot plötzlich rückt! Er hat das genauso gesehen. Der Bergseite zu fügte sein Jahrhundert noch einen weiteren Flügel an, der heute zusammengestürzt ist. Auch gibt es noch eine Kapelle mit Wandbildern und den senkrechten Wappenstreifen der Pot bemalt. Gewiß, das ist alles sehr ruiniert. Wie denn auch nicht? Solch ein Schloß kostet Geld, und der letzte Besitzer war längst kein Pot mehr, vor allem kein Pot d'argent; er hat Châteauneuf daher 1936 einfach dem Staat geschenkt, um der Pflicht der Erhaltung des historischen Gemäuers enthoben zu sein. Und auch der Staat hat bislang nichts renoviert. Aber lang kann es mit dem süßen Verfall und dem herrlichen Schlendrian im Ort nicht mehr dauern. Ein Lokal mit vielen ›Recommandé‹-Schildern hat sich bereits etabliert. Da muß natürlich bald für Wasserspülung und Parkplätze gesorgt werden.

Frieden von Châteauneuf! Über die Mauern der Gärten, durch Moos und alten Efeu, durch Weinrebe und Fliederblatt rascheln die Katzen. »Briqué«, ruft eine Alte unablässig mit gellender Stimme – lockend, beschwörend, keifend, bis sich Briqué endlich erweichen läßt und heranschmeichelt. »Mon gros bébé«, streichelt die Alte das Grauchen, vorwurfsvolles Lamento in ihrer Stimme. Vor den Türen der Häuser blühen große Kakteen in Kübeln. Kein Radiolärm, keine Fremden, gottlob. Höchstens Katzenmiau, und das läßt sich ertragen. Burgund besitzt nur noch sehr wenige solcher Winkel.

Es gibt ein weiteres Souvenir an den Seneschall, eins, das noch mehr zu Herzen geht: *das Grabmal des Philippe Pot.* Erst hat es in der Klosterkirche von Cîteaux gestanden, nach der Revolution in Dijon eine Heimat gefunden und ist Ende des 19. Jahrhunderts nach Paris in den Louvre gekommen. Es ist eines jener Grabdenkmäler, in denen sich der Geist Sluters oder vielmehr der seiner ›Pleurants‹ vom Tombeau Herzog Philipps des Kühnen erhalten hat. Freilich, sehr burgundisch umgemünzt. *Antoine le Moiturier* hat das gemacht, den wir vom Grabmal des Jean sans Peur her kennen. Acht verhüllte Gestalten, Vasallen des Seigneur Philippe Pot, jeder mit einem Wappenschild an der Seite, tragen den mit gefalteten Händen in voller Rüstung aufgebahrten Seneschall auf einer Grabplatte der Gruft zu. Vollkommen burgundisch ist dieser Gedanke, der dem Trauermarsch zugrunde liegt, und endlich auch die schweigsame, leidvolle Hoheit der Gestalten. Hier sprang der Funke von Sluters Genie nicht nur über, er hat ein neues, eigenes Feuer entzündet: der Todesmarsch der Bourguignons in die Ewigkeit. Welch eine unerhörte Konzeption!

Der Kanzler

Eine der bedeutsamsten Gestalten dieser Epoche hat freilich nicht zu den Vlies-Rittern gehört. Wahrscheinlich, weil dieser Mann bürgerlicher Herkunft war; »venu de petit lieu«. Dafür lenkte er während vierzig Jahren als Kanzler Philipps des Guten Burgunds Geschicke. In der Zeit von 1419 bis 1435 gehen alle großen Verträge auf ihn zurück. *Nicolas Rolin*, 1380 in Autun geboren, bürgerlich schnell avanciert und alsbald in den herzoglichen Dienst berufen. Wie der vom Genter Altar der Brüder van Eyck bekannte Jodokus Vydt oder die adeligen Lannoy und Croy, diese besonderen Günstlinge Herzog Philipps, ein Musterbeispiel für die Emporkömmlinge seines Zeitalters. Vielleicht ist Rolin sogar ihr deutlichster Inbegriff. Vollends in existentieller Hinsicht. Dieser vielgehaßte, recht bald zu einem berühmten Advokaten aufgestiegene Mann offenbart eine typische Charaktermischung von Hochmut, Habgier, Sinnlichkeit und Herrschsucht. Huizinga hat darauf aufmerksam gemacht, wie bedeutsam die Rolle des Großkapitals jener Tage war und welche Verdienste seine keineswegs integren Vertreter um die Kunst der Epoche besaßen. Die Stifter der großen Werke der Malerei, die so schlicht und fromm auf den Altarflügeln der van Eyck und van der Weyden knien, gehören ausnahmslos dieser Schicht an.

Auch Rolin war einer von diesen Parvenus. Sei es um einer Selbsterkenntnis willen oder weil er sich Unsterblichkeit zu erschwindeln hoffte, hat er eine Anlage ins Leben gerufen, für die wir ihm dankbar sein müssen, *das Hospital in Beaune*, dem Weinstädtchen südlich Dijon, das bis heute unversehrt erhalten blieb und noch immer als Krankenhaus dient. Man kann nicht sagen, es sei die steingewordene Gebärde jener üppigen Zeit; aber es ist ein wunderbares Beispiel dafür, wozu die Attitüde, die schöne Form, selbst in Gestalt sozialer Fürsorge, fähig war. Fast mehr prinzliches Logis, denn ein Siechenhaus für Arme, lagern sich um den rechteckigen, langgestreckten Innenhof die Gebäudetrakte mit ihren hochgiebeligen Dächern, Mansardenluken, buntglasierten Ziegeln und Galerien, auf denen man ringsum spazieren und zuschauen kann, wie die Schwestern ihre gestärkten Flügelhauben über den Hof mit dem Ziehbrunnen balancieren. Welch grandiose, tonnengewölbte, fast sakrale Räume, diese Krankensäle, darin längs der Wände die ehedem zweischläfrig benutzten Alkovenbetten mit schneeweißem Leinen und roten Decken stehen, die so solide gefertigt sind, daß sie heute noch ihre Pflicht tun! Und wie geschickt das gemacht ist: der Wand zu, hinter den Betten, hat jeder Kranke sein unerläßliches Privatissimum mit Wasch- und sonstigen Becken, wie es nun einmal nicht anders geht. Oder die herrliche Küche mit ihrem gewaltigen Kamin, ihrer enormen Drehapparatur für den Bratspieß oder den kostbaren Kupfergeschirren. Oder diese freilich im Empire umgestaltete Apotheke. Wieviel Genie besaß dieses Jahrhundert!

Natürlich ist in diesem Ensemble caritativer Zurichtungen recht oft von Nicolas Rolin die Rede. Das will sagen, er hat allenthalben seine Devise anbringen lassen, diesen rührenden Wahlspruch, wenn er denn ernst gemeint war. – Auf den Platten des Fußbodens oder als Wandschmuck, überall »Seulle«. Das besagt in verkürzter Form das gleiche wie das »l'Aultre n'auray« Herzog Philipps. Ob er's ihm nachmachte oder ob er die Gefährtin seiner irdischen Tage, *Guigone de Salins*, wirklich so liebte? Jedenfalls griff Rolin gradezu nach den Sternen der Courtoisie und dokumentierte allenthalben: »Die Einzige!«

Aber wie sehr Rolins Geltungsdrang auch die große Kunst seiner Epoche befruchtet hat, sieht man im ersten Stock des Hospitals. Da hängt heute des *Rogier van der Weyden* gewaltiges ›Jüngstes Gericht‹. 1443 in seiner erschreckenden Realistik gemalt, damit es auf dem Altar des Krankensaales erschüttere und zur Einkehr zwinge. Ein ›Dies irae‹ im Bild. Im Mittelfeld der majestätisch thronende Christus, eingehüllt von schweflig flammender, bunt geränderter Mandorla und umgeben von vier Posaune blasenden Engeln nebst dem seelenwägenden Erzengel Michael. Ist das ein Anklang an das Portal von Autun, dem der auf dem Seitenflügel des Bildes verewigte Nicolas Rolin durch seine Herkunft und durch seinen in der Heimatstadt zum Kardinal aufgestiegenen Sohn besonders nahestand?

Etwas freilich wirkt durchaus anders als auf dem romanischen Tympanon von St-Lazare! Die Kaste der Regierenden und Großen dieser Erde fühlt sich nicht mehr wie früher dem Weltgericht unterworfen. Sie klammert sich aus. Herzog, Kanzler, Papst und Kardinal, das Stiftergremium gleichsam, treten auf dem Bild des Rogier van der Weyden – wie interessant – nicht in der Rolle von Anbetenden, sondern in der von Auserwählten auf.

Sie gehören dem Führungsstabe des Weltgerichtes als geladene Zuschauer an. Oder was soll das anders sagen, wenn man sie links und rechts des thronenden Herrn aufgereiht findet? Das heißt doch: Wir – Dux und Kanzler Burgundiae – bleiben natürlich samt Frauen und Kindern außerhalb jeder Debatte. Eine sehr wichtige Akzentverlagerung gegen den Dorfkirchenaltar der Ternant! Das höfische Element erhebt einen metaphysischen Anspruch. Noch im Jenseits behaupten die Regierenden auf diesem Bild, die Herren zu sein. Die tiefe Gerechtigkeit der Totentänze, von denen noch berichtet wird, diese fast zum Gemeinplatz gewordene ultima ratio aller irdischen Unzulänglichkeit – hier gilt sie nicht mehr. Eine unerhörte Lästerung vollzieht sich da in vollkommener Schönheit. Das Weltgericht van der Weydens erhöht die Herren dieser Welt in aeternum; es behauptet ihre Ausnahmestellung auf Erden wie im Himmel!

Das erschütternde Jüngste Gericht van der Weydens besitzt in Beaune zwei Gegenstücke ganz anderer Weltanschauung. Das erste ist der Tapisserienzyklus im Chor von Notre-Dame mit dem Marienleben in jener höfischen Gebärde, die dem Entstehungsjahr 1500 noch eignete. Den Stifter, Domherrn Hugues le Coq, und den hl. Hugo von Semur sieht man der Szenenfolge assistieren. Es ist eine Bilderreihe in blühenden Farben, die sich da voller Poesie, Köstlichkeit und Delikatesse über einen blumigen Grasengrund zieht.

Das zweite Pendant bildet Jean Lurçats Alterswerk, der prachtvolle Weinteppich im ehemaligen Herzogsschloß, auf dem der chaldäische Hahn seinen Weckruf über die Erde erschallen läßt und in Allegorie oder Symbol jene alchymischen Geister und Wirkungen des Weines beschworen werden, die gleichsam zum Wesen des Landes gehören.

Karl der Kühne

Die drei Gesichter

Es gibt einige sehr widersprechende Bildnisse vom letzten Herzog Burgunds, den die Niederländer sehr glücklich ›Karel de Stoute‹, *Karl den Stolzen* nennen, und alle enthalten sie eine Wahrheit: Eine Rötelzeichnung in Arras; darauf steht er als blutjunger Mensch mit gelocktem Haar verträumt hinter dem ironisch blickenden Vater. Es ist jenes Bild, das am besten der Rolle entspricht, in die man den jungen Karl hineingeboren wähnt. Sodann das Porträt Rogier van der Weydens, das in Berlin hängt. Einige Forscher datieren es auf 1454, andere auf 1460. Noch wirkt der künftige Herzog mit seinen zweiundzwanzig oder achtundzwanzig Jahren jugendlich, weiß Gott, aber bedeuten die eben noch kindlich vollen Lippen jetzt nicht Trotz? Das Schwarzhaar dicht wuchernd, die Augen entschlossen, blickt er voll gesammelten Ernstes vor sich hin. Spöttisch sein wie der Vater, oder auch über sich selbst lächeln, konnte er nicht. Um den Hals trägt er die Kette des Goldenen Vlieses; die allzu feingliedrige Hand ist um den Griff des Schwertes gelegt. Solch gespenstisch schmale Finger haben sie alle auf den Bildnissen jener Zeit, die zum Hochadel gehörten, die Croy, Lannoy, Cleve, Valois, und wenn das Gesicht auch einem Panoptikum entlehnt scheint. Es ist das Zeitalter der verschrobenen Physiognomien.

Welche verdrehten Nasen, verdrückten Münder, aufgeplusterten Wangen! – Bei Karl freilich nichts davon. Er besitzt ein gutes, kluges, edles Gesicht und läßt noch immer alles erwarten.

Das dritte Porträt gehört dem Musée Calvet in Avignon, das Werk eines anonymen Meisters, gezeichnet mit dem Jahr 1474. Es gibt ein Doppel dazu in Rio de Janeiro. Das unterstützt die Vermutung, es entstamme in Wirklichkeit dem ersten Viertel des folgenden Jahrhunderts und sei nur eine Kopie, womöglich nach einer Miniatur, auf welche die Jahreszahl hinweisen könnte. Wie ja auch van der Weydens Bild gelegentlich als Kopie angesehen wird.

Es ist ein erschreckendes Antlitz, in dem alles zu Ende ging, die Hoffnungen, die Pläne, der Glaube, und nur noch der stumpfe Wille zum Vollzuge der Macht behauptet sich in diesen gedunsenen Zügen. Karl wird abermals barhäuptig dargestellt, dafür aber in voller Rüstung; blaugrün, in barock gebauchten, gold gebänderten Formen umpanzert sie seinen kurzen, schweren Oberleib. Aus einem Wall von Stahl ragt ein massiger Kopf – was hat sich da nur begeben? Ziellos irrt der Blick an allem vorbei, ein matter Fleck die Pupille. Getrieben von nie erfahrbaren Ängsten, blickt uns das Herzogsgesicht entgegen, ein Mann, der doch damals höchstens zweiundvierzig zählte, vorzeitig gealtert, krank vielleicht. Das Porträt enthält von allen Bildnissen ganz unzweifelhaft am meisten Wirklichkeitsgehalt. Man spürt es in heißem Erschrecken.

Sie passen alle drei zu seinem Leben. Das Antlitz des Jünglings. Des jungen Mannes Gesicht, der langsam in seine Herzogsrolle hineinwachsen konnte, wie langweilig ihm das auch neben dem viel zu lang lebenden Vater vorkam. Und schließlich das des ratlosen Herrschers, dessen zerschlagener Kadaver wenig später, von hungrigen Wölfen halb aufgefressen, in der Eislache bei Nancy liegen wird. Und dennoch schien grade dieser Mensch wie kein anderer seiner Epoche zu einem Leben strahlender Größe vorausbestimmt. Vielleicht sogar zu einer Königskrone. Womöglich zum Kaiserzepter. Wer wollte das ernsthaft in Abrede stellen, als Karl seinen Weg begann, diese für die Zeitgenossen ungeheure Bahn in der Fülle wahrhaft imperialer Macht und eines strahlenden Nimbus, der nicht seinesgleichen besaß.

Denn das Erbe, das er von seinem Vater übernahm, war schlechthin gewaltig. Hatte nicht Philipp der Gute etwas unmöglich Scheinendes erreicht und die Rollen geradezu umgetauscht, als er den französischen König Ludwig XI. von Frankreich 1461 zum Ritter schlug, statt ihm lediglich die Sporen anzulegen? Wie, der Souzerän seinem Souverän? Aber daß es hier keine Abhängigkeit mehr gab, bezweifelte seit 1435, seit dem Vertrage von Arras, niemand mehr. Zudem saß die Furcht viel zu tief, die Johann Ohnefurcht bei seiner Besetzung von Paris hinterlassen hatte, eine noch gesteigerte Angst vor der am besten ausgerüsteten, schlagkräftigsten Armee der Epoche, der über zwanzigtausend Söldner angehörten, schweizerische, savoyische, deutsche und italienische Landsknechte darunter. Was aber die reinen, sichtbaren Fakten der Macht betraf – waren Herzog Philipp die Grafschaften Mâcon, Auxerre, Boulogne, Ponthieu und mehrere Städte nicht ohne jegliche Gegenleistung von Frankreich zugefallen? Karl hatte dazu eine Fülle anderer Titel, Würden und Ränge geerbt. Er war Herrscher über Holland, Seeland, Geldern, Flandern, Brabant, Namur, Hennegau, Artois, Picardie, Franche-Comté, Limburg, Luxemburg, Diedenhofen und Rethel, Hochburgund von der Loire bis zum Jura, von der Yonne bis zur Saône. Die Städte Amsterdam, Brüssel, Antwerpen, Gent, Brügge, Lille, Amiens, Dijon,

Nevers, Besançon, überaus kapitalkräftige Gemeinwesen zum Teil, gehörten selbstverständlich hinzu, als er 1467 die Regierung antrat. Längst war der eingeborene Adel gezähmt, seine höheren Standesvertreter dem Vlies-Orden eingegliedert und eng an das Herzogshaus gebunden. Schon begann sich in diesem erstaunlichen Staatsgebilde zwischen den Reichen, das Karl bis Friesland auszudehnen verstand, ein Valois-Mythos zu bilden, der anhielt, als Karl längst tot war. Die burgundische Hofhaltung übertraf an Glanz ohnehin jeden anderen Fürstensitz, gleich ob es sich um die an tatsächlicher Macht denn doch recht bescheidenen Renaissancehöfe Italiens oder die provinziellen, gar muffigen Residenzen Deutschlands, oder die dynastischen Haushaltungen Frankreichs, Englands und endlich Spaniens handelte. Es ist anzumerken, daß Karl ein erstaunliches Maß an Selbstdisziplin und Mäßigkeit bewies. Er war der sittenreinste Fürst seines Jahrhunderts, unzweifelhaft hochbegabt; man rühmte seine Belesenheit, die Geschicklichkeit, mit der er sein Staatswesen einrichtete und von Beaune oder Dijon aus durch den Grand Conseil verwalten ließ, um selbst freie Hand zu behalten. Da war nun freilich noch des Vaters Genie und Erkenntnis am Werke – man durfte niemals tun, was ein anderer erledigen konnte! Nur Dummköpfe verzetteln sich. Machen wir also den Siegelbewahrer zum mächtigsten Mann neben uns, geben wir ihm einen Marschall von Burgund für die Armee, den Admiral von Flandern für die Flotte, einen Kämmerer, einen Großstallmeister zur Seite. Es bedeutet zweifach Sicherheit, den Ehrgeiz aufkommender Familien durch Ämter und Würden abzulenken. Man muß ihnen Gelegenheit zur Bewährung oder zum Heldentod geben, so lautet die Weisheit der Fürsten; wer geblutet hat, ist doppelt treu.

Dennoch bleibt eines verfänglichen Zuges im Wesen

zeit des Mittelalters, zur Genüge darauf aufmerksam gemacht. Es gibt auch weniger kreative Anlässe für den Aufwand des Hofes. Zweifellos versuchte das Herzogshaus durch den Glanz der Feste, den üppigen Aufwand des Lebensstiles den Mangel an Souveränität und jener Hoheit zu ersetzen, die eine Königskrone gewährt hätte.

Die enormen Kamine in der Küche des herzoglichen Palastes zu Dijon lassen zur Genüge erkennen, wie pantagruelisch es bei den Banketten zuging. Ihr Überfluß, ihr Raffinement, die Qualität und Vielzahl der Gänge haben schon die Zeitgenossen in Staunen versetzt. Damit sie von den Teilnehmern überhaupt bewältigt werden konnten, wurden die endlosen Gelage immer wieder durch ›Entremets‹ unterbrochen – Tafelschauspielereien in Gestalt von Pantomimen, akrobatischen Vorführungen und der Schaustellung ganzer Menagerien. Eines Tages servierte man eine riesenhafte Pastete, aus deren Innerem die Musik eines Orchesters von zwölf Personen erklang. Natürlich fehlte es auch nicht an der Darbietung von Monstrositäten oder technischen Spielereien. Bei den Hochzeitsfeierlichkeiten für Karl den Kühnen und Margarete von York im Jahre 1468 erschien Madame de Beaugrant, die Zwergin des Fräuleins von Burgund, als Hirtin geschmückt auf goldnem Löwen, der größer war als ein Pferd – einem mechanischen Tier, das den Rachen auf- und zuzumachen vermochte und ein Willkommensliedchen sang. – Man kann das in den ›Grands Ducs de Bourgogne‹ von Joseph Calmette, diesem ausgezeichneten burgundischen Historiker unserer Tage, noch großartiger nachlesen als bei Huizinga. Dankbar sei also vermerkt, daß dieser Bericht Calmette alles verdankt.

Eines der Bankette ist in die Geschichte eingegangen, das ›Fasanengelübde‹ zu Lille am 17. Februar 1454. Held des Tages war ein lebender Fasan. Soeben hatten die Osmanen Konstantinopel erobert. Daher trat der zum Hofpersonal gehörende Riese Hance als Großtürke auf; hinter ihm kam Madame ›l'Eglise‹, die Kirche, heftig weinend, und trug eine wortreiche Klage vor, worauf sie alle Anwesenden einlud, ihr durch einen Kreuzzug zu helfen, vor allem

Vous chevaliers, qui portez la Toison
N'oubliez pas le très divin service.

Die Ritter des Goldenen Vlieses also. Die Gelübde wurden feierlich beim Namen Gottes, der Jungfrau und ›beim Fasan‹ geleistet. Etwas Blasphemisches und Lächerliches hat niemand darin empfunden. Übrigens auch nicht bei den ›Liebeshöfen‹, jener Wiederbelebung der schon zur romantischen Kulisse gewordenen ›Cours d'amour‹ aus dem Ritterzeitalter, die sich im ›Roman de la Rose‹ spiegelten.

Der berühmteste von ihnen, verbunden mit einem literarischen Wettstreit, wurde vom ersten der Herzöge, Philipp dem Kühnen, am 14. Februar 1401 im Hôtel d'Artois zu Paris veranstaltet, inmitten einer Pestepidemie der französischen Hauptstadt, ganz einfach, um sich ein Amüsement zu verschaffen – »pour passer partie du tempz plus graciesement et affin de trouver esveil de nouvelle joye«, um einen Teil der Zeit lieblicher zu verbringen und das Erwachen neuer Freude zu finden. Dieser Liebeshof, der im Grunde ein literarischer Salon war, gründete sich auf die Tugenden der Demut und der Treue – »à l'honneur, loenge et recommandacion et service de toutes dames et damoiselles«; er wird also abgehalten zu Ehre, Lob, Empfehlung und Dienst aller Frauen und jungen Damen. Die zahlreichen Mitglieder schmückten weitschweifige Titel: die beiden Gründer und König Karl VI. hießen ›Grands conservateurs‹. Unter die einfachen Conservateurs rechneten Johann Ohnefurcht, sein Bruder Anton von Brabant und sein junger Sohn, der nachmalige Philipp der Gute. Es gab einen Prince d'amour, den Hennegauer Pierre de Hauteville, ferner Ministres, Auditeurs, Chevaliers d'honneur, Conseillers, Chevaliers trésoriers, Grands Veneurs, Ecuyers d'amour, Maîtres de requêtes, Secrétairs. Kurz, der gesamte Apparat von Hofstaat und Regierung wurde nachgeahmt. Man verherrlichte im Idealbild das eigene Regime. Neben Prinzen und Prälaten waren auch Bürger und niedere Geistliche geladen, die Funktionen und Zeremonien genau geregelt. Vieles gemahnt an eine der ›Rhetorikerkammern‹, wie sie seit langem in den flandrischen Städten als eine Art Vorläufer späterer Theatervereine bestanden. Die Mitglieder bekamen auf, Refrains in all den feststehenden und zum formalen Vorrat der Dichter gehörigen Versformen zu behandeln, als da sind »ballades couronnées ou chapelées, chansons, sirventois, complaintes, rondeaux, lais, virelais«, und so fort. Auch sollten Debatten geführt werden »en forme d'amoureux procès, pour differentes opinions soustenir«, in der Form von Liebesprozessen, um verschiedene Meinungen zu vertreten. Die Damen hatten die Preise zu verteilen, und es war verboten, Gedichte zu machen, die ihre Ehre im besonderen und die des weiblichen Geschlechtes im allgemeinen antasteten. Was immerhin den Verdacht aufkommen läßt, daß es solche Gedichte zuweilen gab. – Auch hierin empfand niemand den schrillen Mißklang zu einer Umwelt, die in Schrecken vor der Pest erstarrte. Doch es wäre falsch, heutige Maßstäbe anzulegen.

Das nämliche gilt für die Turnier- und Waffenspiele, die man ob eines nach antiquierten Idealen orientierten Rittertums in das Programm aufnahm. Wir können das nicht nur als romantische Schwärmerei erklären; zweifellos glaubte man an ihren militärischen wie moralischen

Wert. Da gab es neben einem Waffengang des ›goldenen Löwen‹ oder der ›schönen Pilgerin‹ einen des ›Tränenbrunnens‹, den man in der Saône-Ebene austrug. Zu Füßen einer Jungfrauenstatue war die Nachbildung einer Hofdame aufgestellt, die einen zur Quelle angestauten Tränenstrom vergoß. Warum? Weswegen? Eine Dame in Klage – der Vorwand genügte. Lebt man einmal in fest gefügten Daseinsformen, bedarf es der rationalen Begründungen nicht mehr, die Motive allein sind genug. – Tagelang hat das Spektakel gewährt.

Es fehlte nicht an bitterer Kritik solch offensichtlicher Vergeudung an Zeit, Kosten und Kraft. »Man schlägt sich«, schrieb Eustache d'Eschampes, »um ein kleines Vergnügen zu haben, bei dem nichts als hohler Ruhm zu erringen ist . . .« Dieser unfreundliche Kommentar besitzt einen echten Kern. Die politische Auswirkung der höfischen Geisteshaltung war schlimm, und die Geschichte hat darauf eine bittere Antwort erteilt. Während ringsum die Armeen erstarkten, vor allem die französische und schweizerische, und eine Welle von sozialen und religiösen Spannungen die Umwelt verwandelten, spielte Burgund. Es glaubte sich dabei völlig auf der Höhe der Zeit. Verfügte man nicht über eine berühmt-berüchtigte Truppe? Schulte man nicht ihre Führer in ununterbrochenen Waffengängen? Unzweifelhaft war dies die Mentalität.

Doch es ist allzu leicht, aus einem nachträglichen Wissen um den Ablauf der Ereignisse Kritik zu üben. Solchen Bewertungen haftet etwas ungemein Törichtes an. Wo sind Glanz, Zauber, Verlockung und all die anderen Impulse geblieben, mit denen sich eine Mode, eine Zeitströmung, der Gcit einer Epoche in das Herz eines Menschen stehlen? Für die Zeitgenossen ist ihre Umwelt so, wie sie sich empfindet. Aus diesem Grund strömen ihre Reaktionen, Taten und Entschlüsse.

Der Modellfall und Inbegriff so überholter Ideale des burgundischen Hofes war ein seltsamer Mann, fahrender Ritter und Turnierheld, *Jacques de Lalaing* geheißen, der 1453 vor Gavere fiel, bezeichnenderweise durch eine ordinäre Kugel. Er sollte bald zur Romangestalt avancieren – schön wie Paris, fromm wie Äneas, weise wie Odysseus, tatenlustig wie Hektor, aber mild gegen die Besiegten, demütig und stets höfischer Manier zugetan. – Wieviel anders sah die Wirklichkeit der Bürger aus, als das ideale Dasein des Hofes! Kein Wunder, wenn er in solch hoffnungslosen Zwiespalt zur Wirklichkeit geriet und im Zeremoniell erstarrte. Ein minuziöses Protokoll regelte denn auch den Tagesablauf, als könne man damit der Umwertung aller Werte Einhalt gebieten; die Hofämter bildeten eine ganze Hierarchie. Der in ihrem Dienst aufgehende Höfling konnte zwar kaum Reichtümer erwerben – er versah sein Amt in erster Linie, um teilzuhaben am Leben der Auserwählten, wie etwa Olivier de la Marche. Unmöglich, alle Bestimmungen über die Kleidung bei Hofe, die Ausstaffierung, das Betragen, die Lebensweise wiederzugeben, die schon Philipp der Kühne erließ! Der Einblick in die Vorschriften über die Aufwartung bei Tisch mag genügen, um den erstaunlichen Formalismus solcher Reglements zu offenbaren. Da hieß es ungefähr, und es sei erlaubt, die gespreizte Sprache auch im Deutschen nahzuahmen: »Wünschet der Fürst zu speisen, ist sodann auch gedecket, rufet der wachhabende Saalschweizer den Aufwärter vom Dienst und schicket ihn zum Vorratskeller. Dortselbst übergibt ihm der Vorratsmeister eine Serviette, über die Schulter zu legen, wonach er ihm das bedeckte Salzfaß reicht; selbiges soll der Panetier zwischen den Fingern tragen, indem er es an Fuß und Bauch ergreifet. Und gehet der Aufwärter nun hinter dem Saalschweizer, den Kopf unbedecket zum Eßsaal hinan . . .« Und so weiter bis ins Endlose! Es war wirklich jede Fingerbewegung geregelt. Je mehr sich diese Welt dem Untergang zuneigte um so mehr verknöcherten ihre Zeremonien und Rangfragen. Nicht nur bei den endlosen Kapitelsitzungen des Ordens vom Goldenen Vlies unter Karl dem Kühnen, die von den meisten Beteiligten unzweifelhaft als wahre Plage empfunden wurden, sondern selbst in der herzoglichen Küche, wo der Chefkoch auf einem erhobenen Sitz zwischen Kamin und Anrichte thronte, in der Hand eine große Holzkelle, die zweierlei Zwecken diente – zum Probieren und zur Ermunterung der Küchenjungen. Daß eine so unlukrative Hofhaltung zudem Unsummen von Geld verschlang, versteht sich. Es kam hinzu, was die Herzöge für ihre Sammelleidenschaft verbrauchten, beziehungsweise für ihre recht luxuriöse Garderobe. Bei der Hochzeit ihres Sohnes Johann Ohnefurcht mit Margarete von Bayern erschien Marguerite von Maele in einer sogenannten ›Houppelande‹, einem weiten Mantel aus karmesinroter Seide, mit einem Kleid aus gewirktem weißem Samt darunter, das mit Goldsternen übersät war – natürlich unter anderem! Jeder besondere Akt dieser feierlichen Gelegenheit wurde durch eine besondere Robe akzentuiert. Die Livree des männlichen Hofpersonals bestand aus einer halb grünen, halb weißen Kleidung mit einer Verbrämung von erlesenem Samt und Atlas. Herzog Philipp trug eine Staatsrobe von rautenförmig gemustertem, weißem und grünem Damast, der mit goldenen Pailletten bestickt war. Gar nicht zu reden von den Kostümen der Standesherren, Ritter und ihrer Frauen, die alle zu Lasten des Hofes gingen. Zudem beschenkte man die geladenen Gäste mit Spangen, Seidenstoffen und Juwelen.

In seltsamem Gegensatz zu so esoterischen Lebensformen stehen Ergötzungen, die uns manchmal recht derb anmuten. Vor allem durch Spielleute und fahrende Sänger, eine sehr populäre, manchmal sogar eine Macht verkörpernde Zunft. Philipp der Gute, Karl der Kühne zogen sie zu Hoffesten heran, aber ließen sie auch überwachen, aufwieglerische Verse sogar verbieten, zumal Karl der Kühne, der nicht selten die Zielscheibe der Bänkelsängerei darstellte. Andererseits ließ man die fahrenden Sänger gern zu den Festen, den großen Empfängen und fürstlichen Einladungen zu. Kurzum, man behandelte sie mit möglichster Schonung. 1421 bieten die Bänkelsänger von Douai Philipp dem Guten ein ›Possenspiel‹ dar. Leider wissen wir nichts mehr über das eigentliche Sujet solcher und ähnlicher Veranstaltungen. Aber dergleichen muß doch sehr geschätzt worden sein, denn das Verzeichnis von Personen, die als ›Possenspieler‹, das sind ›joueurs de farces‹ oder ›d'apartise‹ oder ›de parture‹, geführt werden, ist groß. Auch die Moriskentänzer fehlten darunter nicht. Es tauchen da Namen auf wie Phlot d'Enfer, also ungefähr Höllenfeuer, oder Bolequerre und Perrin Boisquement, Maître Mouche – Meister Fliege – Hance Crachre und viele andere. Das vulgäre Element in diesen Volksspielen ist unübersehbar. Einer ihrer Autoren, Michaut de Caron, genannt Thaillevent, Windschneider also, gehörte dem herzoglichen Hofstaat regelrecht als Kammerdiener an. Es gibt eine ganze Reihe Couplets von ihm.

Ein anderes Element öffentlicher ›Esbattements‹, Belustigungen, waren die sehr beliebten Schaustellungen. Als Philipp der Gute am 23. April 1458 nach Gent kommt, finden enorme Festlichkeiten statt. ›Echaffauds‹, Schaugerüste, sind aufgebaut, auf denen man lebende Bilder vorstellt. Etwa Julius Caesar, umgeben von zwölf Senatoren und Cicero, der ihn lobpreist, mehreren Gefangenen die Freiheit wiedergegeben zu haben. Auf einem anderen Podium wird das Altarbild des mystischen Lammes aus ›Sint Bavo‹ zu Gent, das berühmte Meisterwerk der van Eycks, nachgebildet. Oder es zieht ein Elefant am Herzog vorüber, darauf ein Turmbau mit Negern, die allesamt lauthals schreien: »Vive Bourgogne est notre cry – Vivat Burgund ist unser Schrei.« Oft genug gleiten solche Darbietungen in regelrechte Parodien ab, wie im Paris-Urteil, das man zu Lille vor Karl dem Kühnen aufführte. Venus war eine Riesin von zwei Zentnern Gewicht, Juno klapperdürr und Minerva bucklig vorn wie hinten. Genauso wie auf späteren parodistischen Bildern Cranachs oder Gossaerts zu sehen. – Dürfen wir darin eine versteckte Kritik des höfischen Lebens und seiner das Altertum apostrophierenden, allegorischen Spielereien erblicken?

Die Stunde Apolls

Aber es gibt auch eine edlere dramatische Dichtung mit historischen Stoffen, gleichgültig, daß sie sich nie über die Allegorie hinauszuschwingen vermag. 1468 wird im Schlosse von Aire vor Karl dem Kühnen und Ludwig XI. von Frankreich, die hier ein letztes Mal friedlich nebeneinander sitzen, ›Der Frieden von Péronne‹ aufgeführt. Das Stück hat den berühmten Historiker Chastellain zum Verfasser. Ein anderes Thema lautet ›Herzog Philipps Tod‹. Oder man läßt solche Vorwände ganz fort und ergeht sich gleich in dem Kauderwelsch allegorischer Bezüglichkeiten, die auch gar nicht dazu bestimmt sind, etwas auszusagen, sondern unweigerlich auf eine Verherrlichung der hohen Zuschauer hinauslaufen. Auch das lyrische Schaffen der Epoche entspricht dieser Geisteshaltung. Hier freilich, im Bereich des gestalteten Wortes, das im geschriebenen und durch Miniaturen geschmückten Buch seinen Niederschlag fand, stoßen wir auf ein Phänomen besonderer Bedeutung.

Die burgundischen Herzöge sind samt und sonders große Buchliebhaber gewesen. Mag sein, daß ihr Sammeltrieb dabei eine Rolle spielte. Ihre eigentliche Liebhaberei galt illuminierten Handschriften. Wenn sie nicht selbst ein Atelier für Buchmalereien einrichteten, hatte das einen einfachen Grund: es war sinnvoller, die Vielzahl bereits bestehender Offizinen durch entsprechende Aufträge zu fördern und zu unterstützen. Sowohl in Dijon, mehr aber noch in den Niederlanden, gab es eine ganze Reihe von Schreibwerkstätten berühmten Namens – in Lille, Brüssel, Mons, Gramond, Gent, Oudenaarde, Den Haag und vielen anderen Orten. Darin entstanden zahllose bibliophile Kostbarkeiten. Allein, mit der Herstellung der Buchmalereien war es nicht getan. Ihre Aufbewahrung in der herzoglichen Bibliothek erforderte Wartung und Schutz. Wir sehen daher regelrechte Konservatoren eingesetzt, wenn auch nur nebenberuflich. Gemäß der burgundischen Methode, mit jedem Amt des Hofdienstes einen spezifischen Nebenauftrag zu verbinden, fungierte der Leibbarbier des Herzogs als Bibliothekar der gewöhnlichen Bücherei, während der Kellermeister – wir lesen es nicht ohne Vergnügen – für die erlesenen Stücke zu sorgen hatte. Denn es ist doch eine sehr hübsche Folgerung: wer die Weine liebt, wird auch zu kostbaren Büchern gut sein. Solchergestalt gab es in der sogenannten ›Tour de la Librairie‹ des Schlosses zu Dijon einen regelrechten Bibliotheksdienst, dessen schriftliche Aufzeichnungen uns wertvolle Aufschlüsse geben.

Den anderweitig zu sehr engagierten Jean sans Peur ausgenommen, gehörten die Herzöge und ihre Frauen zu den eifrigsten Lesern. Vollends Philipp der Gute in seinen Altersjahren. Karl der Kühne liebte zwar mehr das Sammeln an sich, doch pflegte er nach dem Zeugnis des Olivier de la Marche, trotz angestrengter Tagesarbeit, vor dem Schlafengehen noch zwei Stunden zu lesen oder sich vorlesen zu lassen. Mag das auch eine der Glorifizierung dienende Übertreibung sein – wir nähern uns dem Zeitalter des Humanismus –, etwas daran wird stimmen. Nicht weniger eifrig lesen die Herzoginnen, besonders Margarete von Bayern, die Frau Johann Ohnefurchts, und Margareta von York, dritte Gemahlin Karls des Kühnen. Isabella von Portugal, Mutter Karls des Kühnen und Gattin Herzog Philipps des Guten, zog portugiesische Literaten an den Hof, etwa Vasco de Lucena, der den Xenophon und andere antike Autoren übersetzt hatte.

Natürlich interessiert uns vor allem, was man las und welche Werke der Hof in den Offizinen der Illuministen herstellen ließ. Man vermag auf diesem Weg unmittelbarer in Gemüts- und Wesensart der Herzöge Einblick zu nehmen, als uns selbst ihre Biographien erlauben.

Stellen wir sehr summarisch fest, daß in erster Linie die Geschichtsschreibung einen Aufschwung ohnegleichen nahm. Der Marquis von Beaucourt, Historiograph des französischen Königs Karl VII., konnte geradezu sagen: »L'histoire s'est faite bourguignonne«, die Geschichtsschreibung ist eine burgundische Erfindung.

Der Picarde *Enguerrand de Monstrelet* eröffnet die Reihe mit ›Chroniken‹, die den Zeitraum von 1400 bis 1444 umfassen, gewiß zahm genug. Seine Erzählweise entbehrt jeden Glanzes; es ist ihm sichtbarlich darum zu tun, sich bei seinem heiklen Geschäft nicht zu kompromittieren. Als Philipp der Gute bei der Affäre mit dem Bauernmädchen von Domremy eine wenig rühmliche Rolle spielte, berief sich Monstrelet sofort auf ein Versagen seiner Erinnerung, um nicht berichten zu müssen. Aber schon Monstrelets Nachfolger Mathieu d'Escouchy, Picarde wie er, kontrastiert trefflich mit der Mittelmäßigkeit seines Vorgängers. Erwähnt sei ferner der gewissenhafte Pierre de Fénin, der ausgezeichnete Heraldiker Le Fèvre von Saint-Rémy, zugleich Wappenkönig der Toison d'or, oder der fruchtbare Jean de Wavrin. Dies sozusagen die erste Gruppe amtlich bestallter Chronisten des Hofes.

Unter allen Historiographen des burgundischen Hauses ist ohne Frage *Georges Chastellain* der gewichtigste. *Olivier de la Marche*, der zu seinen Nachfolgern gehört, scheut sich nicht, ihn bewundernd »die Perle und den Stern aller Geschichtsschreiber« zu nennen. Chastellain kam 1415 in der Grafschaft Alost zur Welt, studierte zu Löwen, dessen Universität 1426 von Philipp dem Guten gegründet war, und vervollständigte seine angelesene Ausbildung durch Reisen, denen er vielleicht seinen Beinamen ›Georges l'adventureux‹ verdankt. 1446 kehrte er nach einigen Zwischenspielen endlich in den burgundischen Hofdienst zurück, wurde dem Titel nach ›écuyer-panetier‹, Junker Brotmeister, als solcher mit mehreren diplomatischen Missionen betraut und erlangte bald den Rang eines Vorschneiders und Mundschenks, schließlich den eines herzoglichen Rates. Aber gleichgültig ob Soldat oder Diplomat, blieb er vor allem ein Hofmann. Mit der Auflage, Neues und Schreibwürdiges aufzuzeichnen, worin er erfahren und bekannt sei, erhielt er ein jährliches Gehalt nebst einer Wohnung im herzoglichen Hôtel zu Valenciennes, das er außer zu etlichen vertraulichen Missionen nicht mehr verließ. Seine literarischen Arbeiten nahmen ihn gänzlich in Anspruch, vor allem seine gewaltige Chronik, die nach Schätzungen rund zehntausend Folioblätter betragen haben muß. Wer selber schreibt, weiß, was es bedeutet, eine solch ungeheure Menge nachrichtlichen Stoffes stilistisch zu bewältigen.

Folgen wir Calmette, dessen besondere Liebe Chastellain gehört, so hat der Historiograph das Vorwort seines umfangreichen Werkes kurz nach der Einnahme von Konstantinopel durch die Türken im Jahre 1453 geschrieben. Buch II muß ungefähr um 1465 datiert werden, aber es ist in der Folge umgearbeitet worden. Die Redigierung hatte bereits 1467 beim Tode Herzog Philipps des Guten eingesetzt, der den Autor jener Fürsorge zu berauben schien, die ihm erlaubte, sich ganz seiner historischen Arbeit zu widmen. Glücklicherweise hielt sich Herzog Karl der Kühne an die vom Vater verliehene Dotation. Er schlug Chastellain bei Gelegenheit des Ordenskapitels vom 2. Mai 1473 zu Valenciennes sogar zum Ritter des Goldenen Vlieses und ernannte ihn zum ›Indiciaire‹. Ein Zeichen dafür, welcher Wertschätzung sich Chastellain erfreute. Gesichert und ermutigt durch die Gunst seines Herrn, arbeitete er bis zur letzten Lebensstunde. Er starb am 13. oder 20. Februar 1475 – früh genug, um das Unglück nicht mehr mitzuerleben, das über sein Herzogshaus hereinbrach.

Unglücklicherweise blieb nur ein Teil des redigierten Partes seiner ›Chronik oder Buch aller großen Taten der Christenheit, vornehmlich des edlen Königreiches Frankreich und seiner abhängigen Gebiete vom Jahre 20 bis jetzt‹, also 1474, erhalten. Der Glanz dieses Bruchstückes läßt ermessen, welches Lebenswerk verloren ging. Schon sein Prolog ist erstaunlich. Er analysiert mit durchdringender Schärfe die drei Aufgaben des Historikers: die wissenschaftliche Forschung, das Urteil und die schriftliche Gestaltung. Er weist der Textkritik einen genauen Platz an, der unparteiischen Haltung und der Objektivität. Man vermag sich durchaus nicht gegen die Einsicht zu sträuben, daß unser Autor sich der sorgfältigsten Wahrheitssuche befleißigt hat. Vor allem ihm, dem Historiographen der letzten Herzöge, verdankt die burgundische Geschichtsschreibung ihren Rang.

Dagegen führt uns Olivier de la Marche, wiewohl eine wunderbare Quelle für das Hofleben, wieder auf die etwas niedrigere Stufe des einfachen Erinnerungsschreibens zurück. Aber wenn dieser Bressan auch nicht die Spannweite seines Kollegen und Freundes erreicht, für sein Zeitalter gehört er doch zu den Ausnahmeerscheinungen.

Daß die Fürsten der Geschichtsschreibung solchen Rang zubemaßen und sie indirekt zu solcher Höhe führten, gestattet Rückschlüsse. Stärker als je zuvor begegnet uns hier das Motiv eines den eigenen Anblick genießenden Selbstbewußtseins, das eine der fruchtbarsten Quellen aller künstlerischen Produktion in Burgund darstellt – gleich ob literarischer oder malerischer Art. Unzweifelhaft muß man die burgundische Geschichte während der Valois mehr als bisher unter diesen Aspekten betrachten.

Erwähnt sei daneben eine Literatur, die das Bild höchst interessant abrundet, der Rückgriff auf die Helden- und Romandichtung mittelalterlicher Erfindung. Schon in der Bibliothek Philipps des Kühnen nehmen solche Bücher einen beträchtlichen Platz ein. Sie besitzen eine Spiritualität sui generis, in der die Fürsten und ihre Umgebung geradezu gebadet haben – von der verhängnisvollen Rolle solcher Literatur im Leben Karls des Kühnen wird noch die Rede sein. Dieser epischen Gattung schließt sich eine Kategorie von nicht ganz klassifizierbaren Werken an, beseelt von mehr oder minder ritterlichem Geist und stets vorgefaßter politischer Meinung, sei es in Prosa oder Versform. Dazu rechnen die ›Gestes des Ducs de Bourgogne et le livre des faits du bon Chevalier Messire Jacques de Lalaing‹, dessen Name bereits fiel. Man findet insbesondere die Waffentaten der beiden ersten Valois-Herzöge darin verherrlicht, beispielsweise die Einnahme von Oudenaarde unter Philipp dem Kühnen am 25. Mai 1348 oder die Kampagne, die Jean sans Peur 1408 unternahm, um seinem

Schwager Johann von Bayern, derzeitigem Bischof von Lüttich, zu helfen. Die glorreichen Tage der burgundischen Herrschaft zu Paris, die Popularität Herzog Ohnefurchts sind ohne Ende wiederholtes Objekt der Bewunderung für den anonymen Poeten.

Weder Maurer, Dachdecker, Zimmermann,
Weber noch Walker, Stempelschneider noch Tuchhändler,
Waffenschmied, Goldschmied, Kneipenwirt, Bäcker,
nicht Frau, nicht Kind, die nicht, um ihn wiederzusehen,
anstimmten ›Noël‹, hoch und hehr.

Der Schrei ›Noël‹, unser Bravo, wird damals freigebig durch das Volk von Paris gebraucht, auf das sich die Bourguignons im Kampf gegen die Armagnacs stützen, besonders durch die ›Mécaniques‹, die Handwerker, die in erster Linie die Parteigänger des Herzogs waren.

Hat der Autor wirklich, wie man ihm unterstellte, auf Ersuchen Philipps des Guten zur Feder gegriffen, um des Herzogs Vater und Großvater zu glorifizieren?

Mit dieser nur zu berechtigten Frage rührt man an einen etwas makabren Zug burgundischer Publizistik, eine trotz ihrer historischen Verbrämung durchaus pamphletistische Literaturgattung, die das unverhüllte Ziel hat, Taten und Politik der Herzöge zu motivieren oder, wenn nötig, zu rechtfertigen. Ein berüchtigtes Beispiel dieser Art wird das ›Pastoralet‹ sein, das der Verunglimpfung Louis von Orléans dient, den Johann Ohnefurcht hatte umbringen lassen. Der Autor verbirgt seine Parteilichkeit nicht im geringsten. Mittels einer Schäferszenerie schildert er den Zustand Frankreichs in burgundischer Sicht. Die in Szene gesetzten Personen verkleiden sich mit Namen, die ihre Identität nur greifbarer machen. Florentin ist Karl VI., Belligère Isabella von Bayern, seine Frau, Leonet Johann Ohnefurcht, Tristifer endlich Louis von Orléans. Er wird als Liebhaber Isabellas eingeführt, sucht Florentin zu vergiften und muß daher mit Recht beseitigt werden.

Was gegen dieses Opus besonders einnimmt, ist der glatte, sich dem Ohr einschmeichelnde Vers des Schäfergeschmackes. Harmlose, fröhlich-muntere und allzu ungezwungene Ankläger eines Ermordeten! Wer spürt nicht die Bitternis solcher Karikatur in dieser Kehrseite burgundischer Größe?

Ganz gewiß anderer Geisteshaltung, im Kern aber auf das nämliche bezogen, sind Bücher, die Turniere, Waffengänge und fromme Ritterhaltung verherrlichen. Sie bilden vielfach die textlichen Unterlagen jener bewunderungswürdigen Miniaturhandschriften, die uns heute entzücken. Recht eigentlich sie haben das erzeugt, was wir den burgundischen Geist um 1450 nennen könnten. Erwähnen wir unter ihren Autoren Antoine de Sale, der am 4. Januar 1459 seinen Traktat ›Von alten Turnieren und Waffengängen‹ vollendet. Ein Buch, das in literarischer Hinsicht völlig bedeutungslos ist.

Die Bibliotheken werden damit zur wahrhaften Brunnenstube dessen, was man im Sinne des 15. Jahrhunderts eine ›Coutume de Bourgogne‹ nennen könnte, wenn ihm auch die Rechtskraft der ›Loi gombette‹ mangelt. Immerhin übte diese Literatur im Verein mit den strengen Regeln des Vlies-Ordens eine exemplarische Wirkung auf ihr Zeitalter aus; sie beeinflußte, gestaltete die Mentalität eines Jahrhunderts. Sie wirkte nach, als die Tage der Valois-Herzöge längst vorüber waren und die Fürstensöhne wie Junker an den Höfen Europas, noch für Jahrhunderte die regierende Schicht, sich in das Goldene Zeitalter des Hochadels zurückträumten.

Allein, nehmen wir Abschied von Calmette, um auf die Bühne des Schicksals zurückzukehren, wie bunt auch das Bild war, das Ausdeutung und Fortführung seiner Gedanken vermittelt haben.

Der Sturz

Plötzlich vermehrten sich die Spannungen der Epoche. Burgunds Endzeit hob an, als neige sich ein Gestirn dem Erkalten zu. Wiewohl eigentlich nichts zu Ende war, weder die Kraft der Gedanken noch die Glut der Herzen oder die Gewalt des Blutes. Der tragische Teil im Zeitalter Karls des Kühnen begann. Schon wahr, daß seine Gedanken zu hoch hinaus gingen, als er nach der Königskrone griff, und gewiß war er ein Mann, dessen südliche Leidenschaft seine Entschlußkraft trübte und dessen heftiges Temperament einem steilen Absturz entgegendrängte. Wahrscheinlich war er sogar als Mann noch ein Träumer. Hatte er sich nicht wieder und wieder aus den Heldentaten von Gawain und Lancelot vorlesen lassen? Schlimmer noch: das verhängnisvolle Erbe der Brücke von Montereau, der Haß gegen Frankreich, beherrschte ihn manchmal so sehr, daß er tagelang nur noch englisch sprach oder sich seiner portugiesischen Abstammung von Mutters Seite her rühmte. Für einen Herzog fruchteten solche Affekte nur wenig. Zudem besaß er innerlich nichts von der federnden, eleganten Leichtigkeit seiner Vorfahren – er blieb in sich gefangen, von Strenge und Ausweglosigkeit überschattet. So jedenfalls geben ihn uns Miniaturen im Statutenbuch des Vlies-Ordens zu erkennen. Wie man eben aussieht, wenn man mit unausführbaren Plänen alt wird und ob einer falschen Einschätzung der Wirklichkeit alles scheitern sieht.

Es begann schon mit dem Aufruhr zu Gent, als Karl der Kühne bei Antritt seiner Regierung dort weilte. Die Zeit war anders geworden; er aber hockte in erlauchter Erlesenheit auf seinem Thron und ließ sich endlose Etikette-Fragen vorlegen, deren Beherrschung er sichtlich genoß. Je mehr er allein blieb und die Maßstäbe verlor, desto mehr wuchs sein Anspruch. Zudem war sein Nachbar, Ludwig XI. von Frankreich, ganz der Mann, ihn bei erster Gelegenheit matt zu setzen. Nach kurzem Geplänkel um die Somme-Städte gelang es Ludwig alsbald, Karl und seinen Freund, den Herzog von Berry, auseinander zu manövrieren. Im sinnlosen Jähzorn einer Racheaktion verwüstete der Burgunder darauf das unschuldige Land. Dabei fiel ihm einiges zu, aber es blieben doch Brosamen des Glückes: Eduard IV. gelangte mit Karls Hilfe auf den englischen Thron zurück; Sigismund von Österreich verpfändete das Elsaß an Burgund, Geldern kam in seine Gewalt. Solche Scheinerfolge machten Karl nur noch schwieriger. Seine Gedanken kreisten seither unaufhörlich um eine Krone. Seit 1472 wechselten Besprechungen, Korrespondenzen mit dem deutschen Kaiser Friedrich III., dem er seine Tochter Maria als Frau für den Sohn und Nachfolger Maximilian angeboten hatte. Aber mit wieviel Höfen, bald hier, bald dort seinen Vorteil suchend, hatte Karl nicht darüber verhandelt? Mit Habsburg schien es nun Ernst zu werden. 1473 fand die Begegnung von Trier statt. Karls höfische Pracht überstrahlte bei weitem den bescheidenen Aufzug des deutschen Kaisers. Es scheint, daß der Herzog damals den Vorschlag machte, sein Reich in ein burgundisches und ein friesisches Königreich zu teilen, wobei er an eine alte Tradition anknüpfte. Für sich selbst forderte er den Königstitel, die Generalstellvertretung des Reiches, einige wichtige Plätze in den Niederlanden. – In einer Trierer Kirche richtete man bereits Thron und Krone zu feierlicher Zeremonie her, für so gesichert galt dies Übereinkommen. Urplötzlich wich Friedrich III. aus, indem er nach Köln abreiste.

Vielleicht war es die schwerste aller Enttäuschungen, die Karl erlitt. Es war zugleich der Beginn seines Abstiegs. Ein erstes Mißgeschick widerfuhr ihm: die Empörung über seinen gewalttätigen Landvogt Peter von Hagenbach brach sich im Elsaß Bahn, ließ eine ›Niedere Vereinigung‹ entstehen, zu der Herzog Sigismund von Österreich, der Markgraf von Baden, zwei Bischöfe, sechs elsässische Reichsstädte stießen. 1474 schloß man mit Frankreich und den Eidgenossen ein Kriegs- und Soldbündnis, köpfte Hagenbach kurzerhand und verjagte sogar die burgundischen Besatzungen der Städte. Abermals lief es auf eine sinnlose Racheaktion der herzoglichen Truppen hinaus. Seit ihm nichts mehr gelang, wurde Karl fürchterlich, ein Albdruck Europas. Er selbst zog mit dem Hauptkontingent seiner Armee gegen Neuß ins Feld, um René von Lothringen gegen den Osten zu isolieren. Was sollte das, was erreichte er? Es war ein Verzweiflungsentschluß zu vorfrüher Stunde. Die Engländer, die in Calais landeten, um zu ihm zu stoßen, zogen sich ob seiner Abwesenheit entmutigt zurück. Im Süden marschierte das Reichsheer gegen ihn auf, während es Karl trotz sechsundfünfzig Stürmen nicht gelang, das kleine, glänzend verteidigte Niederrheinstädtchen in seine Hand zu bekommen. Zwar vermochte er jetzt in hastiger Südschwenkung Lothringen zu besetzen. Doch machte das seine Lage nur noch verworrener.

Im November 1474 erlitt Karls berühmte Armee bei *Héricourt* eine Niederlage, die ihren Nimbus zerstörte. Schon mußte der Herzog zufrieden sein, wenn er seine Tochter Maria dem Erbsohne Maximilian von Habsburg ohne jede Gegenleistung anbieten konnte. Frankreich und England schlossen unterdessen ein Bündnis. Als Karl von Burgund immer noch nicht den Ernst der Stunde begriff und etliche ihm von den Eidgenossen entrissene waadtländische Festungen zurückforderte, hob der Vollzug einer einzigartigen Katastrophe an. Vor der Festung *Grandson* am Neuenburger See wurde seine Armee im Handumdrehen vom Fußvolk des Gegners geschlagen. Im Frühjahr darauf versuchte es Karl bei *Murten* noch einmal; diesmal war seine Niederlage vollkommen. Noch heute kann man in Bern Teile der ›burgundischen Beute‹ sehen – Juwelen, Bildwerke, Ausrüstungsstücke, die der Herzog bei hastiger Flucht verlor.

Was dann geschah, kann nur noch als Akt verzweifelten Trotzes gelten. Die demoralisierte burgundische Armee stellte sich am 5. Januar 1477 siebzehntausend schweizerischen und oberrheinischen Soldaten vor *Nancy* zum Kampf. Ein geschicktes Umgehungsmanöver und schon war alles zu Ende. Karl selber fiel. Man hat seinen verstümmelten, nackten Leichnam erst zwei Tage später in einer Eislache gefunden, von Troßbuben geplündert und von Raubwild angefressen. Es machte Mühe, ihn zu identifizieren und gelang nur ob einiger Zahnlücken, die man kannte, und einer Gesichtsnarbe, die sich Karl in der Schlacht von Monthléry geholt hatte. Was man an Überbleibseln fand, ging als Trophäe an seine Feinde – sein Helm an Ludwig XI., sein Fingerring, den ein Schweizer gefunden, an den Herzog von Mailand. Den erbeuteten Herzogsmantel hing man im Straßburger Dom auf, und die Ordenskette vom Goldenen Vlies wurde für zwei Dukaten verkauft. Dies war das Ende.

Der Totentanz von La Ferté-Loupière

War es das Ende?

Zu diesem Zeitpunkt oder etwas früher muß ein Büchlein mit einem von Chastellain entlehnten Titel erschienen sein, das den Grafen *Amé von Montgesoie* zum Verfasser hatte. Es hieß ›Pas de mort‹. Sein Urheber stellte sich darin in Begleitung zweier schwarzer Ritter, Helfershelfern des Todes, vor. ›Accident, le soudain‹ und ›Antique, le débile‹, der hitzige Zufall und das entkräftende Alter, hießen sie. Der Form nach ist man geneigt, eine der allegorischen Spielereien darin zu erblicken.

Aber dieses seltsame Opus entspricht nicht von ungefähr genau der seelischen Lagerung jener Epoche. Es sieht aus, als habe das Beispiel aus der hierarchischen Lebensordnung ausbrechender, autonom werdender Gestalten die Empfindung für des Menschen Gefährdung geschärft. Denn es mutet doch seltsam an, dieser Schrift in einer so positiv gestimmten Umwelt zu begegnen. Allerdings sind ihrer geistigen Herkunft nach Einschränkungen zu machen. Das Motiv der ›Danses macabres‹, der Totentänze, das dem ›Pas de Mort‹ zugrunde liegt, geht auf die seelischen Belastungen des 14. Jahrhunderts mit seinem Anbeginn des Hundertjährigen Krieges, seinen Pestepidemien und schließlich des großen Schismas zurück. Die Wurzeln des Themas reichen noch tiefer bis ins 12., 13. Jahrhundert, erste Krisenzeichen einer Änderung der Werte, die mehr oder weniger kirchlich inspiriert war.

Aber die Schrift des Amé de Montgesoie bedeutet für uns ohnehin nur ein Mittel zum Zweck. Es gibt im Nordwestwinkel Burgunds, dem Senonais, abseits des Yonnetales und etliche Fußstunden von Joigny in der Einsamkeit der Täler und Wälder ein winziges Nest, *La Ferté-Loupière* geheißen. Das hat einmal soviel wie ›fester Platz im Wolfsland‹ bedeutet. Tatsächlich lassen sich Reste einer alten Fortifikation nachweisen; allein das ist gleichgültig. An den Grashängen sitzen die Bauernmädchen auf einem Klappstühlchen, den Strickstrumpf in der Hand – so wie Charles Péguy im ›Mysterium der Erbarmung‹ Jeanne d'Arc dargestellt hat. Sie halten dabei sorglich ihr Rudel friedlich weidender Schafe im Auge. Im Tal liegt das Dorf, nicht ohne Anmut und mit einem gewissen Gefühl für Maß und Schicklichkeit des Bauens, das den Bauernnestern für gewöhnlich abgeht. Im Dorf eine überaus einfache, langgezogene Kirche mit kleinem Dachreiter auf dem First, und gleich nebenan das Pfarrhaus, in dem der junge Curé auf Wunsch Abbildungen jener Malereien verkauft, auf die es ankommt. Denn diese sehr arme, alte Kirche mit ihrer knarrenden Tür, ihrer schweren Balkendecke und ihrer bei jedem Schritt fürchterlich krachenden Wendeltreppe trägt auf der halben Höhe der Langhauswand ein zwei Meter hohes und fünfundzwanzig Meter langes Band von Malereien. Eine ›Danse macabre‹. Offensichtlich Buchillustrationen entlehnt und, dem Vernehmen nach, Ende des 15., Anfang des 16. Jahrhunderts entstanden. Um jene Zeit also, da das Echo vom Tod Karls des Kühnen, dieser gewaltige Schlag der Schicksalsglocke, noch die Welt durchzitterte. – Nein, es wäre völlig irrig zu vermuten, es gäbe direkte Bezüge zu diesem Ereignis; auch soll nicht im mindesten versucht werden, dergleichen zu konstruieren. Es geht um ganz etwas anderes. Um den Geist des Zeitalters. Um die Feststellung, daß man diesen Totentanz damals und in diesem Winkel des Senonais auf die Wand malte.

Zu Anfang der Szenenabfolge ein Herzog, ein Graf, ein Königssohn, die auf ihren Gäulen zur Jagd sprengen, wobei sie plötzlich an einem alten Friedhof drei Todesgestalten begegnen. Ganz ähnlich hatte Jean de Berry, Bruder Herzog Philipp des Kühnen, das Thema schon 1408 für das Portal der Kirche vom ›Friedhof der unschuldigen Kindlein‹ zu Paris skulptieren lassen. Dann folgt, leider skandalös restauriert, vielmehr überschmiert oder neu gepinselt, der lange Zug der eigentlichen ›Danse macabre‹. Zu Anfang an einem Schreibpult eine Art Erklärer, eine Gestalt, deren sich das moderne Theater wieder bedient hat; historisch bedeutet sie eine Erinnerung an den dramatischen Charakter der ›Sermone‹ früherer Jahrhunderte, aus denen die Totentänze hervorgingen. Sodann dreimal Gevatter Hein, ausgerüstet mit Harfe, Handorgel und Dudelsack. Das ist sozusagen die Tanzmusik. Nunmehr die Abfolge der Gestalten: jedesmal ein Würdenträger und der ihm zugehörige Tod. Der Papst und sein Tod; der Kaiser, der Kardinal, der König, der Legat, der Herzog, der Patriarch, der Erzbischof, der Marschall, der Bischof, der Franziskaner, der Priester, der Eremit und sein Tod. Einfache Leute sind nur zwei darunter, nimmt man einen Advokaten aus – ein Spielmann und ein Arbeiter. Die Wandmalerei kann nicht im geringsten als künstlerisches Ereignis gelten, aber sie stellt eine faszinierende Dokumentation dar.

Das ist also die Kirche von La Ferté-Loupière mit dem langen, ungeschlachten Schiffskörper, darin zehn mächtige Querbalken den Druck des Mauerwerkes abfangen, damit sich darüber, wie anspruchsvoll, ein Tonnengewölbe aus gekalkten Brettern höhlen kann, von denen etliche fehlen. Die Kirche von La Ferté, in der die Turmuhr mit den schwer niederhängenden Gewichten rasselnd und schnaufend zum Stundenschlag ausholt und die Vögel zu Besuch kommen, um auf den rohen Bänken Souvenirs zu hinterlassen. Eine richtig zusammengeschusterte Dorfkirche, und das ist sehr wichtig. Unzweifelhaft darf man doch angesichts solcher Anspruchslosigkeit folgern: das haben sie also damals gedacht, als Herzog Karl der Kühne ins Leere hinabgetaumelt war. Wer du auch seist, zum Tode bist du geboren. Zu einem Tod, der keineswegs friedlich kommt und dir sanft die Augen zudrückt, sondern dich anpackt und »los, Freundchen« sagt, in der Hand einen langen Spieß mit mächtiger Spitze und gefiedertem Schaft. »Macht keine Umstände, ihr Großen der Welt. Jetzt geht es euch genauso ans Leder wie uns.« – Götterdämmerung!

Nach dem Untergang

Abermals, war Karls Sturz das Ende von Burgund?

Einsam zwischen den Trümmern eines auseinanderbrechenden Landes, dessen Kern mit Burgund und Artois an Frankreich fällt, ein zwanzigjähriges, junges Mädchen – anmutig, graziös, warm von Gefühl, das einzige, nachgelassene Kind Karls des Kühnen, Maria von Burgund. Noch im selben Jahr wird sie Maximilian von Habsburg heiraten, dem sie ihr niederländisches Erbe mit in die Ehe bringt. Ob sie es wünscht oder nicht, ihre Räte wollen es so, und damit gut. Sie wird nicht viel Glück im Leben haben. Schon mit fünfundzwanzig Jahren stürzt sie vom Pferd und stirbt an den Folgen. In einer Seitenkapelle von ›Onze liewe Vrouwe‹ zu Brügge liegt sie neben den Resten ihres Vaters in fürstlicher Tumba begraben. – Aber sie hat zwei Kindern das Leben gegeben. Eines davon ist der spätere Philipp der Schöne, Herr der Niederlande und durch Heirat mit einer spanischen Erbtochter König von Kastilien. Marias Enkel wird Karl v., die letzte große Gestalt unter den Kaisern des Heiligen Römischen Reiches Deutscher Nation sein . . .

Nochmals, ist damit alles zu Ende, was einmal Burgund hieß? Zeitlich betrachtet, gut! Aber wie dürften wir es wagen, den ergreifenden historischen Zusammenhang, den Burgund in der Geschichte des Abendlandes verkörpert, ohne sein räumliches Gegenbild, seine andere, üppigere Seite zur Zeit der Valois-Herzöge darzustellen – ohne Flandern?

Erst hier rundet sich Burgunds Bild zu jener Geistesmacht, die in der Geschichte fortlebt und weit über den europäischen Raum hinausstrahlt, Richtpunkte setzend, Inbegriffe formulierend, Beispiele schaffend, die noch heute an Kraft und Glanz nichts eingebüßt haben. Denn in irgendeiner Beziehung ist alles in dieser zweiten, unerhörten Epoche Burgunds exemplarisch geworden – der Aufstieg wie der Niedergang, die Hoheit wie die Infamie, die Schönheit und Eleganz, die Arroganz und die Attitüde. Burgund – ein vollmundiger Klang, Burgund – ein Raunen, das durch die Zeitalter geht und niemals verstummt.

Register

Für die Genehmigung zur Anfertigung der Farbreproduktionen dankt der Verlag dem Koninklijk Museum voor Schone Kunsten in Antwerpen, den Staatlichen Museen (Gemäldegalerie) in Berlin-Dahlem, dem Musée de Cluny und der Bibliothèque Nationale in Paris, dem Musée National de Versailles und der Österreichischen Nationalbibliothek in Wien, die auch die Vorlagen lieferten; außerdem fertigten für den Schutzumschlag Photo Bulloz und für die Tafeln Seite 32/33 und 305 Studios Josse-Lalance die Aufnahmen an. Die Genehmigung zur Anfertigung der einfarbigen Tafeln erteilten freundlicherweise das Hôtel St-Louis in Autun, die Bibliothèque Nationale (Cabinet des Estampes), Photo Bulloz, Jean Roubier und die Trianon Press in Paris, das Musée Bourguignon Perrin de Puycousin in Tournus und der Verlag Zodiaque in Yonne.